그리스도인의 미덕

After You Believe: Why Christian Character Matters

Copyright © 2010 by Nicholas Thomas Wright
Published by arrangement with HarperOne, an imprint of HarperCollins Publishers.
All rights reserved.

Korean translation copyright © 2010 by Poiema, an imprint of Gimm-Young Publishers, Inc.
Korean translation rights arranged with HarperOne through EYA(Eric Yang Agency).

After you believe

사후에 천국 가는 것만이 그리스도인의 지상과제인가? 회심한 후에도 성품은 왜 중요한가?

그리스도인의 미덕

포이에마

그리스도인의 미덕

톰 라이트 지음 | 홍병룡 옮김

1판 1쇄 발행 2010. 8. 5. | **1판 6쇄 발행** 2021. 12. 1. | **발행처** 포이에마 | **발행인** 고세규 | **등록번호** 제300-2006-190호 | **등록일자** 2006. 10. 16. | 서울특별시 종로구 북촌로 63-3 우편번호 03052 | 마케팅부 02)3668-3260, 편집부 02)730-8648, 팩스 02)745-4827

본 저작물의 한국어판 저작권은 EYA(Eric Yang Agency)를 통하여 HarperOne사와 독점 계약한 포이에마에 있습니다. 신 저작권법에 의해 한국 내에서 보호받는 저작물이므로 무단 전재와 무단 복제를 금합니다.

값은 뒤표지에 있습니다. ISBN 978-89-93474-35-0 03230 | **독자의견 전화** 02)730-8648 | **이메일** masterpiece@poiema.co.kr | 좋은 독자가 좋은 책을 만듭니다. | 포이에마는 독자 여러분의 의견에 항상 귀를 기울이고 있습니다.

사랑과 감사의 마음으로 매기에게 드립니다.

After you believe

차례

머리말 · 8

1_ 나는 왜 여기에 있는가? · 15
2_ 성품의 변화 · 57
3_ 제사장과 통치자 · 129
4_ 다가오는 하나님나라와 준비된 백성 · 175
5_ 마음을 새롭게 함으로 변화를 받아 · 229
6_ 세 가지 미덕, 아홉 가지 열매, 그리고 한 몸 · 301
7_ 행동하는 미덕 : 왕 같은 제사장 · 363
8_ 미덕의 순환 · 423

추천도서 · 469
주註 · 478

머리말

이 책은 《톰 라이트와 함께하는 기독교 여행 Simply Christian》과 《마침내 드러난 하나님 나라 Surprised by Hope》의 후속편이라고 할 수 있다. 두 책에서 나는 무엇보다도 초대 기독교의 기본 원리를 소개하려고 애썼다. 말하자면, 창조주이신 하나님은 결국 하늘과 땅을 하나로 묶는 일을 계획하셨고, 그 계획이 예수 그리스도 안에서 결정적으로 실행된다는 것이다. 이 관점은 그리스도인의 신앙과 삶에 관한 모든 면에서 중요한 의미를 갖는다. 《마침내 드러난 하나님 나라》에서는 그리스도인의 궁극적인 희망이 그저 '천국에 가는 것'이 아니고 부활하여 하나님의 새로운 창조세계, 곧 '새 하늘과 새 땅'에 들어가는 것이라고 주장한 바 있다.

이 모든 논의의 요점 중 하나는, 예수의 첫 제자들에 따르면 그리스도인의 부활과 새로운 창조가 이미 시작되었다는 것이다. 그 출발점은 다름 아닌 예수의 부활이었다. 방금 언급한 두 책에서 나는 이 원리가 세상에 대한 그리스도인의 책임에 어떤 함의를 갖는지 살펴보았고 그리스도인의 행실에 대해서도 어느 정도 다루었다. 그러므로 이 책에서는 주제를 더욱더 발전시켜 그리스도인의 '성품'과 '미덕'에 초점을 맞추려 한다. 책임감 있고 소명의식이 투철한 그리스도인의 삶은 자신이 무엇을 위해 창조되고 구속받았는가 하는 궁극적 목표와 관련해서 이해되고 구체화되어야 한다. 이 목표를 이해하면 할수록 우리는 목표에 이르는 길도 더 잘 알게 되리라.

하지만 이 책은 이른바 '윤리'에 관한 모든 것을 다루지는 않는다. 흔히들 그리스도인의 행실에 관한 책에서 기대하듯이 모든 경우를 섭렵하는 규칙을 제시하지는 않겠다는 말이다. 나중에 설명하겠지만, 나는 이런 식으로 접근하는 것 자체가 잘못이라고 생각한다. 오히려 나는 일반적인 성품이 어떻게 빚어지는지 구체적인 실례를 듦으로써 그리스도인의 성품이 형성되는 방법을 탐구하려 한다. 특히 신약성경의 몇 가지 중요한 본문에 관심을 기울일 참이다. 이런 본문들은 이제까지 다른 접근 방법들에 의해 잘못 해석되거나 경시되었던 것들이다. 또한 나는 초기 그리스도인들이 행실의 문제를 하나의 독립된 주제로 생각하지 않고 예배와 선교라는 큰 목표의 일부로 간주했다는 점을 부각시키려 한다.

한편, 누구나 이해할 수 있는 문체를 사용하려고 애썼다. 그리고 오늘날 그리스도인의 행실을 둘러싸고 벌어지는 전반적인 논쟁이나 세부적인 논의에 뛰어드는 일은 일부러 삼갔다. 이런 논쟁에 관해 익히 알고 있는 독자라면 내가 어떤 저자(들)의 노선을 좇고 있는지, 또는 누구의 관점과 거리를 두고 있는지 쉽게 알아차릴 것이다. 책의 뒤편에는 집필에 도움을 주었던 몇 가지 자료들에 관한 짤막한 논평을 실었다. 솔직히, 이 책을 통해 행실에 관한 논의에 조금이나마 기여하고 싶은 마음도 있다. 구체적으로 말하면, 신약학자들에게는 미덕에 입각해 행실을 논하는 위대한 전통이 그들이 생각하는 것보다 훨씬 더 가치 있는 일이라는 점을 상기시켜주고, 미덕에 관한 이론을 정립한 이들에게는 신약성경이 예상 외로 더 많은 기여를 할 수 있다는 점을 일깨워주고 싶다. 하지만 이 책의 핵심은 다른 데 있다. 부류와 전통을 막론하고 내일의 그리스도인들에게 기독교적 미덕을 추구하도록 자극하고 격려함으로써 개인적으로나 공동체적으로, 본래 하나님이 우리 마음에 심어주셨던 성품을 가진 인간으로 다듬어지도록 다독이는 것이 이 책의 핵심 주제이다. 일차적으로 예배와 선교를 주 관심사로 삼고, 이 두 가지 목적을 이루는 수단으로써 우리의 성품을 가꾸어가는 일이 바로 기독교적 미덕을 추구하는 일이다.

혹시 기독교 진영 바깥에 있으면서 이 책을 집어든 독자가 있다면 이런 말을 해주고 싶다. 나는 이미 다른 책에서, 오늘날 서구 세계에 팽배한 회의적인 분위기에도 불구하고 이 세계를 만든 하나님, 그리고 마침내 그것을 바로잡으실 하나님이 존재한다고 믿는 이유에 관해 다룬 바 있다. 우리에게는 도무지 사라지지 않는 꿈이 있는데, 바로 자유와 아름다움, 질서와 사랑에 관한 꿈, 우리가 이 세상을 바꿀 수 있다는 꿈이다. 그런데 이 꿈들은 하나님에 대한 믿음, 즉 과거에 세계를 만들었고 장차 단번에 그것을 말끔히 정돈하되 그 과정에 우리 인간들을 개입시키려고 하시는 하나님을 믿는 믿음의 틀 안에 있을 때에만 제자리를 찾게 된다. 이제 우리는 이런 이슈들을 다른 각도에서 접근하게 될 것이다. 지금과 같이 모든 것이 헷갈리는 세상에서 정말로 '선한' 것을 어떻게 알 수 있을까? 그리고 도대체 인간다운 존재가 된다는 것이 무엇인지를 어떻게 발견할 수 있을까? 이런 면에서 나는 이중적인 도전을 던지고 싶다. 먼저 그리스도인에게는 그리스도인의 행실의 본질에 관해 새로운 각도에서 깊이 생각해보게 하고, 다른 모든 사람에게는 참으로 인간다운 존재가 된다는 것이 무슨 뜻인지 곰곰이 생각해보도록 도전하려 한다. 우리가 이 두 가지 도전을 제대로 이해하면 그 둘은 결국 만나게 되어 있다.

　이런 유의 책으로는 다른 논쟁에 뛰어들지 않는 것이 바람직하다. 본서의 목적상 나는 나사렛 예수가 신약성경의 사복음서에 기록되어 있는 그대로 말하고 행한 것으로 가정한다. 이와 관련하여 나와 전혀 다른 견해를 보이는 이들과 상당히 자세하게 논쟁한 내용은 나의 다른 저서를 참고하길 바란다. 마찬가지로, 나는 에베소서와 골로새서를 바울의 저작이라고 생각하는데, 20세기의 많은 학자들은 이 견해를 의심의 눈초리로 바라보았다. 하지만 이 책의 논지가 이 가정들에 매여 있지는 않은 만큼, 이 정도로 얘기하고 더 이상 언급하지 않을 생각이다.

나는 내일의 세계에서 교회와 그리스도인이 직면할 도전에 대해 다루려 한다. 하지만 내가 제대로 아는 것은 오늘날의 서양 교회뿐이다. 나는 이 사실을 편치 않은 마음으로 인식하고 있다. 이제까지 나는 다른 대륙이나 다른 나라에서 온 그리스도인들 그리고 나와 전혀 다른 전통을 따르는 신자들과 자주 만났고, 앞으로도 그들에 대해 더 많이 알고 싶고 더 많은 것을 배우고 싶은 심정이다. 그렇다고 해서 여기에서 내가 그들을 잘 아는 것처럼 얘기를 진행할 수는 없는 노릇이다. 따라서 그리스도인을 지칭할 때는 항상 '현대 서양의 그리스도인들'이라고 말해야 마땅하다. 그러나 이 표현은 너무 번거롭기도 하거니와 듣기 거북하기도 하다. 그러므로 다른 지역에 사는 독자들은 내가 '그리스도인'이라고 말할 때 나의 제한된 관점에서 진술하고 있다는 사실을 기억해주길 바란다. 아울러 그들이 나의 편협한 시각을 관대하게 봐줄 뿐 아니라, 내가 말하는 내용을 그들의 상황에 조옮김해주길 바란다.

책에 실린 성경 구절은 내가 직접 번역한 것이다. 신약성경은 대부분 내가 Everyone 시리즈에서 시도했던 번역문을 그대로 사용했다(한국어판에서는 개역개정판을 따르는 것을 원칙으로 했다).

언제나 그렇듯이 이 책을 출간하느라고 수고한 출판인과 편집인에게 심심한 감사를 드리고 싶다. 특히 HarperOne에서 일하는 미키 모들린과 마크 토버, 그리고 SPCK에서 일하는 사이먼 킹스턴과 조안나 모리아르티의 도움과 격려에 감사한다. 아울러 더럼에서 줄곧 후원을 아끼지 않았던 동료들에게도 고마움을 표하는 바이다. 이 밖에 도움을 준 여러 동료들에게는 후기에서 감사를 표시했다.

내 아내는 언제나처럼 꿋꿋이 나의 집필 작업을 지원해주었고, 그러느라 집안 일이 버겁게 몰아칠 때에도 기꺼이 참고 인내해주었다. 각별한 감사의 마음을 전한다. 누구도 사랑에 관해 생각하지 않고는 미덕에 관한 글을 쓸 수 없듯이, 나 역시 아내에 관해 생각하지 않고는 사랑에 관한 글을 쓸 수 없다. 나는 이미 아내에게 내 인생과 사역의 전환점에 해당하는 두 권의 책을 헌정한 바 있다. 늘 그랬듯이 이 책도 사랑과 감사의 마음으로 아내에게 바치는 바이며, 아내에 대한 나의 마음은 세월이 갈수록 더 깊어지고 있다.

2009년 봄
톰 라이트

key is this: the fruit of the Spirit does not grow automatically. The nine varieties of
denly appear just because someone has believed in Jesus, has prayed for God's Sp
sat back and waited for fruit to arrive. Oh, there may well be strong and sudden
t fruit is on the way. Many new Christians, particularly when a sudden conversion h
natic turning away from a lifestyle full of the works of the flesh, report ther c
t at the desire that springs up within them to love, to forgive, to be gentle, to be
ask, has all this come from? I didn't mean it's all downhill from there. These a
s: to get the fruit you have to learn to be a gardener. You have to discover how to ten
to irrigate the field, how to keep birds and squirrels away. You have to watch for
d out away ivy and other parasites that suck the life out of the tree, and makes s
k can stand firm in strong winds. Only then will the fruit appear. And, in case a
k I am imposing an alien note on Paul's cheerful list of these wonderful character
final characteristic on the list: self-control. If the fruit were automatic, why would
needed? Answer: it isn't, so it is; it isn't automatic, so it is needed. All the varieties o
tions here are comparatively easy to counterfeit, especially in young, healthy, happy p
self-control. If that isn't there, it's always worth asking whether the appearance
s of fruit is just that, an appearance, rather than a real sign of the

What Am I Here for?
1_ 나는 왜 여기에 있는가?

이 모든 지식과 기회는 소위 '영적인' 문제와 무관한 것일까?
그저 몇 십 년을 그럭저럭 살다가 죽어서 천국에 가면 그만인가?
당신이 믿은 뒤에 그리고 마침내 죽어서 천국에 가기 전까지는
아무 일도 일어나지 않는 것일까?

What Am I Here For?

20대 초반이었던 제임스에게 일어난 일이다. 제임스는 별다른 사건 없이 그저 오르락내리락하면서 평범하게 살고 있었다. 그러던 중 뜻밖에 근처 교회 모임에 가던 옛 친구와 마주쳤고, 그 길로 친구를 따라나섰다가 바로 그날 밤, 놀랍게도 그의 인생이 완전히 뒤집어졌다.

몇 년이 흐른 뒤, 나는 제임스를 만났다. 그가 이런 이야기를 들려주었다. "이런 일이 정말로 일어나다니, 상상도 못한 일이에요. 이런 말을 하면 광신자처럼 들릴지 모르지만 이건 엄연한 사실이에요. 나는 예수님을 만났어요! 그분은 지금 내 눈앞에 있는 당신만큼이나 생생한 존재예요. 예전부터 들어왔던 모든 상투어들이 진실로 다가왔어요. 과거 어느 때보다 더 깨끗이 씻긴 기분이었고, 살아 있는 게 더 생생히 느껴졌어요. 마치 깊은 잠을 자다가 상쾌한 기분으로 새로운 세상에서 깨어난 것만 같았어요. 예전에는 사람들이 하나님 운운하는 소리를 들어도 전혀 알아듣지 못했는데 지금은 모두 이해하게 되었다고요."

 제임스가 새로운 고민거리를 안고 있을 무렵, 이 이야기를 들었다. 제임스는 그의 인생을 확 바꿔놓은 이 놀라운 경험을 안겨준 교회에 출석하여 하나님과 예수님에 관해 배우는 중이었다. 자기 자신에 대해서도 많은 걸 배워가고 있었다. 하나님은 제임스가 상상하는 것 이상으로 그를 사랑하시되 예수님을 보내셔서 그를 위해 죽게 할 만큼 사랑하셨다는 것을 확실히 깨달았다. 설교자들은 한결같이 주장했다. 우리 인간들이 지금이든 장래에든 하나님에게 용납되기 위해 할 수 있는 일은 아무것도 없다고 말이다. 모든 것이 하나님의 순전한 은혜와 용서로 말미암는 선물이라고 했다. 제임스는 마치 뜨거운 여름날 사십 리 길을 걸은 뒤에 냉수 한 사발을 얻어 마시는 사람처럼 그런 가르침들을 솔솔 빨아들였다. 그리고 그것을 양식 삼아 살고 있었다.

 그런데 제임스 앞에는 큰 물음표가 기다리고 있었다.

 "나는 왜 여기에 있는 것일까?"

 그는 나와 대화를 나누는 중에 의문을 제기했다.

하나님은 나를 사랑하시죠. 그분은 나의 삶에 변혁을 일으키셔서, 기도하고 예배하고 성경을 읽을 마음을 불러일으키셨고, 예전의 자멸적인 행위를 그만둘 마음도 생기게 하셨어요. 실로 엄청난 변화입니다. 하나님이 내게 원하시는 것은, 다른 사람들에게도 이 좋은 소식을 들려주어 그들도 이 변화를 직접 경험하게 해주는 일이지요. 교회에 있는 사람들도 계속 이렇게 말했어요. 좋습니다. 약간 어색한 느낌이 들고 내가 그걸 잘 하고 있는지는 모르겠지만, 나름대로 최선을 다하는 중입니다. 그리고 이 모든 것은 언젠가 내가 하나님과 영원히 함께 있게 되리라는 굉장한 약속과 함께 다가오지요. 나는 언젠가 죽을 게 분명하지만, 예수님을 믿는 사람은 누구나 천국에서 그와 함께 살게 될 것이라고 예수님이 약속하셨습니다. 이것도 물론 좋은 소식입니다. 그런데 나는 지금 왜 여기에 있는 거죠? 믿은 뒤에는 어떻게 되는 건가요?

제임스가 내 집무실 문을 두드린 것은 자기 교회의 교인들과 친구들로부터 만족스러운 대답을 듣지 못했기 때문이었다. 그들의 답변은 하나님이 사람들을 제각기 독특한 분야로 부르셨다는 것이 전부였다. 예컨대, 사람에 따라 전임 목회자로, 교사로, 의사로, 선교사로, 또는 이 가운데 두어 가지를 겸해서, 그리고 이와 비슷한 다른 일로 부르셨다고 말했다. 그러나 이 중에 제임스에게 맞는 일은 없었다. 그는 컴퓨터공학 박사과정을 밟는 중이어서 다양한 직업을 선택할 수 있는 상황이었다. 그러면 이 모든 지식과 기회는 소위

'영적인' 문제와 무관한 것일까? 그저 몇 십 년을 그럭저럭 살다가 죽어서 천국에 가면 그만인가? 물론, 그 어간에 자투리 시간을 내어 다른 사람들에게 같은 길을 가자고 설득하겠지만. 정말 이게 전부일까? 당신이 믿은 뒤에 그리고 마침내 죽어서 천국에 가기 전까지는 아무 일도 일어나지 않는 것일까?

제임스는 이런 의문 속에서 수수께끼 하나를 발견했다. 제임스가 새로 만난 친구들 가운데는 아주 엄격하고 절제된 삶을 사는 이들이 많았다. 그들은 주로 성경에서 그리스도인의 행실에 관해 많은 규율을 배웠고, 그 규율을 따라 사는 것이 하나님의 뜻이라고 믿었다. 그러나 제임스로서는 이런 생활이 기독교의 기본 진리와 어떻게 조화가 되는지 도무지 알 수 없었다. 만일 이 진리가 옳다면, 어째서 자신이 그 모든 옛 규율에 묶여 있어야 하는지 무척 의아했다. 더군다나 참으로 유별난 규율도 많지 않은가?

그때 제임스에게 정답을 말해주었다면 얼마나 좋았을까? 그런데 솔직히 말해서 무슨 말을 했는지 기억도 나지 않는다. 다행히도 제임스의 최근 소식을 들어보니, 어쨌든 그가 올바른 해결책을 찾은 모양이다. 사실, 제임스만 이런 고민을 하는 건 아닐 것이다. 지금 서구 세계의 수많은 그리스도인들이 바로 이 수수께끼에 직면해 있다. 이 수수께끼를 신자들이 잘 풀어가도록 돕기 위해 이 책을 집필했다고 해도 과언이 아니다.

최근에 친한 친구로부터 이메일 한 통을 받았는데 문득 제임스가 생각났다. 내 친구는 "그저 예수를 믿기만 하면 되지 달리 할 일이 없다"는 관념이 너무 쉬워서 도무지 받아들이기 어렵다고 했다. 그리스도인이 되기로 하면서 처음에 하는 믿음의 결단, "예수님이 나를 위해 죽으셨다고 나는 믿는다"는 식의 신앙고백, 회심의 필요성 등을 너무 강조한 나머지 '그리스도인이 된다는 것'의 의미를 이해하는 데 커다란 허점을 갖고 있는 것이 대다수 그리스도인들의 현실이다. 비유로 설명하자면, 그들은 마치 깊고 넓은 강의 한편에 서서 건너편 강둑을 바라보고 있는 것과 같다. '이편' 강둑에서 당신은 신앙을 고백한다. '반대편' 강둑에는 궁극적인 결과 곧 최종적인 구원이 있다. 그러면 사람들은 그 사이에서 무엇을 하게끔 되어 있는가? 그냥 여기에 서서 기다리기만 하면 되는가? 그 둘 사이에 다리는 없는 것인가? 이 비유는 신앙 자체에 관해 무엇을 말하고 있는가? 만일 우리가 조심하지 않으면, 처음 갖는 믿음은 단지 '예수님은 하나님의 아들이다'와 같은 어떤 명제에 동의하는 것일 뿐 변화를 꾀하지 않을 가능성도 있다고 내 친구는 말했다.

변화라! 여기서 한 가지 재미있는 생각이 떠오른다. 과연 그런 식으로 생각하는 것이 적절한가? 과연 그리스도인이 자기 인생을 그렇게 바라보는 것이 바람직한가? 그런 비유는 현재로부터 장래에 이르는 길이 있다는 것, 즉 '나의 남은 인생'이라 불리는 넓은 강이 있다는 것을 암시하지 않는가? 그러니까 하나님이 받을 만한 선한 존재가 되기 위해 당신 스스로 도덕적인 노력을 기울일 수 있다고 생각하면서 이미 예전에 세워놓았던 다리가 있지 않은가? 그러나 도덕적 노력이 헛수고에 불과하다면, 그리스도인이 된다는 것이 다른 몇몇 사람에게도 같이 가자고 권하면서 어느 날 천국에 가는 것 말고 무슨 의미가 있는가? 당신이 믿은 뒤에, 장차 수명이 다해서 예수님과 영원히 함께 있게 될 때까지 그저 얌전하게 사는 것 말고 열심히 할 일이 뭐가 있겠는가?

이런 생각을 하는 사람들 가운데는 또 다른 문제에 봉착하는 경우도 있다. 신약성경을 보면, 예수님 역시 초기의 제자들에게 꽤 엄격히 도덕적인 요구를 하신 것처럼 보인다는 것이다. 이런 요구는 적절한가? 만일 우리가 이미 구원을 받았다면, 우리가 취하는 행동이 왜 중요한가? 그리고 그런 요구가 우리 시대의 현실에 걸맞은 것인가?

물론 모든 그리스도인이 이런 딜레마를 안고 씨름하는 것은 아니다. 하지만 다수가 이런 문제로 고심한다. 그래서 이 책을 통해, 그리스도인들 스스로가 쓸모없다 무시했던 '다리'가 그들에게 무척 중요하고, 이 다리가 양편 강둑을 서로 연결해준다는 사실을 알게 되길 바란다. 여러 이름으로 불리는 이 다리에 관해서 차차 토론해보자. 우선 이 다리의 여러 이름들 가운데 하나는 바로 이 책의 주제인 '성품'이다.

이 책을 쓰게 된 이유가 또 하나 있다. 제임스가 고민했던 문제를 붙들고 씨름해보지 않은 사람들도 한 번쯤은 다음과 같은 문제로 고심해봤을 것이다. 나의 또 다른 두 친구 제니와 필립을 소개한다.

제니와 필립은 어느 날 저녁 교회 모임에서 어떤 논쟁에 참여하게 되었다. 그런데 그들은 똑같은 사안을 놓고 논쟁하지 않았다.

제니는 성경적인 규율이 무엇을 말하는지 분명히 확신하고 있었다. 예수님은 친히, 자기 배우자와 이혼하고 다른 사람과 결혼하는 것을 간음이라고 주장하셨다. 물론 회개하고 죄 짓는 일을 그만두면 용서를 받을 수 있다. 그러나 재혼한 사람이 지금은 간음죄에 해당하는 새로운 관계를 즐기고 있고, 그것을 그만두기는커녕 오히려 하나님이 허락하셨다고, 옳다고 간주하고 있다면 어떻게 용서받을 수 있는가? 더군다나 교회가 그런 처지에 있는 사람을 목사로 임명하는 문제를 고려한다는 게 도대체 있을 수 있는 일인가? 이것이 그 회의를 소집한 이유였다. 이런 사람이 어떻게 젊은이들에게 무엇이 옳고 그른지를 가르칠 수 있겠는가? 자신이 평생의 결혼 서약을 깨뜨렸으면서 어떻게 젊은 커플들의 결혼 생활을 준비시킬 수 있겠는가? 복음을 믿는다는 것은 신약성경을 인생의 핸드북으로 받아들이는 셈이라고 제니는 말했다. 거기에 담긴 규율은 아주 분명하다. 당신은 그것을 지키거나 지키지 않거나 둘 중 하나이다. 여기까지가 제니의 입장이다.

필립 역시 분명한 입장을 갖고 있었다. 예수님은 우리에게 규율을 한 보따리 안겨주시기 위해 오신 분이 아니다. 사도 바울은 '그리스도는 율법의 마침이 되었다'고 말하지 않았던가? 온갖 사람들, 특히 독선적인 자들로부터 따돌림받은 사람들을 '포용'하는 것이 예수님이 가르치신 교훈의 요지이다. (필립은 이 말을 할 때 제니의 얼굴을 똑바로 쳐다보진 않았지만, 다들 무슨 뜻인지 눈치챈 듯했다.) 예수님은 우리가 진정 누구인지를 우리가 알게 하려고 오셨다. 물론 때로는 그분의 첫 제자들처럼 그것을 깨닫는 데 시간이 좀 걸릴 수도 있고 시행착오도 겪게 될 것이다. 그래도 결국은 깨닫고 말 것이다. 예수님은 비유를 통해 독선적인 큰 아들이 밖을 맴도는 동안 아버지는 탕자를 영접했다는 이야기를 들려주시지 않았던가? 만일 필립이 목사를 한 사람 선택한다면, 저 높은 곳에서 법을 내려다 주면서 어쨌든 교인의 절반도 지키지 않을 일련의 규율로 모든 사람을 옥죄는 그런 목사보다는 차라리 본인이 우여곡절을 겪었어도 여전히 예수님이 자기를 사랑하신다는 것을 발견한 그런 목사를 원할 것이다. 전자의 경우는 위선만 부추길 뿐이다! 우리가 믿는 예수님은 우리를 있는 그대로 받으시는 분이므로, 우리가 믿은 뒤에 사는 인생은 용납하시는 손길을 기뻐하고 그것을 발판 삼아 앞으로 나아가는 삶인 것이다. 이것이 바로 정직한 길, 곧 당신 자신에게 진실하고 투명한 삶이다. 여기까지가 필립의 입장이다.

제니와 필립은 대화를 거듭할수록 분노와 욕구불만에 휩싸였다.

당시에는 미처 몰랐겠지만 그들이 제각기 다른 지점에서 출발했기 때문이었다. 제니는 본인이 '성경과 함께 시작했다'고 말하면서 마치 필립은 그렇지 않은 것처럼 치부했으나, 실은 그렇게 간단한 문제가 아니었다. 제니는 사실상 규율을 찾고 있었다. 당신이 좋든 싫든 반드시 지켜야 할 절대적인 규율을 찾고 있었다고 말하는 게 맞는 것 같다. 그녀는 그런 규율을 가르치고 또 그에 따라 사는 목사를 원했다. 그러면 모든 사람은 자신이 어떤 존재인지 알게 되리라. 한편, 필립은 진실한 존재가 되는 것, 자신에게 정직한 사람이 되는 방법, 위선적인 모습이 없이 온전하게 사는 법을 열심히 찾고 있었다. 바로 이것이 목사에게 필요한 자질이라고 생각한 것이다. 그런 목사라면 존경과 신뢰를 아끼지 않으리라.

무척 심란한 회의였다. 사람들은 온통 분노와 흥분에 휩싸여 있었다. 이는 제니가 훗날 유감을 표명한 것처럼, 그 자체가 규율에 어긋나는 일이었다. 그들은 마음속에 있지도 않은 말을 마구 내뱉었다. 필립이 자기 입에서 분노가 터져 나오는 순간 즉시 알아차렸듯이, 그 자체가 일종의 위선이었다. 그들은 단순히 이 문제에 대한 해답에 있어서 의견을 달리한 것이 아니었다. 문제 자체에 대해 의견이 갈렸던 것이다. 그리스도인은 어떻게 도덕적인 결정을 내리는가? 그리스도인이든 아니든, 우리는 어떻게 무엇이 옳고 그른지를 아는가? 소위 '옳은 것'과 '그른 것'이 과연 존재하는가? 아니면 삶은 그보다 더 복잡한 것인가? 이른바 절대 규율이라는 것이 존재하는가? 그리고 이것은 도덕적인 기계가 아닌 진짜 사람들과 어떤 관계가 있는가? 제니의 눈에는 필립이 위험천만한 상대주의자로 보였다. 즉, 도덕적으로 명백한 윤리는 없고 단지 회색 지대만 존재한다고, 자신에게 진실한 것이 가장 중요하다고 생각하는 부류로 본 것이다. 필립의 귀에는 제니가 하는 말이 자기가 아는 예수님과는 전혀 관계가 없는, 엄격하고 차가운 율법주의적인 소리로 들렸다. 죄인들의 친구가 되어주었던 그분, 잃어버린 양을 찾으면 천사들이 큰 잔치를 베풀어 축하한다는 이야기를 들려주었던 그 예수와는 너무나 동떨어진 듯이 보였다.

이처럼 그리스도인이 행실의 문제에 접근하는 두 가지 다른 방식 사이에 일어나는 크고 작은 충돌은 지역교회의 위원회, 교단의 회의, 작은 집회, 큰 대회, 개인적인 대화 등 곳곳에서 매주, 매해 반복해서 일어나고 있다. 아울러 한 개인의 마음과 생각 속에서도 이 충돌은 잔잔한 파장을 일으킨다. 사실상 이것은 모든 분별 있는 사람들이 스스로 던지는 방대한 질문, "나는 어떻게 살아야 하는가? 어떻게 살아야 할지 어떻게 알 수 있는가?"의 기독교 판이라고 할 수 있다.

이것은 우리가 조금 전에 보았던 큰 협곡과는 다른 것이지만 궁극적인 해답은 같다. 제임스에게 그것은 회심 때에 갖는 믿음의 순간과 죽음 이후 구원을 얻는 순간 사이에 놓인 큰 협곡이었다. 이 책은 부분적으로 그 협곡을 이어주는 다리에 관해 다룬다. 이 둘 사이에 놓인 그 모든 시간에 나는 무엇을 해야 바람직한가? 동시에 이 책은 그날 저녁 껄끄러운 회의에서 제니와 필립 사이를 갈라놓았던, 숨어 있던 질문에 관한 책이기도 하다. 우리는 어떻게 도덕적 결정을 내리는가? 우리는 과연 우리가 열심히 노력해서 합의하기만 하면 되는 일정한 규율과 내가 진정 누구인지를 발견하고 거기에 충실해지는 일 사이에서 하나를 선택해야만 하는 것인가? 혹시 우리가 어떻게 살아야 할지를 발견하고 실제로 그렇게 살 수도 있는 다른 방법은 없는 것일까? '당신이 믿은 후에' 개인적으로나 공동체적으로 도대체 무슨 일이 일어나는가?

이 두 질문에 대한 답은 사실상 같다. 그러므로 이 책은 양쪽을 동시에 다루고 있는 셈이다. 초기 그리스도인 저자들에 따르면, 예수님은 특정한 '성품' 개발에 대해 거듭해서 말씀하셨다. 삶의 습관을 변화시키고 형성하고 특징짓는 이 성품은 규율을 지향하되 '규율 준수'라는 '심성'으로는 결코 도달할 수 없는 그런 행실을 낳을 것이다. 그리고 성품은 마침내 자아에게 진실한 삶을 안겨줄 것이다. 단, 이 '자아'는 흔히들 생각하는 스스로 '발견한' 자아에 불과한 게 아니라 구속된 자아, 변화된 자아를 일컫는다. 무엇을 위해 이 세상에 존재하는지 고민하는 제임스 같은 사람들에게 이 책이 도움이 되길 바란다. 아울러 제니와 필립 같은 사람들이 더욱 폭넓고 성경적이고 만족스러운, 그리고 좀 더 기독교적인 틀 안에서 논쟁을 하도록 돕는 도우미 역할을 하길 바란다. 당신이 믿은 뒤에 정말로 중요한 문제는 규율도 아니고 자발적인 자기 발견도 아니고 바로 성품이기 때문이다.

∞

나는 무엇 때문에 여기에 있는가? 우리는 옳고 그름을 어떻게 아는가? 어느 인간이나 어느 공동체나, 적어도 암시적으로나마 때때로 던지는 질문들이다. 아울러 이 책의 주제와 관련된 세 번째 질문이 있는데, 이는 교회의 울타리를 넘어 오늘 우리가 몸담고 있는, 혼란과 두려움이 팽배한 세상을 향한 것이다.

2008년 여름, 그 이전까지 배후에서 우르르 소리만 내던 화산이 무시무시한 힘과 함께 갑자기 분출하였다. 진짜 화산은 아니었으나 그만큼 파괴적인 영향을 미친 사건이었다. 여러 세대 동안 세계 문화를 지배해왔던 서구 세계의 금융 시스템 전체가 지나치게 팽창되다가 마침내 그 무게를 이기지 못하고 무너져내린 것이다. 마치 한 나무에 올라가서 과일을 모두 따 먹은 거인이 지금은 주위에 있는 나무에 달린 과일도 따 먹으려고 손을 뻗치고 있는 형국과 같았다. 하지만 너무 무거워서 맨 처음에 올라탄 나무가 더 이상 그 압박을 견딜 수 없었다. 마침내 와르르 무너졌으나 거인은 여전히 탐욕을 버리지 못하고 양손에 과일을 움켜쥐고 있는 상황이다.

2008년에 금융 위기가 발생한 데는 여러 복잡한 이유가 있는데 여기서 그걸 모두 논의할 생각은 없다. 하지만 그 사건 직후에 많은 사람이 지적했던 문제점은 지난 이십 년간 은행을 비롯한 대출 기관들의 무책임한 행동을 막았던 온갖 규율과 규정이 어느새 작동을 멈추었다는 사실이다. 정부가 지나친 규제를 일삼는다는 언성이 높아질 때, 일각에서는 경제가 건강해지려면 위험을 감수해야 하고, 또 위험을 무릅쓴 자에게 보상해줄 필요가 있다고 주장했다. 너나할 것 없이 이 흐름에 편승했다. 하지만 그들은 자신들이 절벽을 향해 질주하고 있다는 걸 알지 못했다. 그래서 지금에 와서야 규율과 규정을 되찾아야 한다고들 얘기하는 실정이다. 이제는 규제를 강화할 때라는 뜻이다.

이런 현상은 오늘의 다른 문화적 양상들과 잘 들어맞는다. 2001년 9월 11일 이후 공항은 복잡한 안전장치를 설치했다. 보안 검색기를 통과하지 않고 비행기를 탄 적이 있었나 싶을 정도이다. 미국을 정기적으로 방문하는 사람들은 통관 절차를 밟을 때마다 사진과 지문을 지겹도록 찍어야 한다. 지금은 어디를 가든지 며칠 이상 머물 예정이면 으레 입국 양식을 작성하고 인터뷰에 응하고 사진을 찍히는 등 여러 과정을 거쳐야 한다. 비행기를 폭파할 의향이 없다는 것이 한 눈에 뻔히 보이는 수백만 명이 법을 준수하는 시민임을 증명하기 위해 많은 시간과 돈을 들여 공식 절차를 밟아야 하는 시대가 온 것이다. 몇 시간 동안 줄을 선 뒤에도 또 다른 사소한 양식을 작성하기 위해 발길을 돌려야 할 때는 법을 준수하고픈 마음마저 사라질 지경이다. 영국에서는 지역사회에서 어린이와 관련된 일에 자원봉사를 하려면, 전력이 건전하다는 걸 입증하기 위해 많은 시간을 들여 아주 복잡한 범죄 이력 조사를 거쳐야 한다. 심지어는 평생 흠 없는 인생을 살았고 친구와 가족 들이 그 성품을 속속들이 알고 있는 70대와 80대 노인도 이 과정을 밟아야 한다. 우리는 더 이상 사람을 신뢰하지 않는다. 그 누구를 막론하고 말이다. 현재 우리가 갖고 있는 시스템에 대해 내가 조금이라도 의문을 제기하면, 어떤 이들은 나를 무책임하고 위험한 인물로 생각할 것이다. 이 글을 쓰는 동안에도 나는 그 사실을 의식하고 있다. 사태는 갈수록 악화되고 형식적인 절차는 더 많아진다. 그래도 효과는 없다. 그 누가 고발을 당하든 승소하는 변호사들만 빼고…. 서구 세계는 이제 법에 얽매이고, 규율에 얽매이고, 규정에 얽매이는 사회가 되고 말았다.

우리가 이런 경로를 밟게 된 데는 문화적인 이유들이 있다. 여기서 한 가지 주목할 점은 현재 우리 문화가 돈과 섹스와 권력 같이 삶의 중요한 영역에서는 규제의 철폐를, 다른 한편에서는 규제의 재도입을 놓고 갈팡질팡하고 있다는 사실이다. 규제를 철폐한 이유는 사람들이 자기 마음대로 행동하고 자신에게 충실하고 싶어 했기 때문이다. 그러나 규제 철폐가 여러 영역에서 혼란을 낳게 되자 사람들은 우리를 본궤도로 되돌려놓을 규율을 다시 살리려고 열을 올리고 있다. 그런데 진짜 문제는 새로운 규제를 도입하는 일이 문제의 핵심을 건드리지 못한다는 것이다. 각자 나름대로 행동하는 것만으로는 충분하지 않을 뿐더러, 규율로 모든 문제를 해결할 수도 없는 법이다.

나는 2009년 초에 잘 알고 지내던 은행의 임원과 얘기를 나누다가 이 사실을 알게 되었다. 그는 2008년 여름에 일어난 금융 위기 때 그 중심부에 있었던 사람이다. 우리가 얘기를 나눌 즈음에 그는 사태를 진정시킬 방법을 강구하던 중이었다.

"톰, 그들이 내키는 대로 새로운 규제를 얼마든지 도입해도 상관없습니다. 그래요, 우리가 제자리를 찾으려면 어느 정도 지침이 필요한 건 사실이에요. 우리가 너무 앞서 나가는 바람에 사람들이 엄청난 돈으로 도박을 하고 무모한 거래를 하게 되었으니까요. 그러나 은행가나 모기지 브로커는 똑똑한 회계사와 변호사를 고용하여 정부가 요구하는 사항을 모두 점검한 뒤에, 그 시스템 뒤로 숨어들어 자기네가 원하는 것을 얼마든지 할 수 있을 겁니다. 그러니 그런 조치가 무슨 소용이 있을까요?"

"그러면 해결책은 뭔가요?" 하고 내가 물었다.

"성품입니다" 하고 그가 대답했다. "규율을 지키는 일도 나름대로 의미가 있지만, 지난 세대의 진짜 문제는 성품의 중요성을 잊어버렸다는 것이죠. 온전한 인격이 중요하다는 말입니다. 시스템을 운영하는 사람들이 신뢰할 만할 때에만 시스템이 건강할 수 있습니다. 규율이 있기 때문이 아니라 그들이 믿을 만한 사람이기 때문에 시스템이 건강하게 굴러가는 겁니다."

이는 1920년대 말에 일어난 재정 파산에 관한 글을 쓴 갈브레이스J. K. Galbraith의 실용주의 관점과 맥을 같이 한다. 재정을 안정시키는 최선의 방법은 이전의 파산이 발생했을 때 거기에 있었던 사람들의 말을 경청하는 것이라고 그는 주장했다. 재정 파산이 일어나는 이유에 대해 그는 이렇게 설명한다. "지난 파산을 기억하는 자들, 곧 그로 인해 형성된 성품과 기억을 가진 자들이 죽거나 은퇴했기 때문에 사람들에게 무책임한 짓을 하지 않도록 경고하지 못하는 데에 원인이 있다."

그 은행가와 대화를 나누고 얼마 지나지 않아 영국의 공공생활에 화산폭발 같은 거대한 사건이 또 일어났다. 이 사건은 타락한 정치인들이 연루된 것이라서 다른 나라 국민들은 우리가 야단법석 떠는 걸 재미나게 구경했을 것이다. 많은 나라의 국민들은 영국의 정치인은 타락했고 시민은 속수무책이라고 단순하게 생각했겠지만, 이 사건은 영국의 시스템을 뿌리까지 흔들어놓았다. 표면에 떠오른 것은 일부 정치인들이 납세자가 보기에 너무도 터무니없고 사기성이 농후한 온갖 항목으로 비용을 청구해왔다는 사실이었다. 이를테면, 존재하지도 않는 부동산에 대한 모기지 지불금과 같은 것이다. 정작 그들은 자기네는 어디까지나 규율 안에서 행했다고 둘러댔다. 글쎄, 그랬을지도 모르겠다. 그런데 그 규율은 그들 스스로 만들어낸 것 아닌가! 사람들의 도전을 받자 일부 정치인은 공적 자금을 자기네 부를 축적하는 데 사용하는 게 문제가 없다는 식으로 말했다.

그러다가 대중의 압력이 거세지자 결국 항복하고 비용 청구 사실을 공개하기로 했다. 물론 그에 앞서 주요 항목들을 잉크로 지워서 읽기 어렵게 만드는 일도 잊지 않았다. 지금까지는 사람들이 정치인을 약간 의심하는 정도였다면, 이번 사건은 정치인에 대한 남은 신뢰마저 완전히 무너뜨리고 말았다.

이 문제는 많은 돈이 연루된 불쾌한 사건이면서도 어느 면에서는 어처구니없는 일화였다. 그런데도 여기서 이 이슈를 제기하는 것은 21세기에 도덕적인 문제가 고개를 들고 있음을 보여주는 사건이기 때문이다. 당신이 믿은 뒤에 무슨 일이 일어나는가? 민주주의에서는? 서양의 금융 시스템에서는? 차세대 공공생활과 지구촌에서는? 우리는 규율과 규정에 의지하여 살 수 있는가? 그것들은 믿을 만한가? 현명한 성품을 개발하기보다는 억제에 익숙한 심성을 갖도록 부추기지는 않을까? 거꾸로, 사람들이 자기 자신에게 충실하게끔 내버려두고 모든 게 잘 되길 바라기만 한다면 과연 무슨 일이 일어날까? 아니면 일단 성품이 개발되어 사람들이 희생적인 공공 정신에 입각해서 행동하면 일이 잘 돌아갈까?

이와 비슷한 이야기가 담긴 또 다른 예를 살펴보자. 나는 2년 전에 아주 유명했던 잉글랜드 럭비 스타와 함께 강연을 한 적이 있다. 그는 지난 10년에서 15년 사이에 럭비 경기가 갈수록 더 전문화되고 젊은 선수들에게 실적을 요구하는 엄청난 압력이 가해지는 등 어마어마한 변화가 일어났다고 했다. 요즈음 선수들은 지나치게 많은 코치를 받고 있단다. 이런 상황에 대응하는 법, 저런 전략에 대처하는 법, 경기를 장악하는 법, 경기를 헤쳐나가는 법 등 수많은 '움직임'을 배우고 있다는 것이다. 실은 게임을 즐기는 선수만이 완전히 새로운 상황이 전개되어도 즉각 대응할 수 있는 감각을 발휘할 수 있는데, 이제는 이런 선수가 별로 없는 형편이다. 따라서 예기치 않은 상황이 발생하면 선수들은 어쩔 줄을 모른다. 그런 상황에서 어떻게 해야 하는지 배우지 못했기 때문이다. 그들에게 부족한 것은 제2의 천성으로 경기 흐름을 읽고 재빠르게 해결책을 찾아내는 탄탄한 성품이다.

우리가 맨 처음에 제기한 질문은 일반인들에게가 아니라 그리스도인들에게, 그 중에서도 특정 신자들, 즉 최초 회심과 최후 구원의 견지에서만 사물을 보는 사람들에게만 국한된 것으로 보였을지 모르겠다. 그러나 사실은 그렇지 않다. 서구 세계 전체가 이 문제에 직면해 있다. 그리고 서구 세계가 한동안 세계 문화와 정치와 경제를 지배해왔으므로 조만간 온 지구촌이 이 문제에 봉착하게 될 것이다. "당신이 믿은 뒤에 어떻게 되는가?"라는 우리의 출발점이 처음에는 그리스도인 개개인에 관한 문제인 듯했다. 하지만 제니와 필립처럼 도덕적인 수수께끼의 고리를 돌고 도는 교회 전체와 관련되어 있기도 하다. 아울러 교회를 넘어서서 더 넓은 세계가 직면한 수수께끼와도 무관하지 않다. 어떻게 하면 우리는 개인 생활과 교회 생활과 공공 생활 등 여러 영역에서 취해야 할 바람직한 행동을 명료하고도 지혜롭게 선택하고, 또 그렇게 행동하는 법을 찾을 수 있을까?

이런 질문을 던지다 보면 결국 한 가지 해답으로 돌아오게 된다. 바로 성품이다. 흥미로운 사실은 예수님이 친히 청중에게 성품을 개발하라고 도전하셨다는 점이다. 이제 우리는 이 문제를 날카롭게 드러내는 유명한 사건 하나를 살펴볼 것이다.

∞

복음서 이야기 가운데 가장 자주 언급되는 장면은 부유하고 똑똑하고 열정적인 젊은이가 다급한 질문을 들고 예수님에게 뛰어오는 모습이다(마 19:16-30; 막 10:17-22; 눅 18:18-30). 한 가지 명심할 점은 고대 시대에 진지한 사람들은 뛰지 않았다는 사실이다. 그건 품위를 떨어뜨리는 행동이었다. 그러나 이 남자는 정말로 예수님을 만나고 싶었고, 자기의 의문에 대한 해답을 찾고 있었다. 아니면 문제 해결의 열쇠가 자기라고 생각했는지도 모르겠다. 그래서 품위를 접어둔 채 예수님에게 달려가 "제가 무슨 선한 일을 해야 합니까?" 하고 물었던 것이다. 그는 숨이 차고 흥분한 상태에서 이 비범한 선생이 무슨 말씀을 할지 귀를 쫑긋 세웠다. 늘 한 수 위에 있는 랍비처럼 보이는 이 예수가 이번에는 어떻게 답변하는지 보자는 심산으로 말이다.

이 열정적인 젊은이는 질문했다. 장래에 관한 질문이었다. 그는 어떤 희망을 품고 싶었다. 그리고 모든 사람이 그렇듯이 현재의 행동은 장래에 그에 걸맞은 결과를 초래할 것이라 믿었다. 1세기 유대인이었던 그는 특히 다가오는 하나님의 새 시대, 곧 세계를 만드신 하나님이 마침내 하늘과 땅을 하나로 묶으시고 온 창조세계를 정의와 평화와 영광으로 가득 차게 할 그때를 생각하고 있었다. "제가 영생을 얻으려면 무슨 일을 해야 합니까?" 하고 젊은이가 불쑥 물었다.

먼저 우리는 이 질문을 보고 금방 머릿속에 떠오르는 이미지를 말끔히 정리할 필요가 있다. 1세기 유대인이 '영생'을 입에 올릴 때는 우리가 흔히 상상하듯 천국에 가는 것을 염두에 두지는 않았을 것이다. '영생'이란 다가올 시대, 즉 하나님이 하늘과 땅을 하나로 묶어주시는 때, 하나님의 나라가 임하고 그분의 뜻이 하늘에서 이루어진 것처럼 땅에서도 이루어질 그때를 의미했다. 그때에 저도 그 나라에 있게 될까요? 어떻게 그걸 알 수 있습니까? 하나님이 이 가련한 옛 세계를 구출하고 약속하셨던 그 일을 행하실 때, 제가 그 시대의 사람이 되려면 어떻게 해야 합니까? 장래에 펼쳐질 일에 비추어 볼 때 현재 저는 어떤 인물이 되어야 합니까? 그게 저의 목표라면 거기에 도달하는 길은 무엇입니까?

1세기 유대 젊은이의 질문이기는 하지만 모든 시대와 장소에 걸쳐 누구나 공감할 만한 내용이다. 그런 질문은 종종 '행복'의 견지에서 제기되곤 한다. 어떻게 하면 참된 행복, 즉 내가 본래 누리게끔 되어 있으나 손가락 사이로 빠져나가기만 하는 그 만족스러운 인생을 찾을 수 있는가? 미국은 사실 이런 욕구를 최초의 헌법에 포함시킨 바 있다. 미국 헌법은 모든 사람이 생명과 자유와 행복 추구의 권리를 갖는다고 천명한다. 이 내용은 옛 철학자들이 이미 제기했던 질문을 다시 제기하게 만든다. 진정한 행복이 무엇인지 우리가 어떻게 아는가? 많은 사람이 행복을 추구하고 있으나 찾지 못하는 걸 볼 때, 과연 우리는 행복이 무엇인지, 그리고 그것을 찾는 최선의 방법이 뭔지 확실히 알고 있기는 한 건가? 우리가 완전한 인간이 되고 우리의 잠재력을 발휘하고 우리가 본래 되어야 할 그런 인물이 되려면, 지금 무엇을 해야 하는가?

흔히들 기독교의 목적은 "나는 어떻게 행해야 하는가?"에 답변을 주는 것이고, "나는 어떻게 참으로 행복해질 수 있고, 내가 본래 되어야 할 그런 사람이 될 수 있는가?"라는 질문은 철학자와 비종교인의 손에 넘겨야 한다고 생각할 것이다. 어쨌든 "어떻게 행해야 하는가?"라는 질문이 "어떻게 참으로 행복해질 수 있는가?"라는 질문과 서로 엇갈린다고 흔히들 생각하지 않는가. 이유인즉, 보통 행동 규범이란 것은 우리가 행복해지는 걸 막기 위해 고안되었다고 생각하는 경향이 있기 때문이다. 거꾸로 말하자면, 우리가 정말로 행복해지고 싶으면 그런 규율을 깨뜨리거나 적어도 구부릴 필요가 있다고 생각한다.

하지만 인생은 그보다 더 복잡하고 더 흥미진진하다. 진정한 기독교 신앙에 따르면, 행동하는 법과 행복해지는 법은 모두 다른 어떤 것의 결과물에 해당하는 것이다. 따라서 우리가 '다른 어떤 것'을 가려낼 수만 있다면(예수님에게 달려온 그 부유한 젊은이의 이야기가 이 방향을 가리킨다), 그에 따른 결과물에 대해서도 더 잘 알 수 있을 것이다. 인생의 궁극적인 목적에 대한 성경적인 비전은 행위의 문제와 보람 있는 인생의 문제가 서로 결부되어 있다는 걸 보여준다. 바로 내가 이 책에서 밝히고 싶은 부분이다. 하지만 이 책의 주 관심사는 어디까지나 행위의 문제와 이에 대한 기독교적 답변의 성경적인 뿌리를 다루는 일이다.

예리한 사람은 "어떻게 행해야 하는가?"라는 질문이 전혀 다른 두 가지 의문을 담고 있다는 점을 알아차렸을 것이다. 첫째, 이 질문은 행위의 '내용'을 언급한다. 달리 말하면, 구체적으로 어떤 행동을 해야 하고 어떤 것은 하지 말아야 하는가 하는 문제이다. 둘째, 그것은 내 행위의 '수단' 또는 '방법'을 언급한다. 내가 무엇을 하고 무엇을 하지 말아야 한다는 것을 안다고 가정하면, 나는 어떤 수단을 써서 그것을 실행에 옮길 수 있겠는가? 가장 오래되고 잘 알려진 도덕적 수수께끼 중 하나는 우리가 해서는 안 된다는 것을 알면서도 행하는 것과 우리가 했어야 한다는 것을 알면서도 행하지 않은 것이 뭔지 우리가 잘 알고 있다는 사실이다. 흥미롭게도 예수님은 이 질문의 양면에 대해 똑같은 답변을 주신 것 같다. "나를 따르라!"는 말쏨이다. 이는 당신이 '무엇'을 해야 할지, '어떻게' 그것을 행해야 할지를 모두 포함한 답변이다.

이제 예수님과 그 열정적인 젊은이가 만나는 장면으로 다시 돌아가 보자.

젊은이는 많은 1세기 유대인과 마찬가지로 하나님의 새로운 시대가 정통 유대인을 위해 준비되어 있다고 짐작했다. 여기서 정통 유대인이란 그 유명한 십계명으로 요약되는 율법에 순종하는 사람들을 일컫는다. 이것은 사람들이 추측하듯이 단순한 공로와 보상의 구조, 즉 규율을 지킴으로써 새 세계에 들어가는 입장권을 얻는 문제가 아니라, 오래 전에 하나님과 그분의 백성 사이에 맺은 협정이었다. 말하자면, 그분은 유대인들을 자기 백성으로 삼아 구출하셨고, 율법을 통해 유대인들이 그분에게 감사를 표현할 수 있도록 협정 조건을 명시하셨다. 그런데 젊은이는 살인과 간음과 도둑질과 거짓 증거와 탐욕을 일삼지 말고 부모를 공경하라는 협정 조건을 다 지켰다. 그럼에도 젊은이는 여전히 그 이상의 무엇이 있어야 한다고 생각했던 것 같다.

예수님도 젊은이의 생각에 동의하면서 '다른 어떤 것'을 제공하되 그를 전혀 새로운 영역으로 데려가신다. 이제까지 열거한 계명들은 십계명 뒷부분에 나오는 여섯 가지 계명이다. 그러면 다른 계명들은 어떻게 되는가? 안식일에 대한 언급은 없다. 다음 기회에 다룰 모양이다. 십계명의 첫 세 계명은 우리를 다른 영역, 곧 우상숭배를 피하고 오로지 하나님과 그분의 이름만을 영화롭게 하는 영역으로 데리고 간다. 예수님은 이 계명들을 인용하지 않으신다. 그 대신 젊은이의 생활에 딱 맞는 계명들을 다짜고짜 들이미신다. 만일 네가 '완전하게' 되고 싶으면 네 소유물을 모두 없애라고 말씀하신다. 그것을 팔아서 가난한 사람에게 나누어주고 나서 자기를 따르라고 하신다. 예수님을 따른다는 것은 하나님을 최우선에 두는 것이라는 충격적인 선언이었다.

여기서 무슨 일이 일어났는지 주목해보라. 젊은이는 성취감을 얻기 위해서 왔다. 그는 자기의 삶이 완전해지길 원했다. 현재에 완전하게 되어 장래에도 완전해지길 바란 것이다. 젊은이는 자기에게 부족한 무언가가 있다는 걸 알았고 완전한 상태에 이르고 싶었다. 예수님은 그에게 완전히 갈아엎는 일이 필요하다고 말씀하셨다. 그의 인생이 더 크고 외향적인 목적의 일부가 되어야 했던 것이다. 하나님의 나라를 으뜸으로 두고 이웃, 특히 가난한 이웃을 자신의 성취와 기대보다 우선시해야 한다는 말이다. 여기에 진정한 도전이 있다. 중요한 것은 한두 계명을 덧붙여서 도덕적 수준을 조금 더 높이는 게 아니라 완전히 다른 사람이 되는 것이다. 예수님은 젊은이에게 성품의 변화를 요구하신다.

하지만 젊은이는 그 도전을 받을 준비가 되어 있지 않았다. 그는 슬픈 표정을 지으며 돌아서서 떠나갔다. 여기에 이론과 실제, 명령과 수행 사이의 간격이 있다. 예수님은 그에게 무엇을 행해야 할지를 알려주셨으나, 젊은이는 그것을 어떻게 행해야 할지를 모르고 있었다. 이 질문은 복음서의 나머지 부분에 두루 걸쳐 있다. 하나님의 새 시대에 이르는 길은 무엇인가? 하나님의 나라가 온 세상을 정의와 평화로 가득 채울 시대에 이르는 길은 무엇인가? 어떻게 하면 우리는 새로운 세계를 물려받고, 지금 당장 이 일에 참여할 수 있는가? 우리는 무엇을 해야 하는가, 그리고 왜 그렇게 해야 하는가? 어떻게 해야 하는가? 이 모든 것을 파악할 수 있도록 해주는, 하나님의 장래를 보는 더 나은 안목이 있지 않을까?

이제 이 중요한 이야기판을 벌여놓고 떠나기 전에, 마가가 이 이야기의 깊은 의미를 암시하면서 어떤 틀로 이야기를 전개해가는지 주목해보자. 마가복음 10장을 보자. 이 본문은 예수님이 예루살렘으로 가시는 길목에서 생긴 일을 묘사하고 있다.

첫 번째 장면(2-12절)에서는 율법 선생 몇이서 예수님에게 이혼의 정당성에 관해 묻는다. 당시 갈릴리의 통치자였던 헤롯 안티파스가 남동생의 아내와 결혼했던 정황에서 이혼은 정치적으로 뜨거운 감자였다. 예수님이 주신 부담스럽고 알쏭달쏭한 답변은 남녀관계에 대한 하나님의 본래 계획으로 되돌아간다. 이어서 예수님과 그 일행이 막 예루살렘으로 들어가기 직전에 나오는 마지막 장면(35-45절)으로 넘어가자. 야고보와 요한이 예수님에게 장차 하나님의 나라에서 자기들이 예수님의 오른편과 왼편에 앉게 해달라고 부탁하자, 예수님은 다시 한 번 부담스럽고 알쏭달쏭한 답변을 주신다. 이번에는 인간의 권력이 어떻게 작동해야 하는지에 대한 하나님의 원초적인 계획으로 되돌아간다. 불과 50절도 안 되는 이 지면은 섹스와 돈과 권력의 문제를 다루되, 창조 때에 설계된 인생의 바람직한 모습을 비추어주고 더 큰 틀 안에서 본래의 목적을 상기시킨다. 예수님은 "여기에 너희가 순종해야 할 규율이 있다"고 하시거나 "너희가 할 일은 너희의 마음, 너희의 꿈을 좇는 것"이라고 말씀하지 않으신다. 야고보와 요한은 자신의 꿈을 좇고 싶었고, 이 점에서 헤롯도 마찬가지였다. 그러나 예수님은 "아니야, 꿈은 위험해. 대신 규율을 좇아"라는 식으로 답변하지 않으셨고, 이보다 훨씬 더 흥미롭고 변혁적인 성품의 변화를 꾀하셨다.

그런데 어떻게 해야 성품이 변화되고 바뀔 수 있을까? 마가가 들려주는 이 이야기 속 두 가지 짧은 장면이 답을 준다. 첫 번째 장면(13-16절)에서 예수님은 하나님의 나라에 들어가는 길은 어린아이의 길이라고 말씀하신다. 둘째 장면(32-34절)에서는 예수님 자신과 제자들이 예루살렘에 도착하면 본인은 죽임을 당하고 다시 살아나게 될 것이라고 예고하신다. 이 장면들은 인생의 큰 이슈들이 일반적인 틀과는 전혀 다른 틀 속에 맞춰져야만 해결될 수 있다는 것을 시사한다. 이 틀은 다름 아닌 하나님나라의 강림이라는 예수님의 의제와 나를 따르라는 그분의 말씀으로 요약될 수 있다.

이 의제와 부르심은 일반적으로 제시되는 인간의 행위에 관한 두 가지 견해와 크게 어긋난다. 인간 행위에 관한 이론은 크게 두 가지로 나눌 수 있다. 요컨대, 당신은 바깥에서 부과한 규율에 순종하든지, 당신의 마음속 깊은 데서 나오는 갈망을 좇든지 둘 중 하나이다. 우리는 보통 이 둘 사이에서 갈팡질팡한다. 한편으로는 하나님의 뜻이라고 생각하기 때문에 혹은 사회적인 관습이기 때문에 몇 가지 규율에 순종하면서도, 다른 한편으로는 기회가 주어지면 우리 자신의 꿈과 목표를 좇기도 한다. 이 두 가지 경로를 둘러싸고 많은 이론들이 정립되었는데, 이에 관해서는 다음 장에서 좀 더 자세히 생각해볼 것이다.

그런데 우리는 마가복음 10장에서, 다른 차원에서 작동하는 무언가를 발견하게 된다. 먼저 어떤 구체적인 행동에 대한 요구가 아니라 어떤 유형의 '등장인물'이 되라는 요청에 직면한다. 그리고 자기 자신을 어떤 '이야기' 안에서 배역을 맡은 존재로 보라는 요구를 받는다. 그 이야기는 한 위대한 등장인물을 주인공으로 삼으며, 우리는 그의 삶을 따르게끔 되어 있다. 그리고 이 등장인물은 한 가지 목표에 시선을 고정시키고 있으며, 자신의 삶과 제자들의 삶을 목표와 연관시켜 빚어가는 중이다.

이 모든 것은 다음을 시사한다. 즉, 마가복음은 예수님을 위대한 등장인물로 모시고 우리에게 어떤 규율을 지키라거나 꿈을 좇으라고 권하지 않는다. 예나 지금이나 철학자들이 나름대로 특정한 이름을 붙여준 그런 인간다운 존재가 되라고 권하고 있다. 내가 이 책에서 주장하는 바는 이렇다. 신약성경은 독자들에게 이런 의미의 인간다운 존재가 되는 법을 배우라고 권유한다. 그러면 도덕적 판단력이 생기고 훌륭한 성품이 형성되어 인간다운 삶을 살게 되리라는 것이다. 이처럼 인간다운 존재가 되고 훌륭한 성품으로 변화되는 것을 일컬어 '미덕virtue'이라고 부른다.

  미덕은 다양하고 복잡한 개념이다. 초기 기독교가 이 개념을 발전시킨 것을 보면 예수님의 첫 제자들이 당대의 철학자들과 의견을 같이한 듯하지만 또 다른 면에서는 그들과 확실히 달랐다. 이런 측면을 살펴봄으로써 우리 시대에 필요한 하나의 모델을 제시할 수 있다. 이른바 기독교적인 성품은 세상의 길과 근본적으로 다르면서도, 독보적으로 인생의 의미를 밝혀줄 수 있기 때문이다. 이 점을 자세히 살펴보기 전에 미덕이 실제로 어떤 모습을 지니고 있는지 알아보자. 이제 부자 청년이 예수님에게 달려갔던 시대로부터 2000년을 뛰어넘어 더 현명한 머리와 더 건전한 판단력을 지닌 21세기의 한 노인을 만나보자.

  2009년 1월 15일, 목요일. 뉴욕은 여느 때와 다름없는 하루를 맞이하고 있었다. 아니, 그렇게 보였다. 저녁이 되자 사람들의 입에 기적을 운운하는 소리가 흘러나왔다.

  그들의 말이 옳았을지도 모른다. 끝까지 들어보면 훨씬 더 흥미로운 이야기이다. 아울러 우리가 일반적인 성품 개발과 특정한 그리스도인의 성품에 관해 탐구하려고 발을 내딛는 시점에 딱 들어맞는 이야기이기도 하다.

노스캐롤라이나의 샬롯으로 향하던 US 에어웨이스 1549편은 오후 3시 26분에 라구아디아 공항을 이륙했다. '설리'라고 불리는 기장 체슬리 설렌버거는 모든 점검을 마친 상태였다. 에어버스 A320은 아무 이상도 없었다. 이륙한 지 2분이 지나 캐나다 기러기 떼와 정면으로 충돌하기 전까지는. 제트 엔진에 기러기 한 마리만 들어가도 심각한 문제인데 떼거리로 몰려왔으니 엄청난 재난이 아닐 수 없었다. 순식간에 양쪽 엔진이 크게 손상되어 기체는 힘을 잃었다. 당시 북쪽을 향하고 있던 비행기는 인구가 밀집되어 있는 브롱크스 지역 상공을 지나고 있었다.

설렌버거와 부기장이 승객들뿐 아니라 육지에 있는 사람들의 생명을 구하려면 짧은 순간에 여러 가지 결정을 내려야 했다. 거리가 조금 떨어진 곳에 있는 작은 비행장 한두 개가 눈에 들어왔으나 거기까지 갈 수 있을지 확신할 수 없었다. 가는 도중에 건물이 빽빽이 들어선 지역에 추락할 가능성이 컸다. 도시의 나들목에 있는 간선도로인 뉴저지 턴파이크에 불시착하는 방법도 있었지만, 역시 그곳을 지나는 차량들과 운전자들은 물론이고 비행기와 승객들에게도 굉장히 위험한 일이었다. 마지막으로 남은 대안은 허드슨 강이었다. 물 위에 불시착하는 것은 쉽지 않은 일이다. 자그마한 실수라도 하면 비행기는 체조선수마냥 계속 뒤집혀서 마침내 부서져 가라앉게 될 것이다.

착륙 전 2-3분 안에 설렌버거와 부기장은 다음과 같은 중요한 작업을 해야 했다. 먼저 엔진을 닫아야 했다. 적당한 속도를 유지하여 비행기가 동력이 없이도 가능한 한 오랫동안 활주할 수 있게 해야 했다. 또 비행기의 코를 내려서 속도를 유지해야 했다. 자동 조종 장치를 분리시켜 항공 관리 체계가 작동하지 못하게 해야 했다. 배출구와 밸브를 막는 불시착 시스템을 가동시켜 물에 닿는 순간에 최대한 방수가 되도록 해야 했다. 무엇보다 중요한 것은 날아가다가 비행기를 활주시킨 다음에 왼쪽으로 급회전시켜 남쪽을 향하게 하여 강물의 흐름을 따라 흘러가게 하는 일이었다. 게다가 이미 엔진을 끈 상태이기 때문에 배터리로 작동되는 시스템들과 비상용 발전기만 이용하여 그 작업을 해야 했다. 그 후에는 왼쪽 급회전으로 기울어진 동체를 똑바로 세워서 착륙할 때 비행기가 평형을 이루도록 해야 했다. 간단히 말해, 그들은 비행기의 코를 다시 세우되 너무 높지 않게 하고 똑바로 물 위에 착륙시켜야 했다.

마침내 그들은 성공했다! 모든 사람이 안전하게 빠져나왔다. 기장 설렌버거는 모두가 무사히 탈출했는지 확인하려고 복도를 두어 차례 오간 뒤에 마지막으로 빠져나왔다. 다른 승객들과 함께 구명보트에 탄 뒤에는 온몸이 얼어붙는 1월에 자기 셔츠를 벗어 추위에 떨고 있는 다른 승객에게 주었다.

이 이야기는 이미 여러 차례 회자되었고 관련된 모든 사람은 물론이고 모든 뉴욕 시민과 그 밖의 많은 이들의 기억 속에 영원히 살아 있을 것이다. 2001년 9월 11일의 대참사가 일어난 지 7년 4개월 만에 뉴욕은 이제 기념할 만한 비행기 이야기를 갖게 된 것이다.

내가 말한 대로 많은 사람이 이 극적인 사건을 기적이라고 묘사했다. 어느 면에서는 그런 표현에 의문을 제기하고 싶지 않다. 이 사건은 한 가지 중요한 진리를 아주 멋지게 보여주었다는 면에서 환상적이다. 이는 오늘날 많은 이들이 잊어버렸거나 처음부터 몰랐던 진리이다.

이것을 올바른 습관의 위력이라고 불러도 좋다. 상당 기간 훈련하고 경험을 쌓은 덕이라 말해도 무방하다. 또는 이 책에서 이제까지 다루었던 주제인 '성품'이라고 불러도 괜찮을 것이다.

옛날 작가들은 거기에 미덕이라는 이름을 붙였다.

이런 의미에서 미덕은 단지 '선善'의 다른 이름이 아니다. 때로는 이런 식으로 사용하는 바람에 그 본연의 맛을 잃는 경우도 있지만, 엄밀하게 말하면 선과 미덕은 같은 의미가 아니다. 미덕이란 누군가 선하고 옳은 일을 하기 위해 노력과 집중력이 필요한, 즉 자연스럽게 선택할 수 없는 천 가지 작은 결정을 내릴 때 생기는 것이다. 그리고 1,001번째가 되면 그것이 정말로 중요한 때에, 그들이 말했듯 '저절로' 필요한 일을 행하게 되는 것이다. 1,001번째의 경우에는 사실 그것이 그냥 일어나는 것처럼 보인다. 그러나 곰곰이 되짚어보면 그냥 쉽게 일어나는 것이 아니다. 만일 당신이나 내가 그날 오후에 에어버스 A320을 조종하면서 '자연스러운 몸짓'을 했더라면, 또는 우리가 그냥 '되는 대로' 내버려두었다면, 아마 여객기가 브롱크스 지역으로 추락했을지도 모른다. 이 본보기가 잘 보여주듯이, 미덕은 현명하고 용기 있는 선택이 제2의 천성이 되었을 때 비로소 생기는 것이다. 그러니까 제1의 천성처럼 자연스럽게 생기는 것이 아니라는 말이다. 오히려 일종의 이차적인 자연스러움이라 할 수 있다. 습득된 취향이 그런 것처럼 그런 선택과 행동도 처음에는 실천하기 어려워도 결국에는 제2의 천성으로 몸에 배는 것이다.

  설렌버거는 그 결정적인 3분 동안 선보였던 특별한 기술은 물론이고, 비행기를 조종하는 능력도 처음부터 타고나지 못했다. 필요한 기술들은 말할 것도 없고, 그가 보여준 용기와 절제와 냉철한 판단력과 타인에 대한 배려 등 그 어떤 자질도 태어날 때부터 소유하는 것이 아니다. 목표로 삼고 꾸준히 움직이면서 힘들게 노력하고 섭렵해야 할 기술들이다. 그렇게 행하고 싶어 하고, 그것을 배우기로 결심하고, 그것을 실행하기로 마음먹어야만 한다. 그것도 반복해서 말이다. 그렇게 하다가 어느 순간에 이르면, 설렌버거가 그랬던 것처럼 그런 선택과 행동이 저절로 일어나게 된다. 그런 기술과 능력이 머리끝에서 발끝까지 온통 배게 되는 것이다.

  설렌버거의 선택은 옳았다. 다른 대안들은 별로 생각할 여지가 없었다. 만일 기장과 부기장이 신참 조종사라서 자연스럽게 생각나는 대로 행동했다면 어떻게 되었을까? 또는 그들이 비상시에 따라야 할 자세한 지침이 담긴 책을 펼치고 해당 페이지를 찾아 그제서야 무언가 하려 했다면 어떻게 되었을까? 그들이 취해야 할 조치를 파악하기도 전에 비행기는 추락하고 말았을 것이다. 그들에게 필요했던 것은 특정한 강점으로 무장된 성품, 즉 비행기를 조종하는 법을 정확히 아는 미덕과 더불어 용기와 절제와 냉철한 판단력 그리고 타인을 위해 옳은 일을 하겠다는 결단과 같은 좀 더 일반적인 미덕들이었다.

이 네 가지 성품은 사실상 미덕에 관한 글을 쓴 위대한 옛 철학자가 진정한 인간 존재의 핵심 요소로 꼽았던 것들이다. 이에 관해서는 다음 장에서 살펴볼 텐데 그 전에 아주 구체적인 한 가지 미덕이 영웅적인 역할을 했던 또 다른 본보기를 소개하려 한다.

내가 사는 잉글랜드 북부 지방은 비가 많이 내리는 편이다. 그렇다 해도 2008년 9월 초에는 아주 예외적인 날씨가 이어졌다. 며칠 동안 쉴 새 없이 폭우가 쏟아졌는데, 한 달 동안 내릴 양이 한꺼번에 쏟아졌다. 산책하기에 알맞은 날씨가 아닌데도 한 가족이 용감하게 집을 나섰다. 우리 집에서 북쪽으로 24킬로미터가량 떨어진 체스터 릴리 스트리트에 있는 공원을 가로지르다 그 집 개가 큰 웅덩이에

텀벙 빠져버렸다. 세 살 된 딸도 그 개와 같은 처지가 되었다. 무방비 상태에서 갑자기 어린 딸이 사라져버린 것이다. 뛰어온 아버지는 개와 함께 딸이 사라지는 장면을 목격했고 순간적으로 무슨 일이 일어났는지 파악했다. 웅덩이 아래에서 흐르던 물이 하수구 뚜껑을 깨고 흘러넘쳤고, 여자아이와 개는 하수구 속으로 빨려 들어간 것이다. 아버지인 마크 백스터는 약 90미터 떨어진 강으로 하수가 쏟아져 나온다는 사실을 바로 떠올렸다. 그래서 강을 향해 뛰기 시작했다. 아니나 다를까, 강에 도착해보니 딸아이의 코트가 강 하류로 떠내려가는 것이 보였다. 딸 로라 역시 얼굴이 물에 잠겨 떠내려가고 있었다. 즉시 뛰어들어 딸을 건져보니 부상은 당했어도 다행히 살아 있었다.

또 하나의 기적이라고? 어떤 의미에서는 그렇다. 물론 온갖 일이 일어날 수도 있었다. 그 여자아이가 지하의 어느 지점에 걸려버릴 수도 있었다. 이미 물을 너무 많이 마셔서 익사했을 수도 있었다. 하지만 내가 이 이야기를 들으면서 가장 인상 깊었던 점은 아버지가 강둑으로 뛰어간 일이다.

"나쁜 생각이 들 때마다 억지로 다른 생각을 하려 했습니다"라고 그가 말했다.

바로 거기에 비결이 있었다. 마크 백스터는 자기가 할 일을 단계적으로 생각하지 않았다. 그는 일순간에 '자기 할 일'을 파악했다. 하지만 그에게는 자기의 생각을 확고히 장악하는 자기 훈련이 필요했다. 분명 온갖 두려움과 공포가 몰려와서 그를 공황상태에 빠뜨리거나 갈기갈기 찢어놓으려고 했을 것이다. 그러나 그는 우리가 흔히 말하는 침착한 정신을 잃지 않았고 두려움을 물리칠 수 있었다. 의식적으로 나쁜 생각을 좋은 생각으로 바꾸고 자기가 할 일에 집중하는 노력을 기울였다. 이것이 바로 성품이다.

성품은 우연히 생기지 않는다. 그것은 어떤 것을 정말로 잘하는 데 필요한 자기 훈련을 통해서 생긴다. 악기를 배우는 일, 트랙터를 고치는 일, 강의를 하는 일, 고아원을 운영하는 일 등에 모두 적용된다. 물론 지혜로운 인간으로 사는 일도 여기에 포함된다. 당신이 무척 어렵거나 복잡한 일에 열중할 때는 정신이 훌쩍 달아나서 더 쉽거나 더 매력적인 것에 집중하고 싶어질 것이다. 따라서 일을 완수하려면 작업에 집중하도록 분산된 정신을 억지로라도 되돌려놓아야 할 것이다. 마치 지속적으로 힘겨운 운동을 하려면 몸의 근육을 움직여야 하는 것처럼, 일을 완수하려면 그에 필요한 정신 근육을 단련하지 않으면 안 된다. 이런 이유로 몇 시간씩 계속해서 텔레비전을 시청하는 것은 나쁜 습관일 수 있다. TV 프로그램은 가벼운 사고를 하도록 고안되었다. 고된 일을 피하고 흘러가는 대로 몸을 맡기는 훈련을 시키는 셈이다. 물론 편하게 쉬는 면에서는 괜찮지만, 온전한 인간이 되는 데 필요한 정신적인 습관을 기르는 면에서는 부정적이다. 내가 이 대목을 쓰는 동안 라디오에서는 체중 감량 프로그램을 선전하는 광고가 흘러나오고 있다. 광고 모델이 "음식을 먹고 싶어 하는 욕망은 내 위장이 아니라 내 머리 속에 있다"고 흥분된 목소리로 말한다. 이 점을 인식하는 것이 중요하다. 생각을 바로 잡아라, 그러면 행위가 뒤따라오리라.

알고 보니 마크 백스터는 영국 공군 부대에서 일하고 있었다. 체슬리 설렌버거처럼 그는 자기 훈련의 중요성을 강조하는 현장에서 일하면서 성품을 익혔던 것이다. 상황을 판단하고 할 일을 파악하고 본능적으로 해내는 능력과 그 일을 할 때 당신을 위협하고 마비시키는 생각을 멀리할 수 있는 능력은 서로 별개의 것이다. 후자야말로 미덕이 완전한 효과를 발휘하는 데 필요한 일종의 정신 훈련이다. "억지로 다른 생각을 하려 했습니다." 이것은 우연히 얻게 되는 기술이 아니다. 습득해야 하는 기술이다. 그리고 어떤 영역에서 생활하고 일하든지 꼭 필요한 훈련이다. 언제 그런 훈련이 요긴할지는 알 수 없다. 또 언제 이 훈련 덕에 생명을 구하게 될지도 모른다. 그때가 오면 아마 멈춰 서서 생각할 시간이 없을 것이다. 그래서 정신 훈련인 성품은 당신의 몸에 완전히 배어 있어야 한다.

이 이야기에 딸린 흐뭇한 이야기가 또 하나 있다. 세 살짜리 여자아이 로라는 수영 레슨을 받고 있었다. 몸을 완전히 펴고 자기를 받쳐주는 물 위에 뜨는 법을 이미 배운 것이다. 로라가 구출되고 나서 의식을 되찾았을 때, 물에 뜨는 법을 써 먹으려고 했으나 하수구가 너무 좁아서 그럴 수 없었다고 하더란다. 그 어린 나이에도 뜻밖의 위험에 처하면 안전을 위해 스스로 해야 할 일이 있다는 것을 배웠던 것이다. 또한 로라는 이상한 일이 갑자기 일어났을 때 공황상태에 빠지지 않는 법도 이미 습득한 상태였다.

다행히도 인생의 상당 부분은 비상사태에 대처하는 일과는 상관없이 흘러간다. 그런데 특별한 순간에 행동하는 법과 일상적인 삶에서 행하는 법을 아는 일이 그리 단순하지 않다는 게 문제이다. 물건을 훔치거나 남을 괴롭히거나 거짓말을 하면 안 된다는 말을 듣고 빨리 먹으라든가 가만히 앉아 있으라든가 울지 말라든가 잠자러 가라는 소리를 듣는 순간부터 어린아이는 이미 욕구와 바람, 명령과 금지, 느낌과 추정, 물음과 기대로 점철된 혼란스러운 세상에 들어간 셈이다. 이 세상을 지혜롭게 항해하고, 온전하고 성숙한 삶을 향하여 자라는 법을 배우는 일이 우리 앞에 놓여 있다. 그리고 이런 역동적인 미덕이야말로 신약성경이 제시하는 기독교적인 행실의 핵심이다. 여기서 미덕이란 인간의 참된 목표를 지향하는 마음의 습관을 기르고 그런 생활방식을 실천하는 것을 일컫는다. 이것이 바로 성품을 개발한다는 말의 뜻이다. 짧든지 길든지 당신이 믿은 뒤에 우리에게 필요한 것, 또 기독교 신앙이 우리에게 선사해주는 것이 바로 이것이다.

이런 각도로 접근하면 의외의 상황을 맞이하게 된다. 내 경험상 수많은 그리스도인은 이런 식으로 생각해본 적이 전혀 없으므로 온갖 헷갈리는 상황을 만나게 된다. 단도직입적으로 말해서 미덕은 오늘의 세계에서는 혁명적인 개념이다. 이 시대의 교회에서도 마찬가지이다. 그러나 혁명이야말로 우리에게 꼭 필요한 것이 아닌가. 이 것이 우리가 처음에 제기한 질문들에 대한 해답이다. 당신이 믿은 후에는 기독교 특유의 미덕을 실천함으로써 그리스도인다운 성품을 개발할 필요가 있다. 현명한 도덕적 결정을 내리려면 규율을 아는 것이나 당신이 진정 누구인지를 발견하는 것으로는 불충분하다. 기독교의 미덕을 개발할 필요가 있다. 이런 식으로 성품이 형성된 사람들이라야 오늘처럼 혼란스럽고 위험한 시대에 절실히 필요한 지혜로운 리더십을 발휘할 수 있다. 우리 사회는 실용주의자들과 자기 이익을 위해 위험을 감수하는 자들이 차고 넘친다. 하지만 우리에게 정작 필요한 것은 훌륭한 성품을 가진 인물이다.

그러면 조종사가 비행기를 강 위에 안전하게 착륙시킨 이야기, 그리고 아버지가 나쁜 생각을 물리치고 자기 딸을 구출하는 이야기와 같이 인간의 미덕을 보여주는 이런 이야기들은 예수님을 따르는 삶에 어떤 도움을 주는가? 전자와 후자는 전혀 다른 문제가 아닌가?

기독교 역사상 가장 위대한 지성들이 선천적인 인간의 미덕과 기독교 특유의 미덕이라는 문제를 붙들고 씨름한 결과 그들은 다양한 답변을 내놓았다. 그 모든 답변의 핵심은 이렇게 정리할 수 있다. 성품과 미덕이 제2의 천성이 되는 것은 진정한 인간이 되는 것과 다르지 않다는 것이 기독교적 견해라는 것이다. 진정한 인간상이란 우리가 상상조차 하기 힘든 최고의 인간이 되는 것이다. 만일 그렇다면 미덕에 대한 다른 관점들과 기독교의 관점 사이에는 중복되는 부분이 있을 것이다. 사실 초기 그리스도인들은 예수 안에서 그리고 그분을 통하여 완전히 다른 인간이 되는 길을 찾는 동시에, 옛 현인들에게서도 최상의 지혜를 발견할 수 있다고 주장했다. 신약성경에도 이런 부분이 드러나는 게 사실이다.

그렇다면 제임스와 같은 사람, 즉 최초의 신앙고백과 죽음 이후의 마지막 열매 사이에 있는 인생을 어떻게 살아야 할지 고민하는 사람에게 초기 그리스도인들의 견해는 무엇을 의미하는가? 그리고 제니와 필립처럼 교회 회의에서 서로 충돌하여 아직도 상처가 가시지 않은 사람들에게는 무슨 의미가 있는가? 뿐만 아니라, 도덕적으로 문화적으로 혼란스런 상태에서 이리저리 비틀거리고, 정치적인 격변과 경제적인 지각 변동으로 말미암아 헤매는 이 세상에는 무슨 메시지를 주는가? 어떤 의미에서 이 책은 이런 질문에 답하려는 하나의 시도라고 할 수 있다. 그런데 시작하기 전에 짚고 넘어가야 할 게 한두 가지 있다.

내가 이미 암시했듯이, 사람이 어떻게 행해야 하는가의 문제에 접근하는 방식은 보통 두 가지로 나뉜다. 첫째, 당신은 좋든 싫든 당신에게 부과된 책임과 의무와 규율에 따라 살 수 있다. 둘째, 당신은 그 모든 것으로부터 자유롭다고 선언하고 나서, 본연의 자아와 진정한 정체성을 발견하고 마음이 이끄는 대로 행하면 진정성과 자발성을 찾을 수 있다고 주장할 수 있다. 제니와 필립은 미처 모르는 사이에 이런 논쟁을 한 셈이다. 제임스 역시 이 문제에 봉착한 경우이긴 하지만, 그것을 좀 더 큰 도전 안에서 직면했다는 점이 다를 뿐이다. '우리는 애초에 왜 여기에 있는 것인가?' 하는 의문이 바로 그 도전이다.

이에 대한 기본적인 답변은 다음 몇 가지로 요약할 수 있다. 우리가 여기에 있는 이유는 타고난 하나님의 형상을 반영하는 진정한 인간이 되기 위함이고, 그것은 예배를 통하여 그리고 다른 넓은 의미의 선교를 통하여 이루어진다. 아울러 그것은 예수를 따르는 것을 통해 이룰 수 있다. 성령의 사역으로 인해 우리 안에 성품의 변화가 일어날 때, 우리는 사실상 '규율을 지키게' 될 것이다. 단, 밖에서 부과한 의무감 때문이 아니라 우리 속에 형성된 성품으로 인해 그렇게 할 것이다. 그리고 우리는 또한 마음이 이끄는 대로 행하고 진정한 삶을 살게 될 것이다. 단, 평생 열심히 훈련받은 그 항공기 조종사와 같이 내면 깊숙이 형성된 변화된 성품이 작동하면 자발적인 결정과 행동으로 열매를 맺는 삶을 살 것이다. 그리고 이 세상에서 우리가 직면한 도전은 삶의 모든 영역에서 참신한 차세대 지도자들을 키우는 일, 곧 돈이나 권력에 대한 탐욕이 아니라 지혜와 섬김의 정신으로 성품이 다듬어진 인물을 기르는 일이다.

요컨대, 당신이 믿은 뒤에 일어나게끔 되어 있는 일은 바로 성품의 변화라고 할 수 있다. 이것은 매우 중요한 주제이다. 그래서 이 주제에 관해 예수님과 제자들이 뭐라 말했는지 살펴보기 전에 성품의 변화 자체에 대해 좀 더 자세히 다뤄보려 한다.

The Transformation of Character
2_ 성품의 변화

■

"이 사람아, 그것 보게. 자네가 덜컹거리면
자네를 잔뜩 채우고 있는 것이 무엇이든 그게 흘러넘치게 되어 있네."
바로 이 때문에 성품이 당신의 존재 전체를 장악할 필요가 있는 것이다.

The Transformation of Character

'성품'은 맛있는 브라이튼 록 막대사탕에 새겨진 글자와 같다. 유명한 사탕이 다 그렇듯, 사탕에 새겨진 이름은 1센티미터 정도를 깨물어 먹거나 빨아 먹어도 없어지지 않는다. 사탕의 가장 중심에 있어서 어느 쪽을 깨물어 먹어도 사라지지 않는다.

이 책에서 사용하는 '성품'이란 단어도 사탕에 새겨진 이름과 비슷하다. 신약성경에서도 종종 이런 뜻으로 쓰인다. 인간의 '성품'은 누군가의 몸에 완전히 배어 있는 생각과 행동의 패턴이므로, 당신이 어느 쪽으로 파고들든지 한결같은 인물을 보게 된다. 성품의 반대말은 피상성이다. 우리가 알다시피, 어떤 사람은 첫눈에는 정직하고 쾌활하고 인내심이 많은 것처럼 보이지만, 점점 더 알아갈수록 그건 겉모습에 불과하고 위기가 닥치거나 긴장이 풀어지면 부정직하고 까다롭고 조급한 성격을 드러낸다.

요점은 이렇다. 사실 브라이튼 록 막대사탕이 어떻게 제조되는지는 잘 모르지만, 일반적인 막대사탕의 경우 제품명이 저절로 깊숙한 곳에 새겨지지는 않을 것이다. 누군가가 새겨넣어야 한다. 마찬가지로, 예수님과 그의 첫 제자들이 건강한 그리스도인의 삶의 특징이라고 강조한 성품상의 자질도 자동으로 생기는 것이 아니다. 우리가 일부러 그런 자질을 개발하고 다듬으려고 노력해야 한다. 처음에는 좀 어색하고 부자연스러울지 모르지만 그와 같은 성품에 대해 생각하고, 성령님이 우리에게 그런 성품을 빚어주시도록 의식적으로 선택할 필요가 있다. 오로지 이런 방법을 통해서만, 갑자기 위기가 닥쳤을 때 순간적으로 지혜와 올바른 판단력으로 대처하는 성품을 소유할 수 있는 것이다.

우리가 이런 성품을 소유했는지 그렇지 않은지는 쉽게 판단할 수 있다. 익숙한 한 이야기가 이 사실을 잘 보여준다. 한 유명한 목사에게 성질이 급하기로 소문난 친구가 한 명 있었다. 어느 날 파티석상에서 목사는 친구에게 음료수를 대접하는 일을 도와달라고 부탁했다. 그리고 일부러 유리컵 여러 개를 쟁반에 올리고 음료수를 가득 채웠다. 그러고는 그 쟁반을 친구에게 넘겨주었다. 목사는 친구와 함께 음료수를 나눠주려고 방으로 들어갔다. 그리고 고의적으로 친구에게 부딪혀서 음료수가 흘러넘치게 만들었다. "이 사람아, 그것보게. 자네가 덜컹거리면 자네를 잔뜩 채우고 있는 것이 무엇이든 그게 흘러넘치게 되어 있네." 목사가 말했다. 우리에게 갑자기 어떤 시험이 닥쳐서 미처 생각할 겨를이 없을 때는 우리의 본성이 있는 그대로 드러나는 법이다. 그렇기 때문에 성품이 우리의 존재 전체를 장악할 필요가 있다. 무엇이 우리를 채우고 있든지 그것이 흘러넘치게 될 테니 말이다. 성품을 위해 무엇을 할 것인지는 우리 자신에게 달려 있다.

또 하나의 유명한 이야기는 다른 각도에서 이와 비슷한 교훈을 준다. 이번에는 유대인과 관련된 이야기이다. 언제, 어떤 상황에 처하든 논리적이고 명료한 사고를 하기로 유명한 랍비가 있었다. 이 랍비를 시험하려고 제자들이 어느 날 저녁 그를 데리고 나가 독한 술을 자꾸 권해서 잠들게 만들었다. 그 후 랍비를 들쳐 업고 묘지로 가서 비석 앞에 가지런히 눕혔다. 제자들은 랍비가 깨어나 무슨 말을 할지 지켜보았다. 그런데 그 위대한 사람은 잠에서 깨어나는 순간에도 논리적으로 한 치의 흔들림이 없었다. "첫째, 만일 내가 살아 있다면 왜 묘지에 누워 있는 것일까? 둘째, 만일 내가 죽었다면 왜 화장실에 가고 싶은 것일까?" 이처럼 기이한 상황에서도 그의 두뇌는 여느 때 못지않게 명료했다.

이런 종류의 성품은 일반적인 인간의 현상이고, 기독교적인 성품은 이것이 변형된 독특한 형태라고 할 수 있다. 우리는 상대방의 삶이나 생각이나 행동 등 어디를 찌르든지 모든 면에서 불쾌하거나 파괴적인 특성을 드러내는 사람을 일컬어 나쁜 성품을 지닌 사람이라 한다. 그리고 좋은 성품을 지닌 사람에 관해서도 이런 저런 얘기들을 한다. 물론 똑같은 말을 쓰더라도 사람에 따라 조금씩 다른 의미로 사용하는 게 사실이지만, 공통적으로 유념하고 있는 특성이 무엇인지는 잘 알고 있다. 좋은 성품을 지닌 사람은 분명히 정직하고 믿을 만하고 침착하고 신실하고 친절하고 관대할 것이다.

서구 문화에서 이른바 좋은 성품에 포함되는 많은 요소는 오랜 세월에 걸쳐 기독교의 영향을 받아 형성되었다. 일반 문화가 오랫동안 기독교적인 뿌리를 뿌리치려고 노력했음에도, 여전히 넓은 의미의 좋은 성품과 좁은 의미의 기독교적인 성품 사이에는 중복되는 면이 상당히 많다. 이와 같은 특징은 이 책 전반에서 발견된다. 기독교의 주장에 따르면 그리스도인이 되는 것은 좀 더 참다운 인간이 되는 것을 포함한다. 그래서 우리는 특히 기독교적인 성품에 초점을 맞추려 한다. 따라서 우리가 그리스도인다운 성품을 개발하는 문제를 탐구할 때는 우리 사회가 시급히 재발견하고 개발할 필요가 있는 이른바 성품에 관한 문제와 상당 부분 겹칠 수밖에 없다.

그러면 이 성품이란 것은 어떻게 변화되는 것일까? 어떤 과정을 거쳐서 바뀌는 것일까?

성품은 세 가지에 의해 변화된다. 첫째, 올바른 목표를 지향해야 한다. 둘째, 목표에 도달하는 데 필요한 단계들을 파악해야 한다. 셋째, 그 단계들은 제2의 천성 곧 습관이 되어야 한다.

이처럼 간단하게 말하면 멋있게 들리지만, 항상 말은 실천보다 쉬운 법이다. 많은 사람들이 그리스도인의 행실에 대해 여러 다른 각도로 접근했기 때문에 먼저 그들이 제시한 대안들을 짧게 살펴보는 게 좋을 것 같다.

우선 우리가 1장에서 만났던 사람들을 다시 만나보자. 제임스를 비롯한 많은 사람들에게는 성품이라는 개념 자체와 내가 지금 설명하는 성품의 변화에 대한 이야기가 전혀 생소하게 들릴 것이다. 교인들은 이제 막 신앙을 갖게 된 이들이 일정한 방식으로 행하기를 기대하는데, 대개 성품의 견지에서보다는 직접적인 의무의 견지에서 바라본다. 달리 말하면, 그리스도인들은 규율에 따라 살 것이라는 기대를 받고 있다는 뜻이다. 만일 실패하면 다시 회개하고 다음번에는 더 잘 하려고 애쓰면 된다. 우리는 그리스도인다운 삶을 살든지 그렇지 않든지 둘 중 하나이다. 가슴 깊은 곳에서 천천히 오랜 시간에 걸쳐 일어나는 습관의 변화나 도덕적인 변화라는 말을 입에 담으면 의심의 눈초리를 받게 된다. 행위를 통해 칭의에 이르려는 듯한 인상을 주기 때문이다. 말하자면, 자기의 노력으로 구원을 얻으려는 모습으로 보인다는 뜻이다. 규율을 지키는 일은 당신을 의롭게 하거나 구원하는 일에 아무런 기여도 할 수 없다. 그것은 그냥 당신이 마땅히 해야 할 일이다. 거기에 어떤 성품의 변화가 포함되어 있다면, 그 변화는 회심할 때 성령의 사역으로 말미암아 이미 일어난 일이다. 만일 성령님이 정말 누군가의 마음과 삶 속에 오셨다면, 그 사람은 당연히 하나님의 뜻에 따라 살고 싶어 할 것이다. 따라서 그것은 도덕적으로 노력하고 씨름할 문제가 아니다. 일단 당신이 믿은 후에는 규율을 준수하는 일이 쉬워질 수밖에 없다.

그러나 필립을 비롯해 그와 비슷한 노선을 좇는 오늘날의 많은 신자들이 중요시하는 것은 '진정성authenticity'이다. 자신에게 충실한 것은 정말로 중요하다. 하나님이 당신을 있는 그대로 받아주신 만큼 이제 당신은 감사하는 마음으로 살아야 한다. 당신에게 생소한 어떤 도덕적 규율과 표준을 억지로 지키려고 하는 것은 하나님의 값없는 용납과 당신의 진정한 실존을 모두 부인하는 일이다. 당신이 믿은 후에는 당신이 진정 누구인지를 발견하고 그에 따라 살아야 한다. 가장 깊은 차원에서 당신의 마음이 지시하는 일이면 무엇이든 자발적으로 행해야 마땅한 것이다.

이 책의 목적은 그리스도인의 삶과 관련하여, 표면상 이 두 가지 관점과 비슷하되 실질적으로는 완전히 다른 비전을 제시하는 것이다. 이 비전은 미덕에 관한 성찰의 전통 안에 서 있지만, 예수님과 신약성경의 도덕적인 도전에 의해 변형되었다. 이에 관해서는 잠시 후에 좀 더 자세하게 설명할 예정이다. 지금은 일종의 예비 단계로서 무슨 뜻으로 기독교적인 맥락에서의 성품 형성을 얘기하는지, 그리고 미덕이란 용어는 어떤 의미로 사용하는지 좀 더 자세히 설명할까 한다.

그리스도인의 삶의 전반적인 목적 내지는 최종 목표는 무엇인가? 여기서 우리는 예수님과 부자 청년의 대화를 논할 때 암시했던 논점을 약간 더 발전시킬 필요가 있다. 서구의 많은 그리스도인들은 신자가 되는 목적을 단지 죽어서 천국에 가는 것이라고만 생각해왔지만, 신약성경은 그보다 훨씬 더 풍부하고 흥미로운 그림을 제시한다. 물론 현세에서 예수님에게 속해 있는 사람들은 일단 죽으면 그분과 함께 있게 될 것이다. 이는 신약성경의 여러 곳에 나오는 약속이다. 그러나 그것은 출발점에 불과하다. 우리가 예수님이 계신 곳에서 안식과 회복의 시간을 가진 뒤에 마지막에 이르면 하나님은 온 세계, 온 창조질서, 완전히 새로운 세상을 주겠다고 약속하셨다. 그 세계는 위로부터 아래까지 온통 새롭게 되어 '물이 바다를 덮음 같이'(사 11:9) 마침내 하나님의 임재와 영광으로 가득하게 될 것이다. 그러면 우리에게는 무슨 일이 일어날까? 우리는 새로운 몸을 덧입고 하나님의 새로운 세계에서 기쁨과 능력을 갖고 살게 되리라. 이는 많은 그리스도인이 동경하는 궁극적인 장래의 소망보다 훨씬 더 크고 완전한 그림이며, 신약성경이 우리에게 약속하고 있는 것이기도 하다.

이제 그리스도인의 삶의 목표에 대한 이런 비전을 묵상하면서,

"다른 목표들과는 상반되는 '이' 목표에 도달하게 해주는 단계들은 무엇인가?" 하고 자문해보라.

이에 대한 답변은 신약성경 여기저기에서 발견할 수 있는데, 바로 마지막 날에 우리에게 약속되어 있는 그 변화가 이미 예수님 안에서 시작되었다는 것이다. 하나님이 예수를 죽은 자 가운데서 살리셨을 때 하나님은 새로운 창조의 프로젝트를 시작하셨고, 지금 여기에서 그 프로젝트의 일부가 되라고 모든 사람들을 부르셨다. 이는 곧 우리가 궁극적인 목표를 향하여 내딛는 걸음들, 즉 최초의 믿음과 최후의 구원 사이에 놓인 그리스도인의 삶의 의미를 이해하게 해주는 걸음들 역시 동일한 성품의 변화에 동참하는 것임을 뜻한다.

이 일이 어떻게 일어나는지는 나중에 살펴볼 것이다. 어쨌든 우리는 이 목표, 곧 새 창조 안에 있는 부활의 생명에 이르게 하는 단계들을 지금 여기에서도 밟아갈 수 있다. 그리고 이 단계들은 문자 그대로 성품의 변화를 도모하는 것이다. 현세에서 그리스도인이 지향할 목표는 완전히 그리스도인다운 성품으로 빚어지는 것이다. 이 목표는 당신이 일단 믿음을 가진 뒤에 추구하게끔 되어 있는 목표이며, 내세를 고대하면서 현세에서도 도달할 수 있는 목표이다.

이에 대한 테스트는 죽느냐 사느냐 하는 기로에 섰던 항공기 조종사와 같이 그런 위기가 닥쳤을 때 받게 된다. 그때에 당신이 제2의 천성이라 할 만한 기독교적 미덕과 함께 대처하는가, 아니면 너무 당황하여 도대체 어떻게 해야 할지 모르는 지경에 빠지는가 하는 것으로 성품의 완성도를 평가받을 것이다. 후자의 경우에는 당신이 마땅히 행해야 할 바를 행하지 못할 가능성이 크다.

그러나 갑작스러운 도덕적인 도전 자체가 그리스도인의 삶, 즉 변화된 성품을 지탱해주는 주된 양식은 아니다. 이는 기러기 떼와 부딪히는 일이 항공기 조종사에게 매번 있는 일이 아닌 것과 마찬가지이다. 이런 경우는 일종의 비상사태로 오랜 세월 조용히 형성되어온 성품이 그 진면목을 드러내는 때이다. 하지만 이 순간에 직면하여 큰 압박 아래서도 올바른 일을 할 수 있는 성품은 그보다 훨씬 더 긍정적이고 장기적인 목적에 의해 빚어진 것이다. 이에 관해서는 다음 장에서 다룰 예정이다.

여기에서는 다음 장으로 넘어가기 전에 몇 가지 이슈를 더 다루어야겠다. 우리가 다룰 이슈들은 훌륭한 그림의 배경과 같이 생각보다 더 큰 영향을 끼치는 것들이다. 첫째, 이 모든 것은 서양 세계의 미덕에 관한 사상은 물론이고 유명한 도덕 사상의 지도에서 어느 지면에 속하는가? 둘째, 성품의 변화에 관한 논의는 뇌 발달에 대한 최근의 연구 및 언어 등 다른 것을 학습하는 방법에 관한 의문과 상관관계가 있는가? 이 두 가지 질문에 대한 다음 답변이 일부 사람들에게는 의외로 느껴질 테고, 어쩌면 격려의 소리로 들릴지도 모르겠다.

∽

이제까지 내가 주장한 내용과 이 책의 나머지 부분에서 개진할 내용은 아리스토텔레스까지 거슬러 올라가는 도덕 사상의 전통에 대한 기독교적인 답변이 될 것이다. 이 전통은 고대 세계에서 형성되었다. 그래서 바울과 예수님의 초기 제자들의 가르침을 접한 진지한 1세기 독자들은 전통 도덕 사상이 주는 메시지를 곰곰이 생각하며 염두에 두었다.

성품의 변화에 관한 삼중적인 패턴을 개발한 인물은 예수님보다 약 350년 앞선 아리스토텔레스였다. 앞서 언급했듯이, 우선시되는 것은 우리가 겨냥하는 궁극적인 목표, 즉 텔로스*telos*이다. 다음에는 우리가 목표를 향하도록 이끌어주는 단계들, 곧 목표에 도달하게 해주는 성품상의 강점들이 있다. 끝으로, 이 강점들을 제2의 천성, 바로 습관으로 바꾸어주는 도덕적인 훈련 과정이 뒤따른다.

아리스토텔레스는 그 목표를 꽃이 만발하듯 완전한 인간이 되는 것으로 보았다. 본인의 잠재력을 백 퍼센트 발휘하며 사는 사람, 완전하고 원만하고 지혜로운 사람, 그 성품이 완벽하게 잘 빚어진 사람을 생각하면 된다. 이 특별한 목표를 가리켜 아리스토텔레스는 에우다이모니아*eudaimonia*라고 불렀다. 이 단어는 종종 '행복'으로 번역되곤 하지만 그가 의도한 전문적인 의미로 보면 오히려 '최고로 번성한' 상태에 더 가깝다.

아리스토텔레스와 그의 제자들은 이 목표를 향해 가는 단계들이 바로 성품상의 강점들이라고 생각했으며, 성품이 잘 발달되면 인간이 서서히 꽃을 피우는 데 기여한다고 보았다. 마치 축구 선수가 몸의 여러 근육을 키우는 훈련을 하고 공을 다루는 다양한 기술을 연습하는 것처럼, 에우다이모니아에 도달하는 길은 이런 강점들을 훈련하는 것이라고 생각한 것이다. 그 가운데 한두 가지를 훈련하는 것으로는 충분치 않다. 예컨대, 다리 근육은 완벽하게 준비했으나 몸의 다른 부위들이 약하거나, 축구공을 멀리 찰 수는 있으나 상대 선수를 제치고 드리블을 할 수 없다면 축구 선수로 뛰기는 어려울 것이다. 마찬가지로, 완전한 인간, 최선의 인간이 되려면 우리가 곧 살펴보게 될 성품상의 모든 강점을 골고루 연마할 필요가 있다. 아리스토텔레스는 그런 강점을 '아레테*arete*'라고 불렀고, 훗날 라틴 저자들은 '비르투스*virtus*'라는 단어를 사용했으며, 여기에서 우리가 쓰는 '미덕virtue'이란 말이 나왔다. 즉 미덕이란 '완전히 번성한 인간'이 되는 데 기여하는 성품상의 다양한 강점을 일컫는다.

초기에 교회가 성장하고 널리 퍼지면서 새로운 삶의 방식을 가르치던 시기에는 아리스토텔레스 사상의 전통이 도덕 세계를 지배했다. 그 사상은 네 가지 주요 미덕을 가르쳤다. 바로 용기, 정의, 신중함, 절제이다. 아리스토텔레스는 이 미덕들이 완전한 인간이 되는 문을 활짝 열어주는 경첩과 같은 것이라고 주장했다. 그래서 이 네 가지 덕목은 종종 '기본 덕목cardinal virtues'이라고 불린다. 'cardinal'은 원래 경첩을 뜻하는 라틴어 '*cardo*'에서 파생된 단어이다. 로마

가톨릭 교회에서 임명되는 추기경cardinal은 경첩과 같은 사람이란 의미인데, 이는 나머지 사람들이 그의 사역에 '달려 있다'는 뜻이다.

물론 '기본 덕목'이 유일한 덕목은 아니다. 그러나 이 네 가지 덕목은 중심을 차지하는 미덕들이고, 나머지는 모두 그 네 가지에 달려 있다는 게 아리스토텔레스의 주장이다. 이 덕목들을 실천하라, 그러면 당신은 완전한 인간, '행복한' 인간, 최선의 인간이 될 것이라고 그는 말한다. 이것이 바로 우리의 인생이 지향하는 최종 목표이다. 미덕은 거기에 도달하게 하는 길이다. 갑자기 영웅으로 추앙받는 사람들, 이른바 기적과 같은 행동을 하는 사람들을 보라. 십중팔구 그들의 성품이 그렇게 형성되었다는 걸 알게 될 것이다. 이것은 스포츠에도 종종 적용된다. 굉장히 중요한 순간에 거의 불가능해 보이는 슛을 터뜨리는 선수는 남모르게 그런 슛을 수없이 연습하여 슈팅을 제2의 천성으로 만들었을 가능성이 크다. 남아프리카공화국의 골프 선수 게리 플레이어가 자기를 '행운아'라고 일컫는 한 비평가에게 이렇게 응답했던 것이 기억난다. "네, 저는 더 열심히 연습할수록 더 많은 행운을 얻게 된다는 걸 압니다."

항공기 1549편의 안전한 착륙을 기적이라고 부르는 것은 우리 문화가 그 놀라운 사건이 주는 진정한 도전과 참된 도덕적 메시지를 회피하기 때문이 아닐까 하는 생각이 든다. 미덕은 중요하다, 참으로 중요하다. 인간 본성의 커다란 문이 활짝 열려 그 본연의 모습을 드러낼 때에는, 이 미덕을 경첩으로 삼아 문이 열린다는 사실이 밝혀질 것이다.

　그런데 이 성품상의 강점들은 한꺼번에 왕창 생기지 않는다. 성품을 만들기 위해 공을 들여야 한다. 성품은 천천히 빚어지게 되어 있다. 마치 나무에게 때가 되기도 전에 열매를 맺으라고 강요할 수 없는 것처럼, 누군가에게 어떤 성품을 가지라고 강요할 수는 없는 노릇이다. 완전히 돋보이는 성품을 빚어줄 도덕적인 근육과 기술을 연마하기로 스스로 거듭해서 선택하지 않으면 안 된다. 우리가 꾸준히 오랫동안 체력을 단련하면, 예전에는 불가능하다고 여겼던 일들, 이를테면 마라톤을 완주하거나 하루에 50킬로미터를 걷거나 무거운 물체를 들어 올리는 등의 일들을 너끈히 해낼 수 있다. 마찬가지로, 성품상의 강점 내지는 미덕을 연마하는 과정을 꾸준히 오랫동안 밟아가면, 예전에는 불가능하다고 생각했던 생활, 즉 도덕적인 함정과 유혹을 피하고 진정 인간다운 면모를 드러내는 삶을 살 수 있게 될 것이다.

　말하려고 하는 요점은 이것이다. 과거에는 당신이 아주 힘겹게 씨름해야 할 수 있던 일을 이제는 자동적으로 할 수 있게 된다는 말이다. 기장 설렌버거의 예에서 보았듯이 어떤 일은 당신에게 제2의 천성과 같이 될 것이다. 그런데 만일 그런 위기의 순간에 직면하여 당신이 멈칫하면서 무엇을 해야 할지 생각해야 한다면, 그 순간은 후딱 지나가서 이미 재난을 피할 수 없는 상황에 이른다.

　신약성경의 저자들이 예수님의 본을 좇도록 권유하는 것을 보면,

어떤 면에서는 아리스토텔레스의 주장과 비슷하면서도 또 다른 면에서는 전혀 판이한 것을 알 수 있다. 이 양자는 마치 2차원 모델과 3차원 모델이 나란히 있는 모습과 비슷하다. 이를테면, 네모 곁에 정육면체가 있는 모습이나 원 곁에 구球가 있는 모습과 같다는 뜻이다. 예수님과 그 제자들이 제시하는 3차원 모델을 아리스토텔레스가 2차원 모델로 설명하는 꼴이다. 당신이 구를 갖게 되면 그 속에 원이 담겨 있지만 후자와는 사뭇 다른 어떤 것을 갖고 있는 셈이다.

이제 우리가 앞에서 살펴본 세 가지 단계를 잠시 생각해보자.

1. 아리스토텔레스는 도덕적으로 최고의 전성기에 도달하는 것이 인간의 목표라는 사실을 알았다. 이 점은 예수님과 바울, 그 밖의 제자들도 마찬가지였다. 그러나 예수님의 비전은 온 세계를 아우르는 그보다 더 크고 풍부한 것이었다. 인간에 대한 시각에 있어서도 인간을 홀로 자신의 도덕적 상태를 개발하는 개개인이 아니라 다가오는 하나님나라의 시민으로 보았다.

2. 아리스토텔레스는 진정 인간다운 삶에 도달하려면 이른바 미덕이라는 도덕적인 강점을 개발해야 한다고 생각했다. 예수님과 그의 첫 제자들도 그렇고 바울 역시 그와 비슷한 이야기를 했다. 그러나 목표에 대한 비전이 아리스토텔레스와 달랐기에 도덕적인 강점에 대해서도 다른 관점을 갖고 있었다. 그래서 사랑, 친절, 용서 등 아리스토텔레스가 높이 평가하지 않는 자질을 크게 부각시켰고, 고대의

이방 세계는 전혀 쓸모없게 여겼던 겸손이라는 미덕을 포함시켰다.
3. 아리스토텔레스는 궁극적인 목표를 특정한 성품을 가진 존재가 되는 것, 말하자면 오랫동안 좋은 습관을 갈고 닦아서 자동적으로 올바른 행동을 할 수 있는 사람이 되는 것으로 보았다. 이 점에 있어서는 예수님과 바울도 의견을 같이 한다. 그러나 이들은 그런 습관을 습득하고 실천하는 방식을 전혀 다르게 제시했다. 이 내용은 앞으로 함께 탐구해보자.

아리스토텔레스가 제시한 도덕 사상의 틀과 예수님 및 초기 그리스도인들이 제시한 성품 사이에는 이 밖에도 많은 상관관계가 있다. 하지만 이 책의 주제가 아니기 때문에 나는 일단 이만큼 다루는 것으로 만족할까 한다. 만일 우리가 사도 바울에게 아리스토텔레스의 덕 사상을 어떻게 생각하느냐고 물었다면, 유대인의 율법에 관해 진술했던 것과 비슷한 대답을 하지 않았을까? 아리스토텔레스의 가르침은 어느 지점까지는 무난하게 흘러가지만 그의 가르침이 약속하는 바를 실제로 안겨줄 수는 없다고 말이다. 달리 말하면, 그것은 대충 올바른 방향을 가리키고 있으나 거기까지 갈 방도가 없는 표지판과 같은 것이다.

이제 논의의 주제를 고대 철학으로부터 오늘날의 뇌 과학으로 옮겨보자. 사람들이 한결같이 같은 행동 패턴을 선택하면 뇌 안에서 물리적 변화가 일어난다. 어떤 사람들은 이를 하나의 상식으로 간주할지 모르지만, 아마 다수에게는 아주 흥미로운 사실로, 아니 어쩌면 두려운 사실로 다가올 것이다. 이 분야는 아직도 밝혀야 할 것들이 굉장히 많다. 신경과학은 여전히 유아기에 불과하다. 하지만 어떤 행동에 관한 중요한 결정을 비롯해 의미심장한 사건들이 당신의 뇌 속에 새로운 정보 경로와 패턴을 만든다는 사실은 이미 분명히 밝혀졌다. 신경과학은 뇌의 '배선'이란 은유를 자주 사용하는데, 물론 뇌 속에 실제로 배선이 깔려 있는 것은 아니지만 이런 은유가 적절한 것은 정보가 전류에 의해 뇌 속에서 여기저기를 돌아다니기 때문이다.

하지만 우리가 내리는 선택과 채택하는 행위에 따라 언제든 새로운 배선 패턴이 설치된다는 사실에는 더 의미심장한 정보가 들어 있다. 한 개인의 행위가 규칙적으로 뇌의 어떤 부위를 사용할 경우에는 그 부위가 실제로 커지게 된다. 예를 들면, 바이올린 연주자는 왼쪽 손이 더 커질 뿐 아니라, 왼쪽 손을 통제하는 뇌의 부위도 더 커지기 마련이다. 존 메디나John Medina는 《뇌가 지배한다Brain Rules》라는 흥미로운 책에서 "뇌의 이 부위들은 복잡한 연상 작용과 함께 커지고 부풀고 종횡으로 움직인다"고 말했다. 더 나아가서 "우리의 뇌는 외부 입력에 매우 민감하기 때문에 신체적 배선은 입력 내용을 둘러싸고 있는 문화에 의해 좌우된다"고 덧붙였다. 따라서 "습득하는 일은 뇌 속에 물리적 변화를 낳기 마련이며, 이 변화는 개인에 따라 각각 다르다."[1] 바꿔 말해, 우리가 여러 가지 것들을 서로 새로운 방식으로 연결하는 법을 배우게 되면, 우리의 뇌는 그런 연결 방식을 기록해놓는다. 마치 정원사가 예전에 일구어놓은 밭일수록 다음번에는 일구기가 더 쉽다는 사실을 깨닫는 것과 비슷하다. 즐거운 것이든 고통스런 것이든 뇌 속에 있는 일단의 연상이 강렬한 감정이나 신체 반응과 연관되어 있는 경우에는 다음번에 그런 연상을 유발하기가 훨씬 더 쉽다. 이처럼 현대 신경과학은 실제로 평생 습관이 형성되는 방식을 연구하고 또 그 지도를 그려내고 있다.

런던 택시 운전사들의 뇌 구조는 이런 현상을 잘 보여주는 가장 유명한 예이다. E. A. 맥과이어E. A. Maguire와 그 동료들은 연구를 통해 상당히 놀라운 증거를 밝혀냈다.[2] 런던은 지구상에서 손꼽히는 대도시들 중의 하나일 뿐 아니라, 일방통행로도 많고 구불구불한 뒷길에다가 휘어진 강과 위험 지역이 많은 아주 복잡한 도시이다. 그래서 택시를 운행하기 전에 운전사는 먼저 '지식'을 섭렵했는지 확인하는 엄격한 시험을 통과하지 않으면 안 된다. 수천 개의 도로 이름을 암기해야 할뿐더러 밤낮의 시간대에 따라 교통 상황이 바뀌는 만큼 어느 때에는 어떤 길로 가야 목적지에 수월하게 갈 수 있는지 알아야 한다. 덕분에 그들은 거의 지도를 볼 필요가 없을 정도로 세계에서 가장 효율적인 택시 운전사가 되기도 했거니와 그들의 뇌가 실제로 변화되기도 했다. 택시 운전사들은 공간적인 추론을 하는 것으로 알려진 뇌의 해마海馬가 보통 사람보다 훨씬 큰 것으로 밝혀졌다. 마치 우리 대부분이 알지도 못하는 특정 근육을 키우는 보디빌더처럼, 택시 운전사들도 우리 대다수가 거의 사용하지 않는 정신 근육을 개발하고 있는 셈이다.

우리가 아는 한 이런 연구 조사는 통상적으로 종교적인 이슈나 도덕적인 이슈를 염두에 두고 수행되는 것은 아니지만, 그런 이슈들과 관련하여 중요한 의미를 지닌다. 사람들은 특정한 사건에 대해서 아주 선명한 기억력을 보여주곤 한다. 자신의 상상과 감정 반응이 기쁨이나 충격, 환희나 공포, 진한 쾌락이나 심한 고통과 같은 특별한 순간에 의해 좌우된다는 생각을 해본 사람도 있을 것이다. 그러나 이와 같은 특별한 사건들뿐 아니라 수백만의 평범한 사건들조차도 신체 구조와 뇌의 전류 배선에 그 흔적을 남긴다는 사실은 깜짝 놀랄 만한 소식이 아닐 수 없다.

오늘날 대다수의 서구인은 자신의 정신을 이런저런 방향으로 틀 수 있는 중립적인 기계라고 생각하는 것 같다. 내가 런던 시내를 운전할 때와 북쪽 도시인 에든버러를 향해 운전할 때를 비교해보자. 자동차의 구조에는 아무 변화도 일어나지 않는다. 하지만 자동차가 나의 여행 경로를 기록해놓은 내면의 기억장치를 갖고 있다고 가정해보자. 그래서 내가 런던 방향으로 출발할 때는 자동차가 "우리는 런던으로 가려고 한다"는 모드로 바뀌어, 실제로는 버밍햄으로 가려 했는데도 불구하고 런던 방향 도로를 타도록 나를 슬쩍 밀어붙인다면 어떻게 되겠는가? 그럴 때에는 내가 좀 더 의식적으로 자동차가 선택한 길을 거부하고, 자동차에게 예상치 않은 일을 하도록 강요할 필요가 있을 것이다.

　마찬가지로, 내가 탈세하기로 결심한 것이 뇌 속에 한 전자 경로를 남겨서 다른 것 또는 다른 사람을 속일 때도 더 쉽게 속일 수 있도록 만들어준다고 가정해보라. 또는 전철을 타고 가다가 옆 사람의 무례한 행동에 짜증이 나더라도 참고 인내심을 키우기로 결심할 경우, 뇌 속에 어떤 경로가 생겨서 나중에는 정말로 불쾌한 행동을 하는 사람에 대해서도 잘 참을 수 있다고 한다면 어떻겠는가? 이미 시사했듯이, 이에 관한 연구 조사는 우리의 기대치에 훨씬 못 미치고 있으며 아직도 갈 길이 먼 실정이다. 그럼에도 불구하고, 도덕적 근육을 개발한다는 개념이 마치 신체 근육을 키우려고 헬스장에 가는 것과 충분히 비견될 수 있을 만큼 연구가 진척된 것은 사실이다.

　어느 영역에서든 습관을 배양하는 과정은 여러 가지 실례를 들어 설명할 수 있다. 우리가 쉽게 생각할 수 있는 예는 악기를 배우는 일이다. 왼쪽 손의 신경을 지나치게 사용하는 바람에 왼쪽 손이 몇 배로 커진 바이올린 연주자를 생각해보라.

　외국어를 배우는 일을 예로 들 수도 있다. 세상의 많은 사람은 모국어밖에 할 줄 모른다. 모국어는 그들이 배운 유일한 언어이고, 어떻게 배웠는지도 모르게 배웠다. 그럼에도 불구하고, 이 경우도 논증에 활용할 수 있다. 모국어가 무엇이든지 모국어를 배울 때 우리는 다양한 삶의 정황과 여러 면에서 상관관계가 있는 고도로 복잡한 습관의 그물망을 짓기 때문이다.

모국어를 배우는 첫 과정은 한 마디로 모방 행위라 할 수 있다. 어린아이는 부모와 형제가 말하는 것을 듣고 똑같이 말하려고 애쓴다. 그러나 아주 일찍부터 어린아이가 습관과 언어의 패턴을 섭렵할 뿐 아니라 미묘한 차이가 있는 새로운 것을 창조하는 것을 보면, 놀랍게도 독창력이 살며시 생기는 것을 알 수 있다. 그리고 이 단계에서 언어 전문가들이 말하는 엄청난 양의 문법과 어휘가 언제나 양방향으로 통째로 삼켜지고 흡수된다. 어린아이가 심한 난독증이 있든 타고난 천재이든 상관없이 습관이 형성되고 패턴이 뇌 속에 생기게 되는데, 이는 언어가 마침내 제2의 천성이 되는 것을 의미한다. 그래서 대화를 하면서 언어와 문법과 어휘에 관해 얘기하는 경우는 거의 없다. 이런 문제들은 누군가 당신이 이해할 수 없는 단어나 어구를 사용하는 경우에만 제기된다. 보통, 문법은 물론이고 어휘에 대해서조차 생각하지 않는다. 단지 대화의 주제에 관해서만 생각하기 마련이다.

그러므로 모국어를 배우는 일도 상당히 좋은 본보기라고 할 수 있다. 하지만 특별히 다음 두 가지 이유 때문에 어른이 되어서 새로운 언어를 배우는 일이 어려서 모국어를 배우는 것보다 더 나은 예시가 된다. 첫째, 어른이 되어 외국어를 습득하는 일은 훨씬 더 의식적으로 하는 활동이기 때문이다. 설사 모국어를 배운 '자연스러운' 환경을 그대로 본떠서 만든 초현대적인 언어 실험실에서 배운다 할지라도, 당신은 여전히 이 단어는 어째서 이런 식으로 형성되었는지, 어색한 불규칙 동사들이 정반대로 움직여야 할 때에도 어째서 이런 식으로 변형되는지 등에 관해 생각하지 않을 수 없다. 그 멋지고도 어려운 언어를 배울 때 당신은 그 언어를 살아 있게 만들어주는 뉘앙스와 은유와 강조점 등을 섭렵해야만 한다. 종종 실수를 하더라도 당신 앞에 놓여 있는 목표를 위해서라면 얼마든지 그럴 만한 가치가 있다. 만일 당신의 모국어가 영어인데 독일어를 배우고 있다면 독일어의 경우, 동사가 문장의 마지막에 온다는 사실을 지속적으로 유념해야 한다. 그리고 당신의 모국어와 아주 비슷한 언어라고 할지라도 암기해야 할 어휘가 꽤 많을 것이다. 이 작업은 언어의 여러 가지 패턴을 의식적으로 뇌에 새기려는 정신적인 노력과 신체적인 노력이 필요하며, 당신의 목표는 이런 노력과 의식적인 생각 없이도 말을 할 수 있는 수준에 도달하는 것이다. 우리가 앞으로 살펴보겠지만, 초기 그리스도인들이 하나님의 새로운 세계를 바라보며 서로서로 성품을 개발하라고 권유했을 때는 바로 이와 같은 복합적인 노력을 염두에 두었던 것이다.

  C. S. 루이스는 새로운 언어를 이해하는 과정을 자기가 고대 그리스어를 배울 때를 기억하면서 훌륭하게 묘사했다.

어떤 그리스어 단어의 뜻을 찾아 사전을 뒤적이고 그에 해당하는 영어 단어로 그리스어 단어를 대치하는 사람들은 사실 그리스어를 읽고 있는 것이 아니다. 그들은 단지 수수께끼를 풀고 있을 뿐이다. "나우스 *Naus*는 배를 뜻한다"는 표현은 그 자체가 잘못된 것이다. 나우스와 배는 어떤 사물을 뜻하는 것이지 서로 상대방을 가리키는 것이 아니다. 우리는 나비스*navis* 또는 나카*naca*의 배후와 마찬가지로, 나우스의 배후에도 돛이나 노가 달린 검고 가느다란 물체의 그림이 있는 것을 보고 싶어 하는 것이지, 쓸데없이 영어 단어가 끼어드는 것을 원치 않는다.3)

바로 이런 면에서 제2의 언어는 우리에게 미덕이 어떻게 작동하는지 그 실마리를 제공한다. 바로 제2의 천성이 되는 것이다. 모든 과정을 잘 거치면 마침내 당신은 부자연스러운 단계를 뛰어넘어 전혀 새로운 종류의 자연스러움에 도달하게 된다.

여기서 한 가지 주의할 점이 있다. 새로운 언어를 배우고 나서 그것을 잊어버리는 일도 가능하다는 것이다. 나는 젊은 시절에 여러 가지 언어를 배웠다. 개중에는 옛 시리아어도 있었는데, 발음이 물 흐르는 듯하고 멋진 옛 시들이 있어서 언어의 즐거움을 만끽했었다. 그러나 나는 삼사십 대를 거치면서 그 언어를 계속 연습하지 않았다. 아니나 다를까, 50대 초반에 무언가를 확인하려고 시리아 성경을 열어보니, 아뿔싸 알파벳조차 까맣게 잊어버린 상태였다. 미덕도 그와 같이 될 수 있다. 어린 시절에 관대함을 제대로 배운 사람이라도 어른이 되어서는 인색한 습관이 들어앉아 관대함을 몰아낼 수도 있는 것이다. 이 경우에는 예전보다 훨씬 더 어렵게 처음부터 다시 배워야 한다. 안타깝게도 그리스도인다운 삶을 살기 시작한 사람들 중에는 이와 같은 문제에 봉착하는 경우가 적지 않다. 이처럼 당신이 세웠던 목표를 잊어버리고 연습하는 일을 중단하면 배웠던 언어도 완전히 잊어버릴 수 있다.

제2의 언어를 배우는 일이 미덕의 좋은 본보기가 되는 이유가 또 하나 있다. 당신이 제2의 언어를 배우는 이유는 그 언어가 사용되는 장소에서 편안함을 느끼고 싶기 때문이거나, 적어도 그 나라의 문헌을 읽고 이해하기 위해서일 것이다. 그런즉 언어를 배운다는 것은 뚜렷한 목표를 염두에 두고 하는 일이다. 말하자면, 그 언어에 친숙해져 그 나라 시민처럼 유창하게 언어를 구사하는 사람이 되도록 뇌와 몸의 습관을 익히는 것이다. 제2의 언어를 배운 사람에게 당신이 할 수 있는 최고의 칭찬은 원어민인 줄 알았다는 말이다. 이는 상대방이 기울인 노력에 대한 보상에 해당한다. 어린아이가 시험을 통과했다고 자전거를 선물로 받는 그런 자의적인 보상이 아니라, 애초의 활동이 지향했던 진정한 목표에 해당하는 보상인 것이다.

아리스토텔레스는 미덕의 작용을 이런 식으로 보았고, 이 점에서는 그리스도인의 삶도 마찬가지이다. 단, 우리가 아리스토텔레스와 예수님의 중요한 차이를 이해하고 있다면 말이다. 이미 살펴보았듯이, 아리스토텔레스의 목표는 에우다이모니아, 곧 최선의 인간이 되는 것이다. 그리고 네 가지 '기본' 미덕과 여기에 '달려 있는' 다른 여러 미덕들은 '최고로 번성한' 인간이란 언어를 구성하는 문법 및 어휘와 같다고 할 수 있다. 우리 가운데 그 언어를 모국어로 구사하는 사람은 하나도 없다. 그러나 가끔씩 그 나라를 얼핏 들여다보면서 그 언어가 작동하는 방식에 관해 힌트를 얻을 수도 있고, 유창하게 언어를 구사하는 시민이 되기 위해 어떤 패턴의 뇌와 몸이 필요한지 파악할 수도 있다. 그리고 우리가 그 언어를 연습하면 할수록, 달리 말하면 용기와 절제와 신중함과 정의와 함께 행한다는 것이 무엇인지를 배우면 배울수록, 진정 인생의 꽃을 피우는 사람이 살아가는 방식에 더욱 친숙해질 것이다. 혹시 어느 날 원어민이 아닌가 하는 오해를 받을지도 모르지 않는가?

미덕을 습득하는 일이 언어를 배우는 것과 흡사하다고 했는데, 어떤 취미를 배우거나 악기를 연습하는 것과도 비교할 수 있다. 이 가운데 어느 것도 처음부터 자연스럽게 다가오는 것은 없다. 하지만 열심히 노력하면 갈수록 더 자연스럽게 느껴지기 마련이고, 마침내 하나의 성품으로 잘 형성되어 그 언어에 유창해지고, 그 취미에 친숙해지고, 그 악기를 자유자재로 다룰 수 있는 경지에 도달하게 된다.

성품과 미덕이 이런 것이라면, 이와 같은 도덕 사상의 탐구가 오늘날 서구 세계를 지배하고 있는 두 가지 주요 도덕의 틀과는 어떤 관계가 있을까?

∞

　다시 제니와 필립 사이에 오간 논쟁(또는 오갈 뻔했던 논쟁)으로 되돌아가자. 제니는 정확한 규율을 알고 그것을 적용하는 일이 중요하다고 생각했다. 반면에 필립은 자신이 진정 누구인지를 발견하고, 예수님이 모든 사람을 영접하는 파격적인 태도를 보이신 만큼 각자 자기 정체성에 충실하는 것이 중요하다고 보았다. 이 두 가지 입장은 현대 도덕 사상의 두 가지 틀을 대변한다. 오늘날 대다수의 사람은 이 두 가지 가운데 하나를, 적어도 암묵적으로나마 선택했을 가능성이 크다. 둘 중 어느 편이든 상대편을 희화하기 쉽다. 오늘처럼 여러 면에서 도덕적으로 불안정한 시대에 다수의 사람이 불안감을 안고 있다는 사실을 중요하게 고려할 필요가 있다. 아울러 이 두 가지 틀을 좀 더 면밀히 살펴보는 일도 필요하다. 내가 믿고 있듯이 성품의 개발과 미덕의 습관을 기르는 일이 우리의 도덕적 딜레마를 이해하는 데 더 나은 관점을 제공한다면, 우리는 이 두 가지 대안이 어떤 것인지 살펴보지 않을 수 없다.
　먼저 규율을 중시하는 입장을 보자. 내 또래의 많은 사람들은 세상에는 옳고 그른 것이 있다고, 대체로 보편적인 것과 변치 않는 것이 있다고, 인간은 그것을 알 수 있고 행할 수 있다고 배우면서 자랐다. 사실 우리는 이런 훈련을 지겹도록 받은 세대이다. 어떤 규율들은 단순해 보이지만 아주 깊은 의미를 함축하고 있다. 예컨대, "당신이 대접받고 싶은 대로 대접하라"든가 "사람이 물건보다 더 귀중하다"는 규율이 그렇다.

많은 문화는 몇 가지 기본적인 규율을 공유하고 있는데, 예컨대 살인과 도둑질과 간음을 금지하는 것이나 생명과 재산과 결혼관계를 존중하는 것 등이 그런 규율에 속한다. 대다수 문화는 역사상 많은 시간 동안 이런 단순한 규율을 지킴으로써 존속되었고, 그에 따른 작은 규율들이 다양한 방식으로 성문화되어 법률의 형태로 제정되곤 했다. 물론 십계명이 고전적인 본보기이지만 이 밖에도 많은 예들이 있다. 우리들은 십계명뿐 아니라 예전부터 전래되어 내려온 여러 규율들도 배워왔다. 그 결과 식탁 예절, 감사 편지, 어른 공경, 정확한 발음, 흙 묻은 신발 털기 등 도둑질과 살인과 거짓말을 금하는 규정 못지않게 강조되는 명령들이 한데 합쳐지게 되었다. 어쨌든 중요한 점은 우리가 규율 중심의 세계, 곧 어떤 규율을 담고 있는 틀과 질서를 가진 사회에서 자랐기 때문에, 규율을 잘 지키면 안전하고, 그렇지 않으면 곤경에 빠질 거라고 생각한다는 것이다. 모든 사람은 자기에게 맞든 안 맞든 특정한 규율을 지킬 의무가 있다. 그래서인지 흥미롭게도 예수님이 수행하신 중요한 일 가운데 하나는 우리에게 그 규율들이 무엇인지 좀 더 명확하게 일러주고, 그것들을 어떻게 지킬지 훌륭한 본보기를 보여주는 것이었다고 주장하거나 가정하는 사람들도 있다.

그러나 이런 주장은 어려움에 봉착하게 된다. 사람들이 그 규율들을 지킬 수 없다는 사실을 곧 알아버리기 때문이다. 그래서 그와 다른 형식이 끼어들게 된다. 예수님은 우리의 규율 위반을 용서하기 위해 오셨는데, 일단 우리가 이 점을 깨달은 다음에는 다시 규율을 지키는 방향으로 돌아가야 한다는 것이다. 결국 오늘날의 많은 서구인들은 이런 넓은 틀 안에서 예수 그리스도의 복음을 생각한다.

하지만 이 틀은 예수님이나 복음서들로부터 비롯된 것이 아니고 특정한 철학에서 유래한 것이다. 학자들은 그것이 18세기 독일 철학자 임마누엘 칸트와 깊이 연관되어 있다는 점을 알아차릴 것이다. 규율을 알고 그것을 깨뜨렸다는 걸 아는 사람들에게 참으로 좋은 소식은 하나님이 용서하실 것이라는 것이다. 그래도 다시금 규율을 지켜야 한다. 이유인즉 좋은 그리스도인들이 그렇게 했기 때문이다. 이제 어떻게 이 두 가지를 동시에 주장할 수 있는지 몰라서 어리둥절해지지 않는가. 어떻게 하나님의 관대함과 우리를 용서하시는 그 은혜를 깎아내리지 않으면서 규율에 관해서도 얘기할 수 있는지 의아해지지 않는가. 그럼에도 불구하고, 그리스도인이 된다는 것의 부분적인 의미는 규율이 무엇인지를 알고 그것들을 지키기 위해 최선을 다하는 것이라는 식으로 생각하는 것이 보통이다.

물론 일리가 없는 건 아니다. 우리 가운데 기독교적인 행실이나 인간의 일반적인 행위를 그 어떤 지침도 없는, 순전히 개인적인 선택의 문제로 생각하는 사람은 아마 없을 것이다. 사실 성적인 행위에 관한 규율을 비롯해 여러 오랜 규율을 조롱하는 사람들이 지구와 생태계를 보호하는 새로운 규율을 지켜야 한다고 목소리를 높이는 경우가 종종 있는데, 참으로 아이러니가 아닐 수 없다. 우리 삶의 많은 부분은 기본적인 규칙을 공유하고 지키는 것에 달려 있다. 이를테면, 도로의 어느 편으로 자동차를 운전하느냐 하는 규칙 같은 것들 말이다. 우리는 미덕이나 성품을 규율과 맞서는 것으로 보면 안 된다. 기장 설렌버거가 순간적으로 비행기를 허드슨 강에 착륙시키기로 결정했을 때는 사실 규정집에 나올 법한 내용을 본능적으로 따르고 있었다고 할 수 있다.

문제는 규율 자체에 있는 것이 아니라 규율 중심의 심성에 있다고 생각한다. '무엇을 할지'의 문제보다도 '어떻게 할지'의 문제라는 말이다. 서유럽과 북아메리카에서는 20세기 중후반에 '의무'에 반대하는 대규모 반동이 일어났다. 그 부분적인 이유는 당시 두 세대가 큰 전쟁에 나가서 죽는 것이 그들의 의무라는 소리를 들었던 만큼 그에 대한 반발이 아니었을까 싶다. 그 결과, 많은 사람들이 규율이야말로 일상생활의 모든 면에 필요한 틀과 탄탄한 지침을 제공해주는 중요한 도구라는 사실을 잊어버리고, 규율은 사람들에게 어울리지도 않는 행동의 틀을 자의적으로 부과하는 등 우리를 속박하는 문젯거리라고 보게 되었다. 이는 물론 규율의 기본 개념을 오해하는 불공평한 처사이다. 그럼에도 불구하고, 서구 기독교 세계는 물론이고 전 세계 많은 나라에 이런 사고방식이 널리 퍼져 있다. 그러므로 1장에서 제니가 그랬듯이, 규율은 엄연히 존재하고 있으므로 좋든 싫든 사람들에게 그것을 강요해야 한다는 식으로 말할 필요가 없다. 그 대신에 적절한 규칙이 비록 종속적으로나마 합당한 역할을 할 수 있는 더 큰 틀을 찾아야 한다. 그리고 전반적인 서구 문화를 감안할 때 이것이 강한 맞바람을 맞으며 경기를 하는 것 같이 무척 힘겨운 일임을 알아야 한다.

오늘날 다수가 그렇게 하듯이, 우리가 원칙이나 가치를 논하더라도 비슷한 문제에 직면하게 된다. 이 둘은 사실상 같은 것이 아니다. 원칙은 사물의 바람직한 모습에 관한 일반적인 진술, 구체적인 규율을 파생시키는 진술을 가리킨다. 가치는 그 자체로 소중히 여겨지는 인간 삶의 어떤 측면, 원칙과 규율이 창출되는 측면을 가리키는 말이다. 당신은 어떤 가치를 옹호한다. 당신은 어떤 원칙에 의거하여 행동한다. 당신은 어떤 규율에 순종한다. 하지만 일상생활에서는 사람들이 이 단어들을 아주 유연하게 번갈아 사용할 때가 많다. 일부 사람들이 가치와 원칙에 관해 즐겨 얘기하는 것은 규율이란 단어가 너무 부정적이고 제한적이고 주제넘고 자의적으로 들리기 때문이 아닐까 하는 생각이 든다. 사람들은 자기가 모종의 표준을 되찾고 싶어 한다는 것을 알고 있다. 그러나 규율이란 말은 달갑지 않기 때문에 대신 원칙이나 가치로 눈을 돌리는 것이다.

그러면 기독교적 원칙이나 가치에 입각하여 생각하는 게 도움이 될까? 신약성경과 초기 그리스도인들의 도덕적 비전으로부터 여러 가지 주제를 부각시키는 일은 결코 어렵지 않다. 평화, 정의, 자유, 사랑과 같은 주제가 금방 머릿속에 떠오른다. 그런데 이 거창하고 추상적인 단어들은 정확하게 무슨 뜻인가? 누가 그런 걸 말하는가? 당신은 그런 것들을 특정한 문제와 사례에 어떻게 적용하는가? 일단 그런 주제들을 성경적 배경과 역사적 배경에서 추출한 다음 성경의 다른 측면들과 맞서게 하는 것이 가능할까? 가능하다면 무슨 근거로 그렇게 주장할 수 있는가? 가능하지 않다면, 애초에 그것들을 추출할 필요가 있는가? 원칙과 가치도 나름의 자리를 갖고 있지만 중심 자리를 차지할 수는 없다. 이 두 가지는 큰 규율들인 만큼 일반적인 작은 규율들과 마찬가지로 똑같은 문제에 이를 수밖에 없다. 흔히 정치인들이 "우리 사회는 가치관을 회복해야 한다"고 큰소리로 외칠 때 무슨 말을 하는지 상당히 모호한 경우가 많다. 누구의 가치관인가? 누가 하는 말인가? 저변에 깔려 있는 문제, 즉 그런 가치들이 그토록 중요하다면 왜 대다수 사람들이 그것들을 무시하는가 하는 문제를 다루지 않고 어떻게 가치관을 회복할 수 있겠는가? 심지어 기독교적 가치나 유대-기독교적 가치에 관해 얘기하는 사람도 있을 것이다. 만일 당신이 지닌 원칙 가운데 하나가 최대 다수의 최대의 행복이라면, 당신은 온갖 문제에 직면하게 될 것이다. 진정한 행복은 무엇인가, 사람들이 행복에 대해 잘못 생각하고 있다면 어떻게 할 것인가, 무엇이 행복을 가져올 것인지 어떻게 예측

할 것인가, 행복을 가져올 거라고 예상했던 행동을 보고 행복해하지 않는 소수에 대해서는 어떻게 할 것인가 등등. 공리주의는 충분한 지면을 할애하여 다룰 만한 주제이긴 하지만, 여기서는 이 정도로 해두자.

그런데 규율과 관련된 진짜 문제는 규율이 옳은 줄 알면서도 잘 지키지 못한다거나, 언제나 예외적인 경우가 있다는 점이 아니다. 예컨대, 우리는 언제나 진실을 말해야 한다고 배웠다. 그런데 살인을 하려고 온 자가 살인할 대상이 어디에 숨어 있느냐고 물을 때 어떻게 대답할 것인가? 또한 규율의 체계들이 각 문화마다 현저하게 다르다는 문제도 있다. 가령, 어떤 문화에서는 딸을 강간한 사람을 죽이는 것이 아버지의 엄숙한 의무인데 비해, 다른 문화에서는 절대로 그렇게 해서는 안 된다. 하지만 이것도 규율과 관련된 가장 중요한 문제는 아니다.

진정한 문제는 규율이란 것이 항상 우리에게 제약을 가하는 듯이 보이고, 실제로도 그런 의도로 만들어졌다는 점이다. 하지만 우리도 알다시피 우리가 생명과 아름다움과 사랑과 웃음을 기뻐하는 창조적인 존재가 될 때, 우리는 가슴 깊은 곳까지 인간다울 수 있다. 이런 것들은 법률을 제정한다고 얻을 수 있는 것이 아니다. 규율이 중요하긴 해도 중심이 될 수는 없다. 항상 관대하라는 규칙에 순종하라고 사람들에게 일러줄 수는 있다. 그러나 당신이 어떤 규칙을 지킨다거나 의무를 수행하고 있다는 이유로 누군가에게 보상을 받는다면, 진정한 의미의 영광은 당신의 손아귀를 빠져나가고 만다. 이처럼 규칙 그 자체가 중심을 차지하게 되면, 진정으로 중요한 것을 놓치고 만다. 이 경우 성품은 어떻게 된 것인가?

내가 이 장을 다시 쓰고 있을 때 마침 문제가 생겼다. 정부 고위 관리가 야당 지도급 인사들을 중상 모략하는 '더러운' 캠페인을 벌이자고 동료에게 이메일을 보냈는데 그게 발각된 것이다. 이에 대해 수상은 이런 일이 다시는 일어나지 않도록 미연에 방지하는 새로운 규정을 만들자고 반응했다. 이미 있는 관련 법령을 악랄하게 위반한 것인데 그런 제안을 한 것이다. 반면, 야당 대표는 정말로 필요한 것은 문화를 바꾸는 일이라고 주장했다. 그런데 어떻게 해야 문화를 바꿀 수 있는지에 관해서는 아무 말도 하지 않았다.

또 다른 예는 내가 십대였을 때 우리 학교 교장이었던 분과 관련된 이야기이다. 아직까지도 가끔 만나는 분이다. 언젠가 그분이 내게 들려준 이야기가 있다. 1950년대 중반, 교장으로 취임한 초창기에 어느 행정 직원이 그에게 도전해왔다. 직원의 말인즉, 전임 교장은 날마다 학교 규율집에 새로운 규율을 써넣었는데, "왜 신임 교장은 그 전통을 지키지 않느냐?", "당신은 과연 사람들의 행실에 관심이 있느냐?" 하고 따졌다. 그래서 이 교장은 임기응변으로 재빨리 머리를 굴려 새로운 규율을 만들어냈다. "학생은 어느 때든지 … 해서는 안 된다" 등등. 하지만 이것이 그가 만든 마지막 규율이었다. 물론 규율은 엄연히 존재하는 것이고 중요한 것도 사실이다. 그러나 그보다 더 중요한 것은 학생들의 성품을 잘 개발시켜 공식적인 규율이 포괄할 수 없는 수많은 영역에서 건전한 분별력과 판단력을 가지고 행동하게 하는 일이다.

도덕이나 윤리의 문제는 그보다 훨씬 더 큰 이슈, 곧 인간은 왜 여기에 존재하는가 하는 문제의 일부일 뿐이다. 이에 대한 답변을 규율의 형태로 제시한다는 것은 인생을 앞으로 있을 큰 평가에 대비하는 준비 과정으로 바라본다는 의미이다. 그래서 마치 좋은 학점을 얻으면 좋은 직장이나 좋은 대학원에 갈 수 있다거나, 당신이 하고 싶은 어떤 것을 할 기회를 얻을 수 있다고 생각하는 것이다. 과연 인생은 평가로 점철되는 일종의 교육 프로그램인가? 인생은 규율을 잘 지킴으로써 무사히 통과해야 할 과정인가? 아니면 규율은 그보다 더 큰 목적을 가리키는 일종의 이정표이자 그 목적을 놓칠 수도 있다는 것을 상기시켜주는 경고판 같은 것인가? 만일 이게 사실이라면, 그 큰 목적은 과연 무엇이고 우리는 어떻게 그것을 찾을 수 있는가? 그리고 기독교의 토론 주제로 계속 떠오르는 의문, 곧 인간의 행위는 하나님의 은혜와 어떤 관계인가 하는 문제는 어떻게 보아야 하는가?

마가복음 10장에 나오는 부자 청년의 이야기를 비롯한 몇 가지 장면이 이런 문제를 지적하고 있는 것처럼 보인다. "중요한 것은 그저 일련의 규율을 지키는 게 아니다. 정말로 중요한 것은 성품이다"라고 말이다. 그것도 오랜 전통을 가진 성품이면 다 좋다는 것이 아니라 특별한 종류의 성품을 가리키고 있다. 바로 예수님이 권하시고 친히 본을 보여주신 인내와 겸손과 무엇보다도 자기를 내어주는 사랑을 겸비한 성품을 말한다. 아울러 마가는 당신이 그냥 노력해서 그런 성품을 갖게 되는 것이 아니고 예수님을 따라가야만 가능하다고 말하고 있다.

∞

규율도 중요하지만 성품이 더 중요하고, 성품은 규율이 진정한 효과를 발휘할 수 있도록 큰 틀을 제공해준다. 그렇지만 지난 200년 동안 사람들은 예수님과 기독교 메시지를 결코 이런 식으로 이해하지 못했다.

만일 당신이 아무 서양인이나 붙잡고 "예수님은 인간의 행실과 관련하여 무엇을 상징하는가?"라고 물어보면, 성품과 규율 간의 미묘한 균형에 관해 얘기할 확률은 거의 없다. 아마도 독선적인 율법주의자들이 자기네 도덕을 남에게 강요하는 것을 예수님이 반대했다고 대답하는 게 고작일 것이다. 그런데 사람들은 이렇게 대답할 때, "그래서 그분은 그들에게 성품을 개발하라고 촉구했다"는 식으로 생각하기보다는 그들에게 일종의 급진적인 자유를 제공했다고 생각한다. 우리가 1장에서 살펴본 필립의 입장이야말로 오늘날 많은 서양인들이 취하는 태도이다. 말하자면, 예수님은 사람들을 있는 그대로 받아들였고, 진정한 정체성을 발견하여 자신에 대해 진실하라고 권했다고 보는 것이다. 예수님은 사람들에게 옛 규율을 쓰레기통에 던져버리라고, 율법 조문의 노예가 되지 말고 영으로 자유롭게 되어 자발적으로 진실하게 살라고 격려했다고 대부분의 서양인들은 말한다. 이 관점은 서양 세계 전반, 특히 서양 교회에 깊이 뿌리박고 있어서, 그런 식으로 세상을 바라본다는 언질을 조금만 주어도 사람들은 논란의 여지도 없이 당신 생각이 옳다고 느낄 정도이다.

이 관점은 매우 중요하기 때문에 좀 더 자세히 살펴보도록 하자. 내가 믿는 대로 만일 신약성경이 우리에게 미덕의 길을 제시하고 있다면, 오늘날 많은 사람이 따르는 호적수를 좀 더 분명히 고찰할 필요가 있는 것이다. 다른 많은 경쟁자와 마찬가지로 이 관점도 실체의 패러디 내지는 풍자에 불과하다.

지난 200년을 돌이켜보면 서구 사상과 문화에서 일어난 세 가지 큰 운동이 사람들로 하여금 미덕을 추구하는 노력을 포기하게 만들었다. 대다수의 사람들은 이 운동들이 역사적인 위력이나 문화적인 힘을 발휘했음을 인식하지 못한 채, 그저 (그 운동들이 낳은) 현재의 문화로부터 의식을 취했다. 이는 예수님과 그의 첫 제자들이 정면으로 도전했을 법한 일이다.

그러면 그 세 가지 운동은 무엇인가? 여기서는 간략하게 살펴보는 것으로 충분하다. 우리에게 중요한 것은 상세한 배경이 아니라 그 운동들이 오늘날 대중의 사상에 미친 영향이기 때문이다.

1. 19세기에 차갑고 이성적인 형식주의(여기에 규율이 있으니 그것을 지켜라. 그게 네 의무다. 더 이상 요구하지 마라)에 대항하여 일어난 낭만주의 운동. 낭만주의자들은 내면의 감정과 그로부터 흘러나오는 행동을 중요시했다. 최근에 한 저자가 잘 표현했듯이, 그들은 다른 사람이나 어떤 철학이나 정치 체제가 그들에게 무언가를 부과하는 것을 싫어하고, 자발적인 것, 구속받지 않는 것, 주관적인 것, 상상과 감정을 수반하는 것, 감동적인 것, 영웅적인 것을 옹호했다.[4] 우리에게 시스템을 주지 마라. 그 대신에 생명과 사랑과 영혼의 따스함을 달라는 것이다.

2. '진정성'의 개념을 크게 부각시킨 20세기 초에 일어난 실존주의 운동. 진정성을 갖고 산다는 것은 인간의 자유를 억압하고 해치는 구조와 체제를 배격하고, 우리의 참된 내적 자아를 좇아 살겠다는 위험하고도 어려운 결단을 내리는 것이라고 한다. 이것이 바로 완전한 상태, 인간성이 완전히 성취된 상태에 이르는 길이다.

3. 낭만주의와 실존주의를 묶어놓은 강력한 운동으로서 그들의 아류라 할 수 있는 정의주의emotivist 운동. 이 운동은 모든 도덕적 담론은 그 어떤 경우를 막론하고 좋고 나쁘다는 진술로 환원될 수 있다고 주장했다. "살인은 잘못이다"라는 말은 "나는 살인을 싫어한다"는 뜻이다. "자선을 베푸는 일은 선하다"라는 말은 "나는 자선을 베푸는 사

람을 좋아한다"는 뜻이다. 이런 관점에서 보면, 도덕적 규율을 따르는 일과 당신의 기호를 좇는 일은 거의 같은 것으로 귀결된다. 오늘날 도덕적인 선택을 논하는 일부 사람들은 종종 이 사람은 첫째 대안을 선호하고 저 사람은 둘째 대안을 좋아한다는 식으로, 도덕적 선택이 개인의 선호나 취향의 문제인양 말하곤 한다. 그리고 때로는 도덕적인 태도에 관해 얘기하기도 한다. 이는 어떤 사람이 특정한 행위의 옳고 그름에 관해 믿는 것을 순전히 태도의 문제인 것처럼, 즉 굳이 깊이 생각할 필요가 없는 내면의 편견에서 나오는 것처럼 생각하는 입장이다.

대중문화는 여러 인상과 수사학이 무성한 어수선한 세계인만큼 이런 낭만주의와 실존주의와 정의주의가 다함께 뒤엉켜 있는 경우가 많다. 그러나 이 세 가지 가운데 당신이 어느 것을 택하든지 결국은 동일한 입장에 도달하게 된다. 이 입장은 별로 고심하지 않고서 예수님이 가르친 내용과 그리스도인들이 마땅히 영위해야 할 삶이 이것이다 하는 식으로 생각하는 입장을 일컫는다. 이 입장은 이렇게 권한다. "당신다운 존재가 되라. 아무도 당신에게 이래라 저래라 말하지 못하게 하라. 다른 이들의 시스템이나 두려움이 당신의 스타일을 구기지 못하게 하라. 당신이 느끼는 것과 원하는 것에 정직하라. 이제까지 걸러냈던 당신의 이런저런 부분과 다시 접촉하라. 그런 면모와 우호적인 관계를 맺고 거기에 충실하라. 이 밖의 다른 것은 당신의 진정한 자아, 멋진 자아를 위축시키는 결과를 초래할 것이다."

이런 사고방식이 우리 세계의 많은 부분은 물론이고 수많은 교회의 여러 영역에도 깊이 뿌리박혀 있다. 어떤 이들은 그것을 복음으로 착각하기도 한다. 즉 규율을 배격하는 낭만주의와 실존주의의 입장을 율법의 행위가 아닌 믿음으로 의롭게 된다는 바울의 교리와 동일시하거나, 예수님이 율법에 묶인 바리새인들을 비판할 때 내세웠던 주장과 동일시하는 것이다.

셰익스피어는 《햄릿》 1막 3장에서 폴로니우스의 입을 빌어 다음과 같은 고전적인 표현을 사용함으로써, 이런 입장이 조금 얄팍하고 건방진 것 아니냐고 훈계한다.

요컨대 무엇보다도 네 자신에게 진실해라.
이 한 가지만 지키면 밤이 낮을 따르듯
남에게 거짓될 수 없을 것이다.

만일 당신이 자신에게 진실하다면, 당신 속에 숨어 있고 다른 사람은 모르는 수많은 동기들을 분명히 인식할 수 있을 테고, 도덕적으로든 다른 면으로든 더 나은 선택을 내릴 수 있을 것이다. 그런데 만일 당신이 충실해지고자 하는 그 자아가 친구든 가족이든 만나는 사람마다 속여서 가능한 한 많은 돈을 뜯어내고 싶어 하는 그런 자아라면 어떻게 되겠는가? 최근의 금융 위기로 발각된 스캔들에서 상습적인 사기꾼으로 밝혀진 여러 사람들은 자신에게는 지극히 진실했으나 다른 모든 사람에게는 지극히 거짓된 자들이었다.

그러면 당신은 이렇게 대꾸할지도 모르겠다. "글쎄요, 사기꾼으로 드러난 금융가들은 실제로는 그들 자신에게 진실한 것이 아니었지요. 그들은 자기네가 잘못된 짓을 하고 있다는 사실을 그동안 틀림없이 알고 있었을 테니까요." 그러면 나는 이렇게 반문하겠다. 그것은 바로 우리가 몸담은 포스트모던 세계의 문제로, 당신 자신이나 당신 회사의 은행 잔고를 최대로 키우는 것을 가장 깊은 차원의 진리로 받아들이는 모습이 아닌가? 당신이 만일 그 실체를 붙잡기가 어렵다는 이유로 좀 오래된 도덕 관념을 폐기하거나 제쳐놓는다면, 도대체 무엇이 남겠는가?

2009년 2월 말에 이 책의 주제를 가지고 강연한 적이 있는데, 강연이 끝나고 나서 '자신에게 충실하라'는 대중적인 철학을 보여주는 완벽한 실례를 접했던 기억이 난다. 캘리포니아의 라구나 비치에 있는 고물상을 돌아다니다가 작은 표지판을 하나 발견했다.

내가 원칙에 따라 일을 한다고 생각할 때도 가끔 있지만,
대부분의 경우는 내 기분이 내키는 대로 행동한다.
하지만 이것 역시 하나의 원칙이다.

기분 내키는 대로 행하는 것. 이것을 캘리포니아 사람들만의 전형적인 태도로 치부한다면, 현대 서양인의 삶의 어마어마한 부분이 바로 이 원칙에 따라 움직이고 있다는 사실과 그에 대해 의문을 제기하거나 도전하면 자유를 빙자한 강한 반발을 사게 되어 있다는 점을 무시하는 셈이다. 이제 캘리포니아의 대중문화로부터 눈을 돌려 20세기의 위대한 지성 중 하나인 아서 슐레진저 2세Arthur M. Schlesinger Jr.의 날카로운 분석에 초점을 맞추어보자. 그는 신학자 라인홀트 니부어Reinhold Niebuhr가 자신과 그 시대에 미친 영향력이 1960년대에 들어 약화된 경위를 다음과 같이 기록했다.

죄를 강조하는 니부어의 입장은 우리 세대를 깜짝 놀라게 했다. 우리는 인간의 순수함과 미덕을 믿으며 자란 세대였다. 사람이 완벽해질 수 있다는 것은 자유주의자의 환상이기보다는 모든 미국인의 신념이었다. … 그런데 우리의 시스템 가운데 어떤 것도 우리를 히틀러와 스탈린, 죽음의 수용소와 굴락 같은 것에 대처하도록 준비시키지 못했다. … 니부어의 영향력은 1960년대에 서서히 약화되었다. 자발적인 충동의 순수한 선善과 복잡한 문제의 순간적인 해결 가능성을 순진하게 믿었던 그 광란의 시대, 그 시대를 풍미했던 젊은 반항아들은 니부어에 대한 이해가 전혀 없었다.[5)]

자발적인 충동의 순수한 선을 순진하게 믿었던 세대. 이 어구는 수많은 서양인을 사로잡았고 지금도 사로잡고 있다. 이 인용문의 둘째 줄에 나오는 미덕은 고전적인 전통에서 말하는 그런 의미의 미덕이 아니라는 점에 주목하라. 슐레진저의 날카로운 분석이 말하려 했던 요점은 그의 젊은 시절과 1960년대는 어려운 훈련을 통해 얻을 수 있는 제2의 천성이라는 미덕을 필요 없는 것으로 여겼던 시대였다는 것이다. 한 마디로 자연스럽게 그냥 행하는 것으로 충분했던 시대였다. 그래서 자연스럽게 오는 것, 순수한 선을 지닌 자발적인 충동에 순응하기를 거부하는 몸짓은 잘못되고 위험할 뿐 아니라, 본인의 건강과 안녕을 해치는 것으로 간주되곤 했다. 궁극적인 목표는 우리에게 자기부인self-denial이라는 어려운 길을 걷도록 촉구한다는 사상(달리 말하면, 나사렛 예수가 사람들에게 자기 십자가를 지고 자기를 따라오라고 말했을 때 염두에 두었던 사상)은 세속적인 서양 생활에서뿐 아니라 놀랍게도 상당히 많은 기독교 담론에서도 조용히 사라지고 말았다.

    이런 풍조는 암암리에 예나 지금이나 우리 문화 속에 담겨 있는 소위 영지주의적인 요소와 맥을 같이 한다. 이 사상은 우리의 내면 깊숙한 곳에 불꽃이 숨겨져 있다고 주장한다. 이 숨겨진 불꽃은 종종 사회나 문화가 만들어낸 단층 아래편에 깊이 묻혀 있으며, 심지어는 우리가 생각하는 우리의 정체성보다도 더 깊은 곳에 놓여 있다.

    그러나 이 불꽃이 일단 모습을 드러내면, 그것은 모든 규율, 모든 행복에 대한 계산, 모든 미덕 등 다른 모든 것을 누르고 으뜸을 차지한다. 우리의 내면에서 발견하는 것이면 무엇이든 옳을 수밖에 없다. 내 마음은 그 상태를 내게 일러주므로 나는 마음이 시키는 대로 해야 한다. 이는 나의 진정한 자아의 깊은 곳에 있는 등대와 같은 것이다. 그리고 오늘의 많은 사람들은 나사렛 예수가 와서 본을 보이고 가르치신 것이 바로 이것이라고 배웠고 또 이것을 진지하게 믿고 있다. 이는 《다빈치 코드 The Da Vinci Code》를 비롯한 아주 흥미진진한 여러 책의 메시지일 뿐 아니라, 무척 진지한 글을 쓰는 저자들과 학자들의 주장이기도 하다. 어쨌든 수많은 현대인은 바로 이런 메시지를 간절히 듣고 싶어 하지 않는가?

    이런 철학은 집합적인 차원에서 우리 세계의 많은 부분을 지배했다. 우리가 계몽주의라고 부르는 18세기 후반의 거대한 지적, 문화적 혁명은 까닭 없이 일어난 게 아니었다. 서유럽과 북아메리카는 그들이 진정 누구인지를 발견했다. 그들은 새로운 지식과 기술과 테크닉을 소유한 우월한 인종이었고, 그로 말미암아 덜 계몽된 자들을 정복할뿐더러 착취하지 않을 수 없는 입장에 서게 되었다.

    이 주제는 다음 기회에 다룰 생각이다. 개별적인 차원에서는 지난 두 세기에 걸쳐 영지주의가 우리의 사고 속에 깊이 뿌리를 내렸기 때문에 자신에게 충실한 것이 가장 핵심 명령이라고, 심지어는 가장 핵심적인 종교적 명령인 동시에 모든 인간의 중심 목표와 과업이자 인간 발달의 성배聖杯와 같은 것이라고 가정하게 되었다. 오늘 수많은 사람들은 자신과 세계를 이런 식으로 보고 있다.

이를 뒷받침해주는 실례는 너무도 많다. 불행하게도, 시인인 존 베처먼John Betjeman의 아버지는 사업이 성공하자 아들이 가업을 이어주길 기대했다. 아니, 어쩌면 이렇게 말해야 할지 모르겠다. 늙은 베처먼 씨는 불행하게도 사업가 체질이 아닌데다 시를 쓰고 싶어 하는 아들을 두었다고 말이다. 다행스럽게도 젊은 베처먼은 자기 자신에게 충실했다. 그러나 슬프게도 그의 솔직한 자기 성찰이 시사하듯이, 사생활 면에서는 그가 충실하려 했던 그 자아가 아주 혼란한 상태에 빠져 있었다. 그는 온갖 변덕스러운 욕구를 좇다가 결국 도덕적으로나 인간적으로 파산 지경에 이르렀다. 바로 여기에 낭만주의와 실존주의와 정의주의와 신新영지주의의 문제가 고스란히 들어 있다.

인간은 본래 아주 신비로운 피조물이므로 그리 놀랄 일도 아니다. "네 자신을 알라"는 옛 그리스의 금언은 늘 그랬듯이 지금도 훌륭한 충고이다. 하지만 일단 자신을 안 뒤에는 어떻게 할 것인가 하는 문제는 훨씬 더 어려운 사안이다. 내가 깊은 내적 성찰을 통해 어렵게 발견한 자아가 살인이나 도둑질이나 아동 강간을 저지르고 싶어 하는 존재라면 어떻게 하겠는가? 우리의 내면 깊숙이 숨어 있는 본성들 가운데 어떤 것은 무력화시키거나 (가능하면) 멸절시켜야 하고, 또 어떤 것은 밝히 드러내어 기뻐하며 행동으로 옮겨야 한다는 것을 어떻게 알 수 있는가? 우리의 본성이 우리 속 깊은 곳에 있다는 사실 자체가 이런 문제들에 답을 주는 것은 아니다.

우리가 마침내 큰 논란거리인 자유의 개념에 호소할 경우에는 문제가 더욱더 복잡해진다. 오늘날 흔히 말하듯 "우리는 본래 자유로운 존재로 태어나지 않았는가?"라고 말할 문제도 아니다. 이는 단순히 내 주먹의 자유가 당신의 코의 자유가 시작되는 지점에서 멈춘다는 문제가 아니다. 실은 우리 각 사람이 행하는 모든 일은 새로운 상황을 창출하게 되고, 이는 사방으로 영향을 미쳐 자유를 박탈하는 결과를 가져올 수 있다. 만일 실제로 내가 주먹으로 당신의 코를 친다면, 그 후로 다시는 그런 일이 없었대도 서로 좋은 관계를 맺을 수 있는 자유를 잃고 말 것이다. 사중창에서 네 명의 음악가가 모두 빈틈없이 박자와 가락을 지키는 규율을 좇지 않으면, 어느 누구도 음악을 만들어내는 자유를 누릴 수 없다.

따라서 우리 문화에 팽배한 진정성이나 자발성을 옹호하는 입장은 한 마디로 진지한 도덕적 제안이 될 수 없다. 내가 토목 시간에 배웠던 옛 규율은 "한 번 재고 두 번 잘라라"로 시작했다가 "두 번 재고 한 번 잘라라"로 끝났다. 첫 인상과 첫 호감이 옳다고 가정하지 말라는 것이다. 자연스럽게 생기는 것을 두려워하지 말되, 그것을 다른 것과 마찬가지로 비판적인 시험대에 올려놓아야 한다.

이제 우리는 다음과 같은 사상은 완전히 부적절한 것으로 치부하자. 만일 무엇이든 자발적으로 행한 것이면 자동적으로 타당성을 지니게 되지만, 명령에 따라, 혹은 주의 깊은 성찰 뒤에, 또는 온갖 엄청난 압력에도 불구하고 행한 것은 당신 자신에게 충실하지 않았다는 이유로 덜 소중하거나 위선적인 것으로 보는 사상 말이다. 이것은 진정한 예술적 영감은 땀을 요구하지 않는다는 오랜 낭만주의의 오류에 불과하며, 마르틴 루터가 중세의 위선을 거부한 입장으로부터 조금은 영향을 받은 것 같다. 그러나 어느 예술 분야를 막론하고 99퍼센트의 예술가가 결코 그렇지 않다는 얘기를 할 것이다. 대부분의 예술은 지극히 고된 노력을 요구한다. 도덕적인 삶도 마찬가지이다. 워즈워스와 콜리지 같은 시인이 즉석에서 무운시無韻詩를 만들 수 있었다는 사실은 보기 드문 예외에 불과하다.

하지만 한 가지 덧붙일 게 있다. 자발성과 진정성, 그리고 그 사람이니까 그런 행동을 한다고 말할 때의 어울림 등과 관련하여 우리가 수긍할 점도 있다. 단, 그런 행동이 다른 근거로 옳다 인정될 경우에 한해서 수긍할 수 있다. 물론 수전노가 돈을 계산하는 행위나 상습적인 바람둥이의 희롱 행위에도 어떤 진정성이나 어울림의 요소가 있는 건 사실이다. 그러나 정상적인 머리를 가진 사람이라면 누구도 "아, 그건 괜찮아" 하고 말하지 않을 것이다. 진정성을 옹호하는 입장이 안고 있는 문제점 중 하나는 습관을 형성하는 것이 미덕만 있는 것은 아니라는 사실에 있다. 누군가 자신이나 남에게 해를 끼치는 행위를 많이 하면 할수록 그것은 모두에게 더 자연스럽게 보일 테고 실제로 그렇게 될 것이다. 자발성이란 것도 그대로 두면 나쁜 행위를 변명하는 것으로 시작하여, 마침내 악행을 칭찬하는 것으로 끝나게 된다.

이 책의 핵심 주장 중 하나는 사람과 행동 사이의 일치, 즉 그런 진정성은 미덕이라는 제2의 천성을 통해서 얻는다는 것이다. 이 경우에는 내가 방금 언급한 문제가 처음부터 아예 생기지 않는다. 낭만주의 윤리, 진정성이나 자유를 참된 인간다움의 유일한 징표로 보는 실존주의, 위에서 언급한 양자의 대표적인 유형 등은 미덕으로 인해 진정한 도덕적인 생각과 결심과 노력의 대가로 장래에 받게 될 보상을 아무 값도 치르지 않고 미리 받으려고 한다. 그렇기 때문에 내가 진정성이나 자발성에 대한 숭배는 사실상 미덕이 완전한 효과를 발휘할 때 낳는 결과를 흉내 내는 일종의 패러디나 풍자라고 말했던 것이다.

그러므로 '네 자신에게 충실하는' 것이 중요하긴 하지만 으뜸가는 원칙은 아니다. 만일 당신이 그것을 하나의 틀이나 출발점으로 삼으면, 기만당할 소지가 많다. 따라서 다양한 방식으로 많은 독자들의 사고와 행위를 조장한 이런 틀들과 대비되는 다른 틀, 곧 신약성경이 참으로 선한 삶으로 제시하는 비전을 우리는 시급히 되찾을 필요가 있다. 이는 하나님이 이루리라 약속하신 성품을 따라 사는 것, 장차 완성될 성품과 함께 하나님 백성의 이야기에 몸담고 사는 것, 그리고 참신한 미덕의 개념과 더불어 사는 것을 의미한다. 이것이 바로 '당신이 믿은 뒤에는 어떻게 되는가?'라는 질문에 대답하기 위해 필요한 것이다.

좀 전에 언급했던 기독교적인 틀 안에서 미덕의 개념을 되찾는 일, 성품상의 강점을 개발하는 일은 또 다른 문제점을 안고 있다. 사실상 이 미덕의 개념은 16세기 종교개혁 이후로 서구 기독교의 여러 부문에서 한물 간 개념으로 치부되었다.

지금은 미덕이란 단어를 언급하기만 해도 놀라서 몸이 뻣뻣해지는 그리스도인이 많은 실정이다. 우리가 행위가 아닌 믿음으로 의롭게 된다고 옳게 배웠기 때문이다. 그들은 스스로 높디높은 도덕률을 지킬 만한 능력이 없다는 것을 알고 있다. 그렇게 하려고 노력은 했으나 별 효과가 없었다. 그래서 죄책감만 느낄 뿐이었다. 너무 어려워서 아예 포기한 사람도 있다. 그리고 나서 하나님이 자기를 있는 그대로 받아주셨다는 사실을 깨달았다. "우리가 아직 죄인 되었을 때에 그리스도께서 우리를 위하여 죽으셨다"(롬 5:8)고 사도 바울은 말한다. 어휴! 그런데 이 도덕이란 것에 신경을 쓸 필요가 있는가? 우리는 미덕이나 계명 같은 것들은 모조리 쓸어버리고, 우리를 용납하고 용서하시는 하나님의 사랑 안에 몸담고 있으면 되지 않는가?

그리하여 기독교 전통, 그 가운데서도 특히 서구 프로테스탄트 전통은 이 논제에 대해 다음과 같은 반론을 제기할 것이다. 우리가 이처럼 미덕에 관해 논하는 일은 순전히 헛수고에 불과한 게 아닌가? 좋다, 항공기 조종사들은 필요한 기술을 연마하고 냉정한 머리를 유지하는 법을 배울 필요가 있지만, 그건 어디까지나 실용적인 이유 때문이지 그 이상 무슨 의미가 있는가? 그러니까 특정 직업에 따라 특정한 능력을 개발할 필요가 있다는 소리에 불과하지 않은가? 그것이 우리에게 기독교의 도덕이나 윤리에 관해 무엇을 가르쳐줄 수 있는가? 하나님이 주신 십계명조차도 지키기가 불가능한 것으로 입증된 마당에, 우리의 성품을 빚어준다는 미덕은 그런 규율들과 어떤 면이 다른가? 더군다나, 당신의 주장대로 성품을 개발하는 일이 오랜 기간 천천히 연습해야 가능한 것이라면, 대부분의 시간 동안 실제로는 덕스럽지 않으면서도 덕스러운 체하며 위선적으로 행동하게 될 것이라는 뜻이 아닌가? 그리고 이런 위선은 바로 진정한 그리스도인의 삶과 반대되는 것이 아닌가?

이런 입장은 사실 마르틴 루터가 중세의 긴 미덕의 전통을 경멸하면서 선언했던 것과 별로 다를 바가 없다. 이 문제에 대한 논쟁은 전통 신학을 배격한 루터의 다른 입장들에 대한 논쟁과 마찬가지로 오랜 기간에 걸쳐 대중문화에 흘러들어왔다. 흥미롭게도 우리가 조금 전에 다른 주제를 다룰 때 인용했던 셰익스피어의 《햄릿》에도 등장한다.

햄릿은 루터가 다녔던 비텐베르크 대학에서 공부하고 고향인 덴마크로 돌아온 상태였다. 거기서 그는 여태껏 배운 것과는 정반대로 자기 아버지가 무덤에서 평안히 잠들지 못할 정도로 아주 심란한 상태에 있다는 것을 알게 되었다. 햄릿은 문제를 바로잡아야겠다고 생각했다. 그는 왕비였던 어머니가 삼촌과 몰래 공모하여 아버지를 죽이고, 삼촌이 왕위와 왕비를 모두 차지하려 했다는 사실을 알았다. 제3막 4장에 나오는 어머니에 대한 햄릿의 비난은 무척 미묘하다. 그는 이렇게 말한다. "그녀는 미덕에 대해 신경 쓰지 않기로 결심하고 그것을 단순한 위선으로 취급하기로 했으며, 자연스럽게 흘러가는 물결을 따라 가기로 마음먹었다." 그녀가 권력을 찬탈한 자와 동침할 때마다 그녀 속에서 일어나는 일이다. 햄릿은 선언한다. 당신의 행위는 "미덕을 위선이라고 부르고 있소." 달리 말해서, 그녀는 루터가 비난한 내용을 빌미 삼아 자기가 원하는 행동을 하고 있다는 뜻이다. 햄릿은 어머니를 향해 "만일 그대가 미덕을 갖고 있지 않으면 그것을 가진 체"하려고 애쓰면 안 된다고 말한다. 그녀는 이제 새로운 왕의 구애를 물리쳐야 한다. 그렇게 시간이 흐르면 그것이 습관이 되어 더 쉽게 물리칠 수 있으리라. 여기서 "그것을 걸치다"는 표현은 아주 적절하다. '합당한, 어울리는'이란 뜻을 가진 라틴어 단어를 영어로 번역하면 '적당한$_{apt}$'으로 표현할 수 있다. 관습은 선한 결과를 가져오는 일에 활용될 수 있다.

정당하고 선한 행동에 사용하기 위해
그는 또한 제복을 주어
적당히 걸치게 한다.

'걸치다'는 표현은 옳은 표현이다. 걸치는 건 위선이 아니라고 햄릿은 말하고 있다. 미덕은 이런 식으로 특성을 발휘하는 법이다.

오늘 밤은 삼가시오.
그러면 다음번에는 금욕하는 일이
좀 더 쉬워질 것이오. 그 다음번은 더욱더 쉬워질 것이오.
습관은 본성을 거의 바꿀 수 있고
또 놀라운 능력과 함께
마귀를 좌절시키거나 쫓아낼 수 있기 때문이오.

이와 다른 대안은 우리의 마음과 행동 패턴에 홈을 새기는 규칙적인 행위의 위력인 관습이 우리를 윽박지르는 바람에 우리가 분별력을 잃어버리는 경우이다. 오히려 그런 관습 내지 습관은 선한 결과를 낳는 방향으로 나가야 하고, 우리로 하여금 미덕 곧 처음부터 자연스럽게 생기는 게 아니라 시간이 흘러야 몸에 배는 그런 미덕을 '걸치도록' 도와주어야 한다. 이로 말미암아 성취할 수 있는 일은 참으로 놀라운 것들이라고 햄릿은 말한다. 여기서 햄릿은 루터의 주장을 확실히 배격하고 있는 셈이다. 셰익스피어는 햄릿을 통하여, 미덕은 기독교의 가르침과 함께할 수 있다는 입장과 그리스도인이 배격해야 할 이방적인 개념이라는 입장 사이에 벌어졌던 길고 복잡한 논쟁에 하나의 이정표를 세웠다.

이 논쟁에는 가장 위대한 기독교 사상가들의 방대하고 복잡한 사상이 연루되어 있으며, 그 가운데 대표적인 인물은 5세기의 아우구스티누스와 13세기의 토마스 아퀴나스이다. 이들을 비롯한 많은 사상가들이 이런 논의의 배경에 자리 잡고 있다. 그런데 신약성경 안에서 논쟁의 해답을 찾으려는 사람은 별로 없는 것 같다. 예수님을 좇고 먼저 하나님의 나라를 구하라(마 6:33)는 예수님의 부르심에 순종하는 일을 미덕의 문제로 접근할 수는 없을까? 또는 사도 바울이 '하나님의 은혜의 복음'(행 20:24)이라고 부르는 것에 미덕이 들어설 자리는 없을까? 그 시대의 문화와 철학을 잘 알았던 사도 바울이 미덕을 가리키는 표준어인 '아레테'라는 단어를 한 번도 사용하지 않는다는 것은 의미심장하지 않은가? 또한 중요한 지점에 도달할 때 그가 기독교적 성품을 개발하고 배양하는 일을 중시한다는 사실 역시 매우 뜻깊지 않은가?

혹시 무슨 의심이라도 생길지 몰라서 하는 말인데, 이 문제를 다루기 전에 분명히 정리할 사항이 있다. 사도 바울이 "만일 의롭게 되는 것이 율법으로 말미암으면 그리스도께서 헛되이 죽으셨느니라"(갈 2:21)라고 말할 때에 그는 하나의 근본 원리를 진술하고 있는 것이다. 유일한 참 하나님이 예수 그리스도를 통해 그의 백성에게 주신 위대한 선물에 관해 얘기할 때 어떤 어휘나 용어를 사용하든지, 그것은 언제까지나 하나의 선물일 뿐이다. 우리가 노력해서 얻는 것이 아니라는 말이다. 우리는 결코 하나님을 우리의 채무자로 만들 수 없고, 우리는 언제나 그분의 것으로 존재한다. 내가 말하는 도덕적인 삶, 도덕적인 노력, 우리의 행동 패턴을 의식적으로 형성하는 것 등은 모두 은혜의 틀 속에서만 일어나게 되어 있다. 이는 예수님과 그의 죽음 및 부활 안에서 구현된 은혜, 성령 충만한 복음 전파에서 활약하는 은혜, 신자의 삶에서 성령의 사역으로 계속 활동하는 그 은혜를 일컫는다. 그러니까 우리의 구원을 위해 하나님이 일부 사역을 담당하고 우리가 나머지 몫을 담당해야 하는 것이 아니다. 또 우리가 먼저 믿음으로 말미암아 은혜로 의롭게 된 다음에, 아무 도움도 없이 홀로 거룩한 삶을 살려고 몸부림침으로써 그 작업을 완수해야 하는 것도 아니다.

더군다나, 만일 우리가 하나님이 흡족할 만큼 선한 존재가 되려고 노력해서 그분을 우리의 채무자로 만들려고 한다면, 그것은 문제를 더 악화시킬 뿐이다. 우리가 너무도 잘 알고 있는 이 시대의 끔찍한 진실 가운데 하나는 가장 역겹고 무정하고 잔인한 악행이 종교의 이름으로 자행되었다는 사실이다. 폭력을 저지르게 된 진정한 원인과 동기는 다른 데 있으면서도 종종 종교를 빌미로 삼는다는 사실이 바로 나의 논점의 타당성을 증명해준다. 사실상 "그런데 하나님이 내 편이다"라는 식으로 말하는 것은 앞으로 모든 도덕적인 자제가 불필요하다는 것을 뜻한다. 그리고 다른 사람과는 전혀 어울리지 않는 상태에서 자신이 얼마나 선한 인물인지 하나님에게 보여주기로 결심한 사람은 도무지 참아줄 수 없는 인간이 될 소지가 많다. 우리 모두는 스스로 하나님에게 당당하게 나아갈 만큼 선하지 않다는 것을 깨닫고 겸손히 그분의 사랑에 감사할 줄 아는 사람들과 살고 싶어 하지, 스스로 하나님의 표준에 도달했다고 확신한 나머지 저 높은 곳에서 다른 이들을 내려다보는 사람들과 살고 싶어 하지 않는다.

믿음으로 의롭게 된다는 교리는 이보다 훨씬 더 많은 내용을 포괄한다. 인간다운 존재가 된다는 것과 하나님의 엄청난 사랑에 사로잡힌다는 것에 담긴 의미를 꿰뚫어보는 바울의 통찰은 함께 살 만한 사람과 그렇지 못한 사람에 대한, 대다수가 알고 있는 기준과 분명히 부합한다. 그리고 함께 살 만하다는 것은 물론 주관적인 요소가 많긴 하지만, 그래도 진정한 인간이 된다는 말의 뜻을 보여주는 적절한 잣대라고 할 수 있다.

마찬가지로, 사도 바울을 비롯한 여러 초기 그리스도인 저자들이 명명백백하게 단언하였다. 인간 스스로 하나님에게 합당한 존재가 될 수 없고 자기 노력으로 하나님의 도덕적 표준에 맞출 수 없다고 하더라도, 그저 어깨나 으쓱하고 도덕적인 몸부림 자체를 아예 포기해도 좋다는 뜻은 아니라고 말이다. 바울이 로마에 있는 그리스도인들에게 보낸 편지에서 아주 인상적인 질문을 던진 후에 "그럴 수 없느니라!"라고 응답한 대목이 바로 이와 관련된다(롬 6:1-2). 그는 하나님이 예수 그리스도 안에서 사랑의 손길을 뻗어 우리에게 구속과 의롭게 함과 화해와 구원과 평화를 가져왔다는(롬 3:21-

5:21), 그야말로 가슴 벅찬 진리를 자세히 설명한 뒤에, 오늘날 많은 사람에게 마땅히 도전해야 할 한 가지 질문을 꺼내든다. "그렇다면 좋다, 만일 우리가 하나님의 사랑을 받을 만한 일을 전혀 하지 않았는데도 그분이 우리를 그토록 사랑하신다면, 우리는 그처럼 자격이 없는 상태에 그대로 머물러 있어서 하나님이 우리를 계속 사랑하게 해야 하지 않을까" 하는 의문이다. 이보다 짧게 표현된 바울의 수사를 빌려보자. "은혜를 더하게 하려고 죄에 거하겠느냐?" 하나님이 인간들이 뒹구는 진흙탕에서 그들을 구출하기를 원하신다고 해서, 우리가 그 진흙탕에 머물면서 하나님으로 하여금 우리를 더욱 사랑하게 하는 것은 좋은 생각이 아니라는 말이다.

이에 대해 바울이 "그럴 수 없느니라!"라고 응답한 것은 결코 비논리적인 반응이 아니다. 하나님의 은혜가 지닌 논리는 그 질문이 상상하는 것보다 더 깊이 들어간다. 그리고 바로 그 논리에서 우리는 미덕의 개념이 다시 태어나는 것을 본다. 미덕은 우리가 예수를 따르라는 부르심에 순종할 때 사용하는 수단으로 다시 태어나는 것이다. 또 다른 예화를 들면 좀 더 분명해질 것이다.

내가 아는 어떤 합창단 지휘자는 상당한 기간 동안 방치되었던 시골 교회의 성가대를 맡게 되었다. 그때까지 그들은 찬송가를 부르고, 교인들의 찬송을 인도하고, 특별 행사에서 간단한 축가를 부르는 등 열심히 노력하던 중이었다. 그런데도 솔직히 말해서 결과는 신통치 않았다. 교인들이 성가대원들에게 으레 감사를 표시할 때는 그 음악에 정말로 감동했기 때문이 아니라 나름대로 열심히 노력하는 모습에 동정심을 느꼈기 때문이었다. 아무리 오랫동안 연습해도 별로 나아지지 않는 것 같았다. 어쩌면 기존의 나쁜 습관을 더욱 강화시키고 있는지도 몰랐다. 그러다 새로운 지휘자가 성가대를 맡게 되었다. 새로 온 지휘자는 그들이 할 수 있는 것과 할 수 없는 것을 부드럽게 파악하기 시작했다. 그것은 어떤 의미에서 은혜로운 행위였다. 그는 그들에게 형편없다는 소리도 하지 않았고 곡조에 맞춰 부르라고 소리치지도 않았다. 그렇게 해봐야 아무 소용이 없었을 것이다. 오히려 좌절감만 더 느꼈을 것이다. 그는 그들을 있는 그대로 받아주었고 그들과 함께 작업하기 시작했다. 그의 이런 행동은 그들 앞에서 팔을 휘젓는 누군가가 있을 뿐 예전과 똑같이 진행하자는 의도는 아니었다. 지휘자가 그들을 있는 그대로 떠맡은 것은 그들이 노래 부르는 법을 배울 수 있게 돕기 위해서였다! 놀랍게도 그 성가대는 정말로 노래를 제대로 부를 수 있게 되었다. 불과 몇 주 전에 그 교회에 갔던 한 친구는 내게 성가대가 완전히 변했다고 알려주었다. 똑같은 사람들이 부르지만 새로운 소리가 탄생한 것이다. 지금은 그들이 연습할 때 자기네가 무엇을 하고 있는지 알게 되었고, 그 결과 더 나은 소리를 내는 법을 배우게 된 것이다.

   이 이야기는 하나님의 은혜가 우리 가운데서 어떻게 일하는지 잘 보여준다. 하나님은 우리를 찾을 때 있는 모습 그대로, 즉 엉망진창에다 곡조도 잘 못 맞추는 그런 모습 그대로 사랑하신다. 설사 우리가 선하게 되려고 애쓸지라도 오히려 기존의 여러 실패에다 자만심만 더하는 등 문제를 더욱 악화시킬 뿐이었다. 그런데 진정한 그리스도인의 삶의 중심에 있는 놀라운 소식은 하나님이 자만심과 두려움, 엉망진창의 모습, 노골적인 반역과 죄로 얼룩진 그 현장에 우리를 만나러 오셨다는 것이다.

이것이 바로 기독교의 복음, 곧 좋은 소식이다. "하나님이 세상을 이처럼 사랑하사 독생자를 주셨으니 이는 그를 믿는 자마다 멸망하지 않고 영생을 얻게 하려 하심이라." 신약성경에서 가장 유명한 구절의 하나인 요한복음 3장 16절이 복음을 잘 요약해준다. 하나님의 사랑은 예수 그리스도 안에서 우리가 있는 곳으로 찾아왔고, 우리가 할 수 있는 일은 그 사랑을 영접하는 것뿐이다. 그러나 우리가 그분을 영접할 때, 즉 도덕적인 의미에서 귀에 거슬리고 곡조도 맞지 않는 노래를 부르는 우리를 찾아온 그 새로운 지휘자를 우리가 영접할 때, 우리에게 새로운 열정이 솟아나서 악보를 더 잘 읽고, 그 의미를 이해하고, 화음을 알아차리고, 멜로디의 형식을 느끼고, 호흡과 발성을 올바르게 하고 조금씩 곡조에 맞추어 노래를 부르게 된다.

우리에게 더 나은 음악가가 되려는 열정이 있기 때문에 우리는 연습을 하고 노래하는 습관도 기르기 시작한다. 또한 개인적으로 좋은 성가대원의 성품뿐 아니라 좋은 성가대의 성품도 갖추려고 노력한다. 그렇게 해서 계속 이어지는 음악 이야기 안에서 우리의 자리를 찾으려고 애쓰는 것이다. 여기에는 하나의 순서가 있다. 먼저 우리가 있는 곳에서 우리를 만나되 우리가 거기 그냥 머무르도록 내버려두지 않는 은혜가 있고, 이어서 우리가 잘못된 습관을 버리고 올바른 습관을 습득하도록 해주는 지도와 인도가 뒤따른다.

그러면 이것이 그리스도인의 삶에서는 어떻게 작동하는가? 도덕적인 변혁은 어떻게 일어나는가? 우리에게 십계명을 비롯한 많은 계명이 주어져 있으므로 그것에 걸맞게 살면 된다는 뜻인가? 그러면 신약성경의 삼총사와도 같은 믿음과 소망과 사랑은 어떻게 되는가? 이 세 가지는 어디에 들어맞는가? 그리고 도덕적인 의미에서 만일 곡조에 맞추어 노래 부르고 싶은 새로운 열정이 정말로 있다면, 이는 미덕과 어떤 관계가 있는가? 아울러 이 모든 것보다 먼저 우리가 초기 그리스도인이 예수님에 관해 전파한 내용만 보지 않고, 그분의 삶과 가르침, 하나님나라의 선포, 그의 죽음과 부활 등 예수님을 직접 고찰한다면, 전반적인 그림은 어떻게 될까?

이와 같은 많은 질문, 곧 내 친구의 말마따나 '무엇을 해야 할지에 대해 생각하는 법'에 관한 이 모든 질문은 우리의 머리를 빙빙 돌게 만들지도 모르겠다. 이는 마치 비행기를 조종하기 위해서는 조종실에 있는 아주 다양한 도구들이 어떤 때 쓰이는지, 너무도 다양한 스위치들과 버튼들을 누를 때 그것들이 무슨 역할을 하는지 배워야 하는 것과 같다. 좋은 소식이 있다면, 기독교의 메시지가 그 모든 의미를 제대로 이해할 수 있도록 하나의 틀을 제공해준다는 것이다. 더군다나 그 의미는 그리스도인들에게만 해당되는 게 아니라 온 세상에도 널리 추천할 수 있는 것이다. 뿐만 아니라, 개개인을 위한 것인 동시에 많은 공동체와 국가를 위한 것이기도 하다.

우리의 세계는 느닷없이 기러기 떼에 부딪힌 비행기마냥 두려움에 떨고 있다. 그런 만큼 우리에게는 조종실 안에 있는 각종 도구와 버튼들의 의미를 배울 사람들, 그것도 신속히 배울 사람들이 절실히 필요하다. 자기만의 유익을 위해 배워야 하는 것이 아니다. 우리의 세계 곧 하나님의 세계가 용기와 현명한 판단과 냉정한 머리와 돌보는 손길이 제2의 천성이 된, 가능하면 믿음과 소망과 사랑도 갖춘 사람들이 실권을 잡기를 간절히 바라기 때문이다.

이 책의 나머지 부분은 어떻게 이런 일이 생길 수 있는지 탐구할 것이다. 앞서 언급한 것과 같이 나는 이것이 일종의 혁명을 낳을 수도 있다고 믿는다. 말하자면, 그리스도인들이 무엇을 해야 할지 생각하는 방식에 혁명을 가져올 뿐 아니라, 더 나아가 인간이 진정 보람 있는 인생을 산다는 것이 무엇인지 생각하는 방식에도 혁명을 초래할 수 있다.

∞

그렇다면 우리가 지향해야 할 기독교적인 목표 내지 목적은 무엇인가? 그 목표를 우리는 지금 여기에서 어떻게 바라보며 그에 걸맞게 행동할 수 있을까?

첫째, 여기서 '바라보다' 혹은 '예상하다'라는 말에 대해 잠깐 살펴보자. 상당히 까다로운 개념이 될 수 있으므로 잠시나마 분명히 짚어보는 것이 좋을 듯하다. 만일 내가 "나는 나중에 비가 올 거라고 예상한다"라고 말한다면, 지금 당장은 아니더라도 나중에 비가 올 거라고 예상한다는 의미로 하는 말일 것이다. 그러나 만일 누군가 나에게 햇빛이 쨍쨍 비추는 날에 왜 비옷을 입고 있느냐고 물어보았는데 내가 그렇게 응답한다면, 그 대답은 더 깊은 의미를 지닌다. 즉 나는 이미 나중 날씨에 알맞은 방식으로 옷을 입고 있다는 뜻이다. 이와 마찬가지로, 야구 경기에서 외야수가 감독에게 일단 상대 타자가 공을 치면 어느 방향으로 날아올 것인지를 '예상하고' 있으라는 말을 들으면, 그것은 외야수가 그냥 무슨 일이 일어날지를 미리 예측하고 있어야 한다는 뜻만은 아니다. 그 말은 상대 선수가 실제로 공을 치기 전에 공을 잡을 수 있는 위치에 가 있도록 미리 움직여야 한다는 뜻이다.

달리 말해서, 두 번째 의미로 '예상하다'라는 말을 쓸 때는 장차 무슨 일이 일어날지에 관해 생각만 하는 것이 아니라, 그 일에 대비해 미리 무슨 행동을 한다는 뜻이다. 지휘자도 때로는 성악가나 기악 연주자에게 박자를 예상하고 있으라고 일러주는데, 이는 악보가 어떤 음표를 가리키기 직전에 그것을 노래하거나 연주하라는 뜻이다. 만일 어떤 아이가 손님들보다 먼저 파티석상에 들어선다면, 그는 애피타이저를 먹음으로써 정찬을 예상할 것이다.

이런 예화는 모두 바울을 비롯한 초기 그리스도인 저자들이 말하고자 했던 실체를 가리킨다. 하지만 그들 중 누구도 그 실체를 완벽하게 표현하지는 않았다. 이를테면 정통성 있는 왕이 몰래 자기 백성에게 와서 한 그룹을 모은 뒤에 자신의 왕좌를 찬탈한 통치자들을 뒤집어엎도록 도와달라고 말하는 장면을 떠올려보자. 그러면 예수님과 그분의 하나님나라 사역에 대한 신약성경의 메시지를 더 생생하게 이해할 수 있을지도 모르겠다. 마침내 그가 왕위에 완전히 오르면, 그의 추종자들은 당연히 그에게 순종할 것이다. 그러나 예수님의 왕권이 아직 공인되지 않은 현 시점이라도 그들이 예수님에게 순종한다면 그것은 장래에 그에게 드릴 순종을 '바라보면서' 하는 행동이다.

이를 그리스도인의 신앙과 삶에 적용한다는 것은 일종의 계산을 한다는 뜻이다. 실제로 바울은 바로 이 점을 가리킬 때 '계산하다'라는 단어를 사용한다. 예수 그리스도가 죽었다가 다시 살아났으며 너희는 이제 '그분 안에' 있으므로, 너희도 죽었다가 다시 살아난 것으로 '계산해야' 한다고 그는 말한다(롬 6:11). 당신의 새로운 정체성과 그로부터 나오는 도덕적인 삶에 관한 진리는 장차 일어날 당신의 몸의 죽음과 부활, 그리고 다가올 새 시대의 삶을 미리 예상하고 있다. 여기서 말하려는 요점은 이렇다. 즉 완전한 실재는 장래에 드러날 테지만 우리는 그 최후의 실재에 미리 참여할 수 있다. 우리는 하나님의 미래를 일부나마 우리의 현 순간으로 끌어올 수 있다. 그 근거는 예수 안에서 미래가 이미 우리의 현재를 뚫고 들어왔다는 사실에 있다. 이런 의미에서 우리가 장차 올 것을 바라보며 행동하는 것은 이미 일어난 일을 성취시키는 것이다. 이것이 바로 신약성경이 말하는 미덕의 윤리를 이해할 수 있는 사고의 틀이다.

그러면 어떤 경로로 그렇게 되는가? 그 목표는 무엇이고 우리는 어떻게 지금 여기에서 그것을 바라보며 행동할 수 있는가?

이와 관련하여 많은 사람들은 아직까지 몸이 없는 천국의 개념, 우리가 그저 하나님과 함께 있기만 하는 그런 존재가 된다는 생각을 붙들고 있다. 이 개념은 다음과 같은 도덕적인 틀을 가지고 있다.

1. 목표는 공간과 시간과 물질이 있는 이생을 떠난 뒤에 마침내 천국의 지복을 누리는 것이다.
2. 이 목표는 우리가 믿음으로 붙들고 있는 예수님의 죽음과 부활을 통해 우리에게 성취된다.
3. 현세에서 그리스도인은 초연한 영성과 세상적인 오염을 피하는 연습을 통하여 몸이 없는 영원한 상태를 바라보며 산다.

다행히 여기에도 삶의 기준이 될 복음적인 요소가 들어 있기는 하다. 그러나 이 입장을 택하는 사람은 한 손을 등 뒤에 묶은 채 그리스도인답게 살려고 애쓰는 격이다.

이 밖에도 오늘날 서구 세계에서 볼 수 있는 자칭 기독교적인 비전이 또 하나 있다. 이 비전은 다음과 같이 주장한다.

1. 목표는 우리 손으로 열심히 노력하여 하나님의 나라를 이 땅에 세우는 것이다.
2. 이 목표는 예수님의 공적 사역을 통해 밝히 드러났으며, 그분이 이 과정을 이미 시작하셨고, 목표에 이르는 방법을 우리에게 보여주셨다.
3. 현세에서 그리스도인의 삶은 정의와 평화를 도모하고 가난과 고통을 줄이기 위해 일하고 또 그런 운동을 벌임으로써 이 땅에 세워질 하나님나라를 바라보는 것으로 이루어져 있다.

여기에도 삶의 기준이 되기에 충분할 만큼의 좋은 소식이 있다. 그러나 이상하게도 가장 핵심적인 요소가 빠져 있기 때문에 이 틀에 따라 살려고 해도 이 입장을 옹호하는 자들의 기대만큼 성공적인 삶을 살 수는 없다.

이 두 가지 입장과 대조되는(그래서 내가 앞서 짧게 개관한 아리스토텔레스의 틀과도 대비되는) 나의 입장은 우리를 이 책의 핵심부로 인도해 주는 동시에 신약성경의 도덕 사상을 새롭게 읽도록 도와준다. 그 내용은 이러하다.

1. 목표는 새 하늘과 새 땅이며 인간들이 죽은 자 가운데서 다시 살아

나서 새로운 세계의 통치자와 제사장이 되는 것이다.
2. 이 목표는 그 나라를 세우는 예수님과 성령의 사역을 통하여 이루어지며, 우리는 그것을 믿음으로 깨닫고 세례로 동참하며 사랑으로 살아낸다.
3. 현세에서 그리스도인은 성령의 인도를 받아 믿음과 소망과 사랑을 연습하는 습관을 기르고, 하나님을 예배하고 세상에서 그분의 영광을 드러내고 그 궁극적인 실재를 바라보며 살아간다.

이 비전은 이중적인 혁명을 가져온다는 것이 나의 주장이다.
오늘날 대다수의 그리스도인은 이런 견지에서 자신의 도덕적 행위를 생각해본 적이 전혀 없다. 오히려 일련의 기독교적 규율을 명료하게 설명하고 그것을 붙잡으려고 고심했을 뿐이다. 기독교 윤리에 관한 토론은 그 규율들이 무엇인지를 어떻게 말해줄 수 있을까 하는 것을 놓고 왈가왈부하는 방향으로 치우쳤다. 거기에는 다음과 같은 가정이 깔려 있다. 그 규율들은 비록 하나님 자신만이 알고 있는 어떤 이유 때문에 자의적으로 만들어낸 교훈이긴 하지만, 우리는 그저 할 수 있는 만큼 지키기만 하면 된다는 가정이다. 때때로 그리스도인들은 그에 따른 결과를 가리키며 그런 규율을 정당화했다. "만일 우리 모두가 서로 사랑하고 용서하기만 한다면, 이 세상이 얼마나 살기 좋은 곳이 될지 생각해보라" 식이다. 이처럼 결과에 호소하는 입장은 약간의 설득력이 있다. 그러나 윤리적인 토론이 다루기 힘든 상태에 이르러, 다양한 도덕적인 입장들이 제각기 그에 따른 가능한 결과를 들고 나와 자기가 옳다고 주장한다면 당신은 실망할 것이다. 우리가 최근의 여러 사상가들을 등에 업고 성경이나 기독교 전통으로부터 다양한 원리들을 부각시키려고 할 때도 그와 비슷한 문제에 봉착할 것이다. 가령, 우리가 정의나 포용성을 목표로 삼아야 한다거나, 하나님은 가난한 자의 편이라는 식으로 말하는 것은 아무 문제가 없다. 이런 주장은 일반적인 수준에서는 이의를 제기하기 어렵지만, 이런 일반적인 말을 특정 상황에 적용시키려고 할 때는 문제가 생기기 마련이다.

이와 반대로, 기독교적인 행위를 미덕의 견지에서 보는 입장은 다음 세 가지 역할을 한다. 여기서 미덕은 다가올 시대의 삶을 바라보는 것을 의미한다.

첫째, 예수 그리스도를 좇는 자들로 하여금 기독교적인 행위가 어떻게 작동하는지 이해하도록 돕는다. 말하자면, 이 입장은 우리가 현재 갖고 있는 사명 및 정체성과 우리가 장차 받게 될 완전하고 진정한 인생 사이에 유기적인 관계가 있다는 것을 납득하게 하는 하나의 틀을 제공해준다.

둘째, 따라서 이 입장은 예수를 따르는 일을 진지하게 생각하는 모든 사람에게 커다란 격려를 줄 수밖에 없다. 미덕은 말하기를 "그렇다, 특히 처음에는 무척 힘겹게 느껴질 것이다"라고 한다. 이건 새로 습득한 취향이다. 나름의 알파벳과 문법이 있는 새로운 언어이다. 그러나 당신이 연습하면 할수록 더 자연스럽게 느껴질 것이다. 이 점이 특별히 중요한 이유는 많은 그리스도인들이 다른 사람을 용서하기가 어렵다고 느낀 나머지 "이건 불가능해. 나는 결코 용서할 수 없을 거야" 하고 생각하기 때문이다. 어떤 이들은 심지어 본인에게 어렵고 부자연스러워 보이는 규율들은 본인에게는 적용되지 않는다고 생각하고, 그런 특별한 규율들은 사물을 다르게 조망했던 옛 시대에 속하는 것으로 치부한다. 이는 빗나간 생각이다. 그냥 피아노 앞에 앉기만 하면 베토벤의 소나타를 즉석에서 연주할 수 있을 거라고 생각했는가? 모스크바행 비행기에서 내리는 순간 곧바로 러시아어를 유창하게 할 수 있을 거라고 생각했는가? 오늘처럼 섹스에 푹 빠진 서구 세계에서 자라난 평범한 젊은이인 당신이 단 한 번의 기도로 마음과 정신과 몸의 순결을 획득할 수 있을 거라고 생각했는가? 그러나 여기에 우리에게 필요한 교훈이 있다. 여기에 연습하는 법이 있다. 여기에 그 목표에 도달하는 길이 있다. 이 은유를 그리스도인의 행위에까지 연장시키면 베토벤의 영이나 러시아의 영이 당신 속에 거함으로써 당신에게 필요한 도움을 준다고 설명할 수 있다.

셋째, 그리스도인의 행위를 이런 식으로 본다는 것은 우리가 무엇을 해야 하고 무엇을 하면 안 되는지에 관한 윤리적인 문제를 인생 전체를 향한 하나님의 목적이란 좀 더 큰 범주를 통해 접근하는 것을 의미한다. 소위 윤리라는 것은 인생이 무엇인가 하는 문제에 대해 아주 제한적인 견해를 제공할 뿐이다. 잘 발달된 양심을 갖고 있는 사람들조차도 다음에는 뭘 할까, 또 그 다음에는 어떻게 할까 하는 윤리적인 고민을 하며 시간을 보내지 않는다. 그러나 우리가 그리스도인의 행위를 인생 전체에 비추어 조망하되 인간을 향한 창조주의 목적에 입각해서 볼 때에는 윤리를 좀 더 큰 비전 속에 포함되어 있는 것으로, 그리고 그 비전에 의해 형성된 것으로 보는 일이 가능하다. 그러므로 내용의 문제, 즉 무엇을 할지를 어떻게 아느냐의 문제는 특정한 윤리적 딜레마에 국한되지 않고 본인이 가진 소명의 문제로 연결되는 것이다.

우리가 이런 식으로 접근할 때, 내가 제안하는 사상의 노선으로 주요 경쟁자, 즉 천국에 가는 것을 중시하고 이 목표를 활용해 현세에 대한 비전을 만드는 사상을 충분히 물리칠 수 있다. 사실 그리스도인의 존재 목적을 단순히 천국에 가는 것으로 보는 낡은 사상은 신약성경이 옹호하는 풍성한 미덕을 갖도록 격려하지 못한다. 그 사상은 오랜 세월 동안 그래 왔듯이 다른 접근들과 편안하게 공존할 수 있다. 복음은 우리에게 마음의 평안을 제공하지만, 낭만주의의 경우도 현재 그들이 평화롭게 느끼는 것이면 무엇이든 다 괜찮다고 생각하기 때문이다.

이 책에 담긴 나의 주장은 이렇게 요약할 수 있다. 내가 다른 책에서 주장한 바 성경이 말하는 새 하늘과 새 땅의 비전이야말로 우리에게 하나의 틀을 제공하며, 그 틀 안에서 기독교적인 미덕관은 무엇을 마땅히 행해야 하는지와 관련하여 최상의 길을 보여준다는 것이다. 이런 의미에서 미덕의 실천과 습관은 하나님의 새 세계의 언어를 미리 배우는 일과 관련이 있다.

사실상 이전 세대들의 다수와 일부 현 세대들은 이미 내가 이제까지 말한 내용의 상당 부분을 당연시하겠지만, 어쨌든 많은 현대 그리스도인에게 나의 첫 번째 제안은 혁명이 될 것이다. 그리스도인의 행위를 미덕의 견지에서 생각하고 미덕을 약속된 새 하늘과 새 땅과 그 속에서 인간의 역할이라는 견지에서 조망한다면, 예수님과 그의 첫 제자들이 우리에게 권하는 거룩함의 의미를 이해하는 틀과 거기에 이르고자 하는 강력한 동기를 동시에 얻을 것이다.

이는 둘째 혁명을 불러온다. 내용인즉, 이 제안은 그리스도인의 삶을 명료하게 보여주고 거기에 활기를 넣어줄 뿐 아니라, 더 넓은 비기독교 세계에 도전과 의문을 던져준다는 것이다. 그런데 우리들만의 목표를 사적으로 추구하는 것으로는 충분하지 않다. 우리가 염두에 두고 있는 목표는 도피주의적인 천국이 아니라, 온 창조세계에 임하는 정의와 기쁨이 충만한 하나님나라이기 때문이다. 하지만 이 논점을 더욱 발전시키려면 먼저 기본적인 그리스도인의 비전을 자세히 설명하는 일이 필요하다.

기독교의 주장은 당신이 기독교적인 목표를 추구하면 아리스토텔레스의 틀 속에 있는 귀중한 것까지 모두 얻을 수 있지만, 거꾸로 접근하면 아리스토텔레스의 유산조차 얻을 수 없다는 것이다. 무엇보다 먼저 당신은 기독교적인 미덕이 당신의 행복, 당신의 성취, 당신의 자아실현 등 당신 자신에 관한 것이 아니라는 사실을 이해해야 한다. 그것은 하나님과 그분의 나라, 역설적인 경로를 통해 진정한 인간 실존을 발견하는 일과 관련되어 있다. 여기서 역설적인 경로란 자기 자신을 내어주고 계속해서 무대 중앙에 오르기를 거절하는 등 하나님이 친히 예수 그리스도 안에서 취한 길을 뜻한다! 덕스러운 사람에 대한 아리스토텔레스의 관점은 영웅의 비전, 곧 위대한 행위를 하고 박수갈채를 받는 등 세계를 활보하는 도덕적인 거인의 모습을 제시했다. 이에 비해 기독교적 관점은 사랑이 많고 관대한 성품을 가진, 보통은 사람들의 이목을 자기에게 집중시키지 않는 그런 인물을 덕스러운 사람이라 말한다. 따라서 기독교적인 의미로 보면, 미덕의 영광은 자기 자신을 그림의 중심부에 두지 않는다는 점에 있다. 그 대신, 하나님과 하나님의 나라가 그 중심에 있다. 예수님이 친히 말씀하셨듯이, 우리는 먼저 하나님의 나라와 그분의 의를 구하게끔 되어 있고, 그리하면 다른 모든 것이 제자리를 차지하게 될 것이다.

  그래서 이런 혁명적인 미덕관은 우리의 관심을 이전과는 다른 곳으로 돌리게 한다. 즉, 이 세상에서 행하는 그리스도인다운 행위는 선한 도덕적인 삶이나 규율 준수와 같은 의미의 선한 행위라고 생각하던 사상에 등을 돌리고, 본래 하나님의 지혜와 영광을 이 세상에 가져오는 일을 한다는 의미의 선한 행위라는 사상에 주목하게 된다. 이 사상을 따라 살면 당신이 '선한 도덕적인 삶'을 살게 되는 것은 말할 것도 없다. 이렇게 말하면 혹시 누군가 일종의 도덕적 상대주의로 향하는 작은 실마리가 아닌가 하고 우려할 것 같아서 노파심에서 하는 말이다.

그런데 프로테스탄트들이 언제나 옳게 주장해왔듯이, 선한 도덕적인 행위 자체에 집중하는 것은 말 앞에 마차를 두는 격이고, 자기 자신을 그림의 중심부에 두는 꼴이다. 어쨌든 미덕이라는 것은 "어느 수준까지 올라가야 하는지를 안다"거나 "당신이 지키게끔 되어 있는 규율을 안다"는 의미의 도덕에 관한 것이 아니다. 미덕은 우리가 이미 살펴본 대로 특정한 도덕적인 선택의 문제가 아니라 인생 전체와 관련되어 있다. 규율이나 결과를 앞세우는 사람들은 때때로 소명의 선택을 윤리에 붙어 있는 지류로 생각하기도 한다. 그러나 나는 오히려 그 반대로 생각한다. 우리는 하나님의 형상으로서 그분을 반영하는 인간이 되라는 부름을 받았다. 이 소명은 정의에 대한 열정과 아름다움을 창조하고 기뻐하는 마음은 물론이고, 이 밖에도 다른 수많은 방식으로 나타나기 마련이다. 우리가 흔히 윤리적인 것으로 생각하는 구체적인 선택들은 그보다 더 넓은 소명, 곧 하나님의 형상으로서 그분을 반영하는 소명에 종속되어 있다고 할 수 있다.

일단 우리가 하나님의 위대한 드라마에서 활동하는 연기자로서 그 맡은 역할을 분명히 알게 되면, 우리가 얼마나 놀라운 소명을 갖고 있는지를 알고 그것을 현재 어떻게 실천할 수 있는지를 자유로이 생각할 수 있다. 반면에 우리가 아직도 우리 자신을 도덕적인 영웅이 되어가는 존재로 생각하려고 애쓴다면 그런 자유를 도무지 누릴 수 없다. 신약성경의 여러 단락은 우리가 장차 하나님의 새로운 창조세계에서 그분의 지혜로운 통치에 동참할 것이고, 특히 모든 것을 바로잡는 그 심판에도 참여할 것이라고 말한다. 아울러 창조세계가 그 관대한 창조주를 찬양하는 일에도 동참하고, 특히 그 감사의 찬송을 의식적이고 명료한 언어로 표현하는 일에도 참여하게 될 것이다.

이 신약성경의 단락들은 인간이 태초에 소명을 받은 장면을 떠올리고 있으며, 예수님은 우리에게 그 소명을 되찾으라고 요구하신다. 그래서 다음 장에서 우리는 그 출발점인 창세기로 돌아가려 한다.

Priests and Rulers
3_ 제사장과 통치자

■

이제 행복을 잊어버려라. 그대는 보좌로 부름 받은 존재이다.
그러면 그대는 어떻게 그 일을 준비하겠는가?
이것이 바로 미덕의 문제, 곧 기독교적 생활방식의 문제이다.

Priests and Rulers

창세기 1장은 하나님이 자기의 형상을 따라 인간을 만드셨고 그들에게 창조세계를 다스릴 통치권을 위탁하셨다고 말한다.

하나님이 이르시되 우리의 형상을 따라 우리의 모양대로 우리가 사람을 만들고 그들로 바다의 물고기와 하늘의 새와 가축과 온 땅과 땅에 기는 모든 것을 다스리게 하자 하시고 하나님이 자기 형상 곧 하나님의 형상대로 사람을 창조하시되 남자와 여자를 창조하시고 하나님이 그들에게 복을 주시며 하나님이 그들에게 이르시되 생육하고 번성하여 땅에 충만하라 땅을 정복하라 바다의 물고기와 하늘의 새와 땅에 움직이는 모든 생물을 다스리라 하시니라(창 1:26-28).

"그들로… 다스리게 하자." 당신은 이 명령에 어떻게 반응하는가?

이 세상을 다스려야 한다는 말씀에 사람들이 얼마나 다양하게 반응했는가를 조사해보면, 한 편의 정치 소설을 쓸 수도 있을 것이다. 고대의 두 철학자가 서로 극단적인 반응을 보였던 것을 기억하는가? 한 철학자는 아침에 집에서 나오면서 세상을 향해 폭소를 터뜨린 반면, 다른 철학자는 울음을 터뜨렸다. 마찬가지로, 인간에게 세상을 다스릴 권한이 주어졌다는 사상에 대해서도 입장을 달리하는 두 개의 그룹이 있다.

우리 가운데 어떤 이들은 "누군가 책임을 떠맡았군! 이제야 무질서를 피하게 된 거야!" 하면서 안도의 한숨을 내쉰다. 반면에 다른 이들은 "이건 폭정이야! 아무도 우리를 다스릴 수 없어! 우리는 자유를 원한다고!" 하면서 아우성친다. 인간 사회와 정치에 관한 모든 위대한 이론들은 이 두 가지 반응 사이를 오락가락했다. 종종 이런 입장 차이는 그들이 직접 경험한 것을 바탕으로 개진되었다. 무질서를 체험한 사람이라면, 그리고 폭정 아래서 살아본 사람이라면 누구나 다시 그런 지경에 빠지는 것을 크게 경계할 것이다.

그 가운데서도 특히 부정적인 반응이 우리 시대에 아주 만연했다. 이 세계가 오염되고 망가진 이유, 바다에서 물고기가 남획된 이유, 하늘이 산성비로 가득 찬 이유는 창세기에 나오는 바로 그 명령을 좇았기 때문이라고 많은 사람이 목소리를 높였다. 땅을 정복하는 일이 다수의 눈에는 경솔하고 파괴적인 탐욕에 빌미나 변명거리를 제공한 것으로 비쳤던 것이다.

그런데 과연 창세기가 의도했던 모습이 이런 것이었을까? 창세기는 어떤 다스림을 염두에 두고 있었을까? 역사상 가장 심오한 이야기인 동시에 풍부한 상상을 불러일으키는 창세기 1장과 2장에 나오는 창조 이야기들은 결코 인간이 창조세계를 학대하는 모습을 예견하지 않는다. 가령, 정원의 토양이 감당할 수 있든 없든 상관없이 당신이 원하는 일을 하도록 마구잡이로 강요해보라. 그러면 정원은 조만간 불모지로 변할 것이다. 바로 이와 같은 정원을 하나님이 우리에게 주신 것이다. 온갖 기름진 땅을 우리에게 주시면서 그것을 돌보고 열매를 맺게 하고 동물이 창조된 뒤에는 동물에게 이름을 지어주라고 명하셨다. 여기서 다스린다는 말은 친절하게 돌본다는 뜻 이외에 다른 의미는 없는 것 같다. 인간은 그 정원을 번성하게 하고, 다채롭고 멋진 하나님의 창조세계에 뚜렷한 질서를 부여할 말을 선언하도록 되어 있었던 것이다.

창조세계는 가만히 정지된 화면과 같지 않다. 어딘가로 가기 위해 창조된 일종의 프로젝트와 같다. 창조주는 창조세계의 장래를 염두에 두었고, 인간이란 존재는 창조주가 프로젝트를 수행하는 데 사용할 하나의 수단이었다. 그리고 정원과 거기에 사는 식물과 동물 등 모든 피조물은 그들 가운데서 하나님의 형상을 반영하는 피조물, 즉 인간의 작업을 통하여 창조주의 설계에 따른 그들 본연의 모습을 찾게 될 것이었다. 이 프로젝트는 정원을 확장시켜 창조세계의 나머지 부분을 모두 편입시키는 것이다. 그리고 인간은 이 계획을 담당할 피조물로 임명되었다. 이런 의미에서 인간은 중간에 놓인 피조물이라고 할 수 있다. 세상에 대해서는 하나님을 반영하는 존재이고, 하나님에 대해서는 세상을 반영하는 존재인 셈이다. 이것이 진정한 인간의 소명을 받쳐주는 토대이다. 또한 이것은 신약성경의 가르침대로 우리가 지향하는 목표이기도 하다. 아니, 모든 인간 존재의 목표라고 할 수 있다. 물론 아리스토텔레스가 염두에 두었던 목표와는 아주 다르긴 해도, 그의 용어를 빌리자면 이것이 우리의 '텔로스'라고 말할 수 있다. 그리스도인이 갖고 있는 미덕관은 이 목표를 향해 가는 길에 대한 비전과 다르지 않다. 그리고 이 목표가 아리스토텔레스의 목표와 다른 것처럼 거기에 도달하는 길도 다르다. 하지만 목표에 따라 길을 달리해야 한다는 견해와 사고의 틀은 양자가 공유하고 있다.

창세기 3장에 나오는 사건, 곧 인간이 하나님과 그분의 프로젝트에 반기를 든 사건이 발생한 이후의 세계를 살고 있는 우리는 아주 특별한 이 소명을 보지 못할 때가 종종 있다. 이유인즉 우리 눈에 비치는 것은 온통 하나님이 인간에게 위임한 권한이 남용되었을 때 일어나는 현상밖에 없기 때문이다. 우리는 이런 현상을 너무도 잘 알고 있다. 인간과 동물과 세계의 삶을 모두 손상시키는 그 폭정 행위, 개인의 가정이든 국제 정치와 무역의 현장인 공적 세계든, 어디에서나 자행되는 그런 폭정을 얼마나 잘 알고 있는가? 많은 돈이 보장되거나 전쟁의 승리가 걸려 있는 경우에 과연 누가 생태계를 보존하는 문제에 신경을 쓰겠는가? 아울러 우리는 그 정원을 만드신 하나님, 인간을 자기 형상으로 만드신 그 하나님을 조롱하는 행위를 자주 목도한다. 그러나 창세기 1장과 2장의 이야기를 되새겨보았던 초기 그리스도인들은 이것이 태초부터 있었던 본래의 의도가 아니라고 항변한다. 하나님은 그분이 만드신 새로운 세계에 하나님의 형상을 반영하기 위하여 에덴 동산에 인간을 두셨다. 말하자면, 인간들이 거기에 가시적으로 존재함으로 말미암아 정원과 동물을 돌보는 하나님의 손길을 대행하게 하려는 것이었다. 그리고 인간이 이런 역할을 수행하려면 하나님과 조화로운 관계를 유지할 필요가 있었다.

그러므로 인간이 자기에게 주어진 권한을 오용한다고 해서 그 본래의 목적이 폐기되는 것은 아니다. 인간이 받은 소명이 취소되지 않는다는 말이다. 그렇기 때문에 초기 기독교 텍스트들이 여러 곳에서 언급하고 있는 또 다른 구약성경의 단락은 그 소명을 다시금 되풀이하고 있다.

여호와 우리 주여 주의 이름이 온 땅에 어찌 그리 아름다운지요.
주의 손가락으로 만드신 주의 하늘과
주께서 베풀어 두신 달과 별들을 내가 보오니

사람이 무엇이기에 주께서 그를 생각하시며

인자가 무엇이기에 주께서 그를 돌보시나이까.

그를 하나님보다 조금 못하게 하시고

영화와 존귀로 관을 씌우셨나이다.

주의 손으로 만드신 것을 다스리게 하시고

만물을 그의 발아래 두셨으니

곧 모든 소와 양과 들짐승이며

공중의 새와 바다의 물고기와 바닷길에 다니는 것이니이다.

여호와 우리 주여 주의 이름이 온 땅에

어찌 그리 아름다운지요(시 8:1, 3-9).

이 시편은 분명히 창세기 1장에 묘사된 인간의 역할을 경축하고 있다. 이는 초기 그리스도인들이 예수님의 복음에 비추어 인간의 소명을 새롭게 탐구할 때 그들 의식 구조의 일부를 형성했던 중요한 요소이다. 이것이야말로 진정한 인간의 목표라고 할 수 있다. 이제 행복은 잊어버려라. 그대는 보좌로 부름 받은 존재이다. 그러면 그대는 어떻게 그 일을 위해 준비하겠는가? 이것이 바로 미덕의 문제, 곧 기독교적 생활방식의 문제이다.

나중에 좀 더 자세히 살펴볼 테지만, 인간이 하나님의 세계를 지혜롭게 통치하는 일은 사실 하나님의 형상이란 말과 밀접한 관련이 있다. '형상'은 일차적으로 하나님을 닮은 인간의 본성이나 성품의 한 측면을 가리키는 말이 아니다. 많은 저자들이 이미 알려주었듯이, 고대 통치자들은 멀리 떨어진 도시에 자기 형상을 세워놓고 누가 그 민족을 다스리는지 상기시키곤 했는데, 이것은 당시의 관행이었다. 따라서 하나님도 자신의 세계에 인간들 곧 자기의 형상을 둠으로써 그 세계의 통치자가 누구인지를 볼 수 있게 한 것이다. 아니, 그것을 볼 뿐만 아니라 경험하게도 했다. 그런데 하나님은 관대하고 창조적이며 사랑이 넘치는 분이기 때문에, 세상을 운영할 때도 권력을 공유하고 자기의 형상인 인간을 통해 일하고 그분의 프로젝트에 인간이 기쁘게 또 자유롭게 협력하도록 초대하는 방식을 사용하신다. 그렇다, 만일 하나님이 어떤 중개자도 없이 직접 모든 일을 하기로 했더라면, 어느 면에서는 더 쉬웠을지도 모른다. 그러나 그런 방식은 그분의 성품에 어울리는 것이 아니었다. 여기서 성품이란 미덕의 모든 것이다. 우리가 누군가에 대해 말할 때 "맞아, 그는 그런 사람이야"라고 말하곤 하는데, 이는 그 사람이 상습적인 선택에 의해 그런 사람이 되었다는 것을 뜻하며, 이것이 바로 성품의 의미이다. 그리고 미덕은 상습적으로 지혜로운 선택을 할 때 생기는 것이다. 유대교와 기독교의 저자들은 한결같이 그런 지혜는 창조주의 지혜를 반영하는 것이라고 말한다.

초기 그리스도인들은 예수님이 하나님의 권위에 힘입어 주권적인 통치를 시작함으로써 창조세계와 인간을 향한 본래의 비전이 새롭게 발견되고 회복되었다고 믿었다. 예수님이 행하고 말한 것은 "만일 하나님이 만물을 운영하신다면 어떤 모습일까?"라는 질문에 대해 말과 행위로 보여준 결정적인 해답이었다. 그리고 창세기에서 볼 수 있듯이, 그 질문에 대한 부분적인 답변은 순종적인 인간의 대명사인 예수님을 좇아 창조세계의 청지기로 행하고, 새로운 창조를 잉태하고, 그 창조세계의 찬송을 모두 모아 창조주에게 드리는 순종적인 인간의 모습일 것이다. 신약성경 전체가 뚜렷이 보여주듯이, 예수님은 창조세계의 찬송을 모아들이고, 구원을 가져오는 하나님의 주권을 실행하는 등 순종적인 인간의 대명사답게 행동하셨다. 하지만 흔히들 놓치는 사실이 있다. 이와 똑같은 역할이 곧바로 그분의 제자들에 의해 수행되었다는 것이다.

초기 그리스도인들은 만물의 궁극적인 목표라는 그 장엄하고 파격적인 비전을 제시했다. 새 하늘과 새 땅, 만물이 새롭게 되는 것, 하늘로부터 땅에 내려오는 새 예루살렘(계 21:2), 창조주 하나님의 기쁨과 정의로 충만한 세계가 바로 그 비전이다. 그러면 "우리 인간은 그 새로운 세계에서 무슨 역할을 담당할 것인가?" 하고 물어보는 것이 마땅하다. 이 질문에 우리가 응답할 수 있을 때에야 비로소 현재 우리의 성품을 형성하는 미덕을 이해할 수 있다. 우리는 무엇을 위해 만들어졌나? 우리는 미래의 언어를 지금 여기에서 어떻게 배울 수 있나?

우리가 살펴본 대로, 성경은 하나님이 인간에게 특별한 소명을 부여하는 장면으로 시작한다. 이 소명은 인간이 하나님의 창조세계를 보살펴 풍성한 열매를 맺게 해야 한다는 내용이다. 그리고 성경은 이것이 마침내 이루어진 장면, 그것도 훨씬 더 풍성하게 성취된 장면으로 끝을 맺는다. 소위 천국이란 것을 그저 안식과 경배의 장소로만 얘기하는 모호하고 시시껄렁한 신앙은 잊어버려라. 아울러 웨스트민스터 신앙고백에 나오는 인간의 주된 목적에 관한 고상한 진술도 한쪽으로 제쳐놓아라. 하나님을 영화롭게 하고 그분을 영원히 즐거워하라는 이 진술은 분명 옳기 하지만 성경이 주장하는 진리를 백 퍼센트 담아내지는 못한다. 새 하늘과 새 땅에서는 새로운 소명들과 새로운 과업들이 있을 텐데, 이는 태초에 인간에게 주어진 사명이 궁극적으로 성취되는 모양일 것이다. 우리가 그것을 얼핏 볼 수만 있어도, 신약성경이 보여주는 기독교적인 행위는 케케묵고 자의적인 규율을 지키느라고 씨름하는 일과 관련된 것도 아니고, 물결이 흐르는 대로 따라가는 일이나 자연스럽게 다가오는 것을 행하는 일과 관계된 것도 아니며, 오히려 현세에서 언어를 배우는 일, 즉 하나님의 새 세계에서 유창하게 말할 수 있도록 그 언어를 미리 배우는 것과 관련이 있다는 것을 알게 되리라.

성경의 마지막 장을 보면, 새롭게 된 인간들이 하나님의 새로운 창조 시에 주로 행하게 될 일들 가운데 다음 두 가지를 부각시키고 있다.

하나님과 그 어린 양의 보좌가 그(새로운 도시) 가운데에 있으리니 그의 종들이 그를 섬기며(예배하며) 그의 얼굴을 볼 터이요. 그의 이름도 그들의 이마에 있으리라. 다시 밤이 없겠고 등불과 햇빛이 쓸데없으니 이는 주 하나님이 그들에게 비치심이라. 그들이 세세토록 왕노릇하리로다(계 22:3-5).

예배하는 일과 다스리는 일. 이것이 바로 새로운 도시에서 새로운 백성이 할 일이다. 이 주제는 성경의 마지막 책에서 너무도 중요한 것인 만큼 방금 인용한 단락 말고도 적어도 네 차례나 이런저런 형태로 되풀이되고 있다.

우리를 사랑하사 그의 피로 우리 죄에서 우리를 해방하시고 그의 아버지 하나님을 위하여 우리를 나라와 제사장으로 삼으신 그에게 영광과 능력이 세세토록 있기를 원하노라. 아멘(계 1:5-6).

이기는 그에게는 내가 내 보좌와 함께 앉게 하여 주기를 내가 이기고 아버지 보좌에 함께 앉은 것과 같이 하리라(계 3:21).

그들이 새 노래를 불러 이르되 두루마리를 가지시고 그 인봉을 떼기에
합당하시도다. 일찍이 죽임을 당하사 각 족속과 방언과 백성과 나라 가
운데에서 사람들을 피로 사서 하나님께 드리시고 그들로 우리 하나님
앞에서 나라와 제사장들을 삼으셨으니 그들이 땅에서 왕노릇하리로다
하더라(계 5:9-10).

또 내가 보좌들을 보니 거기에 앉은 자들이 있어 심판하는 권세를 받았
더라. 또 내가 보니 예수를 증언함과 하나님의 말씀 때문에 목 베임을
당한 자들의 영혼들과 또 짐승과 그의 우상에게 경배하지 아니하고 그
들의 이마와 손에 그의 표를 받지 아니한 자들이 살아서 그리스도와 더
불어 천 년 동안 왕노릇하니… 이 첫째 부활에 참여하는 자들은 복이
있고 거룩하도다. 둘째 사망이 그들을 다스리는 권세가 없고 도리어 그
들이 하나님과 그리스도의 제사장이 되어 천 년 동안 그리스도와 더불
어 왕노릇하리라(계 20:4-6).

이 예언은 틀림없이 이루어질 것이다. 흔히 요한계시록은 어둡고
이상하고 폭력적이기만 한 책으로 치부되곤 했다. 하지만 이런 대
목은 온 창조세계가 새롭게 되고 기뻐하는 모습을 그리고 있을 뿐
아니라 거기에서 인간들이, 결국에는 모든 피조물이 창조주에게 드
리는 찬송을 간추리고 있다. 또한 하나님이 자기 형상을 지닌 인간
에게 언제나 기대했던 세계에 대한 통치권, 지배권, 지혜로운 청지

기직을 행사하는 장면을 비전으로 제시한다. 인간들은 장차 모든 피조물의 찬송을 간추리고 하나님과 어린 양을 대신해 그 권위를 행사하는 제사장과 통치자가 될 것이다.

제사장들과 통치자들! 이 어구는 다수의 머릿속에 궁중 생활, 왕족의 예복, 화려한 장관 등으로 이루어진 옛 시대를 상기시킬 것이다. 거리감(이 경우에는 시간적인 거리)은 어떤 매력을 풍기기도 하지만 그와 동시에 위협을 주기도 한다. 과연 이와 같이 사극에 나오는 귀족과 공식 종교로 구성된 그런 세계에 정말로 살고 싶은가?

우리가 이런 이미지를 생각하고 뒷걸음질치기 전에 그 단락이 과연 어떤 실재를 가리키는지 한번 생각해보자. 이 단락은 적어도 성경적인 틀 안에서는 이스라엘의 소명으로 되돌아간다. 출애굽 이후에 하나님은 조금 전에 해방된 그의 백성을 시내 산으로 인도하시고 그들에게 율법을 주셨다. 그때 하나님은 자기 백성에게 새로운 소명을 부여하시는 장엄한 계시를 위한 무대를 손수 설정하셨다.

내가 애굽 사람에게 어떻게 행하였음과 내가 어떻게 독수리 날개로 너희를 업어 내게로 인도하였음을 너희가 보았느니라. 세계가 다 내게 속하였나니 너희가 내 말을 잘 듣고 내 언약을 지키면 너희는 모든 민족 중에서 내 소유가 되겠고 너희가 내게 대하여 제사장 나라가 되며 거룩한 백성이 되리라(출 19:4-6; 사 61:6 참조).

제사장의 나라라고? 성경 이야기에 익숙한 사람들은 고대 이스라엘이 어느 단계에서는 왕을 소유했던 민족임을 잘 알고 있을 것이다. 그러니까 사울과 다윗을 거쳐 포로 시기까지 계속되다가 그 후로는 일종의 꼭두각시 왕족이 있었다는 사실 말이다. 또한 이스라엘은 족장 레위, 좀 더 구체적으로 말하면 모세의 형이었던 아론의 후손으로 이루어진 제사장을 소유한 민족이었다. 우리는 이스라엘 민족 전체가 제사장의 나라, 즉 왕과 제사장의 이중 직분을 맡은 백성이 되는 것이 하나님의 계획이었다는 생각에 익숙하지 않을 수도 있다. 사실 이 소명은 그 이후의 길고도 음울한 역사 속에 빠져서 잘 보이지 않거나 잊혀 있었다. 그러나 다행히도 이스라엘 백성의 기억 속 어딘가에 살아남았다. 그래서 신약성경에서 이것이 수면 위로 떠오른 것이다.

　이 소명 역시 창세기 1장과 2장에 뿌리를 두고 있다. 우리가 포로기와 그 후에 발달된 유대 사상의 관점에서 이 두 장을 읽는다면, 창조 당시에 인간에게 주어진 역할은 창조세계를 다스리는 왕의 직분에 그치지 않고 제사장의 직분까지 포함한다는 것을 알 수 있다. 인간은 하나님의 지혜로운 통치를 세상에 반영하는 존재인 동시에, 창조세계가 그 창조주에게 드리는 충성과 찬송을 사랑과 언어와 의식적인 순종으로 변모시키는 피조물이기도 하다. 이것이 바로 모든 인간에게 주어진 왕과 제사장의 소명이다. 말하자면, 하나님과 그의 피조물 사이에 서서 한편으로는 하나님의 지혜롭고 관대한 명령을 세상에 전달하고, 다른 한편으로는 피조물이 조물주에게 드리는 기쁨과 감사의 찬송을 분명한 목소리로 표현하는 일이다.

바로 이런 내용을 우리는 요한계시록에서 찾아볼 수 있다. 뿐만 아니라, 이처럼 왕과 제사장이 되는 환상의 배경이 아주 두드러지게 눈에 띄기도 한다.

첫째, 요한계시록 4장과 5장에서 천상의 무리가 하나님과 어린 양을 예배하는 환상은 황제나 위대한 군주가 수행원에게 둘러싸인 채 어전 회의를 집행하는 장소인, 보좌가 있는 알현실과 매우 흡사하다. 어떤 이들은 요한이 일부러 하나님의 알현실을 시저(또는 다른 나라의 군주)의 알현실보다 더 돋보이게 하기 위해 그런 장면을 묘사했다고 말한다. 이것이야말로 진정한 황제의 통치이다. 죽임을 당한 어린 양과 그처럼 치욕과 고난의 길을 걷는 그의 제자들을 통해 행사되는 다스림이다.

둘째, 요한계시록 21장과 22장에 나오는 새 예루살렘은 성전과 같은 모습을 지니고 있다. 이 새로운 도시에는 특정한 성전이 없을 것이다. 도시 자체가 하나의 성전, 아니 예루살렘 성전이 오랫동안 가리키고 있었던 그 실체 곧 진정한 성전이기 때문이다. 도시의 모든 규모 및 장식과 더불어 거룩함에 관한 규율이 모두 이를 드러내고 있다(계 21:8, 11-21, 27; 22:3, 15). 바로 이것이 마침내 드러날 실체, 말하자면 먼저는 에덴 동산이 그리고 나중에는 옛 예루살렘 성전이 일종의 맛보기로 보여주었던 그 실체라고 요한은 말한다. 여기가 바로 살아 계신 하나님이 거하시는 장소이고, 여기서부터 치유의 강물이 흘러나와 온 세상을 맑고 깨끗하게 만들 것이다(계 22:1-2). 이제 왕들과 제사장들은 그 알현실에, 그 성전에 자리를 잡고 있다. 이것이 바로 인간의 최종 목표, 곧 텔로스이다.

요한계시록 21-22장에 나오는 새로운 도시(성전)에 대한 묘사를 자세히 살펴보면 두 가지 사실이 특히 눈에 띈다. 첫째, 이곳은 바로 하나님이 마침내 모든 것을 바로잡는 장소라는 것. 그분은 모든 눈물을 그 눈에서 닦아 주시고(계 21:4), 인간의 삶을 파괴하고 손상시키는 모든 것을 제거하는(계 21:8) 등 잘못된 것을 모두 바로잡으실 것이다. 둘째, 그 도시는 절묘하게 아름다운 장소일 것이다(계 21:11-21). 그 도시의 여러 보석들과 다른 장식품에 대한 묘사는 광야의 성막, 솔로몬의 성전, 메시아 시대의 새 성전 등에 거하시는 하나님의 영광과 아름다움을 묘사하는 여러 성경 단락들(출 26-28장, 대하 3장, 사 60장 등)을 상기시킨다. 사실 성경에는 아름다움을 언급하는 대목이 별로 없는 편이지만 그런 대목은 대부분 하나님의 영광스러운 임재, 즉 창조세계 전체에 현존하시고 구체적으로는 성전과 그 안에 계시는 그분의 임재와 직접 관련이 있다. 이와 같은 두 가지 사항, 곧 하나님이 모든 것을 바로잡는 것과 그분의 영광스러운 아름다움이 밝히 드러나는 것은 기독교 사상에서 모든 인간적인 미덕이 지향하는 목표를 이해하는 데 매우 중요하다.

여기서 우리가 놓쳐서는 안 될 것이 있다. 신약성경의 다른 부분과 마찬가지로 요한계시록도 지금 시점에서 궁극적인 운명을 바라보고 있다는 점이다. 요한계시록 5장에 나오는 환상은 궁극적인 종말에 관한 환상이 아니라, 땅 위에 현존하는 실재의 천상적 차원을 묘사하는 환상이다. 이 환상은 모든 피조물이 분명한 이유를 가지고 하는 찬송을 명료한 언어로 표현하는 등, 교회가 예배드리는 모습을 그린다. 요한계시록 4장 6-9절에서는 동물의 왕국이 창조주를 찬양하고, 교회도 4장 10절부터 5장 전체에 걸쳐 찬송에 합류하면서 찬송하는 뚜렷한 이유(왜냐하면)를 덧붙이고 있다. 창조주 하나님은 찬송을 받기에 합당하신 분이다. 그분이 만물을 창조했기 때문이다(계 4:11). 어린 양은 두루마리의 인봉을 떼기에 합당하신 분이다. 그분이 자신의 죽음을 통해 큰 업적을 이루셨기 때문이다(계 5:9).

여기에 현 시점에서 이미 내다보고 있는 구속받은 인간들의 궁극적인 운명에 대한 비전이 있다. 신약성경이 묘사하는 인간의 최종적인 목표는 단순히 에우다이모니아나 그와 비슷한 어떤 것이 아니다. 그것은 자기중심적인 목표, 말하자면 영웅의 자태로 홀로 설 수 있는 이른바 인간 성품이 완성된 모습이 아니다. 초기 그리스도인들은 아리스토텔레스로부터 그 시대의 철학 전통에 암묵적으로 도전하되, 그 전통이 지향하는 목표에 의해 형성된 삶의 틀을 버리기보다는 다른 목표를 제공함으로써 도전했다. 이 목표는 창세기 1장과 2장에 기록된 대로 인간이 애초에 수행하도록 창조된 과업을 성취하는 일이다. 그리고 출애굽기에 따르면 이스라엘도 이 과업을 위해 부름을 받았다. 이 과업은 바로 왕 같은 제사장이 되는 것이다. 이는 창조세계를 지혜롭게 다스리는 창조주의 일을 중개하고 또 창조세계가 동일한 창조주에게 올리는 찬송을 중개하는 역할을 가리킨다. 만일 우리가 미덕을 이해하고 싶다면, 하나님의 새 세계에서 사용할 그 언어를 미리 배우려고 한다면, 이런 것이 미덕의 주요 특징이라는 사실을 알 필요가 있다. 달리 말하면, 예배하는 일과 청지기직을 수행하는 일과 정의와 아름다움을 창출하는 것이 하나님의 구속받은 백성이 받은 일차 소명이다. 그리고 우리에게 요구되는 그 마음과 사고와 생활 습관은 우리를 점차 그와 같은 백성, 곧 미덕이라고 불리는 제2의 천성과 함께 자유로이 또 즐거이 그 과업들을 향해 나아갈 수 있는 백성으로 만들어줄 것이다.

∞

이와 똑같은 소명이 명시적으로 진술되어 있는 또 다른 신약성경의 단락은 출애굽기 19장을 그대로 반영하는 베드로전서 2장이다. 예수 그리스도 안에서 행하신 하나님의 역사를 통하여 새로운 성전이 탄생하게 되었은즉, 그것은 벽돌과 회반죽으로 만든 것이 아니요 인간들로 이루어진 성전이라는 것이 이 단락의 요점이다. 그런데 이 요점의 의미를 좀 더 정확히 알려면 가던 길을 잠시 멈추고 예루살렘 성전이 유대 민족에게 지녔던 중요한 의미를 생각해볼 필요가 있다.

성전의 메아리 소리는 창조 이야기에서도 들을 수 있다. 아니, 이를 거꾸로 표현하자면 성전은 소우주, 작은 세계, 창조세계의 축소판이 되도록 설계되었다. 성전 규모와 내부 가구 및 장식, 그리고 제사장의 예복과 활동은 모두 거대한 우주를 반영하고 축약한 것들이었다. 이 모든 요소는 이스라엘의 하나님인 창조주가 몸소 내려와서 사시겠다고, 즉 자신의 백성 가운데 사시겠다고 약속하신 장소가 바로 성전이라는 사실을 가리킨다. 성전 안에서 제사장들이 수행하던 업무는 다름이 아니라, 온 창조세계를 자신의 임재와 영광으로 가득 채우겠다고 약속하셨던 하나님이 창조세계를 특정 장소와 건물 안에 가져오셔서 그곳도 그분의 임재와 영광으로 가득 채우고 계시다는 사실을 경축하고 공표하는 일이었다. 하지만 그 일에 깊이 관여한 것은 제사장들만이 아니었다. 성전의 건축을 계획하고 실제로 짓고 헌당하고 깨끗케 한 것은 바로 이스라엘의 왕들이었다. 그러므로 성전은 제사장의 직분과 왕의 직분을 함께 묶어 주었다고 할 수 있다.

성전은 세상으로부터 몸을 피하는 장소, 바깥세상의 사악함에서 단절되어 하나님의 임재 가운데 안전하게 머무는 거룩한 장소가 되도록 만들어진 곳이 결코 아니었다. 성전은 하나님이 온 창조세계와 함께, 그리고 그 세계를 위해 행하시려 계획했던 일을 미리 보여주는 일종의 징표였다. 하나님이 그 집을 자신의 임재로 가득채운 것은 장차 온 세계를 자신의 영광과 임재와 사랑으로 충만하게 할 그분의 궁극적인 의도를 보여주는 징표요 맛보기였다. 마치 출애굽기 19장에서 하나님이 이스라엘 백성에게 너희는 온 세계를 섬기게 될 특별한 백성이 될 것이라고 일러주기 전에 온 세계가 자기에게 속해 있다고 말씀해주신 것처럼, 광야에 있던 성막과 예루살렘에 있던 성전은 장차 이루어질 크고 놀라운 실재를 보여주는 예표에 해당한다.

그러므로 구약성경은 성전을 가득 채우고 그 안에 거하시는 하나님의 임재와 마침내 온 세계를 가득 채우고 그 안에 거하실 하나님의 임재 사이를 오간다고 할 수 있다. 고대 이스라엘은 하늘들의 하늘이라도 하나님을 수용할 수 없다는 것을 알았던 만큼, 성전도 기껏해야 그것이 상징하는 것의 한시적이고 부적절한 표상에 불과하다는 사실을 알았던 것 같다. (이 주제 전반에 관해서는 다음 단락들을 참고하라. 출 24:16; 29:42-43; 40:34; 민 14:21; 왕상 8:10-11:27; 대하 2:6; 5:13-14; 6:18; 7:1; 시 72:19; 사 6:3; 11:9; 35:1-2; 40:5; 58:8; 60:1-2; 렘 23:24; 겔 10:4; 합 2:14. 그리고 위경에 나오는 제2의 성전 시기에 대한 구절도 보라. 2마카비 2:8; 3마카비 2:15-16; 지혜서 1:7. 아울러 행 7:47-50도 참고하라.) 거룩한 땅에 대한 약속에 관해서도 이와 비슷하게 말할 수 있다. 즉 성전은 하나님이 아브라함에게 약속하셨던 그 땅의 중심에 서 있었고, 그 땅은 그보다 훨씬 더 큰 실재 곧 창조주 하나님의 온 창조세계에 대한 주권을 가리킨다고 할 수 있다. 이에 대해 바울은 당시의 몇몇 유대인 사상가들과 노선을 같이 하여, 아브라함에게 주어진 약속은 자그마한 영토를 상속하는 데 그치지 않고 온 세상을 상속받는 것이라고 주장했다(롬 4:13).

이제 하나님과 성전과 거룩한 땅과 세계에 관한 고대 유대인의 성찰을 꽉 채워 담은 이 작은 그림에서 카메라 렌즈를 뒤로 살짝 당겨보라. 무엇이 보이는가? 거기에서 천천히 진전되는 큰 이야기를 보게 될 것이다. 그 이야기는 다음과 같은 장면들을 담고 있다. 먼저 선한 창조주 하나님이 멋진 세계를 만들고, 그것을 지혜롭게 다스리고 피조물의 감사 찬송을 모을 사람을 관리인으로 두는 장면. 사람이 반역을 일삼고 이 과업을 수행하지 못함으로써 프로젝트를 시작하지 못하는 장면. 선하신 하나님이 한 가족을 불러 그들을 통해 프로젝트를 다시 살려내 시작하게 하며, 그들에게 본래 인류의 소명을 반영하는 소명을 주는 장면. 이제 이 선택된 민족과 언약을 맺은 선하신 하나님이 그들에게 특별한 장소와 수단을 주되, 이로써 그분의 궁극적인 의도(온 세계를 그분의 영광스러운 임재로 충만케 하는 것)를 신비로운 방식으로 미리 알리는 장면. 이 백성의 삶 속에 제정된 다양한 제도(통치자, 제사장)를 통하여 이 상징이 태동하고 지켜지고 증진되고 효능을 발휘하게 하는 장면. 끝으로, 많은 선지자들이 끊임없이 지적했듯이 이 백성이 비참하게 실패함으로 말미암아 성전 파괴를 초래하는 장면 등.

통치자와 제사장에 관한 이야기는 구약성경에서 광범위하게 나타난다. 그 가운데 가장 두드러지게 등장하는 곳을 들자면, 한편에는 사무엘서와 열왕기가 있고 다른 한편에는 역대기가 있다. 그런데 이 둘이 서로 병행되면서 전자는 통치자들에게, 후자는 제사장들에게 초점을 맞춘다. 하지만 구약성경에 있는 이야기는 하나의 당돌한 질문을 던지고 있다. 이제 창조주 하나님은 무엇을 하실 작정인가? 이제 이스라엘과 그의 소명, 그리고 인류의 소명에는 무슨 일이 생길 것인가? 왕의 소명과 제사장의 소명은 온 창조세계를 향한 창조주의 목적을 짊어지고 어떻게 전개될 것인가?

바로 이 질문에 답하기 위해 아주 다양한 각도에서 신약성경 전체가 기록된 것이다. 그 답변의 핵심은 메시아이신 예수님에게 속한 자들은 이제 하나님을 섬기는 통치자들과 제사장들이 되게끔 정해져 있다는 것이다. 우리를 압도할 만큼 충분히 놀라운 주장이다. 드디어 이스라엘의 프로젝트는 성취되었고, 따라서 하나님의 백성이 새 성전을 형성함으로써 인류의 프로젝트도 본궤도에 진입했다.

너희도 산 돌 같이 신령한 집으로 세워지고 예수 그리스도로 말미암아 하나님이 기쁘게 받으실 신령한 제사를 드릴 거룩한 제사장이 될지니라. … 너희는 택하신 족속이요 왕 같은 제사장들이요 거룩한 나라요 그의 소유가 된 백성이니 이는 너희를 어두운 데서 불러내어 그의 기이한 빛에 들어가게 하신 이의 아름다운 덕을 선포하게 하려 하심이라(벧전 2:5, 9).

여기서 베드로는 많은 신약성경의 단락들과 맥을 같이 한다. 그래서 기본적인 이스라엘의 소명을 취해서 이제는 그것이 완성된 이스라엘의 소명이 되었다고 담대하게 선언한다. 완성된 이스라엘이란 일차적으로 이스라엘의 메시아인 예수님을 가리키지만, 그 소명은 예수님을 좇고 그분에게 속한 모든 사람들에게까지 확장된다. 예수님은 유일하고 참된 산 돌이시다. 그분의 제자들은 참 성전을 세워가는 산 돌들로서 하나님의 임재를 더 넓은 세상으로 옮겨가고, 하나님의 강력한 구원 행위를 선포하는 선교를 추진하며, 온 세계에서 예수님의 메시아적 통치를 실행하는 일을 시작한다. 이것이 바로 왕 같은 제사장이 된다는 말의 뜻이다.

베드로전서의 나머지 내용은 이 말씀의 더 깊은 뜻을 분명히 밝히고 있다. 예수님을 따르는 자들이 당장 일반적인 의미의 세계적인 통치자나 지역의 통치자가 되어야 한다는 것을 의미하지 않는다는 것이다. 예전에 일부 지방 관리들이 그리스도인이 된 것을 알고 있지만, 이는 예기치 않은 자비로 말미암은 것이지 그 자체가 마침내 통치자와 제사장이 되는 소명을 가리키는 사건은 아니다. 결코 그렇지 않다. 베드로전서는 박해에 대한 경고와 이미 박해를 받고 고난당하는 사람들에게 주는 가르침으로 가득하다. 저자가 명시적으로 거론하지는 않지만, 오히려 이와 같은 초기 그리스도인의 위상, 즉 주변 세상에서는 버림받으나 소망이 충만한 거룩한 삶을 사는 것이 왕 같은 제사장이 취하게 될 모습이라고 할 수 있다. 바로 이런 모습이 예수님의 메시아적 통치가 강력한 증언을 통해 세상에 영향을 미치는 장면인 것이다. 예수님(십자가에 못 박히신 예수님!)이 세상의 진정한 주님이라는 메시지는 다름 아니라 교회가 그분의 발자취를 따라가는 일을 통해 널리 알려지게 되어 있다(벧전 2:21-23).

일단 우리가 요한계시록과 베드로전서 2장에서 신약성경 전체로 고개를 돌리면, 이와 똑같은 사상을 전달하는 단락을 한두 개 더 발견할 수 있다. 그 가운데 한 단락은 매우 치밀하게 짜인 긴 대목 한복판에 위치하고 있어서, 독자들은 그 단락이 실제로 무엇을 말하고 있는지 알지 못하고 넘어가기 십상이다.

이 단락은 바울이 로마 교인들에게 쓴 편지에 등장한다. 바울이 편지의 첫 네 장들을 요약하고 그 다음에 이어지는 네 장들을 위해 플랫폼을 세우는 위치에서 나온다. 그리고 첫 여덟 장은 또 하나의 탄탄한 플랫폼을 만들고, 그것을 발판 삼아 9-16장의 내용을 펼쳐 놓는다. 달리 말하면, 우리가 고찰하는 이 단락은 바울의 전반적인 사상이나 이 편지에 나온 사상의 본질과는 상관이 없는, 곁다리로 붙여놓은 것이 아니라는 뜻이다. 그것은 꼭 필요한 핵심적인 진술이다. 말하자면, 바울이 높은 산꼭대기에 올라가서 첫날부터 마지막 결론에 이르는 하나님의 계획의 전모를 조망하는 지점이라고 할 수 있다.

바울은 아담과 예수 그리스도를 서로 대비시킴으로써 이 작업에 착수한다. 최초의 인간이었던 아담은 하나님의 위대한 명령을 받았으나 불순종했고, 예수 그리스도는 하나님의 구원의 목적에 순종함으로써 인류를 구출했다. 달리 말해서, 예수를 따르는 자로서 우리의 소명이 마침내 진정한 인간이 되는 것이라고 선언하고 있는 셈이다.

그러므로 한 사람으로 말미암아 죄가 세상에 들어오고 죄로 말미암아 사망이 들어왔나니 이와 같이 모든 사람이 죄를 지었으므로 사망이 모든 사람에게 이르렀느니라. 죄가 율법 있기 전에도 세상에 있었으나 율법이 없었을 때에는 죄를 죄로 여기지 아니하였느니라. 그러나 아담으로부터 모세까지 아담의 범죄와 같은 죄를 짓지 아니한 자들까지도 사망이 왕노릇하였나니 아담은 오실 자의 모형이라. 그러나 이 은사는 그 범죄와 같지 아니하니 곧 한 사람의 범죄를 인하여 많은 사람이 죽었은즉 더욱 하나님의 은혜와 또한 한 사람 예수 그리스도의 은혜로 말미암은 선물은 많은 사람에게 넘쳤느니라. 또 이 선물은 범죄한 한 사람으로 말미암은 것과 같지 아니하니 심판은 한 사람으로 말미암아 정죄에 이르렀으나 은사는 많은 범죄로 말미암아 의롭다 하심에 이름이니라

(롬 5:12-16).

그러고는 두 구절 뒤에서 승리를 외친다.

그런즉 한 범죄로 많은 사람이 정죄에 이른 것 같이 한 의로운 행위로 말미암아 많은 사람이 의롭다 하심을 받아 생명에 이르렀느니라. 한 사람이 순종하지 아니함으로 많은 사람이 죄인 된 것 같이 한 사람이 순종하심으로 많은 사람이 의인이 되리라(롬 5:18-19).

이는 무척 치밀하고 복잡한 내용이 분명하다. 그럼에도 우리는 바울이 말하는 내용을 원칙적으로는 알 수 있다. 위대한 운명의 길로 부름 받았으나 불순종함으로 그것을 저버린 아담이 여기에 있다. 아담으로 인해 엉망진창이 된 사태를 정리하고 인간을 본궤도로 돌려놓으라는 소명을 받고, 그 소명에 순종하여 그것을 이루어놓은 예수 그리스도가 여기에 계시다. 우리는 이렇게 생각해야 한다.

그런데 바울이 대조시키는 것은 아담과 예수 그리스도만이 아니다. 또한 바울은 아담의 불순종으로 인간에게 주어진 위상과 역할, 그리고 예수 그리스도의 순종으로 인간이 갖게 된 위상과 역할을 서로 대조한다. 오늘 대다수의 그리스도인은 자신의 역할을 이런 견지에서 생각해본 적이 없을 것이며, 그렇게 생각할 준비도 갖추고 있지 않은 것 같다. 그래서 바울은 우리가 조금 전에 생략한 구절에서 많은 이들의 기대를 뛰어넘어, 인간은 예수 그리스도로 말미암아 구원을 받았을 뿐 아니라 "하나님의 새로운 세계를 다스리는 권세 있는 자리에 올라갔다"고 선언한다.

한 사람의 범죄로 말미암아 사망이 그 한 사람을 통하여 왕노릇하였은즉 더욱 은혜와 의의 선물을 넘치게 받는 자들은 한 분 예수 그리스도를 통하여 생명 안에서 왕노릇하리로다(롬 5:17).

나는 이 본문을 "그들이 얼마나 더 왕노릇하겠는가!"라고 번역했다. 바울은 도대체 여기서 무슨 말을 하고 있고 또 왜 그렇게 말하는 것일까?

이 구절은 요한계시록과 더불어 진정한 인간에 대한 기독교의 비전이 아리스토텔레스의 행복을 뛰어넘어 완전히 다른 영역으로 진입한다는 것을 보여주는 뚜렷한 징표이다. 아리스토텔레스가 꿈꾸었던 것은 미덕을 배운 인간들이 고대 그리스 도시의 정치 질서 내에서 리더십을 발휘하는 세계였다. 이에 비해 바울은 인간이 온 창조세계를 관할하는 세계에 대해 얘기한다. 바울은 우리로 하여금 인간됨의 의미를 보여주는 토대로 돌아가게 해주고 있다. 만일 인간다운 존재가 되는 것이 우리가 연습할 수 있는 기술이고, 배울 수 있는 언어이며, 지금 여기에서 그것을 바라보며 진지한 발걸음을 내딛게 하는 목표$_{telos}$라는 것을 알려면, 인간됨으로부터 시작해야 하기 때문이다.

바울은 여기에서 창세기 1장 26-28절로 되돌아가 고대 유대교의 전통에서 내용을 끌어온다. 예수 그리스도는 인류에 관한 프로젝트를 본궤도로 돌려놓으셨다. 아니, 사실은 그 이상의 일을 성취하셨다. 그것은 줄곧 인간을 통하여 온 세계의 유익을 도모하려 했던 하나님의 프로젝트였다. 하나님은 인간이 선악을 알게 하는 나무를 먹어 생긴 문제를 메시아 예수 안에서 극복하신 것은 물론이고 그 이상의 일을 하셨다. 마침내 인류가 생명나무를 맛보도록 인도하신 것이다. 이것이 바로 예수님의 부활이 의미하는 것이다. 하나님이 하신 이 일 때문에 요한계시록 22장에서 우리는 하나님의 도성으로부터 흘러나오는 강의 좌우에서 생명나무가 자라는 장면을 보게 된다(계 22:1-2). 인간은 마침내 예수 그리스도 안에서 마땅히 되어야 했던 존재가 되는 것이다. 그렇다면 인간은 무엇을 위해 창조되었을까? 한 마디로 요약하자면 바로 영광이라고 할 수 있다.

'영광'은 창조세계를 지혜롭게 다스리는 인간의 통치를 언급하는 성경적인 용어이다. 영광이란 단지 개인이 스스로 갖고 있거나 갖고 있지 않은 어떤 자질(흠모할 만한 위대함, 지위, 상태)만을 가리키는 말이 아니다. 영광은 활동적인 자질이다. 이 세계가 본래의 설계대로 가장 번성하는 상태에 이르고, 또 인간들도 그와 같은 상태에 이르게 되는 것은 영광스러운 인간의 통치가 있어야만 가능하다. 이것은 사실상 하나님의 영광과 다르지 않다. 인간이야말로 진정 하나님을 반영하는 존재이고 창조주 하나님의 사랑스럽고 지혜로운 통치를 창조세계 속으로 가져오는 매개자라는 사실을 나타내는 지위이기 때문이다.

뿐만 아니라, 이것은 '성전'의 주제이기도 하다. 여호와의 영광은 포로시기에 성전을 떠나버린 뒤에 다시는 돌아오지 않았다. 그런데도 그 영광이 돌아올 것을 약속하는 여러 단락들(사 44:3-5; 52:7-10; 겔 43:1-9; 슥 2:10-12; 말 3:1-4)은 그 영광이 회복되길 기다린다. 그렇다! 인간은 죄로 말미암아 하나님의 영광을 잃어버렸지만(롬 3:23), 이제는 그 영광이 회복되리라는 약속이 주어졌다. 마치 제사장이 지성소에 들어가도록 허락된 것처럼, 구속받은 인간이 은혜에 들어감으로써 하나님의 영광을 바라고 즐거워하게 된 것이다(롬 5:2). 로마서 5장 17절은 바로 이 사실을 선언한다.

그래서 무슨 일이 일어나는지 눈여겨보자. 바울은 장래의 목표가 현재의 성품을 빚어낸다고 생각한다. 그는 로마서 5장 1-2절에서 이 점을 명쾌하게 보여주는 단락을 소개한다. 우리가 고난 중에도 즐거워하는 것은 고난은 인내를, 인내는 연단받은 성품을, 성품은 소망을 낳는 줄 알기 때문이고, 소망이 우리를 실망시키지 않는 것은 우리에게 주신 성령으로 말미암아 하나님의 사랑이 우리 마음에 부어졌기 때문이라는 것이다(롬 5:3-5).

이 대목은 여러 큰 주제들이 서로 맞물리면서 다함께 등장하는 난해한 단락들 중 하나이다. 이는 하나님의 영광과 임재로 가득 찬 새로운 성전에 관한 대목이다. 적절한 성품 개발을 통해 도달할 왕 같은 제사장의 지위를 바라보는 삶으로 부름 받은 새로운 인간에 관한 내용이다. 그리고 예수 그리스도를 통하여 새 성전을 창조하고 그것을 자신의 임재로 가득 채우는 살아 계신 하나님에 관한 단락이기도 하다.

그러므로 구속받은 인간들은 장차 새로운 세계에서 예수 그리스도가 왕노릇하는 일에 동참하게끔 되어 있다. 왕노릇에 동참하는 일은 무엇인가? 다름 아니라 온 세계를 새롭게 만드는 일이다! 로마서의 다음 세 장은 왕 같은 제사장의 소명이 맨 처음 언급되어 있는 출애굽 사건을 모델로 위대한 이야기를 탐구해나간다. 인간들이 어떻게 노예 상태에서 구출되어 마침내 진정한 인간이 될 수 있는지에 관한 내용이다. 인간이 노예 상태에서 구출되어야만 최초의 창조 프로젝트가 본궤도로 돌아가게 될 것이다. 이 과정에서 절정은 바로 그 위대한 진술, 즉 인간이 완전히 회복될 때 비로소 창조세계 자체도 완전히 회복되어 썩어짐과 타락의 종노릇한 데서 해방되고 하나님 자녀들의 영광의 자유에 이르게 되리라는 진술이다(롬 8:21). 달리 말하면, 하나님의 자녀들, 곧 구속받은 인류가 마침내 하나님에게 순종하여 세계를 다스리는 권세를 회복하는 영화로운 상태에 이를 때, 온 창조세계는 거대한 안도의 숨을 쉴 것이다. 그동안 역량은 있었으나 인간이 하나님이 의도하셨던 영광과 함께 창조세계를 다스리지 못하는 바람에 실제로 도달하지는 못했던 그 상태에 이르게 되는 것이다. 그래서 바울은 모든 것을 요약하는 결론 부분에 이르러 그가 로마서 5장 17절에서 얘기했던 의롭다 함을 선물로 받는 자들이 왕노릇하리라는 내용으로 돌아간다. "의롭다 하신 그들을 또한 영화롭게 하셨느니라"(롬 8:30). 여기서 영화롭게 한다는 말은 세계를 다스리는 영광스러운 권세에 앉힌다는 뜻이다.

이것이 바로 인간의 소망이다. 하나님이 온 창조세계를 구속하실 때, 구속받은 인간들은 핵심 역할을 할 테고, 하나님은 애초에 인간을 만드신 목적에 따라 세계를 다스리는 지혜로운 통치를 재개할 것이다.

그러면 좋다. 만일 그것이 텔로스, 즉 우리가 창조된 목적이라면, 이런 질문을 던지지 않을 수 없다. 다가올 영광을 내다보며 현재에는 어떻게 행할 수 있을까? 우리는 현 시점에서 왕노릇할 것을 지향하는 마음과 사고의 습관을 어떻게 배울 수 있을까? 이 문제는 나중에 더 자세하게 살펴볼 것이다. 그래도 여기서 이 대목을 둘러싼 로마서의 문맥에서 바울이 제공하는 두 가지 명쾌한 답변을 주목하는 게 좋겠다. 지금 여기서 영광스러운 통치를 바라보며 행동하는 방식은 회의주의자가 흔히 생각하듯이 권력을 휘두르고 폭정을 일삼는 법을 배워서 모든 일을 쥐락펴락하는 연습을 하는 것이 아니다. 바울은 거룩함과 기도라는 두 가지 방법을 개관해놓았다.

첫째, 방금 언급한 단락에서 바울이 설명하는 영광에 이르는 길은 비싼 값을 치러야 하는 자기부인의 길이다. 이는 바로 거룩한 길을 걷는 것을 뜻한다.

그러므로 형제들아 우리가 빚진 자로되 육신에게 져서 육신대로 살 것이 아니니라. 너희가 육신대로 살면 반드시 죽을 것이로되 영으로써 몸의 행실을 죽이면 살리니 무릇 하나님의 영으로 인도함을 받는 사람은 곧 하나님의 아들이라. 너희는 다시 무서워하는 종의 영을 받지 아니하고 양자의 영을 받았으므로 우리가 아빠 아버지라고 부르짖느니라. 성령이 친히 우리의 영과 더불어 우리가 하나님의 자녀인 것을 증언하시나니 자녀이면 또한 상속자 곧 하나님의 상속자요 그리스도와 함께 한 상속자니 우리가 그와 함께 영광을 받기 위하여 고난도 함께 받아야 할 것이니라(롬 8:12-17).

바로 여기에 영광을 받는다는 말이 나온다. 목표는 하나님의 자녀들이 영화롭게 되는 것이며, 이는 우리가 살펴본 대로 하나님의 자녀들이 온 창조세계에 대하여 구속적인 통치권을 발휘하는 것을 뜻한다. 이 목표에 도달하는 길은 하나님의 자녀들에게 예정되었던 자유의 길이다. 바울은 여기서 일부러 출애굽 이야기, 곧 이스라엘이 하나님의 인도를 따라 노예 상태에서 구출되어 광야를 거쳐 약속된 상속의 땅으로 향하는 이야기를 상기시킨다.

이 이야기에서 이스라엘은 애굽의 노예 상태로 돌아가고 싶은 유혹을 받기도 했다. 하지만 그들은 유혹을 뿌리쳐야 했다. 하나님의 직접적인 인도를 좇아 약속의 땅으로 거침없이 나가야 했다.

이는 메시아에게 속한 사람들, 곧 그분과 함께 상속을 받을 자들에게도 똑같이 적용된다. 하나님은 메시아에게 온 세계를 기업으로 주겠다고 약속하셨다(시 2:8). 그런데 알고 보니, 이 범세계적인 '기업'은 모든 메시아의 백성과 함께 공유하게끔 되어 있었다. 이것이 바로 로마서 8장 18-30절이 말하는 내용이다. 만일 메시아에게 속한 백성들이 하나님의 자유로운 백성이자 자유를 가져오는 백성이 되도록 부름 받았다면, 그들은 하나님의 자유로운 백성으로 사는 법을 배우지 않으면 안 된다. 즉 종노릇하던 습관을 버리고, 책임감을 품고 자유로이 사는 법을 배워야 하는 것이다. 달리 말해, 이 백성이 온 창조세계를 위한 구속적인 책임을 떠맡으려고 한다면, 자신이 가장 잘 통제할 수 있는 피조세계의 지극히 작은 부분, 즉 그들의 몸에 대해 지금 주어진 구속적인 책임을 떠맡음으로써 장래의 일을 예비해야 한다는 말이다.

여기서 바울이 교묘하게 용어를 바꾸는 것을 보라. 바울의 경우, '육신'이란 단어는 우리의 현 상태가 지닌 타락하기 쉬운 본성이나 하나님에 대한 실제적인 반역을 가리키는, 그리고 때로는 이 양자를 모두 가리키는 부정적인 용어이다. 그러므로 육신을 따라 사는 것은 곧 반역하는 삶을 사는 것이고, 그 자연스러운 결말은 죽음이다. 그러나 8장 11절(예수를 죽은 자 가운데서 살리신 이의 영이 너희 안에 거하시면 그리스도 예수를 죽은 자 가운데서 살리신 이가 너희 안에 거하시는 그의 영으로 말미암아 너희 죽을 몸도 살리시리라)에 나와 있듯이, 하나님은 죽은 '몸'을 살리기 원하신다. 이런 일이 일어나려면, '몸'이 '육신'의 이끌림을 받아 자연스럽게 행하는 것들은 모두 죽음에 처해져야 한다. 달리 말하면, 자유를 주시는 하나님을 반역하게 만드는 노예 근성에서 나오는 모든 행위를 죽여야 한다는 뜻이다. 이는 그리스도인이 메시아의 고난에 참여하고 그분과 함께 고난을 받을 때 이루어진다.

그러므로 장차 영화롭게 된 상태로 창조세계를 다스릴 것을 현 시점에서 바라는 것은 마음과 생각과 몸에 붙어 있는 노예의 습관을 자유인의 습관으로 바꾸는 일을 통해서 가능하다. 자유인의 습관이란, 하나님의 자유에 동참하는 일과 이 자유를 세상에 가져가는 일을 모두 포함한다. 이것은 바울이 이해하는 거룩함 내지는 성화를 의미한다. 즉 현 시점에서 궁극적인 장래를 바라보며 그에 걸맞은 습관을 기르는 것을 뜻한다. 그런데 새롭게 된 인간이 장차 하나님의 세계를 다스릴 그날을 바라보는 것은 기도를 통해서도 가능하다.

바울은 온 피조물이 예전의 모태로부터 새로운 피조물의 탄생을 고대하며 해산의 고통으로 신음하고 있는 중이라 했다(롬 8:22). 피조 세계에 속해 있는 우리 역시 '양자 될 것 곧 우리 몸의 속량을 기다리면서' 신음하는 중이다(롬 8:23). 바로 이 같은 상태로 우리가 마지막에 '영화롭게' 될 것을 갈망하고 바라보는 동안에, 성령님도 우리

속에서 '말할 수 없는 탄식'으로 간구하신다. 그리하여 우리로 하여금 마땅히 기도할 바를 몰라도 온 세계를 위해 간구할 수 있도록 해 주신다(롬 8:26-27). 이처럼 우리의 가슴에 온 피조물을 안고 하나님 앞에 서는 이 제사장적 소명은 피조물에게 왕의 통치권을 행사할 날을 바라보는 비전과 손을 잡는다. 사실 전자는 후자의 핵심적인 측면이다. 이 단락은 그리스도인이 이해하는 기도의 뜻과 관련하여 가장 기이하면서도 감명 깊은 내용이다. 이 세계의 고통을 절실히 느끼는 신음과 그 소리가 성령에 의해 창조주 하나님의 존전으로 전달되는 것, 이것이야말로 현 시점에서 인류에게 주어진 소명의 중심이 아닐까. 이 언어를 배우는 일이 그 궁극적인 목표, '왕 같은 제사장'이 되는 목표에 도달하는 길을 형성하는 두 번째 주요 습관이다.

   달리 말하면, 장래의 영광을 바라보며 행한다는 것은 벌써부터 우리가 피조물의 주인 행세를 하면서 그것을 학대하고 우리 마음대로 조종하는 등 창조세계 위에 군림하는 것을 의미하지 않는다. 오히려 그리스도를 본받아서 성령의 인도를 받아 겸손하게 기도에 힘쓰는 것을 뜻한다. 그러면 하나님의 사랑이 성령으로 말미암아 우리의 마음에 부어져서(롬 5:5) 믿을 수 없을 만큼 놀라운 소망이 우리 앞에 확고하게 자리를 잡게 된다(롬 5:1-5; 8:28-30). 이와 같이 자신의 가장 위대한 편지의 중심부에서 바울은 장래의 소망에 대한 선제 행위라는 패턴을 설정하고 있다. 이것이 바로 미덕이다. 이 소망은 '그리스도 안에' 있기에, 성령님을 모신 모든 사람은 마침내 온 창조세계를 다스리는 영광을 되찾아 다함께 왕노릇하게 될 것이다. 이로써 창세기 1장과 시편 8편에 묘사된 인류에게 주어진 역할을 담당하고, 또 시편 2편에 기록된 대로 메시아의 유산과 구원 사역에 동참하게 될 것이다. 이것이 바로 장래의 소망이 가리키는 바이다. 만일 이것이 궁극적인 목표라면, 우리는 현재 거룩한 길을 걷는 습관과 기도하는 습관을 기르면서 왕노릇하게 될 그날을 바라보아야 마땅하다.

바울이 최후의 '왕노릇'과 그것을 바라보는 우리의 자세를 언급할 때는 바로 이런 의미를 염두에 둔 것이다. 그런데 바울이 이런 비전을 얘기하는 대목마다 그와 나란히 등장하는 것은 성령에 대한 언급이다. 즉 성령이 신자들의 마음과 삶 속에 거주하여 거룩함과 기도와 사랑과 소망을 불러일으킨다고 강조한다. 성령의 내주라는 주제(롬 8:5-11; 엡 3:17)는 고린도전서 3장 10-17절과 6장 19-20절, 에베소서 2장 11-22절 등에서 볼 수 있듯이, 그리스도의 사람들인 교회에 대한 바울의 관점이기도 하다. 마치 이스라엘의 하나님이 옛 성전(그리고 그 전신인 광야의 성막) 속에 거하시면서 이스라엘 백성을 이집트에서 약속의 땅으로 인도하신 것처럼, 지금은 하나님의 영이 그분의 백성 속에 거하면서 이 백성을 예전의 노예 상태에서 장래의 궁극적인 자유로 인도하신다. 그런즉, 성령님은 하나님의 백성을 피조물의 예배를 모으는 제사장들의 공동체로 만드실 뿐 아니라, 하나님의 지혜로운 명령과 치료하시는 손길을 이 세계에 전달하는 통치자로 세우기도 하신다.

그리고 앞으로 살펴보겠지만, 성령님은 우리가 이 미덕을 추구하고 실천하는 데 없어서는 안 되는 존재이시다. 초기 그리스도인들은 아무 도움도 없이 그들 자신의 힘으로 미덕을 추구하고 실천한다고 생각하지 않았다. 이 점이 미덕에 관한 모든 논의를 갈라놓는 큰 분수령이다. 아리스토텔레스가 말한 덕스러운 사람은 스스로 빚어낸 훌륭한 성품을 자랑스럽게 여겨도 아무 문제가 없었다. 고전적인 기독교의 입장은 바울의 말에서 잘 나타난다. "그러나 나의 나 된 것은 하나님의 은혜로 된 것이로다"(고전 15:10).

이 밖에도 하나님이 예정한 미래와 그것을 바라보는 방식을 다루는 단락을 신약성경에서 찾아보면, 세 가지를 더 발견한다. 첫째, 바울이 쓴 또 다른 단락이 있는데, 이는 현대 독자들에게 너무나 의외의 내용이라서 조용히 넘어가거나 금방 잊어버리곤 한다.

너희 중에 누가 다른 이와 더불어 다툼이 있는데 구태여 불의한 자들 앞에서 고발하고 성도 앞에서 하지 아니하느냐. 성도가 세상을 판단할 것을 너희가 알지 못하느냐. 세상도 너희에게 판단을 받겠거든 지극히 작은 일 판단하기를 감당하지 못하겠느냐. 우리가 천사를 판단할 것을 너희가 알지 못하느냐. 그러하거든 하물며 세상일이랴. 그런즉 너희가 세상 사건이 있을 때에 교회에서 경히 여김을 받는 자들을 세우느냐. 내가 너희를 부끄럽게 하려 하여 이 말을 하노니 너희 가운데 그 형제간의 일을 판단할 만한 지혜 있는 자가 이같이 하나도 없느냐(고전 6:1-5).

바울은 늘 그래왔듯 여기서도 '…을 알지 못하느냐'는 말을 연달아 하고 있는데, 우리로서는 "몰라요, 정말 모른다고요!" 하고 응답하고 싶을 뿐이다. 하지만 바울은 확신한다. 언젠가는 모든 마음의 비밀이 밝히 드러날 심판의 날이 있을 것이고(롬 2:1-16; 14:10; 고전 4:5; 고후 5:10 등), 예수님이 친히 최고의 심판관이 될 것이라고(롬 2:16; 행 17:31) 말이다. 그런데 이 심판의 행위 가운데는 성도들, 좀 더 넓게는 하나님의 백성이 맡을 역할이 있을 거라고 한다. 이 단락에 따르면, 바울은 고린도 교인들이 이 내용을 당연히 알아주기를 기대한다.

왜 그런가? 추정컨대, 초기 그리스도인들 대다수가 그랬듯이 바울도 다니엘서 7장을 아주 진지하게 받아들였기 때문이다.

지극히 높으신 이의 성도들이 나라를 얻으리니 그 누림이 영원하고 영원하고 영원하리라. … 옛적부터 항상 계신 이가 와서 지극히 높으신 이의 성도들을 위하여 원한을 풀어주셨고 때가 이르매 성도들이 나라를 얻었더라. … 나라와 권세와 온 천하 나라들의 위세가 지극히 높으신 이의 거룩한 백성에게 붙인 바 되리니 그의 나라는 영원한 나라이라. 모든 권세 있는 자들이 다 그를 섬기며 복종하리라(단 7:18, 22, 27).

당시 정황에서 이 예언은 장차 유대 민족 또는 그들 가운데서도 신실한 남은 자들이 '짐승들'의 손에 끔찍한 고난을 당한 뒤에, 세계 모든 나라들 위에 군림할 권세를 얻게 될 거라는 깜짝 놀랄 만한 주장을 담고 있다. 그러면 초기 그리스도인은 이 예언이 성취되었다고 생각했을까?

이에 대한 일차적인 답변은 아주 분명하다. 그들은 이 예언이 예수 그리스도 안에서 성취되었다고 답했다. 즉 그리스도가 악한 자들의 손에 고난을 당한 뒤에 하나님에게 의인으로 판정받고 높이 들림을 받음으로써 예언이 성취되었다고 본 것이다. 복음서 저자들은 예수님이 자신을 '인자'(막 14:62)라 불렀다고 기록했는데, 이런 의미를 염두에 두고 이 단어를 택했을 것이다. 이 말씀은 아직까지 큰 논란거리가 되고 있지만, '인자 같은 이'가 등장하는 다니엘서 7장 13절의 환상이 복음서에 나오는 '인자'의 배경이라고 나는 확신한다.

그런데 이미 초기 기독교는 예수님에게 속한 것은 또한 그분 백성의 것이라고 주장했던 것으로 보인다. 다니엘서 7장의 다른 곳에 나오는 복수형(왕권을 받는 지극히 높은 이의 성도들)이 복음서들에서는 단수형으로 사용되다가 나중에는 다시 복수형으로 등장한다. 그래서 바울은 혼란한 상태에서 갈팡질팡하는 고린도 교인들조차 장차 약속된 통치 행위, 메시아의 심판 행위에 동참하게 될 거라고 말하는 것이다. 그래서 바울은 현 시대에서 가장 별 볼 일 없는 사람들이라도 장차 지혜로운 재판관으로 행세할 것이라 기대할 수 있었다. 이것이 장래에 확실히 일어날 일이라면, 현재에도 그것을 바라보며 행동해야 한다는 것이 바울의 주장이다. 아니, 적어도 그것을 지향하는 방식으로 교회가 행해야 한다는 것이다. 그러므로 믿지 않는 법관을 고용하지 말라고 그는 말한다. 우리 중에 한 사람이 그 일을 맡을 수 있는 까닭이다. 어쨌든 하나님의 새 세계에서는 우리 모두 재판관이 될 것 아닌가?

이를 바탕으로 고린도전서에 나오는 두 번째 단락 역시 이해할 수 있을 것이다. 아이러니하게도 바울은 청중이 뽐내는 그것을 갖고 책망한다.

누가 너를 남달리 구별하였느냐. 네게 있는 것 중에 받지 아니한 것이 무엇이냐. 네가 받았은즉 어찌하여 받지 아니한 것 같이 자랑하느냐. 너희가 이미 배부르며 이미 풍성하며 우리 없이도 [이미] 왕이 되었도다! 우리가 너희와 함께 왕노릇하기 위하여 참으로 너희가 왕이 되기를 원하노라(고전 4:7-8).

이 가운데 내가 일부러 느낌표를 붙여 강조한 문장은 보다시피 역설적이다. 바울은 그들이 '이미' 배불렀고 부유해졌으며 왕이 되었다고 지적한다. 바울의 반응을 보면 고린도 교회 교인들의 자랑을 헛된 것으로 생각하는 게 분명하지만, 그 저변에는 중요한 신학적 논점이 깔려 있다. 즉 그들은 전혀 새로운 의미에서 왕이 되도록 분명히 예정되어 있다. 그런데 지금 그들의 행동 양식은 소위 주요 인사들이 스스로 뽐내고 자랑하듯이 구태의연한 모습을 보이고 있을 뿐이라는 것이다. 그렇다고 해서 이에 앞서 3장 끝부분에 나오는 놀라운 주장이 힘을 잃는 것은 아니다.

> 그런즉 누구든지 사람을 자랑하지 말라. 만물이 다 너희 것임이라. 바울이나 아볼로나 게바나 세계나 생명이나 사망이나 지금 것이나 장래 것이나 다 너희의 것이요. 너희는 그리스도의 것이요. 그리스도는 하나님의 것이니라(고전 3:21-23).

모든 것이 너희에게 속해 있다! 이 주장의 배후에는 신학적인 원리가 있고, 고린도 교인들이 이것을 아무리 왜곡했다 하더라도 이 원리는 기존의 문화적 기대감에 잘 들어맞으며, 여전히 타당하고 강력한 원리로 남아 있다. 메시아 안에 있는 자들은 이미 그분이 가진 왕의 신분을 공유하고 있는 것이다. 왕의 신분이 십자가를 중심으로 해서 아무리 파격적으로 다시 정의되었다 하더라도, 그것은 여전히 참된 왕의 신분, 진정한 세계 통치자의 지위로 남아 있다. 이것이 바로 하나님의 백성이 그리스도 안에서 지금 공유하고 있는 신분이다.

하나님의 정의를 세상에 가져오시는 예수님의 왕의 직무에 이처럼 우리가 동참한다는 놀라운 사상은 목회 서신에도 등장한다. 디모데후서 2장 8-13절을 보자.

내가 전한 복음대로 다윗의 씨로 죽은 자 가운데서 다시 살아나신 예수 그리스도를 기억하라. … 내가 택함 받은 자들을 위하여 모든 것을 참음은 그들도 그리스도 예수 안에 있는 구원을 영원한 영광과 함께 받게 하려 함이라. 미쁘다 이 말이여 우리가 주와 함께 죽었으면 또한 함께 살 것이요. 참으면 또한 함께 왕노릇할 것이요. 우리가 주를 부인하면 주도 우리를 부인하실 것이요. 우리가 미쁨이 없을지라도 주는 항상 미쁘시니 자기를 부인하실 수 없으시니라(딤후 2:8-13).

"우리도 주와 함께 왕노릇할 것이다." 이것이 바로 신약성경이 가리키는 약속이요 소망이자 '목표'이다. 새 하늘과 새 땅에서는 예수님에게 속한 자들이 새 세계를 다스리시는 예수님의 통치에 동참할 것이다. 이 점에서는, 설사 대다수 학자들이 생각하는 것처럼 디모데후서의 저자가 바울이 아니라 할지라도 이 저자는 로마서와 고린도전서의 저자인 바울과 맥을 같이하고 있다. 그리고 각 경우를 보면, 이 논점은 초기 그리스도인들이 기대하지 않았던 어떤 새로운 주장이 아니라는 사실을 알 수 있다. 오히려 그들이 이미 알고 있고 당연시한 것이었다.

끝으로, 예수님은 이와 똑같은 논점을 마태복음에서 분명하게 진술하신다. 이 단락은 회의주의자들조차 예수님의 입술에서 나왔을 가능성이 높다고 인정하는 대목이다. 부분적인 이유는 마태를 비롯한 예수님의 제자들이 주로 이스라엘을 넘어 더 넓은 세상에 관심이 있었던 데 비해, 이 말씀은 이스라엘을 겨냥하고 있는 것처럼 보이기 때문이다. 그런즉 이 대목은 훗날에 꾸며냈을 가능성이 거의 없다. 게다가, 최후의 심판석을 배신자인 유다에게까지 부여하고 있다는 사실은 우리를 놀라게 하기도 하거니와 또 꾸며냈을 가능성을 배제시키고 있다! 초기 교회의 어느 누구도 이 내용을 창안하지는 않았을 것이다.

이 단락은 예수님이 부자 청년과 마주친 일이 있은 직후에 베드로의 장래에 관한 질문에 대답하는 장면에서 나온다.

예수께서 이르시되 내가 진실로 너희에게 이르노니 세상이 새롭게 되어 인자가 자기 영광의 보좌에 앉을 때에 나를 따르는 너희도 열두 보좌에 앉아 이스라엘 열두 지파를 심판하리라. 또 내 이름을 위하여 집이나 형제나 자매나 부모나 자식이나 전토를 버린 자마다 여러 배를 받고 또 영생을 상속하리라. 그러나 먼저 된 자로서 나중 되고 나중 된 자로서 먼저 될 자가 많으니라(마 19:28-30).

이 부분은 고린도전서 6장과 마찬가지로 다니엘서 7장에 기대고 있을 가능성이 많다. 예수님은 본인이 하나님의 나라를 주도하는 메시아라고 생각하기 때문에, 하나님이 모든 것을 정리하실 종말에 메시아와 그의 제자들이 심판의 일을 맡게 될 거라고 예측하고 있다.

일단 이 대목이 제자리를 차지하고 나면, 종들에 관해 좀 더 일반적이되 여전히 강력한 신약성경의 약속들(가령, 적은 일에 충성한 종들이 많은 것을 맡게 될 것이라는 약속. 마 25:21, 23; 눅 19:17, 19)까지 끌어올 수 있다. 아울러 자신도 모르게 장차 그들의 재판관으로 만날 분을 섬겨온 '양들'까지 여기에 포함시킬 수 있을 것이다(마 25:34-40). 그리고 일단 우리가 이 단락들을 포함시키면, 다가올 나라와 예수님의 제자들이 맡을 역할에 관해 예수님이 얘기하신 내용 대부분이 뜻하는 바가 무엇인지 알 수 있다. 이 말씀들은 장차 하나님이 온 세계를 온전히 바로잡아 다스리실 것과 현재 그분을 좇는 사람들이 지금 여기에서 장래에 그들에게 주어질 역할을 바라보며 어떻게 행해야 하는지 말해준다.

다시 말해, 우리가 미덕을 기독교적으로 재정립하기 위해 토대를 세우려면 무엇보다 먼저 예수님을 바라보아야 한다. 아주 초창기의 그리스도인들이 인식했듯이 그분은 인간에게 주어진 왕의 역할과 제사장의 역할을 온전히 완수하신 분이다. 그는 이스라엘과 인간과 세계의 위대한 이야기들을 절정으로 끌어올리신 장본인이다. 하나님에게 받은 소명을 이루도록 부름 받았던 많은 공동체들을 대표하는 분이 바로 예수님이었다. 그리고 그분은 사람들에게 자기를 따라와서 그 이야기, 그 공동체, 그 소명을 공유하자고 권하셨다. 이제는 예수님에게 초점을 맞추고 그분이 동시대인에게 제공했던 도전과 초대를 그분과 더불어 좀 더 면밀히 들여다볼 때이다.

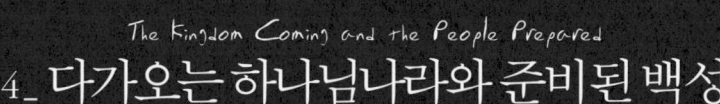

The Kingdom Coming and the People Prepared
4_ 다가오는 하나님나라와 준비된 백성

■

예수님은 "인생은 이렇게 사는 거야. 나를 본받아"라는 식으로 말씀하시지 않는다. 오히려 "하나님의 나라가 오는 중이니 네 십자가를 지고 나를 따라오라"고 하신다.

The Kingdom Coming
and the People Prepared

이제 와서 돌이켜보면, 처음 신학을 공부할 때 읽었던 책들을 쓴 일부 학자들이 산상설교를 놓고 깊이 고뇌했던 것이 생각난다. (산상설교는 마태복음 5-7장과 약간 변형된 형태로 누가복음 6장 20-49절에 나온다.) 행위가 아닌 믿음으로 의롭게 된다는, 사도 바울이 전한 위대하고 영광스러운 복음을 모든 사람이 알고 있었다. 그런데도 왜 예수님은 이 설교를 시작하실 때 사람들에게 무엇을 해야 하고 또 무엇을 하면 안 되는지를 가르치시며 살아가는 법에 관해 말씀하시는 것일까? 그들에게 삶의 규율을 준다는 것은 곧 나쁜 영적 습관을 부추기는 셈이 아닌가? 말하자면, 그들이 자신의 노력으로 하나님에게 충분히 선한 사람이 될 수 있다고 상상하게 만드는 것 아닌가?

이 질문에 대해 일부 신학자들은 이런 식으로 답한다. "글쎄요, 바울의 복음은 믿음에 관한 것이지 우리가 어떻게 살아야 하는지를 말해주지는 않죠. 하지만 마태복음은 초보적인 복음전도를 위해 기록된 것이 아닙니다. 이미 그리스도인이 된 사람들을 위한 책이죠. 그들은 벌써 예수님을 영접했고, 오직 믿음으로 그리스도를 통해 받는 구원을 받아들인 자들이었죠. 이제는 어떻게 살아야 할지를 배울 필요가 있었던 겁니다. 자신의 노력으로 구원을 얻기 위해서가 아니라, 하나님의 은혜에 적절한 반응을 보이기 위해서 말입니다." 내가 염두에 둔 신학자는, 이런 노선을 취하면서 산상설교에 관한 사려 깊은 책을 썼던 위대한 신학자 요아킴 예레미아스Joachim Jermias이다. 아울러 오래 전에 옥스퍼드에서 들었던 유명한 루터파 신학자 귄터 보른캄Gunther Bornkamm의 강연도 생각난다. 그는 마태가 겉으로는 율법주의자처럼 보이지만 실제로는 그렇지 않다는 걸 어느 정도 증명해냈다. 왜 마태가 그런 주장을 했느냐고? 어쨌든 그는 한편으로는 바리새인들을, 다른 한편으로는 모든 도덕적 제약을 벗어던진 채 자기네는 유대의 율법이 아니라 예수를 좇고 있기 때문에 무슨 일이든 원하는 대로 할 수 있다고 생각했던 열광주의자들을 마주 대하고 있었기 때문이다. 그래서 보른캄에게는 마태가 마치 마르틴 루터가 그랬듯이, 한편으로는 율법주의를 그리고 다른 한편으로는 도덕률 폐기론을 격퇴시키고 있는 것처럼 보였던 것이다. 여기까지가 보른캄이 안도의 숨을 쉬며 내린 결론이다.

당시 내가 이런 접근법에 대해 의심했던 기억이 떠오르지만, 나로서는 대안으로 내놓을 만한 것이 별로 없었다. 그때 이후로 내가 관찰한 바에 따르면, 그 텍스트를 보른캄 같은 식으로 해석하는 사람들은 모든 것을 예수님의 의도가 아니라, 복음 전도자가 생각했던 뜻에 비추어 해석했다.

아직도 이런 식으로 복음서를 해석하는 경우가 많다. 물론 어느 수준에서는 건전한 해석 방식이라고 할 수 있다. 인간이 성숙한다는 것은 어쨌든 오늘 아침 조간신문이든, 누군가의 신성한 텍스트든, 이 모든 것을 의심의 눈초리로 읽는 법을 배운다는 뜻이 아닌가? 많은 사람들이 복음서를 읽을 때도 마찬가지라고 생각한다. 행간에 담긴 뜻을 간파하고, 복음서가 예수님에 '관한' 내용이 아니라 마태(또는 마가, 누가, 요한)의 신학과 그들의 공동체의 삶에 관한 것임을 알아내는 것이 성숙한 독자의 태도라고 알고 있다.

이런 접근은 얼핏 보면 성숙하고 세련되고 성인다운 입장처럼 보인다. 물론 어느 수준에서는 그렇다고 할 수 있다. 역사를 기록하는 사람이든, 어제 발생한 사건의 기사를 쓰는 사람이든, 길거리에서 방금 목격한 것을 누군가에게 얘기하는 사람이든, 어느 누구를 막론하고 모두가 해당 자료를 선택하고 정리하기 마련이다. 모든 것을 샅샅이 다 말할 수는 없기 때문이다. 그러려면 하루 종일 걸릴 뿐더러 너무 지루한 이야기가 되고 말리라. 그러므로 우리는 자료를 선별하여 정리하기 마련이며, 우리가 쓴 내용을 읽는 사람은 누구나 원칙적으로 우리가 왜 그런 식으로 썼는지 알려고 들 수 있다.

그런데 이런 세련된 모습은 위험한 궤변을 가릴 수도 있다. 따라서 선별되고 정리된 내용이라고 해서 모두 꾸며낸 것이라는 의미는 아니다.

내가 사는 지역에는 축구팀 세 개가 서로 팽팽한 경쟁을 벌이고 있다. 그들이 경기를 할 때마다 여러 지방 신문에 실린 기사들을 보면 무척 재미있다. 심판이 결정적인 페널티킥을 준 것이 옳았는지, 왼쪽 수비수가 정말 오프사이드 위치에 있었는지, 싸움에 개입한 두 선수가 모두 퇴장을 당했어야 했는지 아니면 한 명만 그랬어야 했는지 여부에 대해 상당히 다른 각도로 다루고 있는 것을 볼 수 있다. 그럼에도 불구하고 그 모든 신문이 경기 결과만큼은 분명히 알려준다. 만일 그들이 결과를 꾸며낸다면, 우리는 애초에 신문을 사지도 않을 것이다.

내가 역사와 복음서의 문제를 다루면서 길을 약간 벗어난 것은 한 가지 이유 때문이다. 상당 기간 동안 서양 학자들 사이에서 인기를 끌었던 복음서 해석 방법은 얼핏 보기에는 세련된 해석인 것 같아도 아주 근본적인 사항을 부인한다는 면에서 잘못되었다. 뿐만 아니라 이 책의 주제와 직접 관련된 특정한 이유로도 문제가 있다는 확신이 갈수록 더 강하게 든다. 그들은 복음서에 나타난 더 큰 진리들이 그들의 기준에 들어맞지 않는다는 이유로 진리를 발견해낼 가능성을 배제시켰다. 이것은 그들의 학문적 입장 배후에 있는 세계관이 저지른 착오였다. 산상설교의 의미를 잘 이해시켜주는 더 큰 진리란 이런 것이다. 하나님의 미래는 예수님의 인격과 사역을 통하여 현재에 도래하는 중이고, 당신은 장래에 그 목표점에 도달할 삶의 습관을 바로 지금 연습할 수 있다는 진리이다. 이것이 바로 예수님이 아리스토텔레스에게 주는 답변이다.

  여기에 목표, 곧 텔로스가 있다. 이것은 아리스토텔레스가 말하는 행복, 즉 에우다이모니아가 아니라, 히브리어 아쉐레_ashre_ 또는 바루크_baruch_(그리스어로는 _makarios_)가 가리키는 '복 받은 상태'이다. 그렇기 때문에 팔복을 번역할 때 '축복' 대신에 '행복'으로 옮긴다면 요점을 놓치는 것이다. 그리고 축복하다, 축복하는, 복 받다라는 말의 요점은 그것이 행복을 내포하고는 있으나, 그와 다른 어떤 것, 즉 창조주 하나님의 사랑의 행위로 말미암아 행복을 포함한다는 점이다. 행복이란 한 마디로 인간이 독자적으로 도달하는 상태를 뜻한다. 말하자면, 당신은 원칙적으로 혼자 힘으로 행복에 이를 수 있고, 자신을 위해 행복을 개발할 수 있다. 그러나 복 받은 상태는 창조주 하나님이 누군가의 삶 속에서, 그리고 그 사람의 삶을 통하여 일하실 때 발생하는 것이다. 마찬가지로, 복 받은 상태는 동일한 하나님이 그 옛날 자기 백성에게 주셨던 약속들, 신명기 뒷부분 나오는 '언약'에 들어 있는 약속들을 성취할 때 생기는 것이다. 그리고 마태복음 5장 3-11절, 즉 산상설교 초두에 나오는 예수님의 놀라운 말씀은 인간의 복과 이스라엘의 복, 이 두 가지 모두를 우리에게 상기시킨다.

심령이 가난한 자는 복이 있나니 천국이 그들의 것임이요. 애통하는 자는 복이 있나니 그들이 위로를 받을 것임이요. 온유한 자는 복이 있나니 그들이 땅을 기업으로 받을 것임이요. 의에 주리고 목마른 자는 복이 있나니 그들이 배부를 것임이요. 긍휼히 여기는 자는 복이 있나니 그들이 긍휼히 여김을 받을 것임이요. 마음이 청결한 자는 복이 있나니 그들이 하나님을 볼 것임이요. 화평하게 하는 자는 복이 있나니 그들이 하나님의 아들이라 일컬음을 받을 것임이요. 의를 위하여 박해를 받은 자는 복이 있나니 천국이 그들의 것임이라. 나로 말미암아 너희를 욕하고 박해하고 거짓으로 너희를 거슬러 모든 악한 말을 할 때에는 너희에게 복이 있나니 기뻐하고 즐거워하라. 하늘에서 너희의 상이 큼이라. 너희 전에 있던 선지자들도 이같이 박해하였느니라.

이 진술들은 분명 사물이 현존하는 방식 그대로를 묘사하지 않는다. 가령, 애통하는 자가 겉모습과는 달리 이미 위로를 받았다고 말하는 것이 아니다. 또한 흔히 냉혹한 겉모양 뒤에 숨어 있는 어떤 실재에 관해 시간을 초월한 진리를 가르치려고 하는 것도 아니다. 이 진술들은 새로운 사태, 곧 현재 이 세상에 뚫고 들어온 새로운 현실을 선언한다. 예전에는 그렇지 않았으나 이제는 이루어질 어떤 것을 선포한다. 말하자면, 과거에는 너무나 멀고 비현실적으로 보였던 천국의 삶이 이제는 이 땅에 진실로 임하였다는 뜻이다.

이처럼 깜짝 놀랄 만한 선언을 2장 끝부분의 형식에 맞춰보면 어떻게 될까?

1. 목표는 하나님의 나라이다. 그때는 위로를 받을 때, 천국이 마침내 이 땅에 내려올 때, 창조세계가 새롭게 될 때, 풍성함을 누릴 때, 자비를 얻을 때, 상급을 받을 때, 그리고 무엇보다도 하나님을 직접 목격할 때이다.
2. 지금 예수님이 여기에 계신 만큼 그 목표는 현 시대에 도래했다. 산상설교를 듣고 있는 사람들의 관점에서 보면, 그분의 공적 사역이 장차 어떻게 전개될지는 아직 분명치 않다.
3. 예수님을 따르는 자들은 장차 하나님나라에서의 존재 방식에 상응하는 마음의 습관과 삶의 습관을 현재 여기에서 실행할 수 있다. 이는 결국에는 이루어질 모습이지만, 예수님이 여기에 계시므로 이미 여기에도 존재하는 방식이다.

그러면 마침내 도래할 미래와 예수님이 주장하는 현재에서 이뤄지는 실천 및 습관은 어떤 상응관계를 갖는가? 이 둘은 두 가지 대조적인 방식을 취한다.

한편으로는, 장래에 이루어질 상태와 현재의 생활 습관이 서로 정확히 일치하는 직접적인 상응관계가 존재한다. 가령, 겸손과 온유와 자비와 청결과 화평케 하는 일 등이 그런 것이다. 최종적인 나라가 도래할 때 우리는 겸손하고 온유하고 청결한 존재로 살아가는 것을 그만두지 않을 것이다. "그것으로 충분해! 이제는 우리가 그토록 원하던 존재가 될 수 있어. 교만하고 거만하고 불결한 존재가 되자!" 하지는 않을 것이다. 그렇다. 이런 자질은 오히려 더욱 눈부신 빛을 발할 것이다.

다른 한편, 뚫고 들어오는 장래와 현존하는 사물의 존재 방식 사이에 긴장이 있음을 보여주는, 동등하지만 상반되는 상응관계도 있다. 애통하는 자, 박해를 받는 자, 의에 주리고 목마른 자를 한번 생각해 보라. 마지막 나라가 도래할 때는 애통하는 자가 위로를 받을 것이며, 의에 굶주린 자가 배부를 것이고, 박해는 중단될 것이다. 화평케 하는 일은 두 가지 범주에 다 속하는 것 같다. 화평케 하는 일을 도모하는 마음가짐은 하나님의 새로운 세계의 평화와 직접 상응하지만, 서로 싸우는 진영 간에 평화를 회복할 필요성은 이사야 11장의 환상에 나오듯 하나님의 평화가 하늘과 땅을 가득 채울 때에는 사라질 것이기 때문이다. 이 두 가지 유형의 상응관계는 물론 밀접하게 병행된다.

그런데 이 두 가지 유형을 모두 얘기하는 취지는 예수님이 다음 두 가지 중 어떤 뜻으로도 말씀하시지 않았다는 점을 지적하기 위함이다. 즉 그분은 "너희가 이런 식으로 행하면 상급을 받을 것이다"라는 뜻으로나, "이제 너희가 나 자신과 나의 하나님나라 프로젝트를 믿었으니 이런 식으로 행해야 한다"는 의미로 말한 것이 아니다. 이 가운데 후자가 진실에 좀 더 가깝기는 하지만, 그렇다고 우리가 보통 생각하는 그런 의미로 가깝다는 말은 아니다. 이 두 가지 대안 사이를 왔다 갔다 하는 것은 하나의 철학적 딜레마와 그에 따른 신학적 결과에 걸려 어쩔 줄 모르는 모습이다. 이제 우리는 예수님 당시 1세기 유대인의 관점에서 이것을 볼 필요가 있다.

예수님은 이런 취지로 말씀하셨다. "이제 나는 여기에 있고, 하나님의 새로운 세계가 탄생하려고 한다. 일단 너희가 이 점을 인식하면, 이런 습관은 새 세상을 바라보며 지금 여기에서 행해야 할 마음의 습관이라는 것을 알게 될 것이다." 이런 자질들은 말하자면 상급이나 보상을 얻기 위해 반드시 행해야 할 것이 아니다. 또한 새로운 신자들이 좇아야 할 행동 규율로 내놓은 것도 아니다. 그것들은 새롭게 창조된 삶, 새 언약의 삶, 예수님이 주시는 삶의 표지판 내지는 언어라고 할 수 있다. 앞으로 살펴보겠지만, 이것들은 고대 그리스의 미덕 개념을 철저히 기독교적으로 개조한 것으로서 믿음과 소망과 사랑에 잘 들어맞는다.

이 지점에서 우리는 마태복음 5장 13절로 시작되는 산상설교 나머지 부분으로 곧바로 들어가서, 설교 내용을 신중하게 해석할 수도 있다. 하지만 내가 주장하는 입장을 뒷받침하려고 굳이 그럴 필요까지야 없지 않은가. 그럼에도 이 기본 논점을 보강하기 위해 몇 가지 할 말이 있다.

첫째, 우리가 살펴본 것처럼 팔복은 일련의 규율로 오해할 소지가 있다. 하지만 팔복은 규율이 아니다. 오히려 미덕에 훨씬 더 가까운 편이고 미덕과 비슷하게 작동한다. 즉 그 장래, 최종 목표, 종말을 이해하고, 그것을 바라보며 지금 여기서부터 그렇게 행동하라는 강령이다. 그렇다고 해서 규율 자체가 존재하지 않는다는 말은 아니다. 팔복은 미덕을 배우고 있는 이들을 위한 지침인 동시에, 덕스러운 그리스도인이 수시로 참고할 수 있는 점검표와 같다. 하지만 팔복을 규율로 생각하는 것은 가르침의 요점을 놓치는 것이다.

오늘의 일반 독자들이 산상설교 나머지 부분을 읽을 때, 또 다른 방향으로 해석할 소지가 다분하다. 예를 들면, 살인뿐 아니라 미움도, 간음뿐 아니라 정욕도 피해야 한다는 식으로 계속 해석할 수 있다(마 5:21-47). 그리고 구제할 때나 기도할 때나 금식할 때에 단지 몸짓만 하지 말고 진심으로 해야 한다고 해석할지도 모른다(마 6:1-18). 이렇게 해석하는 것은, 낭만주의 운동이나 실존주의와 맥을 같이하여 산상설교를 '진정성'을 강조하는 가르침으로 보는 것이다. 달리 말하면, 겉모양은 중요하지 않고 정말 중요한 것은 마음의 태도라는 것이다. 그러나 다시금 말하지만, 산상설교를 오늘의 도덕적 담론이 제시하는 범주로 끌어들여서, 마치 예수님이 정말로 몇 몇 현대 사상가들이 권면한 것과 아주 비슷한 가르침을 주셨다고 생각하면 안 된다.

사실상 예수님은 청중에게 그보다 훨씬 더 급진적인 가르침을 주셨다. 내용인즉, 종말론적 진정성eschatological authenticity이라고 부를 만한 것을 바라보라는 가르침이다. 그렇다. 장차 하나님의 백성이 그분을 섬기고 사랑하게 될 때, 옛 율법이 말했던 대로 자연스럽게 마음으로부터 진정 인간다운 삶을 살 때가 도래할 것이다. 그러나 이는 하나님이 주신 제2의 천성을 얻는 것, 곧 인간다운 존재가 되는 새로운 길을 가리킨다. 그리고 비록 어렵기는 해도 지금 그것을 실행할 수 있다고 말한다. 예수님이 여기에 계시면서 하나님의 나라를 출범시키시기 때문이다. 인간다운 삶을 사는 일은 자동적으로 일어나지는 않을 것이다. 흔히들 말하듯, 하나님은 우리가 꼭두각시가 아니라 인간이 되기를 원하시기 때문이다. 이 문제에 관해 생각하고 씨름하고 또 은혜와 힘을 달라고 기도할 필요가 있다. 한편으로 그것은 현재 우리의 손이 미치는 범위 안에 있다. "어떻게 행할 것인가"의 문제를 하나의 명령으로 전환해서는 안 된다. 예수님은 오히려 거꾸로 말씀하신다. "나를 따르라. 그리하면 진정성이 생기기 시작할 것이다"라고 말이다. 정말로 중요한 진정성은 하나님이 기대하는 대로, 진정으로 인간답게 사는 것이다. 그러면 옛 율법이 정말로 원했던 그것이 나타날 것이다.

산상설교는 예수님의 선포, 곧 그의 동료 유대인들이 대대로 갈망해왔던 것이 마침내 실현된다는 말씀 속에 위치한다. 하지만 새 나라는 그들이 생각했던 것과는 다른 모습이었다. 아니, 어느 면에서는 정반대 방향으로 나갔다. 폭력도 금하고, 원수를 미워하는 것도 금하고, 이방인 무리에 대항하여 노심초사하며 땅과 재산을 보호하는 것도 금하였다. 요컨대, 조상들이 남긴 삶의 규율을 미친 듯이 더 강화하지 말라는 것이다. 대신, 아무것도 염려하지 말고 기쁘게 창조주 하나님을 신뢰하라고 했다. 그분의 나라가 마침내 도래하고 있는데, 그 나라에서는 다른 사람은 물론이고 심지어는 원수에게까지 기쁘고 너그러운 마음을 품으라 했다. 믿음과 소망과 사랑도 여기에 있었다. 그것들은 삶의 언어, 곧 이 슬프고 낡은 세계의 콘크리트를 뚫고 파란 싹이 올라오는 것을 보여주는 표시였고, 창조주 하나님이 현재 활동하신다는 것과 예수의 청중과 제자들도 그분이 지금 하시는 일의 일부가 될 수 있다는 것을 말해주는 지표였다.

바로 이런 문맥에서 예수님은 그 무엇보다도 더 중요한 한 마디 말씀을 하신다. "하늘에 계신 너희 아버지의 온전하심과 같이 너희도 온전하라"(마 5:48). 여기에 사용된 그리스어는 텔레이오스*teleios*로서 아리스토텔레스의 텔로스를 상기시킨다. "너희는 목표를 지향하는 사람, 진정 인간다운 사람, 온전한 사람이 되어야 한다." 이 단어는 마태가 전하는 부자 관원 이야기에 나오는 단어(마 19:21)와 동일하다. 거기서 예수님은 그 젊은이에게 이렇게 말씀하셨다. "만일 네가 온전하게*teleios* 되고 싶으면, 가서 네 소유를 팔아 가난한 자들에게 주고 나를 따르라." 이와 비슷한 문맥을 따르는 야고보서 3장 2절에도 똑같은 단어가 나온다. 이 모든 경우에 '온전함'이라는 것은 긴 목록으로 작성된 어려운 도덕적 명령을 의무적으로 지키는 일이 아니라, 철철 흘러넘치는 관대한 사랑으로 빚어진 성품에 이르는 것이다. 바울이 그리스도인의 소명을 사랑의 견지에서 요약한 것도 실은 예수님이 다양한 방식으로 말씀하신 내용을 나름대로 표현한 것일 뿐이다. 아울러 이런 면에서 예수님이 실제로 행하신 것 이상을 말한 것이 아니다.

이제 우리는 이 단계에서 등장할 수밖에 없는 질문 하나를 다루어야겠다. 그러면 하나님의 나라를 위한 예수님의 프로그램은 도대체 어떻게 실행에 옮겨졌을까? 예수님은 자기 제자들을 여러 도시와 마을로 파송하셨다. 제자들은 예수님이 행하신 일 가운데 하나님의 생동하는 능력을 보여준 그 치유 사역이 자신들을 통해서도 일어나는 것을 경험하고는 너무나 기뻐하고 놀라워한다. 여기서 눈여겨볼 점이 있다. 제자들이 도덕적으로, 윤리적으로 제대로 살기 위해 이 모든 것을 배우고, 그에 따르는 도덕적 시험을 치른 것이 아니다. 게다가 그들이 초기에 시시한 문제로 말다툼하는 것을 보면, 그들의 수준도 별로 훌륭하지 않았다. 그런데 그들에게는 하나님의 새로운 사역을 더욱 진전시켜야 할 임무가 주어졌다. 삶의 언어란 하나님이 인간을 통하여 세상에 말씀하시는 것이다.

그렇다면 여기까지가 그 프로그램의 모든 것인가? 즉 예수를 따르는 더 많은 사람이 밖으로 나가 자신의 삶을 통해 접촉할 수 있는 소수의 무리에게 새로운 삶과 소망을 주는 것이 전부인가? 그리고 세상은 예전과 똑같이 시끌벅적하게 그냥 굴러가도록 내버려두어야 하는가?

결코 그렇지 않다. 예수님은 이보다 훨씬 더 급진적인 무언가를 염두에 두셨고, 그것은 조만간에 제자들이 일으킬 운동에 결정적인 영향을 주었다. 예수님과 초기 제자들도 우리가 미덕이라고 부르는 것을 추구했다. 하지만, 미덕을 중시했던 다른 이론들과 제자들의 운동을 확연히 구별시키는 특징이 있었다. 예수님은 하나님의 장래가 완전히 도래하려면, 새로운 대안 세력으로서 그 반대편에 포진되어 있는 세력, 즉 무질서와 파괴, 미움과 의심, 폭력과 자만심, 탐욕과 야망을 일삼는 세력을 포위하는 데 그치지 않고, 정면으로 맞서서 파멸시켜야 한다고 확신하셨다. 예수님은 자신에게 맡겨진 왕과 제사장의 소명을 이런 식으로 이해하셨던 것이다. 예수님이 기도하는 마음으로 이스라엘의 성경을 나름대로 새롭게 읽어온 결과, 이처럼 대적과 정면으로 맞서 상대를 파멸시키는 일이 왕과 제사장의 겸직을 통하여 실현될 것이라 믿게 되었다는 말이다. 말하자면, 이스라엘의 메시아가 자신의 고난과 죽음을 통해 하나님의 나라를 위한 전투를 치름으로써, 그리고 이스라엘의 진정한 제사장이 새 성전의 중심부에서 이스라엘의 하나님에게 순종의 제사를 드림으로써 그 일이 이루어질 것이라 믿은 것이다. 그리고 예수님은 우리로서는 조금밖에 이해할 수 없는 깊은 소명 의식을 품고, 자기 자신이 이스라엘의 메시아이자 이스라엘의 제사장이라고 믿었다. 따라서 그분은 궁극적인 승리와 순종의 제사를 가능케 해줄 그 운명을 스스로 짊어지기로 작정하신 것이다.

그러면 이 소명과 그에 따른 예수님의 죽음과 부활은 그가 산상설교를 비롯한 여러 곳에서 제시했던 도전, 하나님나라의 도래가 주는 도전, 현실을 뚫고 들어오는 하나님의 장래에 비추어 현 생활을 영위하라는 도전과는 어떤 관계가 있는가?

예수님에게 다가왔던 죽음 그리고 그로 하여금 죽음을 미리 예상하게 했을 뿐더러 해석하게도 해주었던 깊은 성경 이해는 사실 하나님나라에 대한 선포와 더불어 제자들에게 지금 당장 그 나라의 언어를 배우라고 권했던 가르침과 밀접한 관계가 있다. 네 개의 복음서가 모두 이렇게 말하는 듯하다. 이 복음서들의 경우, 예수의 하나님나라 선포와 그에게 다가오던 죽음 사이에는 뚜렷한 경계선이 존재하지 않는다. 둘은 서로 밀접하게 얽혀 있다. 이 사실은 서구 기독교 전체에 깊이 내재되어 있는 한 가지 문제에 직면하게 해준다. 이 문제를 정면으로 다루지 않는 한, 예수님이 우리에게 요구하는 덕스러운 삶이 고대나 현대에서 볼 수 있는 다른 미덕 사상과 어떤 관계가 있는지 알 수 없는 것은 물론이고, 그런 삶 자체를 이해할 수도 없을 것이다.

특히 서양 세계에 몸담은 그리스도인들은 오랫동안 서신서 중심의 신자와 복음서 중심의 신자로 나뉘었다. 서신서 중심의 신자는 기독교를 주로 우리를 죄에서 구원해주는 예수의 죽음과 부활을 중심으로 생각했다. 반면, 복음서 중심의 신자는 예수를 따른다는 것을 주로 굶주린 자에게 양식을 주고, 가난한 자를 도와주는 것과 같은 선행의 견지에서 생각했다. 서신서 중심의 신자는 예수의 하나님나라 선포와 제자들에게 온전하게 되라고 요구한 가르침에 과연 어떤 뜻이 담겨 있는지를 분명하게 설명하기 어려워한다. 반면에 복음서 중심의 신자는 그 놀라운 일들을 행하던 예수가 어째서 그토록 일찍 죽어야 했는지를 설명하기 힘들어한다. 따라서 이들은 이런 면면을 바울 신학의 중심 주제들과 연관시키는 일을 어렵게 생각한다.

그런데 이런 양자택일 식 접근은 서신서나 복음서를 공정하게 취급하는 것이 아니다. 아울러 예수님을 올바로 반영하는 태도가 아닌 것은 말할 것도 없다. 예수님은 자기가 시작한 그 나라가 오로지 자신의 죽음과 부활을 통해서만 든든하게 세워질 수 있다고 믿었다. 이를 거꾸로 표현하자면, 예수의 죽음과 부활은 자기가 이미 시작한 그 나라를 세우는 데 주목적이 있었다고 할 수 있다. 복음서 저자들이 예수가 죽기 직전에 베푼 가르침에 이어, 대제사장들과 로마 총독 앞에서 이루어진 자세한 청문회 내용을 길게 다루는 등 예수의 죽음에 관한 이야기를 들려주는 것은 지방색을 보여주려는 것이 아니다. 그리고 신학적 의미가 희박한 어떤 사건(십자가의 죽음) 앞에 덧붙여지는 역사적 회상의 일환도 아니다. 복음서에 나오는 십자가의 의미는, 그것이 하나님의 나라를 가져오는 자를 처형한 사건이라는 점에 있다. 즉 이스라엘 및 온 인류의 왕과 제사장의 소명을 다함께 끌어 모은 자, 이와 동시에 하늘에서와 같이 땅에서도 자기 나라를 세우려고 오신 이스라엘의 하나님을 구현하는 그 인물을 처형한 사건으로 해석했던 것이다. 후대의 저자들이 정립한 이른바 '속죄 신학atonement theology' 사상을 담고 있는 유명한 단락(막 10:45)은 이 이야기 전반을 관통하는 한 가지 핵심 흐름을 이해하는 데 필요한 해석의 실마리일 뿐이다. 어떤 주제에 관한 이야기 위에 소위 바울 신학이라는 것을 짜깁기한 것이 아니다.

마찬가지로, 바울은 예수의 죽음과 부활이 창조세계를 구하려는 하나님의 프로젝트와 전혀 상관없는, 단지 초자연적인 구원만을 성취한 사건은 아니라고 보았다. 우리가 앞에서 살펴보았듯이, 바울은 예수와 그의 죽음 및 부활이 다음 두 가지를 성취했다고 믿었다. 하나는 예수를 통해 구속받은 백성이 탄생한 것이고, 다른 하나는 이 백성을 통해 창조주께서 궁극적으로 온 세계를 바로잡게 되리라는 것이다. 이 모든 것의 목적은 바로 새로운 창조이다(고후 5:17; 갈 6:15). 우리가 복음서, 서신서, 요한계시록 등을 크고 복잡하되 아주 일관성 있는 이야기를 상세하게 설명한 글로 볼 때에만 의미를 이해할 수 있다. 이 이야기의 줄거리는 다음과 같다. 인간은 창조세계에서 하나님의 형상을 반영하는 자가 되도록 부름 받았고, 이스라엘은 인류의 구원자가 되도록 부름 받았다. 그리고 예수는 이스라엘의 과업을 완수하여 인류를 구출함으로써 구속받은 인류를 통해 온 창조세계를 부패와 죽음에서 해방시키고 또 새 창조의 프로젝트를 시작하도록 부름 받았다. 이 이야기를 축소시키거나 그 가운데 한두 단계를 생략해보라. 그러면 신약성경을 전반적으로 이해할 수 없는 것은 물론이고, 최종 목표를 바라보며 마음과 사고의 습관을 배우라는 소명은 더더욱 이해할 수 없을 것이다.

그러므로 이처럼 두 관점으로 나뉜 것은 복음서와 서신서 사이의 문제라기보다는 오히려 복음서와 서신서의 일부를 잘라버린 채 읽은 탓이다. 이는 서구 기독교를 엄습한 또 다른 대분열을 반영하는 현상이다. 다시금 말하건대, 부분적인 문제는 오랜 세월 동안 그리스도인들은 예수님이 돌아가신 유일한 목적이 이른바 우리를 죄에서 구원하기 위한 것이라고 가정해왔던 점이다. 그러나 복음서들만 봐도 개개인의 구원은 더 큰 목적을 위한 것임을 알 수 있다. 그것은 바로 하나님의 목적, 곧 하나님나라의 목적이다. 그리고 하나님의 나라 안에서 인간들은 죄로부터 구원을 받는데, 구원은 하나님의 용서와 새로운 삶을 받는 수령자로서뿐 아니라 그것을 실행하는 대리인으로서의 자리를 차지하는 것을 목표로 한다. 마치 예수님이 이미 자기의 제자들에게 그들의 자리를 차지하도록 부르신 것과 같이. 이는 곧 통치자와 제사장이 되는 것을 의미한다.

그러면 예수님의 하나님나라 선포와, 만물을 구원하는 그분의 죽음과 부활은 어떻게 한 덩어리로 통합될 수 있을까? 물론 너무나 벅찬 질문이다. 그래서 나는 무모한 줄 알면서도 부족하나마 짧은 답변을 나름대로 내놓을까 한다. 이런 식으로 접근하면 어떨까? 예수님은 마치 탐험가가 예전에 한 번도 점령된 적이 없는 땅을 제 것으로 삼듯이 돌아다니시면서 중립적인 영토를 향해 "하나님은 왕이 될 것이다!"라고 외치고 있는 것이 아니다. 예수님은 이미 적대적인 세력의 통치 아래 있는 세상에서 구원을 가져오는 하나님의 주권적인 통치를 선언하시며, 통치의 현존과 권능을 보여주는 일들을 행하고 계신다. 그런데 이 적대적인 세력은 끔찍하게도 엘리트 층인 왕족과 제사장들을 비롯한 지배자들을 포함할 뿐 아니라, 이스라엘 내의 대중적인 압력 단체들과 혁명 운동들까지 포괄한다. 그리고 당연히 이방 세계의 권력까지 수중에 넣고 있다. 1세기 팔레스타인에서 하나님이 왕이 될 것이라고 외치는 것은 이스라엘의 하나님이 이방의 군주들을 보좌에서 끌어내리고 자기 백성을 구출한다고 말하는 것이나 다름없었다. 그런데 이스라엘 백성들 자체가 이미 문제의 일부가 되어버린 상태이다. 그러나 구원을 가져오는 하나님의 다스림은 예수가 이해한 대로 온유하고 관대하며 사랑이 넘치는 하나님의 통치이기 때문에, 그것은 불가항력에 의해서가 아니라 적절한 수단에 의해서만 이룩될 수 있다. 그 수단은 다름 아닌 자기를 내어주는 사랑과 고난이다. 그런즉 하나님나라의 메시지와 십자가의 소명이 아주 깊은 차원에서 서로 통합되는 것을 볼 수 있다. 그래서 서구 문화의 모든 수준에서는 이런 통합에 깊이 저항할 수밖에 없다. 그 결과, 우리는 우리의 왕국들이 하나님나라와는 다른 나라가 되기를 선호해왔고, 예수의 부끄러운 죽음이 순전히 천상의 구원만 가져온다고 치부하기를 더 좋아했던 것이다.

아울러 예수님은 하나님의 영광이 마침내 그분의 백성에게 돌아간 것을 몸소 보여주는 인물로 밝혀졌다. 이는 요한복음의 중심 주제 중의 하나이지만 다른 세 복음서에 두루 나타난다. 요한복음이 명백히 보여주는 것은, 예수야말로 이스라엘의 하나님이 그 옛날 약속하신 바대로 오셔서 거하게 된 장소인 인격화된 성전이라는 사실이다. 그렇기 때문에 복음서에 나오는 여러 이야기들, 특히 예수님이 마지막으로 예루살렘에 가는 이야기에서 양자 사이, 즉 예수와 성전(물론 당시 제사장들과 대제사장이 대변하던 제도를 일컫는다) 사이에 직접적인 충돌이 일어나는 것이다. 다시 말하건대, 이 충돌은 단순히 지방색이 낳은 우발적인 사건이 아니다. 종교적 기득권층이 자기네 형식주의에 반대하여 일어난 자발적인 영성을 두둔하는 예수님을 적대하는 움직임이었다는 식으로 축소해서도 안 된다. 오히려 예수와 성전에 대한 언급은 다음과 같은 사상을 전달한다. 즉 하나님의 나라를 선포한 예수가 그 나라의 진정한 왕인 것과 같이, 그가 진정한 성전을 구현하는 진정한 대제사장이라는 사상이다. 그러므로 예수는 이스라엘의 두 가지 큰 이야기, 곧 구약성경에 나오는 왕의 줄기와 제사장의 줄기 모두를 몸소 구현하면서 이 둘을 묶어 이스라엘과 인류와 온 세계를 위하여 새로운 길을 닦은 인물이다. 이처럼 왕직과 제사장직이 예수 안에서 모두 성취되었기 때문에, 앞에서 우리가 요한계시록과 로마서 등 여러 텍스트와 연관시켜 살펴본 창세기 1-2장에 나오는 인류의 소명을 지금도 다시 확증할 수 있는 것이다.

우리가 요한복음과 다른 복음서들의 중심에서 찾아낸 미덕에 관한 가장 근본적인 혁명도 바로 여기에서 발견된다. 예수님은 추상적 의미의 죄의 짐, 자신을 죽음으로 몰고 간 실제 사건들로부터 동떨어져 발생한 일종의 거래 행위로서의 짐을 진 것이 아니다. 인간의 죄와 반역의 무게, 실제적인 인간의 교만과 죄와 어리석음과 수치가 축적되어 생긴 무게를 짊어지신 것이다. 역사상 그 시점에서는 로마의 거만함, 유대 지도자들의 이기주의, 유대 혁명가들의 왜곡된 꿈, 그리고 예수의 추종자들이 범한 실패 등으로 집약된다.

여기서 나는 다시금 나의 스승이었던 조지 케어드George B. Caird 교수의 명언을 인용하고 싶다. "단지 신학적 해석상의 의미가 아니라, 문자 그대로 역사적 진실로서 한 사람이 많은 사람의 죄를 짊어졌다." 속죄를 논하는 일부 이론들은 실제 사건들과는 거리를 두고, 다른 데서 끌어온 신학적 해석의 틀을 복음서 이야기 위에 갖다 붙이거나 대치함으로써 어떻게 해서 죄인들이 이 세상을 떠나 천국에 가게 되는지를 설명하곤 한다. 올바른 신학 방법론의 차원에서 볼 때, 이런 이론들은 십자가를 무시하는 하나님나라의 이론들보다 나을 게 없다. 하나님의 나라와 십자가는 불가분의 관계에 있다. 온전한 이야기는 어디까지나 온전한 이야기여야 한다. 그래서 일부를 생략한 이야기가 아니라 온전한 이야기 속에서만 예수님의 요구, 새 창조에 걸맞은 미덕을 갖추라는 요구가 의미를 갖는 것이다.

예수님이 말씀하신 바, 자기를 따라와서 현 시대에 장차 임할 그 나라를 보여주는 삶의 습관을 발견하고 여기에서 어느 정도 그 나라의 삶에 미리 참여하라고 하는 부르심은 유명한 디트리히 본회퍼의 말("와서 죽으라")로 표현한다면 의미가 분명해진다. 예수님은 오늘날 일부 복음전도자들이 말하듯이, "하나님은 당신을 사랑하고 당신의 인생을 위해 놀라운 계획을 갖고 있다"는 식으로 말씀하시지 않았다. 또한 "나는 당신을 있는 그대로 받아들이니까, 이제 당신은 자연스럽게 다가오는 것이면 무엇이든 기꺼이 해도 좋다"고 말씀하시지도 않았다. 오히려 "누구든지 나를 따라오려거든 자기를 부인하고 자기 십자가를 지고 나를 따를 것이라"(막 8:34)고 했다. 생명을 얻겠다고 매달리면 잃을 것이니, 생명을 얻으려면 그것을 버려야 한다고 예수님은 일러주셨다. 그분은 이 말씀을 자신과 직접 연관시키셨다. 조만간에 자신이 치욕을 받고 죽음을 당한 뒤에 부활하고 승천할 것을 가리켜 하신 말씀이었다. 이는 팔복과 맥을 같이하여, 제자들에게 거꾸로 뒤집어진 세계, 안팎이 뒤바뀐 세계, 즉 사람들이 흔히 생각하는 인간의 미덕이라든가 인간의 성공에 관한 관념이 모두 한쪽으로 물러나고 새로운 질서가 자리 잡는 세계를 묘사하며 그 세계로 들어오라고 초대하시는 말씀이다.

물론 예수님은 거꾸로 뒤집어지고 안팎이 뒤바뀐 세계가 바로 여기라고 말씀하셨으리라. 그분은 이 세상을 바로잡는 일에 이미 착수하셨다. 예수님이 전파하고 몸소 살아냈던 복음은 우리에게 이런 식의 인식 전환을 도전한다. 바로 이것을 위해 예수님이 돌아가셨던 것이다.

이 가르침에 따르면, 정상적인 표준들, 심지어는 미덕의 표준조차도 당연히 도전을 받게 된다. 선한 삶이라는 것은 인간이 장차 완전하게 될 상태를 얼핏 보기만 하고, 자기수양 프로그램을 만들어 그 목표를 실현하는 것이 아니다. 오히려 인간은 한 지도자를 따르라는 부름을 받았다. 이 지도자의 최종 목표는 실로 한량없는 축복의 세계이지만, 목표에 이르는 유일한 길은 너무나 끔찍하고 수치스러운 죽음이다. 이처럼 파격적인 차이가 발생하는 이유는 분명하다. 예수가 진단한 문제의 뿌리가 그 어떤 고대 그리스 철학자들이 발견한 것보다 훨씬 더 깊은 곳에 있기 때문이다.

예수님은 하나님의 백성인 이스라엘을 포함한 모든 인간이 마음의 병을 앓고 있으며 이 질병은 자기수양으로 치료할 수 없는 것이라 믿었고 또 그렇게 가르쳤다. 만일 하나님나라 프로젝트가 착수

되어 사람들이 새로운 삶과 소명에 진입하고 하나님나라의 언어를 배우게 되려면, 이 병을 다루어야만 했다. 인간의 옛 마음, 옛 습관, 옛 사고방식, 옛 상상력, 옛 생활과 이전의 세계 등을 얼룩지게 만든 그 타락과 부패를 그저 개혁만 하는 게 아니라 완전히 죽여야 했다.

타락과 부패를 보여주는 주된 징표는 다름 아닌 인간의 교만이다. 그런데 이에 대한 해결책으로서 인간이 스스로 만들어낸 미덕은 아무 소용이 없었다. 가장 위대한 이방인 도덕가들마저 인간 존재의 진정한 실재를 어렴풋하게 볼 수 있었을 뿐이었다. 그래서 이들은 마음과 생활을 한 단계씩 훈련하여 새로운 습관을 기르기만 한다면 인생의 목표를 달성할 수 있으리라 생각했다. 인간의 실재는 급류가 흐르는 깊은 강 건너편에 신기루처럼 희미하게 빛나지만, 이방인의 도덕 사상으로는 도무지 그 강을 헤엄쳐 건너거나 다리를 놓을 수 없었다. 그러나 예수님은 그 강에 몸을 던져 완전히 익사한 뒤에 건너편 강가로 옮겨졌다. 그러고 나서 예수님은 제자들에게 자기를 따라오라고 말했다. 하나님나라에 이르는 길은 바로 십자가의 길이며 그 반대도 성립한다. 그 나라는 하늘이 아니라, 하나님의 나라가 도래해서 그분의 뜻이 하늘에서 이루어진 것처럼 땅에서도 이루어지는 상태라는 것을 기억한다면 말이다.

이 모든 것이 의미하는 바는 다름이 아니라, 하나님의 백성은 곧 왕 같은 제사장이라는 사상이 사실상 예수님이 성취한 업적에 깊이 뿌리박고 있다는 것이다. 우리 인간들이 결국은 왕과 제사장이 될 운명이라는 사상이 다시 태동하였던 것은 오로지 궁극적 인간, 그 유일무이한 인자가 바로 왕이요 제사장이었기 때문에 가능했다. 예수님은 창조세계 안에 구원을 가져오는 하나님의 주권적인 통치를 실행하고 구현하기 위하여 오셨다. 아울러 오랫동안 고대했던 온 창조세계와 인류와 특히 이스라엘의 신실한 순종을 몸소 구현하기 위해 오셨다. 복음서를 통하여 우리는 이 두 가지 소명의 중심부에서 생각의 움직임뿐 아니라 행동의 움직임도 보게 된다. 행동의 움직임은 예수님을 십자가로 인도한다. 참 하나님이 거짓 신들을 물리치시고, 불가사의한 역설과 함께 하늘에서와 같이 땅에서도 그분의 나라를 세운 곳이 바로 십자가이다. 그동안 창조세계와 하나님의 형상을 지닌 인류, 그리고 그분의 선민으로부터 기대했던, 하나님의 사랑에 대한 합당한 반응으로서 기대했던 신실한 순종의 제사가 완전히 또 마침내 드려진 곳이 바로 십자가이다. 이 밖에도 물론 십자가의 의미에 대해서는 할 말이 아주 많다.

그런즉 예수님은 왕인 동시에 제사장이셨다. 이런 신학적인 견해는 아주 아이러니하게도 예수에 관한 마지막 이야기(메시아로서 예루살렘에 들어간 것, 성전을 깨끗하게 한 것, 대제사장과 시저를 대표하는 인물 앞에서 재판을 받은 것)를 삼차원으로 끌어올린다. 결국 예수님은 부활하셨고 그분은 이제 왕과 제사장으로 존재하신다. 예수님은 자기 제자들을 부르셨다. 그리고 우리의 세상과 삶에서 그분과 함께 은혜로운 행위와 성령의 능력으로써 이 이중적인 사역을 실행하라고 말씀하신다. 모든 기독교적인 미덕은 이 소명 안에 있다. 말하자면, 예수님의 유일무이한 업적에 뿌리를 두고 있으며, 장차 왕과 제사장, 왕 같은 제사장이 되는 과업을 떠맡게 될 그 새로운 세계를 바라보고 있는 것이다. 인생의 궁극적인 목표, 이교도인 아리스토텔레스의 '에우다이모니아'라는 근사치의 진정한 실재로서 신약성경이 제시한 텔로스는 이미 예수님 안에서 주어진 셈이다. 다음과 같은 찬송이 표현하듯이 그분이야말로 최종적인 '목표'인 것이다.

> 사랑의 구주 예수여
> 내 기쁨 되시고
> 이제와 또한 영원히
> 영광이 되소서.[1]

그러므로 기독교적인 관점에서 보면, 미덕이란 것을 단순히 한 개인이 일정한 출발점에서 장래의 목표를 향해 가는 하나의 여정으로 생각할 수는 없다. 그것은 이미 시작된 종말, 이미 출범한 종말론 안에 속해 있다. 위대한 철학 전통에 따르면 미덕은 언제나 "장차 당신이 되어야 할 그런 존재가 되라"고 요구해왔다. 이에 비해 기독교적인 미덕은 "장차 당신이 되어야 할 존재는 이미 그리스도 안에 있는 당신의 현존이다"라고 말한다. 이것이 바로 지혜로운 기독교 신학자들이 늘 말해온 바, 모든 것이 은혜로 말미암았다는 말의 뜻이다. 일단 이렇게 정리하고 나면, 이른바 미덕의 내적인 역동성이라는 생각과 성품이 장래의 전망에 의해 형성되고 신중한 생각과 어려운 선택과 도덕적인 노력에 의해 빚어진다는 생각은 약화되는 게 아니라 오히려 더욱 강화된다. 이것이 바로 지혜로운 기독교 신학자들이 늘 말해온 바, 은혜는 성령으로 역사하여 우리로 하여금 마침내 진정한 인간이 되게 만든다는 말의 뜻이다. 따라서 아리스토텔레스의 사상과 겹치는 부분도 있고 근본적인 차이점도 있는 것이다.

왕 같은 제사장이 된다는 것, 진정한 인간이 된다는 것은 언제나 하나의 싸움과 몸부림을 수반하고, 종종 패배를 가져오기도 한다. 예수님의 경우도 그랬고 그분을 따르는 자들도 거듭 경험했다. 그러나 예수님의 추종자들 속에서 미덕이 자랐다. 산상설교가 말하는 성품이 실현되었고, 평범한 인간의 삶 속에서, 그리고 인간 속에서 놀라운 성품이 빚어졌다. 그리고 이런 현상의 중심에서 우리는 인간다운 마음을 발견하게 된다.

∞

거짓되고 심히 부패한 것은 마음이라고 선지자 예레미야는 선언했다(렘 17:9). 너무 비관적인 소리로 들리는가? 아니, 무척 현실적이다. 아마 예수님도 이 선언에 동의했을 것이다. 낭만주의 철학이나 윤리에 자연스럽게 끌리는 이들에게는 이 말이 굉장한 모욕으로 들릴지 모르지만, 예수님이 진단한 뿌리 깊은 인간의 질병과 딜레마를 우리가 똑바로 직면하지 않고 또 그 질병을 치료할 수 있다는 그분의 놀라운 주장에 직면하지 않는다면, 예수의 도덕적인 요구와 그것이 작동하는 방식을 결코 이해할 수 없을 것이다. 마치 예수님의 하나님나라 메시지가 빈 공간이 아닌 적에게 점령된 영토에 선포되었던 것처럼, 각 인생을 향한 그분의 도전은 백지처럼 깨끗하여 새롭게 글을 쓸 수 있도록 준비된 마음이 아니라 예레미야가 묘사한 부패하고 더러운 마음들에 전해졌다. 사람들은 이미 몸에 깊숙이 배인 습관을 갖고 있으며, 셰익스피어의 지적처럼 그것은 잘못된 습관인 경우가 너무나 많다. 이것이 '거짓되고 심히 부패한 마음'이란 말의 뜻일 것이다. 그것들은 좋은 습관으로 가장하고 있는 나쁜 습관들이다. 예수님의 도전 가운데 나오는 미덕은 모두 이런 맥락에서 그 뜻을 이해해야 한다.

   청결한 음식물과 불결한 음식물에 관한 예수님의 말씀에서 출발해볼까 한다.

   무리를 다시 불러 이르시되 너희는 다 내 말을 듣고 깨달으라. 무엇이든지 밖에서 사람에게로 들어가는 것은 능히 사람을 더럽게 하지 못하되 사람 안에서 나오는 것이 사람을 더럽게 하는 것이니라 하시고 무리를 떠나 집으로 들어가시니 제자들이 그 비유를 묻자온대 예수께서 이르시되 너희도 이렇게 깨달음이 없느냐 무엇이든지 밖에서 들어가는 것이 능히 사람을 더럽게 하지 못함을 알지 못하느냐 이는 마음으로 들어가지 아니하고 배로 들어가 뒤로 나감이라. 이러므로 모든 음식물을 깨끗하다 하시니라. 또 이르시되 사람에게서 나오는 그것이 사람을 더럽게 하느니라. 속에서 곧 사람의 마음에서 나오는 것은 악한 생각 곧 음란과 도둑질과 살인과 간음과 탐욕과 악독과 속임과 음탕과 질투와 비방과 교만과 우매함이니 이 모든 것이 다 속에서 나와서 사람을 더럽게 하느니라(막 7:14-22).

나는 이 본문의 전후관계에 대해 다른 곳에서 논의한 바 있다. 예수님은 여기서 매우 파격적인 말씀을 하고 계시기 때문에 그분이 밖에 계실 때는 모호한 어구로 표현할 수밖에 없었다. 그래서 나중에 집안에 제자들과만 있을 때에야 비로소 말씀을 설명하셨던 것이다. 이런 일은 마가복음 4장 1-20절을 비롯한 다른 본문에서도 볼 수 있다. 1세기 유대교에 친숙한 사람은 그분의 취지를 분명히 파악할 수 있다. 예수님은 지금 그들의 화를 한껏 돋우고 계신다. 마카비 전통을 비롯한 여러 민중 전통에 따르면, 유대의 자유를 위해 싸운 투사들은 불결한 음식을 먹기보다는 차라리 죽음을 택했다고 한다. 음식법은 예수 당시의 이스라엘로 하여금 주변의 불결한 이방 나라들과 대조되는 정체성을 스스로 지키게 해주었다. 다니엘과 그의 친구들이 바벨론 궁중에서 처신했던 것처럼 음식법은 하나님이 주신 신분을 유지하게 해준, 그야말로 살아 있는 전통의 일부였다. 그런데도 어떻게 예수는 사람이 특정한 음식을 먹어서 더럽게 되는 것이 아니라, 속에서 거품처럼 일어나는 것들로 인해 더럽게 되는 거라 말할 수 있었을까?

이에 대한 답변은 1세기의 많은 유대인들과 마찬가지로, 인간 본성에 대한 자유주의적인 또는 낙관적인 견해를 가진 오늘날의 사상가들에게 달갑잖은 것이라 추정해도 무방할 것이다. 그럼에도 불구하고 어쨌든 답변을 하지 않으면 안 되었다. 그 답변은 실상을 있는 그대로 묘사한 내용이었고 정확한 진단이었다. 더러운 음식물은 단지 다른 어떤 것에 대한 상징일 뿐이고, 그것은 인간의 마음 깊은 곳에 있다. 21-22절에 열거된 끔찍한 목록은 단지 터득한 행위들, 곧 원래 인간 본성은 순수한데 거기에 우발적으로 덧붙여진 그런 부끄러운 행실들에 불과한 것이 아니다. 슬프게도 이런 행실은 당신이 굳이 노력하여 터득할 필요가 없는 것들이다. 당신이 어떻게 그런 행위를 할까 하고 곰곰이 생각할 필요도 없고, 너무 힘들고 벅차서 열심히 연습해야 할 필요도 없다. 그런 행실은 속에서부터 아무 방해나 제약도 없이 자연스럽게 끓어오르는 것이고, 심지어는 경건과 신앙심과 예배와 공부와 자기부인의 전통에서 자라고 배운 사람들의 내면에서도 똑같이 생기는 것이다. 그것들은 물론 특정한 환경이나 선택에 의해 더욱 부추겨질 수 있고 강화될 수도 있다. 또한 다른 행실들과 마찬가지로 뇌의 배선을 재형성하여 자동적으로 생기게 할 수도 있다. 하지만 굳이 의식적으로 생각하고 또 연습해야만 생기는 것은 아니다. 이런 것이야말로 정말로 불결한 것들이다.

그런데 예수님은 왜 이런 것에 주목하게 하셨을까? 그분은 단지 모든 사람이 불치병에 걸렸다는 사실을 알려주러 오신 것일까? 그는 이미 자기 자신이 병든 자를 찾아온 의사라고 말한 바 있다(막 2:17). 그분의 하나님나라 프로젝트의 중심에는 치명적인 질병인 불결한 마음에 대한 치료책이 담겨 있다고 그는 믿었다. 그분은 스스로의 권위로 사람을 용서해주고, 병든 자를 고치고(막 5:25-34), 더러운 귀신을 쫓아내셨다(막 5:1-20 참조). 더 나아가서, 마음은 더러운 상태로 내버려두고 몸만 씻는 피상적인 '씻음'에 대해 경고하셨다(막 7:1-8; 마 12:43-45). 그렇다고 해서 그분이 마치 "이것이 너희의 실상이고 앞으로도 변함이 없을 것이다"라는 식으로 불결함에 대해 경고하신 것은 아니다. 만일 예수님의 말씀을 들은 자들이 회개하지 아니하면 분명히 그렇게 될 것이긴 하지만 말이다. 예수님의 의도는 하나님나라 메시지를 듣고 영접하는 사람들이 어떻게든 그 마음을 깨끗케 하는 데에 있었다. 그분은 지금 왕 같은 제사장의 직무를 수행하는 중이다. 즉 하나님이 제정한 정규적인 성전 관습들이 예표했던, 마음을 깨끗케 하는 일을 행하고 있는 것이다.

초기 교회는 이 점을 당연시했다. 예컨대, 사도행전 15장 9절에서 베드로는 하나님을 "믿음으로 그들(이방인 회심자들)의 마음을 깨끗이 하는" 분이라고 한다. 요한일서 1장 7절에도 똑같은 내용이 나온다. "예수의 피가 우리를 모든 죄에서 깨끗하게 하실 것"이라고 한다. 예수님도 요한복음에 기록된 이른바 고별 담론에서, 거의 곁다리로 제자들에게, "너희는 내가 일러준 말로 이미 깨끗하여졌다"(요 15:3)고 말씀하신다. 요컨대, 매개체는 각기 다르지만(믿음, 예수의 피, 예수의 말씀) 결과는 똑같이 깨끗해지는 것이다.

그런데 우리가 마가복음 10장 2-12절에 나오는 이혼에 관한 예수님의 말씀으로 눈을 돌리면, 약간 다른 각도에서 접근할 수 있다. 우리가 살펴본 대로, 그 질문에는 정치적인 의도가 깔려 있었다. 예수님 당시의 세계에서는 너나 할 것 없이 헤롯 안티파스가 남동생의 아내를 취할 때 무슨 짓을 했는지 너무도 잘 알고 있었다. 그러므로 이혼에 관한 이 질문은 그저 추상적인 윤리적 이슈에 대한 중립적인 물음이 아니라 마치 헨리 8세의 궁정에 던지는 질문과 같은 것이었다. 그래서 예수님은 강력하면서도 약간 빗나간 답변을 주심으로써, 성경이 말하는 바에 대한 그들의 생각을 그들 스스로 말하도록 유도하셨다. 그들은 모세가 특정한 상황 아래서 이혼을 허락한 신명기의 대목을 들었다. 옳은 말이지만 처음부터 그랬던 것은 아니라고 예수님은 말씀하신다. 하나님은 사람을 남자와 여자로 만드시고 둘이 한 몸이 되라고 말씀하셨다. 즉 하나님이 그들을 짝지어 주셨으니 따로 나뉘어서는 안 된다는 뜻이다. 그렇다면 왜 신명기는 그걸 허락하는가? "그것은 너희의 마음이 완악하기 때문이다"(막 10:5)라고 예수님은 응답하신다. 이것은 참으로 기가 막힌 답변이다. 그렇다면 한때는 사람들의 마음이 완악해서 이혼을 허락했다가 지금에 와서 그것을 거두어버린다면, 이혼에 관한 규율이 무슨 의미가 있는가? 여기 우발적인 대화처럼 보이는 만남 이면에, 예수님은 자신이 주도하는 하나님나라의 사역을 어떻게 이해했는가 하는 것이 놀라운 모습으로 드러난다. 예수님은 자신과 그분이 출범시키고 있는 하나님의 나라가 완악한 마음에 대한 치료책을 담고 있다고 믿는 것이다. 그분은 자신이 인간의 완악한 마음이 낳은 결과를 해체시키고 창조의 본래 목적을 회복시키기 위해 왔다고 믿고 있다. 또한 자신이 모든 것을 바로잡기 위해 왔으며, 그 가운데 하나가 인간을 다시금 온전한 상태로 돌려놓는 것이라고 믿었다.

이처럼 자신의 하나님나라 사역을 통해 인간의 마음이 깨끗해지고 또 부드러워질 것이라는 예수님의 놀라운 주장은 과연 어디에 근거를 두고 있을까? 이 근거를 찾는 일은 그리 어렵지 않다. 우리가 여러 자료를 통해 알고 있듯이, 예수님은 히브리 성경에 조예가 깊었고, 그 가운데서도 하나님이 언약을 새롭게 하실 것이고, 자기 백성을 회복시키실 것이고, 이스라엘로 이스라엘답게 만들 것이며, 마침내 인간을 인간답게 만들 것이라고 얘기하는 단락들을 잘 알고 있었다. 그리고 예수님은 바로 이 예언들이 자신의 사역 안에서 또 그것을 통해 마침내 실현되는 중이라고 믿었다. 방금 살펴본 불결한 마음과 완악한 마음에 관한 주제가 떠오를 때면 다음과 같은 단락들이 불쑥 튀어나올 것만 같다.

여호와의 말씀이니라. 보라 날이 이르리니 내가 이스라엘 집과 유다 집에 새 언약을 맺으리라. 이 언약은 내가 그들의 조상들의 손을 잡고 애굽 땅에서 인도하여 내던 날에 맺은 것과 같지 아니할 것은 내가 그들의 남편이 되었어도 그들이 내 언약을 깨뜨렸음이라. 여호와의 말씀이니라. 그러나 그날 후에 내가 이스라엘 집과 맺을 언약은 이러하니 곧 내가 나의 법을 그들의 속에 두며 그들의 마음에 기록하여 나는 그들의 하나님이 되고 그들은 내 백성이 될 것이라. 여호와의 말씀이니라. 그들이 다시는 각기 이웃과 형제를 가르쳐 이르기를 너는 여호와를 알라 하지 아니하리니 이는 작은 자로부터 큰 자까지 다 나를 알기 때문이라. 내가 그들의 악행을 사하고 다시는 그 죄를 기억하지 아니하리라. 여호와의 말씀이니라(렘 31:31-34).

맑은 물을 너희에게 뿌려서 너희로 정결하게 하되 곧 너희 모든 더러운 것에서와 모든 우상숭배에서 너희를 정결하게 할 것이며 또 새 영을 너희 속에 두고 새 마음을 너희에게 주되 너희 육신에게 굳은 마음을 제거하고 부드러운 마음을 줄 것이며 또 내 영을 너희 속에 두어 너희가 내 율례를 행하게 하리니 너희가 내 규례를 지켜 행할지라(겔 36:25-27).

예수님이 최후의 만찬에서 죄 사함을 얻게 하는 '새 언약'(마 26:28; 눅 22:20)을 세우는 일을 말씀하신 것으로 보아, 위에 인용한 예레미야서 단락을 염두에 두고 있었다고 추정해도 무방할 것이다. 그리고 그의 사역은 요한의 세례와 함께 시작되었는데, 물로 씻긴 것은 하나님나라를 위한 하나의 발판으로서, 이스라엘을 위한 전혀 새로운 출발을 상징하는 일이었다. 앞에 인용한 예레미야의 단락과 에스겔의 단락 배후에는 신명기가 있다. 신명기에서는 마음을 다하여 하나님을 사랑하는 것(신 6:5)을 말한 뒤에, 그 모든 것이 명백히 실패하고 언약이 깨어졌을 때는(신 28:15-68) 하나님이 '마음에 할례를 베푸셔서' 너로 마음을 다하고 뜻을 다하여 그분을 사랑하게 함으로써(신 30:6), 마침내 언약이 새롭게 되고 이스라엘이 회복될 것이라고 진술한다.

   예수님이 자신을 이런 전통들의 상속자로 보고, 전통을 실현시킬 소명을 받은 자로 여겼다는 점은 거의 의심할 여지가 없다. 그가 자기를 따르는 자들에게 그들의 마음과 삶에 관해 얘기하는 모든 내용은 이런 인식으로부터 흘러나온다. 그의 첫 제자들이 예수의 부활 직후 몇 년 동안 그들 자신과 그들의 소명에 관해 믿었던 모든 것은 그들이 예수의 비전을 공유했음을 시사한다. 예수님이 하늘에서와 같이 땅에서도 세우려고 가져온 그 나라는 깨끗해지고 부드러워진 제자들의 마음속에 뿌리를 내리고, 그 마음을 통하여 실현되어야 했다.

   이런 일은 예수의 청중이 제자로 등록한다고 자동적으로 이루어지는 것은 아니다. 복음서들이 들려주는 이야기는 이 점을 분명히 밝히고 있다. 위기가 닥쳤을 때 제자들은 모두 예수님을 버리고 달아났다. 물론 우리가 이처럼 동떨어진 곳에서 그들의 심리를 분석할 수도 없고, 그들의 영적인 상태를 주의 깊게 검토할 수도 없다. 그들은 예수님과 실제로 함께하는 값진 특권을 갖고 있었고, 그분을 계속 따라다닐 만큼의 믿음이 그들에게 있었지만, 거듭거듭 자기들의 눈앞에서 벌어지는 일을 이해하지 못하고 또 그런 일에 적절히 반응하지도 못하는 등 참으로 독특한 입장에 서 있었다. 그 이야기를 따라가 보면, 예수님의 죽음과 부활의 사건이 발생한 뒤에야 비로소 하나님나라의 사역이 그 변혁의 능력으로 제자들을 완전히 사로잡을 수 있었다는 것을 우리는 알게 된다. 그래서 요한복음 7장 39절에서 요한은 예수님이 아직 영광을 받지 않으셨으므로, 성령이 아직 그들에게 계시지 아니하셨다고 말한다.

그러나 오순절처럼 하나님나라의 사역이 그들을 완전히 사로잡았을 때는 그들이 파격적으로 변화되었다. 하지만 사도행전이 너무나 적나라하게 보여주듯이, 아직 완전한 상태에 이르진 못했으나 속으로부터 확실히 변화되기 시작했다. 그런 변화를 설명하려면 성경의 예언, 예수님과 관련된 사건들, 그들 속에서 숨 쉬는 새로운 능력 등을 변혁의 요인으로 모두 동원하지 않고는 불가능할 정도이다. 그리고 이와 함께 그들은 예수님이 말씀하셨던 목적, 곧 하나님의 나라를 하늘에서처럼 땅에서도 출범시키는 일이 드디어 실현되었다는 것을 알게 되었다. 그러나 1세기 유대인으로서 상상했었던 것과는 전혀 다른 방식으로 실현되었다.

그 일은 예수님이 타락과 죄와 죽음의 세력을 물리친 사건, 그 자신이 몸소 하나님의 나라가 되고 몸소 하나님의 성전이 되는 것을 통하여 이루어졌다. 예수의 부활한 몸은 강력하고 생명력이 넘치고 영광스러운 '하늘'에 의해 이미 '땅'이 완전히 정복된 상태를 보여주는 지극히 작은 일부분이다. 제자들은 예수의 추종자로서 하나님의 나라를 몸소 실천하라는 사명을 받았다. 이 사명은 군사적인 정복이나 내세 지향적인 은둔을 통해서가 아니라, 예수를 세계의 진정한 주님으로 선포하고, 사람들로 그분을 믿게 하며, 그들의 삶과 공동체에서 그분의 치유와 구원의 능력을 경험하도록 도전하는 것을 통해서 이루어질 것이었다. 달리 표현하면, 제자들이 변화된 마음을 갖게 되었다는 증거는 거꾸로 그들이 마음을 변화시키는 자들이 되었다는 사실에 있다. 또는 그들이 했을법한 표현에 따르면, 그들은 마음을 변화시키는 하나님의 사역을 추진하는 도구가 되었다고 할 수 있다. 특히 바울이 로마서 8장 27절에서 하나님을 '마음을 살피시는 이'라고 부르는 것을 주목하라.

그리고 이처럼 하나님나라가 오게 하고 영광을 반영하는 자들이 되기 위해 그들은 박해를 당하고 위험에 처하는 고난을 겪지 않으면 안 되었다. 그들이 걸었던 하나님나라의 길과 십자가의 길은 예수님의 길과 동일한 것이었다.

이 모든 논의가 기독교적 미덕에 관해서는 무엇을 말해주는가?

간단하게 말하면 이렇다. 예수님이 그의 제자들에게 요구했던 삶은 바로 하나님나라의 삶이었다는 것이다. 좀 더 구체적으로 말하면, 하나님나라의 삶을 미리 사는 것이었다고 할 수 있다. 이는 곧 사람들에게 그 나라의 수단을 통하여 그 나라의 일꾼이 되도록 요청하는 삶이다. 우리는 이것을 베드로서와 요한계시록의 방식을 좇아 옛 이스라엘의 소명을 반영하는 것이라 요약할 수 있다. 그들은 왕과 제사장이 되도록 부름 받았다. 그들이 갖춰야 할 마음과 삶의 습관 및 실천은 장차 하나님의 나라가 이 세계를 완전히 바로잡고 세상을 깨끗이 청소하여 하나님의 영광이 거하는 장소가 되게 할 것을 미리 보여주는 습관과 실천이다. 그리고 이 일은 그들 자신의 마음, 생각, 삶과 함께 시작되고 그 마음과 생각과 삶을 통해 추진될 것이었다.

그런 실천들 가운데 중심을 차지했던 것은 물론 세례와 성찬이었다. 전자는 하나님의 씻음과 새롭게 하심(마음을 새롭게 하고 언약을 새롭게 하는 것)을 상징했고, 함께 빵과 포도주를 먹고 마시는 식사인 후자는 오순절과 예수님의 죽음과 부활, 그리고 언약을 새롭게 하는 일을 상징했다. 제자들 개개인의 마음의 습관을 빚어주었던 이 공동체적인 습관 내지는 실천들을 행함으로써 새로운 마음과 생각과 몸과 교제의 습관을 터득할 수 있었다. 이런 습관은 하나님나라의 목표$_{telos}$에 관해 말해주었고 또 완전하게 $teleios$ 되고자 하는 갈망이 있음을 증명해주었다. 말하자면, 예수님은 산상설교를 시작할 때부터 권했던 온유함, 화평케 하는 일, 청결한 마음 등을 초대 교회가 추구하고 있음을 입증해주었던 것이다.

예수님은 자기 백성에게 그의 나라를 가져오는 일에 동참하라고 요청하셨다. 아울러 그 일에 따른 대가도 함께 치르게 하셨다. 이 이중적인 도전은 한편으로, 기독교적 관점에서 볼 때 미덕이 얼마나 혁명적인 성격을 갖고 있는지를 증명해준다. 또한 다른 한편으로는, 그리스도인은 비록 미덕 자체는 은혜로 말미암는 것이라고 믿지만, 그렇다고 자동적으로 쉽게 생기는 것이 아니라고, 즉 이방인 이론가들이 말했던 고된 도덕적 노력이 없이 생기는 것이 아니라고 증명해주고도 남는다. 예수님의 도전은 아리스토텔레스의 미덕 사상으로 대변되는 고대 이방인의 지혜를 확장시키고 변혁시키는 한편 크게 향상시키기도 했다. 그리고 이것을 바탕으로 하나님나라의 도전은 더욱 폭넓게 전진할 수 있게 되었다.

논의를 계속하기 전에 한 가지 문제를 다룰 필요가 있다. 예수와 미덕에 관한 장을 읽은 사람들은 예수님을 위대한 본보기로 삼는 문제에 관한 논의를 기대할 것이다. 많은 사람이 생각하듯이, 그분의 삶이 지향했던 목표 중 하나는 우리에게 바람직한 삶이란 이런 것이라고 보여주는 것이 아니었을까?

한 가지 반대 질문도 있다. 그의 본보기는 어느 정도까지 우리에게 유익하고, 또 우리가 얼마만큼 본받을 가능성이 있을까?

어느 차원에서는 그것이 유익하지도 않고 또 가능성조차 없을지도 모른다. 어쩌면 예수님을 도덕적인 삶의 본보기로 삼는 것은, 어떻게 하면 골프공을 잘 칠 수 있는지 보여주는 본보기로 타이거 우즈를 택하는 것과 비슷하다. 설사 내가 지금부터 시작하여 하루에 여덟 시간씩 계속 연습하더라도, 내 평생 타이거 우즈만큼 잘 칠 수 있을 가능성은 극히 희박하다. 아니, 나보다 더 젊고 신체 조건도 더 뛰어난 사람이 골프에 모든 것을 걸어도 우즈만큼 치기 힘든 경우가 얼마나 많은가? 마찬가지로, 너무나 거만하고 야심만만한 사람을 제외한 우리 대다수의 경우, 예수님의 모습 곧 지혜, 온유함, 기민함, 천연덕스러운 유머, 실수투성이 제자들에 대한 인내, 악에 도전하는 용기, 온갖 시험을 받는 상황에서도 발휘하는 절제 등이 놀랄 만큼 잘 어우러진 모습을 보면, 마치 타이거 우즈가 골프공을 치는 모습을 쳐다볼 때 느끼는 느낌을 받게 된다. 아니, 그보다도 더한 느낌을 받는다.

더 나아가서, 우리가 예수님을 도덕적인 본보기로 삼아야 한다는 주장은, 일부 사람들이 이제껏 생각해왔듯이, 한 손에는 하나님나라의 메시지를 들고 또 다른 손에는 그의 죽음과 부활의 의미를 들어서 양자를 멀리 떼어놓는 것이 될 수도 있다. 예수님을 선한 삶을 살았던 인물 중 최고의 본보기로 삼는 일은 상당한 마음의 준비가 필요할지 모르지만, 기본적으로는 안전한 방책이라고 생각한다. 이렇게 생각하면 그보다 훨씬 더 위험한 생각, 곧 하나님이 실제로 하늘의 권능과 정의를 갖고 이 땅과 그 속에 있는 우리를 변혁하러 오실 거라는 생각을 피할 수 있다. 또한 사복음서가 보여주듯이 이런 일은 충격적이고 끔찍한 예수님의 죽음을 통해서만 이루어질 수 있다는 사실도 깨끗이 외면할 수 있다. 도덕적 본보기로서의 예수는 일종의 길들여진 예수, 종교적인 마스코트일 뿐이다. 우리는 그를 칭찬하는 눈으로 바라보고 그를 본받겠다고 결심한다. 마치 그럴 수 있는 것처럼…. 우리에게 필요한 것이 좋은 본보기밖에 없다면, 우리는 일부 사람들이 주장한 것처럼 이토록 형편없는 상태에 빠지지는 않았을 것이다.

이런 사상과 정반대되는 다른 전통의 줄기도 오랫동안 내려오고 있다. 이 전통은 거짓된 마음에 대해 경고했던 예레미야, 도끼가 나무뿌리에 놓여 있다고 경고했던 세례 요한, 만일 율법으로 의롭게 될 수 있었다면 굳이 메시아가 죽을 필요가 없었을 것이라고 경고했던 바울을 비롯하여 암브로스, 아우구스티누스, 루터, 키르케고르 등 수많은 사람을 거쳐 지금까지 이어지고 있다. 물론 예수님도 이 전통에 속한다. 그분은 "인생은 이렇게 사는 거야. 나를 본받아"라는 식으로 말씀하시지 않는다. 오히려 "하나님의 나라가 오는 중이니 네 십자가를 지고 나를 따라오라"고 하신다. 우리가 두 가지 도전의 차이점을 배울 때 비로소 복음의 핵심을 깨닫고, 거듭난 미덕의 뿌리를 파악할 수 있을 것이다.

신약성경은 적어도 한 가지 면에서 예수님을 본보기로 내세우고 있다. 그런데 놀랍게도 이 점은 예수님이 표준적인 미덕의 본을 보여주셨던 장면이 아니라, 과거에 아무도 상상하지 못했던 일을 하시는 장면에서 나타난다. 바로 자기를 고문하고 죽이려는 자들을 용서해주시는 장면이다(눅 23:34). 그때까지만 해도 유대의 전통은 여느 이방 전통과 마찬가지로, 자기를 고문하고 처형하는 자들에게 하나님의 진노가 떨어지도록 요청하는 것이 옳은 일이라고 생각했다. 적어도 〈마카비서〉와 같은 책들을 보면 그런 소름끼치는 이야기들이 나온다. 그러나 여기서 예수님은 우리가 산상설교에서 본 것과 맥을 같이하여, 일반적인 시험을 직면하는 법과는 전혀 다른 반응을 본보기로 보여주셨다.

그러나 [너희가] 선을 행함으로 고난을 받고 참으면 이는 하나님 앞에 아름다우니라. 이를 위하여 너희가 부르심을 받았으니 그리스도도 너희를 위하여 고난을 받으사 너희에게 본을 끼쳐 그 자취를 따라오게 하려 하셨느니라. 그는 죄를 범하지 아니하시고 그 입에 거짓도 없으시며 욕을 당하시되 맞대어 욕하지 아니하시고 고난을 당하시되 위협하지 아니하시고 오직 공의로 심판하시는 이에게 부탁하시며(벧전 2:20-23).

이 단락은 이어서 예수님의 죽음이 지닌 속죄의 가치를 얘기하고 있지만, 이 대목은 다른 메시지를 준다. 여기에 과거 어느 누구도 가르치기는커녕 시도한 적도 없었던 새로운 행동양식이 있으니 예수를 주의 깊게 관찰하고 그를 본받으라는 것이다. 초대 교회 당시 예수님의 제자들이 그분과 똑같이 행동했다는 증거가 있는데, 그 첫 번째 모델은 바로 첫 순교자였던 스데반이다(행 7:60). 스데반의 모습이 얼마나 혁신적이었는가 하는 것은 자기들을 핍박하는 자들 위에 무시무시한 저주를 퍼부었던 위대한 마카비계 순교자들의 이야기와 일부 시편들(시 58:6-9; 69:22-28)만 읽어봐도 알 수 있다.

바울이 메시아를 본받는 것에 관해 얘기하거나, 자기가 예수님을 본받는 것처럼 자기를 본받으라고 얘기하는 단락들도 이런 의미를 갖는다고 할 수 있다. 그래서 바울은 고린도전서 1장 11절에서 "내가 그리스도를 본받는 자가 된 것 같이 너희는 나를 본받는 자가 되라"고 말한다. 이는 누구에게나 거치는 자가 되지 말고, 자기를 기쁘게 하는 자가 아니라 다른 사람들의 유익을 구하기로 결심하라고 권면하는 대목(고전 10:32-33)을 정리하는 말이다. 이 권면은 흥미롭게도 로마서 15장 2-6절과 잘 들어맞는다.

우리 각 사람이 이웃을 기쁘게 하되 선을 이루고 덕을 세우도록 할지니라. 그리스도께서도 자기를 기쁘게 하지 아니하셨나니 기록된 바 주를 비방하는 자들의 비방이 내게 미쳤나이다 함과 같으니라. 무엇이든지 전에 기록된 바는 우리의 교훈을 위하여 기록된 것이니 우리로 하여금 인내로 또는 성경의 위로로 소망을 가지게 함이니라. 이제 인내와 위로의 하나님이 너희로 그리스도 예수를 본받아 서로 뜻이 같게 하여 주사 한마음과 한 입으로 하나님 곧 우리 주 예수 그리스도의 아버지께 영광을 돌리게 하려 하노라(롬 15:2-6).

달리 말하면, 자기를 기쁘게 하지 않고, 하나님의 소명에 순종하여 자기 자신을 세상의 구원을 위해 내어준 예수님의 메시아다운 삶의 모델을 아주 탁월한 본보기로 받들되, 어떻게 하는가보다는 무엇을 하는가의 측면에서 본받으라는 뜻이다. 만일 이런 본보기가 없었다면, 우리는 도무지 전례가 없는 태도를 지닐 수밖에 없고, 이런 사실조차 알지 못했을 것이다. 이 사상을 전하는 또 다른 유명한 단락이 있다.

너희 안에 이 마음을 품으라. 곧 그리스도 예수의 마음이니(빌 2:5).

이 단락에서, 바울은 메시아의 자발적인 자기 비움과 그에 따른 영광에 대한 이야기로 글을 이어간다. 이 두 가지 요소는 2장 1-5절에서 볼 수 있는 한 마음과 한 뜻을 품으라는 권면을 뒷받침해주고, 이어서 등장하는 "두렵고 떨림으로 너희 구원을 이루라"(빌 2:12)는 권면의 기초가 된다. 결국 나는 이 구절이 "너희가 메시아 안에서 얻게 된 그 구원으로 말미암아 살기로 다짐한 그 새로운 삶의 패턴을 아주 신중하게 생각해보라"는 뜻이라고 생각한다. 다시 한 번 우리는 예수님의 죽음과 부활이 사실상 새로운 삶의 패턴을 낳았다는 사실을 상기하게 된다. 이방인과 유대인을 막론하고, 고대 세계에서 이런 삶을 상상했던 인물은 하나도 없었다. 예수님은 실제로 새로운 삶의 패턴으로 사셨다. 산상설교에서 보듯이 예수님은 제자들도 예수님처럼 살기를 기대하셨다. 바울의 권면들을 보면, 예수님의 제자들 가운데 적어도 몇 명은 이 가르침을 아주 진지하게 받아들였음을 알 수 있다.

그러므로 예수님이 보여준 도덕적 본보기는 우리가 흔히 생각하는 것과는 다르다. 즉 보통 사람도 열심히 노력하면 실제로 죄를 억제할 수 있고, 예수님이 어떻게 행했는지를 잘 관찰하면 우리도 그렇게 할 수 있다고 독려하는 본보기가 아니다. 신약성경에서 이런 식으로 말하는 저자는 한 명도 없다. 예수님에게 죄가 없다고 언급하는 신약성경의 대목을 보면, 사람들이 그분의 생애가 마감된 직후에 "그러므로 당신도 그와 같이 죄 없는 존재가 될 수 있다"는 식으로 결론을 내리지 않았다. 예수님처럼 죄 없는 존재가 되는 것을 목표로 할 만한데도 말이다. "우리를 대신하여 죄로 삼으신 것은 우리로 하여금 그 안에서 하나님의 의가 되게 하려 하심이라"(고후 5:21). "모든 일에 우리와 똑같이 시험을 받으신 이로되… 우리는… 때를 따라 돕는 은혜를 얻기 위하여… 나아갈 것이니라"(히 4:15-16). "그러므로 그는 유일무이한 대제사장이라"(히 7:26 참조). "그가 우리

죄를 없애려고 나타나신 것이라"(요일 3:5). 예수님의 삶이 양산해낸 도덕적인 본보기를 기준으로 하면, 그분의 삶은 도덕의 새로운 측면을 보여주고 있다고 하겠다. 말하자면, 겸손한 모습, 되받아치지 않고 기꺼이 고난받는 자세, 용서를 구하지 않는 자라도 용서해주기로 결단하는 것 등이다. 그런데 이런 것들은 도덕적으로 사는 방식에 관한 본보기는 아니다. 오히려 인간다운 존재가 되는 새로운 길이 세상에 나타났음을 보여주는 징표이다. 그리고 이런 새로운 방식을 창출하고 지탱해주는 것은 마음의 습관이며, 이 방식은 기독교적인 미덕을 생산할 수밖에 없다.

이 정도면, 예수님을 미덕의 본보기로 볼 수 있을까? 첫눈에는 우리가 부정적으로 대답할 소지가 많다. 아니, 적어도 일반적인 의미에서 그렇다는 것이다. 가장 초창기 그리스도인들은 예수님이 독특한 인물일 거라고 확신했다. 그분은 분명히 우리와 똑같이 시험을 받은 완전한 인간이었고, 동시에 만물을 만든 장본인과 동일시되기도 했다. 그렇다면 이 예수가 도덕적 몸부림에 있어서 우리 같은 인간이라면 직면해야 하는 고된 배움의 과정을 거쳐야 한다고 생각하는 것이 타당할까?

놀랍긴 하지만 어쩌면 그럴지도 모른다. 어쨌든 사복음서 가운데 세 복음서가 예수님이 광야에서 시험받는 이야기(마 4:1-11 등)로 시작하지 않는가? 그리고 이처럼 단축된 이야기를 읽으면 비교적 쉽게 승리를 거둔 것처럼 잘못 읽을 소지가 많지만, 사실 예수님이 당하신 시험은 그분에게 가장 중요한 것, 곧 그분의 소명과 정체성과 하나님나라의 특성을 이해하는 면에서 굉장히 혹독하고 끈질긴 공격이었음에 틀림없다. 시험에 성공적으로 저항하면 도덕적 근육이 더 단단해질 것이었다. 예수님에게는 장차 이런 근육이 필요했다. 일단 한 가지 시험을 이기면 그 다음에는 더 지독한 시험을 당할 소지가 많은데, 사탄도 시험에 굴복한 자에게는 잠시 긴장을 늦추기 때문이다. 히브리서 5장 7-9절에 나오는 흥미로운 진술은 이런 내용을 담고 있다.

> 그는 육체에 계실 때에 자기를 죽음에서 능히 구원하실 이에게 심한 통곡과 눈물로 간구와 소원을 올렸고 그의 경건하심으로 말미암아 들으심을 얻었느니라. 그가 아들이시면서도 받으신 고난으로 순종함을 배워서 온전하게 되셨은즉 자기에게 순종하는 모든 자에게 영원한 구원의 근원이 되셨도다(히 5:7-9).

이 단락은 물론 일차적으로 예수님의 겟세마네 동산에서의 경험(마 14:32-42 등)을 가리키고 있지만, 그보다 더 넓게 적용해도 무방할 것 같다. 예수님은 하나님의 아들이면서도 순종의 본질을 배웠다. 이 단락이 말하는 것을 문자 그대로 옮기면 "그는 순종을 배웠다"고 하는 것이 더 정확하다. 그렇다고 해서 그가 때로는 불순종을 일삼다가 점차적으로 순종하는 법을 발견했다고 말하는 건 분명 아니다. 오히려 그는 순종을 연습함으로써 불순종하고 싶은 유혹을 받을 때조차도 한결같이 순종한다는 것이 무엇인지를 알게 되었다는 뜻일 것이다.

이는 우리가 미덕에 관해 얘기해온 내용과 일치하는 듯하다. 예수님조차도 순종하고 싶지 않은 순간에 순종한다는 것이 무슨 의미인지를 배워야 했다. 그는 고난을 겪으면 겪을수록 순종이 실제로 무엇을 의미하는지를 더 많이 알게 되었다. 그 결과 그는 온전하게 또는 완전하게 *teleios* 되었던 것이다(히 5:9). 그렇다고 이전에는 '죄가 있었다'는 의미에서 '불완전'했었다는 뜻은 아니다. 그 단계에서는 예수님이 훗날 모든 일을 완수한 뒤에 도달했던, 완전히 발달된 인간의 수준까지는 미처 이르지 못했었다는 뜻이다. 그리고 그 단락을 둘러싼 히브리서의 문맥이 시사하듯이, 그것은 바로 우리 그리스도인들이 행해야 할 바이기도 하다. 하지만 우리는 예수님과는 다른 존재, 즉 용서받은 죄인이되 여전히 죄를 짓기 쉬운 존재이기 때문에 순종만이 아니라 용기까지도 배움으로써 '우리가 믿는 도리를 굳게 잡을'(히 4:14) 필요가 있다. 최종 목표는 저 앞에 놓여 있다. 현재 우리가 배워야 할 마음의 습관은 예수님이 성취한 것을 붙잡아 그것을 우리의 것으로 삼는 습관이다.

신약성경이나 그 직후에 쓰인 저술들에서는 예수님의 삶을 일반적인 도덕적 가치들이나 미덕의 견지에서 범주화하려는 시도를 찾아볼 수 없다. 우리가 복음서의 기록을 그대로 믿는다면, 예수님의 삶은 그야말로 믿음과 소망 그리고 무엇보다도 사랑이 차고 넘치는 인생이었건만, 이제까지 아무도 이 점을 강조하지 않았다. 이런 식으로 접근하면, 그의 삶은 용기와 신중과 절제와 정의의 면에서도 훌륭한 모델이었다. 그러나 아무도 나서서 이런 면을 주장하지 않는다. 가장 초창기 그리스도인들이 큰 감명을 받고 다시 상기한 사실이 있다. 그것은 바로, 예수 안에서 이전에는 아무도 상상하지 못했던, 참 인간이 되는 길을 목격했다는 점이다. 그리고 이 길을 발견하지 못한 사람들에게 증언했다. 그 길은 바로 관대함과 용서의 길, 자기 비움과 다른 모든 사람의 필요를 우선시하겠다는 결단의 길이며, 이는 그 자체로 독창적인 것일 뿐 아니라 흔히 기독교 특유의 미덕이라고 불리는 겸손, 박애, 인내, 순결 같은 다른 모든 미덕들의 근원이 되기도 한다. 현대 철학자인 사이먼 블랙번Simon Blackburn은 이 네 가지가 "고대 그리스인들에게는 윤리적인 미덕으로 인식되지 않았을 것"이라고 밋밋하게 논평한다.2) 그리고 위에서 언급했듯이, 예수님이 시험받은 이야기와 그에 대한 히브리서 저자의 짧은 묵상을 읽어보면, 이 목표를 추구하는 과정에서 예수님도 우리가 말하는 미덕의 길을 분명히 걸어야 했던 것으로 보인다. 즉 고통스러운 실천을 통해 실제로 순종한다는 것이 무슨 뜻인지 알아야 했고, 특히 자기를 내어주는 사랑의 규율에 따라 살기도 하고 죽기도 하라는 하나님 아버지의 사명에 순종하는 길을 배워야 했던 것이다.

그런즉 우리는 예수님을 스스로 또는 남에 의해 규율을 지키는 사람의 본보기로 삼거나, 규율을 강화시키거나 재해석하는 인물로 받드는 모습을 찾아볼 수 없다. 그가 본보기로서 보여주셨던 삶의 방식은 도무지 여러 규율로 환원될 수 없는 것이었고, 특정한 규범들에 순종하려고 노력해서는 도달할 수 없는 것이었다. 뿐만 아니라, 공리주의자가 행하고 싶어 하듯이 특정한 행위가 낳을 법한 결과를 계산하고 달아본 뒤에 그에 따른 결정과 행동을 취해서 도달할 수 있는 것도 아니었다. 또한 예수님이 사람들에게 자연스럽게 다가오는 것을 행해야 한다고 말하고 있는 것도 아니다. 오히려 그분이 보기에는 마음으로부터 자연스럽게 나오는 것이 진짜 문제였다. 예수님이 제기한 도덕적인 도전을 이해하는 유일한 길은 규율이나, 계산이나, 낭만주의자 또는 실존주의자가 말하는 진정성의 견지에서 생각하는 것이 아니라, 미덕의 견지에서 접근하는 것이다. 하나님나라와 십자가에 의해 변혁된 미덕의 견지에서 말이다.

물론 예수님은 동시대인들과 마찬가지로 마가복음 7장 21-22절에서 열거한 음란, 살인, 도둑질 같은 행위들을 잘못된 것으로 간주했다. 만일 누군가 나서서 중요한 것은 규율이 아니라 성품이므로, 성품이 올바른 방향으로 발달하고 있는 한 신나게 규율을 깨뜨려도 무방하다고 말한다면, 예수님은 그런 사람을 무척 싫어했을 것이다. 악독, 속임, 음탕, 질투, 비방, 교만, 우매함 등 나머지 모든 것도 여전히 악한 행실이다. 규율도 여전히 중요하다. 미덕과 규율을 서로 반목시키면서 타당한 말을 할 수는 없는 노릇이다. 그런데 이 모든 행위는 용서를 받을 수 있기에, 정말로 중요한 것은 마음이 새롭게 되는 일이다. 그리고 일단 마음이 새롭게 되면 새로운 과제를 얻게 된다. 그 과제는 모든 종류의 사악함을 피하는 것이 제2의 천성이 되도록 열심히 습관으로 익히는 일이다. 이처럼 순종을 배우는 것은 실로 어렵고도 고통스럽다. 하지만 그 길은 우리에게 삶의 언어를 가르쳐줄 것이다.

이제까지 사람들은 흔히 윤리라는 것을 예수님과 그의 업적에 대한 담론 안에 두곤 했는데, 이 논의는 윤리를 다른 틀 안에 있는 다른 장소로 옮겨놓았다. 예수님은 새로운 윤리를 가르치기 위하여 오신 것이 아니다. 또한 여태껏 인간 행위에 관해 사람들이 생각해온 모든 것이 잘못되었으니까 처음부터 다시 시작해야 한다고 가르쳐주러 오신 것도 아니다. 뿐만 아니라, 우리에게 하나님의 율법을 어떻게 지키는지 보여주기 위해 온 것도 아니고, 우리가 아무리 노력해도 율법을 지킬 수 없다고 경고하면서 차라리 와서 용서를 구하라고 재촉하러 온 것도 아니다. 달리 말하면, 예수님은 서구 그리스도인들이 행실에 대해 생각해온 일반적인 방식을 강화시켜주려고 오신 것이 아니라는 뜻이다. 그분은 자기의 삶과 공적 사역을 통하여 하나님의 나라를 출범시키러 오셨다. 그분의 사역과 삶의 절정에 해당하는 죽음과 부활을 통해 이스라엘을 구출하고 인류를 구원함으로써 창조세계 전체를 구원하러 오신 것이다. 예수님이 오시고 나서 모든 것이 달라졌다.

사실 예수님은 하나님의 새로운 창조 프로젝트를 실행하시고, 인간다운 존재가 되는 새로운 길을 개척하려고 오셨다. 이 길은 옛 유대교와 이방 사상이 제공한 바른 행실을 흘끗 보고 지나쳐서 양자 모두를 초월한다. 이제, 전혀 새로운 토대 위에 양자에 대한 참된 통찰이 세워진다. 그리고 예수님은 인류를 다시 인간화시키는 프로젝트를 시작하셨다. 이 프로젝트를 통해 인간들은 마음이 깨끗해지고 부드러워지는 것을 경험하며, 자신을 뒤엎어 새로운 언어를 배우고, 배움의 동기도 발견하게 된다. 하나님의 나라는 현 세계를 뚫고 들어와서, 아리스토텔레스는 상상도 못했던 목표를 가져다준다. 사람들은 마침내 자기가 무엇을 위해 창조되었는지, 이스라엘이 무엇을 위해 창조되었는지를 다시 발견하라는 소리를 듣는다. 그들은 결국 예수님이 왕과 제사장으로서 이룩한 업적을 좇아서 통치자와 제사장이 될 것이며, 이것이 무엇을 의미하는지 처음부터 배워야 할 것이다. 그들은 미덕을 실천하되, 이전에는 아무도 상상하지 못했던 미덕을 실천할 것이다. 그리고 이와 관련하여 예수님의 제자들 가운데서 최초의 위대한 이론가로 등장한 인물은 바로 바울이라고 불리는, 지칠 줄 모르고 쉴 새 없이 달리는 매력적이고 수수께끼 같은 사람이었다.

Transformed by Renewal of the Mind
5_ 마음을 새롭게 함으로 변화를 받아

■
세상적인 존재 방식은 아주 강력하고 교활한 세력이다.
그러므로 우리는 믿음과 소망은 물론이고 새 창조의 에너지를 모두 동원하여
모든 새로운 가능성과 전망을 기대하고 새로운 시대가
이미 여기에 도래했다는 사실을 끊임없이 상기해야 한다.

Transformed by Renewal of the Mind

사도 바울은 틀림없이 아침형 인간이었을 것이다. 그는 늦은 밤까지 자지 않고도 잘 버티는 능력이 있는 사람이었다. 바울이 어느 다락방에서 계속 설교하는 바람에 한 젊은이가 잠을 못 이겨 창문에서 떨어지고 말았다. 그럼에도 바울은 그를 일으켜 괜찮다는 것을 확인한 뒤에 아침까지 설교를 그치지 않았다는 이야기는 잘 알려져 있다(행 20:7-12).

그러나 바울의 편지들을 읽어보면, 그는 해 뜨기 전에 일어나서 그 상쾌함을 느끼고 즐기는 사람들, 마치 파도 타는 사람이 파도의 에너지에 편승하듯 새벽이 주는 그 힘과 약속에 힘입어 참신한 생각과 기도와 행동을 창출하는 그런 사람들 중 하나였다는 암시를 받게 된다. "너희는 지금이 몇 시인 줄 알지 못하느냐?" 하고 그가 묻는다. "밤이 깊고 낮이 가까웠으니 그만 자고 일어날 때가 되었도다"(롬 13:11-12). "잠자는 자여 깨어서 죽은 자들 가운데서 일어나라. 그리스도께서 너에게 비추이시리라"고 그는 외친다(엡 5:14). 아마 다음 단락이 바울의 그런 성향을 보여주는 가장 뚜렷한 예가 아닐까 생각한다.

형제들아 때와 시기에 관하여는 너희에게 쓸 것이 없음은 주의 날이 밤에 도둑 같이 이를 줄을 너희 자신이 자세히 알기 때문이라. 그들이 평안하다, 안전하다 할 그때에 임신한 여자에게 해산의 고통이 이름과 같이 멸망이 갑자기 그들에게 이르리니 결코 피하지 못하리라. 형제들아 너희는 어둠에 있지 아니하매 그날이 도둑 같이 너희에게 임하지 못하리니 너희는 다 빛의 아들이요 낮의 아들이라. 우리가 밤이나 어둠에 속하지 아니하나니 그러므로 우리는 다른 이들과 같이 자지 말고 오직 깨어 정신을 차릴지라. 자는 자들은 밤에 자고 취하는 자들은 밤에 취하되 우리는 낮에 속하였으니 정신을 차리고 믿음과 사랑의 호심경을 붙이고 구원의 소망의 투구를 쓰자. 하나님이 우리를 세우심은 노하심에 이르게 하심이 아니요. 오직 우리 주 예수 그리스도로 말미암아 구원을 받게 하심이라. 예수께서 우리를 위하여 죽으사 우리로 하여금 깨어 있든지 자든지 자기와 함께 살게 하려 하셨느니라. 그러므로 피차 권면하고 서로 덕을 세우기를 너희가 하는 것 같이 하라(살전 5:1-11).

그렇다. 바울은 여기서 여러 은유들을 완전히 섞어놓은 게 사실이다. 도둑이 너희 집을 털려고 할지 모르니까 너희는 깨어 있어야 한다. 이제 아침이 가까웠으니 너희는 일어날 때가 되었다. 여자가 해산하려고 하는 중에 있으니 너희는 술에 취하지 말고, 갑옷을 입어야 한다….

그런데 이처럼 숨 막힐 듯이 이어지는 이른 아침 설교의 배후에는 미덕에 대한 초기 기독교의 접근이 주변 이방 세계의 접근과 얼마나 비슷하고 얼마나 다른지를 보여주는 중요한 논점이 있다. "낮에 속한 우리는 스스로 절제하고, 믿음과 사랑의 호심경을 붙이고, 구원의 소망의 투구를 쓰자." 여기에 우리의 목표, 즉 이미 동터오고 있는 새 날이 있으며 목표에 도달하는 단계들이 있다. 바로 이런 마음과 생각과 몸의 습관들이 당신으로 하여금 낮에 속한 사람, 새롭게 된 온전한 사람이 되도록 당신을 준비시켜줄 것이다. 데살로니가전서는 바울이 초창기에 쓴 편지인 것이 거의 확실하다. 바울이 자기 나름의 성숙한 입장을 다른 서신들에서 더 자세히 설명했다는 점을 우리는 알 수 있다. 바울의 미덕관은 그 후 오랜 세월에 걸쳐 고대의 고전적인 미덕 전통을 새롭게 하고 근본적으로 변혁하여 위대한 기독교 사상으로 발전했다. 바울은 현 시대에 진정한 인간성이라는 목표를 바라보며 열심히 도덕적 훈련을 쌓는 사람의 기본 특성을 믿음과 소망과 사랑으로 보았다.

목표는 이미 그리스도 안에서 주어져 있다는 게 바울의 주장이다. 그렇기 때문에 어떤 관점에서 보면 이미 낮이 시작되었고, 또 다른 관점에서 보면 아직 낮이 오는 중이다. 바울은 오늘날의 시차 현상을 미처 몰랐지만 그와 비슷한 것을 얘기하고 있는 셈이다. 그는 마치 아침이 동터오는 순간에 이륙하여 서쪽으로 빠르게 날아가 밤의 마지막 순간을 놓치지 않고 새로운 나라에 도착해, 거기서 다시 새벽을 맞이하는 사람과 같다. 주변 세계는 아직도 여명을 기다리고 있지만, 바울의 몸과 마음은 이미 낮이 온 것을 알았다. 이것이 바로 예수님이 시작하신 하나님나라의 새 날에 몸담고 사는 그리스도인의 모습이다. 반면에 나머지 세계는 아직도 침대에서 몸을 뒤척이는 중이다. 여기서 믿음과 소망과 사랑을 중심으로 기독교적 미덕을 논하는 바울의 관점은 결국 캄캄한 어둠에 휩싸인 세상에서 낮에 속한 마음의 습관을 기르는 것으로 요약할 수 있다.

시작한다는 것은 우리가 앞장에서 살펴보았듯이 다음 사실을 다시 주목하는 것을 뜻한다. 즉 이제 도덕적인 삶에 대해 바울의 관점으로 바라보고 말한다는 것은 철저하게 하나님의 은혜에 비추어 논하는 것을 의미한다. 사실 아리스토텔레스의 글이 풍기는 인상과는 달리, 바울은 단 한 순간도 도덕을 인간적인 노력의 문제로 치부하지 않았다. 즉 특정한 성품을 갖추기로 결심하고 그 방향으로 삶을 개혁할 수 있는 능력과 에너지를 인간에게서 발견할 수 있다고 생각하지 않았다는 말이다.

바울 역시 그런 개혁이 원칙적으로 가능하다는 것을 의심하지는 않았을 것이다. 상당히 많은 사람이 수년 동안 엉망진창으로 살다가, 그보다 더 낫고 더 행복한 삶이 있다는 것을 알고는 스스로 그렇게 살기로 결심하고 생활을 정리하기도 한다. 이는 전혀 손을 쓰지 않는 것보다는 나은 선택이다. 그러나 그런 도덕적인 노력과 함께 교만과 거만과 탐욕 등 많은 악이 우리를 시험하게 될 것이라고 바울은 주장한다. 사실 아리스토텔레스나 세네카처럼 가장 진지한 이방인 도덕가들이라도 사람들에게 어떻게 살아야 하는지 일러주긴 해도 정작 본인은 그렇게 살지 못하는 경우가 비일비재하다. 바울의 경우에는 믿음과 소망과 사랑이 이미 그리스도 안에서 성령으로 주어진 것인 만큼, 그에 따라 사는 것이 가능하다고 말하는 셈이다. 하지만 당신이 담당해야 할 몫이 있다. 그러려면 낮에 살고 싶어 하는 마음이 있어야 한다. 당신의 도덕적 삶이 어떻게 작동하는지를 알아야 한다. 믿음과 소망과 사랑이 겸비된 삶을 지탱해주는 마음과 생각과 영혼의 습관을 일부러, 의식적으로 개발하지 않으면 안 된다. 달리 말하면, 구체적으로 기독교적인 미덕을 실천해야 한다는 뜻이다.

날이 이미 밝았다는 것, 그리고 새로운 삶과 새로운 가능성을 안고 있다는 것을 아는 것이 바울의 도덕 사상을 아우르는 틀이다. 이 틀은 또한 우리가 어떤 식으로든 하나님의 은혜에 의해 믿음으로 말미암아 의롭게 되고 궁극적으로 구원을 받는다는 바울의 유명한 신학적 입장을 위협하지 않도록 보장해주기도 한다.

날이 밝아오는 것, 의롭게 됨, 믿음, 그리스도인다운 삶 등에 관한 바울의 관점은 더 큰 신학적 틀 안에 있다. 바울은 유일한 참 하나님, 즉 메시아 예수 안에서 스스로를 계시했고 지금은 예수의 영인 성령을 통하여 활동하는 하나님의 창조 행위와 구속의 행위 안에서 그리스도인의 삶, 믿음, 생각, 행동 등 모든 것이 일어난다고 보았다. 바울 사상에 암묵적으로 내포된 삼위일체적인 틀은 이미 많이 탐구되었으므로 여기서 더 이상 언급할 필요가 없다. 하지만 한 가지만 짚고 넘어가자. 만일 우리가 바울에게 신앙과 삶의 궁극적인 목표가 무엇이냐고 묻는다면, 그는 부활 또는 새로운 창조라고 응답할 것이고, 그에 못지않게 아니, 그보다 더 심오하게는 '하나님 그분'이라고 대답할 것이다.

바울은 고린도 교인들에게 쓴 편지에서 "우리에게는 한 하나님, 곧 아버지가 계시니 만물이 그에게서 났고 우리도 그를 위하여 있다"(고전 8:6)고 썼다. 여기에 나온 '우리도 그를 위하여'라는 문구는 그의 또 다른 위대한 논증의 끝부분에 나오는 다음 구절을 상기시킨다. "이는 만물이 주에게서 나오고 주로 말미암고 '주에게로' 돌아감이라"(롬 11:36). 이 말씀은 골로새서 1장에 거듭해서 나오는 비슷한 문구와도 밀접한 연관이 있는데, 단 이 경우에는 모든 것이 예수 그리스도를 위하여 창조되었다고 기록되어 있다. 만물이 다 '그(예수 그리스도)로 말미암고 그를 위하여' 창조되었고(골 1:16), 만물이 '그로 말미암아 자기(하나님)와 화목하게' 되었다(골 1:20). 바울은 어디까지나 하나님을 모든 존재의 중심에 두고 있으므로, 만일 우리가 새롭게 된 인류, 새로운 창조, 하나님의 사랑과 정의로 회복되고 마침내 그분의 영광으로 충만하게 될 그 세계에 초점을 맞춘다면, 이 모든 것의 목적이 "하나님이 만유의 주로서 만유 안에 계시게"(고전 15:28) 하는 것임을 잊어서는 안 된다.

그런데 우리가 행복이나 인간의 번성, 혹은 기독교에서 말하는 부활과 새 하늘과 새 땅이란 목표를 '하나님 그분'이라는 응답으로 바꾸고, 이것이 미덕의 담론을 창출하는 사고의 틀에 어떤 영향을 주느냐고 묻는다면, 바울로부터 금방 답변을 들을 수 있을 것이다. 창조주 하나님이 궁극적인 목표일 때 이것이 인간에게 의미하는 바는, 인간이 자기 정체성과 개성을 잃은 채 하나님에게 흡수될 것이라는 뜻이 아니고 다시 한 번 하나님의 형상을 완전히 반영하는 면모를 지니게 될 것이라는 뜻이다. 즉 하나님으로부터 세상을 향해 나가는 존재요, 세상으로부터 하나님에게로 되돌아가는 존재가 되는 것이다. 달리 말하면, 통치자들과 제사장들이 된다는 뜻이다.

이처럼 하나님의 형상을 반영하는 자로 회복된다는 사상이 바로 바울이 탐구하고 있는 주제이다. 바울이 보기에, 낮에 속한 사람은 "자기를 창조하신 이의 형상을 따라 지식에까지 새롭게 됨으로써"(골 3:10), 목표이신 하나님을 지향하면서 현재 주어진 선택을 내리고 현재 자신의 성품을 개발하는 사람이다. 그리고 이와 더불어 우리는 기독교적 미덕에 관한 바울의 주된 설명 하나를 주목하게 된다. 골로새에 있는 기독교 공동체에 보낸 바울의 편지를 읽어보자.

∞

우리 생명이신 그리스도께서 나타나실 그 때에 너희도 그와 함께 영광 중에 나타나리라. 그러므로 땅에 있는 지체를 죽이라. … 옛 사람과 그 행위를 벗어버리고 새 사람을 입었으니 이는 자기를 창조하신 이의 형상을 따라 지식에까지 새롭게 하심을 입은 자니라(골 3:4-5, 9-10).

여기에 바울이 이해하는 미덕의 개념이 있다. 그런데 흥미롭게도 요한도 그런 개념을 갖고 있었다.

자녀들아 이제 그의 안에 거하라. 이는 주께서 나타내신 바 되면 그가 강림하실 때에 우리로 담대함을 얻어 그 앞에서 부끄럽지 않게 하려 함이라. … 사랑하는 자들아 우리가 지금은 하나님의 자녀라. 장래에 어떻게 될지는 아직 나타나지 아니하였으나 그가 나타나시면 우리가 그와 같을 줄을 아는 것은 그의 참모습 그대로 볼 것이기 때문이니 주를 향하여 이 소망을 가진 자마다 그의 깨끗하심과 같이 자기를 깨끗하게 하느니라(요일 2:28; 3:2-3).

장래에 일어날 그 일은 마침내 우리의 진정한 존재 양태, 궁극적인 존재의 모습을 나타낼 것이다. 그런즉 우리는 장래에 되어야 할 사람이 되기 위해 현재 열심히 노력하지 않으면 안 된다. 여기서 바울과 요한이 말하는 장래의 운명은 예수 그리스도 안에, 그리고 그분과 연합한 우리 안에 이미 주어진 것이다. 그러므로 우리는 처음부터 성품이라는 원료를 갖고 시작하지 않았다. 우리는 '그리스도와 함께 다시 살리심을 받은'(골 3:1), '그의 안에 거하는'(요일 2:28) 상태에서, 즉 이미 그리스도 안에 있는 성품을 갖고 시작하는 것이다. 우리는 하나님의 큰 사랑을 받고 '하나님의 자녀'로 구별된 존재들이다(요일 3:1; 갈 4:1-7). 하지만 여기서 우리의 관심을 끄는 것은 미덕에 관해 바울과 요한이 말하는 논리와, 미덕에 도달하기 위해 우리가 밟아야 할 실제적인 단계들이다.

첫째, 바울과 요한의 논리는 이렇다. 바울의 명령은 비록 기독교적인 색채는 띠고 있지만 분명히 미덕의 담론에 속한다. 그 명령들은 기독교적 의무론이나 기독교적 공리주의로 환원될 수 없고, 기독교적 낭만주의나 실존주의와는 더욱더 거리가 멀다.

이 단락들을 하나씩 살펴보자. 골로새서 3장 1-17절의 명령은 바울의 글에서 윤리를 다루는 대목들 가운데 가장 완전하고 신학적으로 잘 정리된 단락 중 하나이다. 이 단락은 오늘날 현대인이 흔히 생각하는 기독교적 규율로 간주되어서는 안 된다. (나는 지금 미덕과 올바른 규율이 서로 상반되는 관계가 아니라는 점을 알고 있는 진지한 철학자들을 염두에 두고 있는 것이 아니다. 다른 사람에게 어떻게 행동해야 하는지를 일러주는 것이 자신의 편견이나 심리를 자의적이고 달갑지 않은 방식으로 남에게 투영하는 것이라 보는 통상적인 생각을 염두에 두고 하는 말이다.) 그리고 여기에 나온 바울의 명령에 대해 최대 다수의 최대의 행복을 낳을 것으로 예상되는 행위라는 식으로 설명해서도 안 된다. 바울은 그렇게 해석하기에는 너무나 현실적인 사람이고, 사람들이 십자가에 죽은 그리스도를 따라가기로 결심할 때 얼마나 많은 고난이 따라오는지를 너무나 잘 알고 있었다. 현재의 고난은 장차 우리에게 나타날 영광과 비교할 수 없다(롬 8:18). 따라서 바울과 같은 사람이 공리주의적인 입장을 개진할 것으로 생각할 수는 없는 노릇이다. 끝으로, 바울은 여기서 낭만주의자나 실존주의자가 바라는 발언을 하고 있다고도 볼 수 없다. 말하자면, 그가 권하는 도덕적 입장은 자연스럽게 생길 것이므로, 누구든지 그리스도인이 되면 아무 성찰이나 생각이나 도덕적 노력이 없이도 그가 말하는 바를 충분히 해낼 수 있을 것으로 기대했다고 해석할 수 없다는 뜻이다.

  과연 그렇다. 여기서 중요한 것은 현세에 성품을 형성하는 일이며, 구체적으로는 약속된 장래의 상태를 올바로 바라보는 성품을 기르는 것이다. 장래의 상태란 부활한 예수 그리스도의 몸과 같은 몸으로의 부활, 그분과 함께 이미 시작된 새로운 창조세계에 참여하게 하는 부활, 하나님의 백성이 왕 같은 제사장이 될 그 세계에 몸 담게 하는 부활, 하나님의 세계를 영광스러운 모습으로 번성케 하고 질서를 되찾게 할 진정한 인간들이 이루는 상태를 일컫는다. 메시아는 이미 "하나님의 오른편에 앉아 계신다." 이 자리에 앉은 자는 온 세계를 다스리는 권세를 갖는다. 그렇다. 당신이 그리스도 안에 있으므로 이제 당신도 거기에 있는 셈이라고 바울은 말한다. 그런즉 마치 이방의 미덕 사상에서 기본 미덕들이 장차 이루어질 에우다이모니아 또는 '인간이 번성한 상태'를 가리키고 있었던 것처럼, 바울이 권하는 삶의 방식은 장차 이루어질 상태, 인류가 새롭게 되는 상태를 가리키는 것이다.

이런 논리와 함께 바울이 뜻하지 않은 바가 무엇인지 아는 것도 중요하다. 그는 "위의 것을 생각하고 땅의 것을 생각하지 말라"고 말한다(골 3:2). 이 구절은 오랜 세월 동안 이원론적으로 잘못 해석되어 왔기 때문에 오늘날 독자들은 잘못 생각하기가 쉽다. 즉 바울이 위의 것을 땅의 것과 반대되는 것으로 얘기할 때, 그가 마치 시간과 공간과 물질로 이루어진 세계(땅의 것)와, 어지럽고 유감스럽고 하찮은 땅의 것들이 사라지고 순전한 영적 존재들만 있는 위의 세계를 서로 대립시킨 것이라고 말이다.

사실은 그렇지 않다. 만일 바울이 이런 의미로 말했다면, 그는 특정한 종류의 음식을 금하는 것이 불필요하다고 선언하는 대신에(골 2:16-23) 오히려 그런 금지 사항을 더욱 강화시켜야 했을 것이다. 또한 우리가 이제 주목할 성품(골 3:12-17)에 속하는 실제적인 면들을 그처럼 권하지도 않았을 것이다. 그가 땅의 것이라고 말할 때는 골로새서 3장 5-9절이 분명히 보여주듯이, 창조주 하나님에게 등을 돌리고 저지르는 행위들, 하나님의 사랑과 청지기직을 반영하기보다 현재의 타락한 창조세계를 반영하는 행동양식을 가리킨다. 이제 이와 병행되는 대목인 빌립보서 3장 14-21절로 눈을 돌려보자. 이 대목에서 바울은 똑같이 위의 것과 땅의 것을 대조시키되, 땅의 것이란 공간과 시간과 물질의 세계 일부를 의미하는 게 아니라 마치 땅의 소욕들만이 중요한 것인 양 생각하며 움직이는 행위를 가리킨다는 점을 분명히 하고 있다.

이 대목은 예수님이 현재의 물리적 세계에서 사람들을 앗아가는 장면으로 끝나지 않는다. 오히려 하늘로부터 재림하여 하늘과 땅을 하나로 묶어주고 하늘과 땅을 모두 다스리면서, 타락한 우리의 몸을 그분의 영광스러운 몸과 같이 변화시킬 것이라는 예언으로 마름한다. 그리고 갈라디아서 5장 19-21절에 나오는 '육체의 일' 목록은 몸이 없는 영도 행할 수 있는 것이라고 흔히들 얘기하는데, 사실 골로새서 3장 5-9절에 나오는 분함, 비방, 독설, 거짓말 등 대부분의 행위도 이 점에서는 마찬가지이다. 달리 말하면, 바울은 도덕적인 논점을 개진하기 위해 위와 아래를 택했을 뿐, 자기의 논리에 존재론적인 이원론을 도입한 것이 아니다. 선한 창조세계를 부정하는 태도는 기독교적 미덕을 심히 비꼬는 것이요, 심각하게 왜곡시키는 것이다.

그러면 골로새서에서 바울은 그리스도인들에게 무엇을 행해야 한다고 말하는가? 정답은? 바울은 골로새 교인들에게 다가올 시대의 삶을 바라보며 그에 걸맞은 성품을 현재 개발해야 한다고 말한다. 우리는 이제 그가 열거하는 실제적인 행위들을 살펴볼 것이다. 이 목록은 다른 곳에 나오는 목록들과 대체로 중복된다. 여기서 우리는 그가 말하는 기독교적 미덕의 핵심에 도덕적인 노력이 포함되어 있다는 점을 주목할 필요가 있다. "…를 죽이라"(골 3:5), "…을 벗어버리라"(골 3:8), "…을 입어라"(골 3:14)와 같은 표현은 특히 우리의 관심을 끄는 것들이다.

우리가 주목할 점은 이 가운데 어느 것도 자연스럽게 생기지 않는다는 사실이다. 그리스도인들의 경우도 마찬가지이다. 신앙생활 초창기에는 더더욱 그렇다. 하지만 한 사람의 성품이 더 온전한 모양으로 빚어질수록 그런 일이 자연스럽게 일어나기 시작한다. 그러나 그 수준에 이르기까지는 어려운 결정과 행동을 수반하는 여러 단계를 거쳐야 하는데, 이는 모든 인간이 갖고 태어나는 기대감, 열망, 욕구, 본능 등을 정면으로 거스르는 선택이다.

바울은 이 점과 관련하여 완곡하게 말하지 않는다. 가령, 그는 "너희는 이것을 조금 포기하려고 애쓰는 게 좋을 듯하다"라든가 "만일 너희가 옳다고 느낀다면, 이런 것 가운데 일부가 없이 살아가는 것에 대해 생각해보길 바란다"는 식으로 말하지 않는다. 오히려 그는 "그런 것들을 죽이라"고 말한다. 만일 너희가 죽이지 않으면, 그것들이 너희를 죽일 것이라고 말이다(골 3:6). 하나님은 우리가 능력을 발휘하지 못하게 방해하거나, 우리가 좋은 시간을 갖지 못하게 막아서거나, 우리가 탈선하면 처벌하기 위하여 이런저런 금지 사항을 들이대며 갑자기 횡포를 일삼으실 분이 아니기 때문이다. 오히려 이런 행동양식이 반드시 타락과 부패와 죽음의 길로 곧바로 인도할 것이고, 따라서 하늘과 땅이 하나가 되고 부활이 일어나는 그 새로운 창조세계로부터 멀어지게 할 것이기 때문이다.

한 가지 뻔한 예를 들면 이렇다. 내가 앞에서도 언급했지만, 이 책을 쓰고 있던 기간은 이른바 2008-2009년 금융 위기로 재정이 파탄난 시기였다. 노련하고 현명한 금융계의 대부들은 이렇게 말했다. "은행들과 투자자들은 돈을 갚을 여력이 없는 사람들에게 대출을 해주었다. 사람들은 돈을 빌려 제값을 받고 팔지도 못할 집을 사들였다. 조만간에 파산될 것은 불을 보듯 뻔한 일이다." 이에 따른 결과는 마치 법원이 누군가를 사기죄로 5년 이상의 중형을 내리는 것처럼 독단적으로 내려진 처벌이 아니었다. 그것은 기정사실과 같은 결론이었고, 그 행위 자체에 내재되어 있었던 필연적인 결과였다. 계속 그런 식으로 하면 행위에 따른 결과가 반드시 초래될 것이다. 여기에서 바울이 열거하는 행위들도 마찬가지이다. 이 행위들을 지속하는 생활 습관을 가지면 이 습관들이 자초하는 죽음에 이미 동참하고 있다는 것이다.

그러므로 어떤 것들은 반드시 죽음에 처해야 한다. 또 어떤 것들은 완전히 벗어버리고, 극도의 혐오감을 품고 손길이 닿지 않는 곳으로 밀쳐 두어야 한다. 사실 이런 민감성을 기르는 일은 성품 개발의 중요한 부분이다. 바울이 편지 수신자들에 대해 시사하듯(7절), 이런 부정적인 양상 또는 5절에 나온 목록이 일종의 습관이 되어버렸다면, 이런 옛 습관을 깨는 일부터 새롭게 습관화해야 할 것이다. 예컨대, 혼자서 테니스를 배운 선수가 몇 년 동안 완전히 잘못된 습관을 길렀다고 치자. 그런 사람은 무엇보다 먼저 테니스를 제대로 칠 수 없게 방해하는 온갖 나쁜 습관을 벗어버리는 일이 필요하다. 나쁜 습관을 벗어버린 뒤에야 새로운 습관을 배워 테니스를 제대로 칠 수 있고 선수로도 성공할 수 있는 법이다. 새로운 신자의 경우에도 마찬가지이다. 먼저 체질화된 몸과 생각과 상상과 언어의 습관을 벗어버린 다음에 새로운 습관을 배워야 한다.

그런데 테니스는 일대일로 할 수 있는 게임이므로 이 예화는 제한성을 갖고 있다. 달리 말하면, 테니스 게임은 개인전이라는 뜻이다. 그러나 기독교적인 행실은 그와 다르다. 그것은 축구, 미식축구, 럭비, 하키처럼 단체 경기이다. 이 팀에는 소위 구경꾼 같은 선수들이 들어설 자리가 없다. 말하자면, 다른 선수들에게 힘겨운 일을 다 맡긴 채 자기만 경기가 잘 풀려 쉽게 이기려는 선수가 없다는 뜻이다. 다른 한편, 자기가 공격과 도움과 수비를 동시에 다 맡을 수 있을 것으로 생각하는 독불장군도 설 자리가 없다. 그렇기 때문에 바울이 골로새 교인들에게 권하는 미덕은 공동체의 미덕이다. 서로 친절하고, 진실을 말하고, 용서하고, 전통적인 인종과 문화와 계층의 장벽을 넘어 서로 용납하는 것 등을 말한다. 공동체를 세우고 촉진하는 일 자체가 하나의 미덕이다. 하지만 공동체가 미덕의 일차적인 맥락인 만큼 사랑이야말로 으뜸가는 미덕이다(골 3:14). 그리고 이런 공동체의 특징은 거기에 속한 자들이 서로 똑같이 빼닮은 복제품이 아니라는 점이다. 마땅히 모든 그리스도인이 기독교적인 미덕을 보여주어야 하지만, 각 신자는 제각기 다른 과업으로 부름을 받았다.

이어서 바울은 긍정적인 면으로 눈을 돌린다. "그러므로 너희는 하나님의 택함 받은 백성처럼 …을 옷 입으라." 다시 한 번 말하건대, 이 일은 자동적으로 일어나지 않는다. 공동체는 반드시 필요하지만, 모든 지체가 그 일을 자기 것으로 삼지 않으면 안 된다. 당신이 회심했다는 이유로, 당신이 교회에 다닌다는 이유로, 당신이 기도한다는 이유로, 당신이 믿는 친구를 만난다는 이유로, 당신 스스로 노력하지 않고도 친절과 온유함과 겸손과 같은 자질이 저절로 생길 것으로 기대해본들 아무 소용이 없다. 물론 이런 환경을 조성하는 일은 필수 요건이다. 서로를 지지해주는 동지들로 구성된 공동체, 또는 건강한 유전자와 행복한 성장배경을 갖는 것은 한 개인이 도덕적 진보에 필요한 용기와 에너지를 얻을 좋은 환경을 조성할 수도 있지만, 반드시 그렇게 되는 것은 아니다. 그러나 조만간에 각 그리스도인은 장래에 주어질 것으로 약속된 그 삶, 즉 그리스도 안에서 우리에게 이미 주어진 그 삶을 현 시점에서 바라보며 '옷 입겠다'는 중요한 선택을 내려야만 한다. 그리고 결단을 내린 뒤에는 계속해서 그렇게 실행하는 습관을 길러야 한다.

'벗어버리는' 일과 마찬가지로 '옷 입는' 일도 어떤 행위를 어떤 방식으로 수행하기로 결심하고 정신 깊숙한 곳에 기억과 상상의 패턴을 만들어가겠다고 끊임없이 의식적으로 결정하는 문제이다. 이는 우리가 현대 신경과학에서 보았듯이, 신비로운 뇌의 물리적 구조 안에 있는 깊은 배선을 벗기는 것에 다름 아니다. 이런 자질들, 즉 당시에는 아주 인위적이고, 아주 부자연스럽고, 나답지 않아 보이는 자질들을 조금씩 '옷 입는' 일은 사실상 아주 깊은 차원에서 당신의 성품을 변화시킬 것이다. 이런 면에서 골로새서 3장은 기독교적인 미덕의 첫 걸음에 해당한다.

'옷 입는다putting on'는 말은 사람들이 다른 인물로 가장하는 모습을 볼 때 종종 사용하는 표현이다. 그래서 '허풍 떨다putting it on'는 어구는 약간 비웃는 듯한 억양을 풍긴다. 누군가 겉으로 깊은 감정을 노출하는 체할 때, 우리는 "허풍 떨고 있구나" 하고 말하곤 한다. "실제로는 그렇게 느끼지 않잖아"라는 말이다. 우리 문화는 낭만주의와 실존주의에 푹 젖어 있어서 위선적인 행위를 목격하면 금방 비웃는다. 사실 예전에는 사람들이 하나님의 은혜를 의지하는 대신에 스스로 하나님 앞에 충분히 선한 사람이 되려고 애쓰는 모습을 볼 때, 신학적인 염려를 표명하는 뜻으로 그렇게 말하곤 했었다. 그러니까 전자는 후자의 세속적인 현대판이라고 할 수 있다. 우리가 앞에서 살펴보았듯이, 거의 5세기 전에 마르틴 루터는 모든 미덕을 위선으로 간주한 바 있다.

그런데 바울의 논점 중 하나는 이른바 미덕 윤리의 특징으로서, 당신이 어느 지점에든 도달하려면 그에 이르는 단계를 거쳐야만 한다는 것이다. 이번에도 개인 스포츠의 예를 들어보자. 어느 날, 골프 코치는 내게 클럽을 잘못 쥐었다며 자세를 교정해주었다. 그 후 며칠 동안 나는 경기 내내 부자연스러웠다. 예전처럼 쥐는 게 편했기 때문에 예전으로 돌아가고 싶은 마음이 간절했다. 내 손과 손목이 그런 방식에 익숙해져 있었던 것이다. 그런데 중요한 건, 예전에는 공이 내가 원하는 지점으로 날아가지 않았다는 것이다. 반면에 새로운 그립은 비록 부자연스럽긴 해도 때때로 내가 겨냥하는 방향으로 공이 날아가게 했다. 마찬가지로, 내가 피아노로 어떤 작품을 혼자 연습했는데, 피아노 선생은 내게 지적하기를, 그 작곡가가 일러준 대로 손가락을 사용하는 데 신경을 쓰지 않은 게 문제라고 했다. 몇 달 간 나름대로 그 작품을 섭렵하려고 씨름한 뒤에 그런 지적을 듣고 나서, 맨 처음 제대로 손가락을 사용하려고 애썼을 때는 무척 어색했다. 손가락에 너무나 어색한 느낌이 들어서 음악을 연주하는 동안 그 감흥에 거의 젖어들 수 없었다. 하지만 시간이 흐르면서 점차 새로운 손가락 사용법에 익숙해졌을 뿐 아니라, 예전과는 다르게 작품이 더욱 살아나기 시작했다. 이와 같이 누군가 바울이 일러준 것들을 옷 입기 시작하면 그것들에 익숙해지는 일이 일어나는 것이다.

앞에서 들었던 개인주의적인 예화는 공동체의 키에 맞추어 조옮김할 필요가 있다. 요즘에는 축구 감독들과 서포터들이 자기네 팀은 팀워크를 미처 배우지 못하고 몸값만 비싼 선수들이 태반이라고 불평하는 소리를 심심찮게 듣는다. 이런 팀은 그들보다 재능은 못하지만 서로의 강점을 잘 알고, 어떻게 하면 서로 최고의 능력을 끌어낼 수 있는지를 알고, 각자 적재적소에 있으리라 서로 믿어주는 팀에게 농락당하기 쉽다. 이와 비슷하게, 피아노 연주자를 실내악단에 넣어보거나 어떤 사람을 큰 오케스트라의 비올라 연주자로 삼아보라. 훌륭한 음악가는 악보만 보면서 연주하지 않는다. 전체적인 팀의 일원으로서 팀에 기여하되, 음악의 전반적인 흐름을 인지하고 자신과는 다른 모습으로 공헌하는 연주자들을 인식하면서 의식적으로 또 기쁘게 연주하기 마련이다.

"그러므로… 긍휼과 자비와 …을 옷 입고." 여기서 옷 입는다는 표현은 당신이 아침에 일어나서 무슨 옷을 입을지 결정할 때 일어나는 현상을 가리키는 은유이다. 어떤 사람이 회계사로 일하다가 어느 날 정원을 돌보는 정원사로 직업을 바꾸었다고 상상해보라. 지난 십여 년 동안 그는 아침에 일어나면 자동적으로 정장을 차려 입고 사무실에 나가곤 했다. 이에 대해 굳이 생각할 필요조차 없었다. 그런데 이제는 야외에서 일하기 위해 작업복을 입어야 한다. 이게 어떤 변화인지는 충분히 상상할 수 있을 것이다. 처음 며칠 동안은 새로 맡은 일에 대해 열심히 생각하기 때문에 옷장에서 적당한 옷을 꺼내는 것이 어렵지 않을 것이다. 그러나 새로운 습관이 완전히 몸에 배기 전에는, 어느 날 일어나서 머릿속으로 다른 생각을 하다가 자기도 모르는 사이에 양복을 입고 넥타이를 매는 일이 일어날 수 있다. 어쩌면 좀 시시한 예화일지도 모르겠다. 하지만 내 논점을 충분히 입증해주리라. 옷이 저절로 옷장에서 빠져나와서 당신의 몸을 감싸주지는 않는다. 당신이 무엇을 입을지 생각하고, 당신이 추구할 새로운 삶에 어울리는 옷을 입기로 의식적이고 반복적인 결정을 내려야 한다는 것이다.

이것이 바로 바울이 말한 내용이다. 새로운 삶이란 그리스도 안에 있는 삶을 가리킨다. 새로운 옷은 12-17절에 나오는 목록이다. 즉 긍휼과 자비와 겸손과 온유와 오래 참음과 용납과 용서와 그 모든 것을 아우르는 사랑을 일컫는다. 혹시 팔복과 비슷한 소리로 들리지 않는가? 당신은 예수님이 팔복에서 말씀하신 목록과 마찬가지로, 이 자질들을 의도적으로 옷 입기로 결심하지 않으면 안 된다. 옷장에서 그것들을 끄집어내야 한다. 마치 나비넥타이 매는 법을 배우는 사람처럼 그것들을 올바로 입는 법을 배우지 않으면 안 된다.

바울은 이 은유를 더욱 확장시킨다. 어떤 옷을 막론하고 모든 옷에 잘 어울리는 벨트 같은 한 가지 옷이 있다고 한다. 그것은 바로 아가페*agape* 또는 사랑이다(14절). 바울의 글에 나오는 아가페의 뜻에 관해서는 나중에 살펴볼 예정이다. 여기서는 그가 무슨 말을 하고 있는지만 주목해보라. 사랑은 '온전하게 매는 띠', 즉 모든 것을 다

같이 묶어서 '완전하게' 만드는 것이라고 한다. 한편으로는 이 모든 주제를 아리스토텔레스가 말하는 '목표', 곧 우리가 노력하는 이유인 최종 목적과 연결시켜주고, 다른 한편으로는 예수님이 말하는 '온전하게' 또는 '완전하게' 되라는 명령과 연결시켜주는 고리가 여기에 있는 셈이다. 이런 것이 목표에 도달하는 단계들이다. 영구적인 것, 곧 이 세계와 다음 세계를 이어주는 다리 역할을 하는 것들이 있다. 그리고 이들 가운데 가장 위대한 것은 사랑이다(고전 13:13).

미덕은 이런 식으로 작동한다. 당신의 눈을 완전한 성품이란 목표에 고정시켜라. 기독교의 경우에는 우리를 왕 같은 제사장으로 만들어주며 부활할 때 얻게 될 완전한 인간성을 목표로 한다. 장차 당신이 완전한 성품을 갖게 되도록 지금부터 당신을 다듬어줄 행위를 열심히 실천하라. 이런 행위가 처음에는 부자연스러워 보이겠지만, 우리가 꾸준히 행하면 결국에는 제2의 천성이 될 것이다. 바울은 당신이 이렇게 행하면, 진정 하나님을 반영하는 인간으로 변모할 것이라고 말한다. 이 세상은 당신에게서 하나님의 모습이 반영되는 것을 볼 것이다. 하나님은 당신에게서 세상의 본래 모습과 장차 예수 그리스도의 부활 안에서 새롭게 될 그 모습을 보게 될 것이다.

이 모든 것이 의미를 지니려면 한 가지 핵심 요소가 필요하다고 바울은 반복해서 주장한다. 우리에게 이 요소가 없어서는 안 될 두 가지 중요한 이유가 있다. 첫째, 그것은 진정한 인간 존재에 반드시 필요한 요소인 만큼 그것을 배제시키면 인간적인 상태에 기껏해야 반쯤만 이르게 되기 때문이다. 둘째, 이 요소가 없으면 전체 구조가 아예 작동을 하지 않기 때문이다. 지금 마음mind에 대해 말하는 것이다. 바울은 "오직 마음을 새롭게 함으로 변화를 받으라"고 권면하고 있다(롬 12:2).

∞

마음이 새롭게 됨으로 모든 면에 변화를 받으라는 바울의 권면은 위대한 서신 로마서의 "그래서 어떻게 하라고?" 부분 초두에 나온다.

그러므로 형제들아 내가 하나님의 모든 자비하심으로 너희를 권하노니 너희 몸을 하나님이 기뻐하시는 거룩한 산 제물로 드리라. 이는 너희가 드릴 영적 예배니라. 너희는 이 세대를 본받지 말고 오직 마음을 새롭게 함으로 변화를 받아 하나님의 선하시고 기뻐하시고 온전하신 뜻이 무엇인지 분별하도록 하라(롬 12:1-2).

먼저 바울이 변화를 받으라는 명령을 제사장적 예배에 대한 요구 안에 두고 있음을 주목하라. 우리는 제물을 드려야 마땅하다. 우리는 살아 계신 하나님을 참되고 살아 있는 방식으로 예배해야 한다. 그리고 여기에서 제물이란, 로마서 8장에 나오듯이 바로 우리 자신을 일컫는다. 성전에서 그랬듯이 하나님의 존전에 들어갈 수 있게 된 자들(롬 5:2), 장차 예수와 함께 왕노릇하게 되리라는 약속을 받은 자들(롬 5:17)은 이제 성전에 들어오되 단지 예배자로뿐 아니라 제물로 들어오라는 부름을 받고 있는 셈이다. 그들은 그들 자신을 제단 위에 바치도록 되어 있다. 달리 말하면, 자비로 그들을 구원해 주신 하나님에게 삶 전체를 바치라는 것이다. 이렇게 함으로써 그들은 요한계시록 4장과 5장에 나오는 사람들과 같이, 모든 피조물의 찬송을 다함께 모아서 창조주 앞에 드리게 될 것이다. 이런 의미에서 그들은 예수 그리스도를 통해 드려진 순종과 감사의 예배에 동참하게 될 것이다.

여기서 바울이 사용하는 '참되고 합당한'(개역개정판은 '영적'이라고 번역했다)이란 용어는 이방인 도덕가들도 알아차렸을 만한 표현이다. 그리스어 단어 '로기코스*logikos*'는 번역하기가 무척 어려운데, '참되고 합당한'이나 '논리적인'이란 뜻 외에도 '이성적인', '영적인'이란 의미를 모두 내포하고 있기 때문이다. 여기서 바울은 서로 맞물려 있는 다음 세 가지 사항을 말하고 있는 듯하다. 첫째, 당신의 몸을 하나님에게 드리는 일이 전적으로 합당한 행위인 것은 하나님이 당신을 구속하셨고 또 장차 그 몸을 예수 그리스도의 부활한 몸과 같이 변화시킬 것이기 때문이다. 그리고 당신은 이 변화를 바라보면서 지금 여기에서 그에 걸맞은 행동을 해야 마땅하다. 둘째, 이처럼 자기를 드리는 행위는 단지 당신의 몸의 문제일 뿐 아니라, 이성적인 마음의 지도를 받아 몸을 드리는 것이다. 셋째, 당신의 전 존재와 함께 이런 식으로 하나님을 예배한다는 것은 실제로 제단 위에 누워 당신의 목을 따는 것이 아니라, '영적으로' 그렇게 한다는 뜻이다. 그러니까 단지 은유적으로 그렇게 하는 것이 아니라 영적인 현실에서 그렇게 한다는 말이다. 말하자면, 이것이야말로 예전에 예루살렘 성전에서 드렸던 제사가 예표했던 참된 제사장적 사역인 것이다.

바울은 제사장이라는 주제를 다른 곳에서도 다양한 방식으로 전개하고 있다. 로마서 15장 16절에서 바울은 자신을 성전에 드릴 제물을 들고 예루살렘으로 향하는 제사장으로 본다. 그 제물은 다름 아니라, 이방인 개종자들이 기부하고 혹시 누구든 이에 대해 의문을 제기할 경우를 대비하여 성령에 의해 거룩하게 된 돈으로 상징되는 이방인 개종자들이다. 빌립보서 2장 17절에서는 빌립보 교인들과 그들의 믿음을 하나님에게 드려진 제물로 보고, 자신의 생명을 그 위에 쏟아 부은 전제奠祭로 간주한다. 바울은 이런 제사의 이미지를 자연스럽게 떠올렸다. 그는 예루살렘 성전의 의의가 예수 그리스도와 성령을 모신 신자들에게 전이되었다는 사실을 주의 깊게 생각해왔으므로, 그리스도인의 예배의 성격과 '왕 같은 제사장'이라는 직분의 제사장적 측면을 부각시키려고 그런 이미지를 쉽게 끌어올 수 있었다.

이와 똑같은 주제가 제사장의 편지라고 불리는 히브리서의 끝부분에서도 잘 드러난다.

우리에게 제단이 있는데 성막에서 섬기는 자들은 그 제단에서 먹을 권한이 없나니 이는 죄를 위한 짐승의 피는 대제사장이 가지고 성소에 들어가고 그 육체는 영문 밖에서 불사름이라. 그러므로 예수도 자기 피로써 백성을 거룩하게 하려고 성문 밖에서 고난을 받으셨느니라. 그런즉 우리도 그의 치욕을 짊어지고 영문 밖으로 그에게 나아가자. 우리가 여기에는 영구한 도성이 없으므로 장차 올 것을 찾나니 그러므로 우리는 예수로 말미암아 항상 찬송의 제사를 하나님께 드리자. 이는 그 이름을 증언하는 입술의 열매니라. 오직 선을 행함과 서로 나누어주기를 잊지 말라. 하나님은 이 같은 제사를 기뻐하시느니라(히 13:10-16).

옛 유대교의 경계를 뛰어넘되 본질적인 소명을 포착하는 '왕 같은 제사장직'이 여기에 다시 한 번 등장한다.

이제 로마서 12장 1절로 돌아가자. 이로써 바울은 '자발성'과는 전혀 상관없는 그의 윤리적 명령을 다룰 맥락을 조성하고 있다. 달리 말하면, 당신이 일단 그리스도 안에 있고 성령이 당신 속에 거하면, 당신이 할 일이라고는 새로운 삶이 자연스럽게 영위되도록 내버려두는 것일 뿐이라는 식으로 말하지 않는다는 뜻이다. 먼저 마음이 변화를 받아 당신 스스로 하나님의 뜻이 무엇인지를 잘 생각하고 헤아리고 숙고하는 일이 필요하다. 만일 마음이 완전히 개입하지 않으면, 당신은 온전한 인간으로 성숙할 수 없을 뿐 아니라 미덕에 전혀 관여하고 있지도 않은 셈이다.

바울이 마음(지성)에 대해 얘기한다고 해서, 지적인 또는 학문적인 능력에 따라 그리스도인의 등급을 매기는 것은 아니다. 일부 그리스도인은 지적이지만 더 많은 신자들은 그렇지 못하다. 바울이 기대하는 바는, 모든 그리스도인이 자기의 마음을 새롭게 하여서 다른 방식으로 생각할 수 있게 되는 것이다. 우리는 소위 도덕의 영역에서뿐 아니라 그 밖의 수많은 상황에서도 많은 도전에 직면한다. 도전에 맞닥뜨릴 때 그저 자동 조종 장치 앞에 가기만 하면 모든 문제를 해결할 수 있을 거라고 기대할 수는 없다. 우리가 맨 처음에 들었던 미덕의 본보기들이 그랬듯이, 필요한 습관을 완전히 습득한 뒤에야 가능한 일이다. 하지만 그렇게 되려면 상당한 기간에 걸쳐 새로운 방식으로 사고하는 훈련이 필요할 것이다. 우리는 무엇을 행할 것인지에 대해 생각하는 능력을 길러야 한다. 여기에는 우리의 인생 전체를 통해 할 일과 바로 이 순간에 직면하고 있는 위기 상황에서 할 일이 모두 포함된다. 기독교적으로 생각하는 훈련은 그렇지 않으면 빠지기 쉬운 위험에 대한 일종의 방어책이다.

다시 한 번, 우리는 바울이 말하는 내용의 하부구조를 분명히 이해할 필요가 있다. 로마서 1-11장에서 바울은 창조주 하나님이 예수 그리스도와 그의 죽음 및 부활을 통해 아브라함과 그 집안에 주신 언약을 어떻게 신실하게 행했는지, 인간들이 우상을 숭배하고 죄를 지었음에도 구원을 받아 약속의 땅으로, 온 창조세계가 새롭게 된 그 땅으로 어떻게 갈 수 있게 되었는지를 상당히 길게 설명했다. 특히 그는 대다수 유대인이 메시아를 믿는 데 실패한 것조차도 유일한 하나님의 계획 전반에 포함된 것이라는 점을 보여주었다. 바울의 모든 설명은 그가 가진 핵심적인 믿음, 즉 메시아이신 예수 안에서 다가올 시대가 이미 현 시대로 뚫고 들어왔다는 믿음에 의해 좌우되고 있다. 당시 많은 유대인은 현 시대가 끝나고 나서 다음 시대가 완전히 새롭게 시작될 거라고 기대했다. 반면에 바울은 예수 그리스도 안에서 오랜 세월 고대했던 그 시대가 이미 시작되었다고 보고 있다. 그래서 그리스도인들은 새로운 시대에 걸맞게 살려고 의식적으로 노력해야 마땅하다고 말한다.

그렇다. 현 시대도 지친 행보를 계속하고 있으니 두 시대가 공존하는 건 사실이다. 하나님의 새 시대는 예수 그리스도의 부활을 통해 노도와 같이 바닷가에 몰려왔지만, 현 시대는 반대로 흐르는 저류와 같이 강력한 힘을 행사함으로써 몰려오는 파도가 완전한 힘을 발휘하지 못하도록 방해하고 있다. 현 시대의 저류는 믿음과 세례를 통해 이미 다가올 시대의 일원이 된 자들을 향하여 사실은 별로 변한 것이 없다고 말한다. 그러면서 예전처럼 다른 사람들과 똑같이 살아야 한다고 최선을 다해 설득한다. 이처럼 세상적인 존재 방식은 아주 강력하고 교활한 세력이기 때문에, 우리는 믿음과 소망은 물론이고 새 창조의 에너지를 모두 동원하여, 모든 새로운 가능성과 전망과 함께 새로운 시대가 이미 여기에 도래했다는 사실을 자꾸 상기하지 않으면 안 된다.

그러므로 현 시대의 세력에 대한 방어책은 마음을 새롭게 함으로써 하나님을 기쁘시게 하는 생활방식, 즉 하나님의 선하시고 기뻐하시고 '온전하신*teleios*' 뜻에 합당한 생활방식에 대해 명료하게 생각할 수 있게 되는 것이다. 마음을 새롭게 하는 것은 인간의 전 존재가 새롭게 되는 일의 중심 요소이다. 로마서 앞부분에서 마음이 어두워지는 것이야말로 우상숭배와 비인간화와 죄의 문제를 낳는 핵심 요인이라고 말하기 때문이다.

하나님을 알되 하나님을 영화롭게도 아니하며 감사하지도 아니하고 오히려 그 생각이 허망하여지며 미련한 마음이 어두워졌나니 스스로 지혜 있다 하나 어리석게 되어 썩어지지 아니하는 하나님의 영광을 썩어질 사람과 새와 짐승과 기어다니는 동물 모양의 우상으로 바꾸었느니라. … 또한 그들이 마음에 하나님 두기를 싫어하매 하나님께서 그들을 그 상실한 마음대로 내버려두사 합당하지 못한 일을 하게 하셨으니 (롬 1:21-23, 28).

여기서 '합당치 않게 여기다'(개역개정판에서는 '싫어하매')라는 단어와 '합당하다'라는 단어는 12장 2절에 나오는 시험하여 분별하다(*dokimos, dokimazein*)라는 단어와 같은 뿌리에서 나온 것이다. 이 단어 역시 번역하기가 곤란하지만, 바울의 전반적인 사고의 흐름을 이해하려면 그 의미를 파악하는 일이 필수적이다. 하나님에게 반역하는 마음, 하나님을 향한 예배를 거부하는 마음은 합당치 않은 상태이다. 하지만 새롭게 된 마음은 명료하고 지혜롭게 생각하고 분별하는 습관을 배우게 될 것이다. 로마서 1장에서 이 합당치 않은 마음은 온갖 종류의 악한 것이 흘러나오는 근원이며, 바울에 따르면 창세기의 첫 부분에 나오는 '형상'이 부서진 상태를 반영한다. 사실 몸이 마음이나 생각을 빗나가게 만드는 것이 아니다. 오히려, 유일한 참 하나님을 예배하지 못하는 것이 잘못된 생각을 불러오고, 이런 생각이 온전한 인간다운 행동을 하지 못하게 만드는 것이다. 여기서 바울은 의심할 여지없이 인류 전체를 묘사하고 있는 것이지, 그 속에 있는 특정한 개인들을 묘사하는 게 아니라는 점에 주의할 필요가 있다. 물론 사람마다 증상은 다르겠지만, 우리 모두가 앓고 있었던 한 가지 질병을 바울이 진단하고 있는 것이다.

그 가운데서 가장 중요한 논점은 로마서 1장의 결론 부분이 아닐까 생각된다. "그들이 이 같은 일을 행하는 자는 사형에 해당한다고 하나님께서 정하심을 알고도 자기들만 행할 뿐 아니라 또한 그런 일을 행하는 자들을 옳다 하느니라"(롬 1:32). 나침반이 북쪽을 가리키고 있는데도 남쪽으로 걷고 있다고 고집하는 것은 잘못이다. 하지만 나침반 자체를 고쳐서 잘못된 길을 올바른 길이라고 일러주게 만드는 것은 훨씬 더 큰 잘못이다. 물론 당신은 실수를 바로잡을 수도 있다. 그러나 일단 당신 스스로 그것이 실수가 아니라고 말하면, 그 실수를 돌이킬 방법이 없는 법이다.

로마서 4장에 나오는 바, 온 인류의 구속을 바라보는 아브라함의 경우는 놀랍게도 이런 과정이 완전히 뒤집어지는 현상을 보여준다.

그가 백 세나 되어 자기 몸이 죽은 것 같고 사라의 태가 죽은 것 같음을 알고도 믿음이 약하여지지 아니하고 믿음이 없어 하나님의 약속을 의심하지 않고 믿음으로 견고하여져서 하나님께 영광을 돌리며 약속하신 그것을 또한 능히 이루실 줄을 확신하였으니(롬 4:19-21).

이 본문은 바울이 특히 로마서에서 아브라함을 중요한 인물로 거론하고 있는 이유 중 하나를 지적한다. 하나님의 부르심과 약속으로 말미암아 아브라함은 진정한 인류의 시초가 되었던 것이다. 그리스도인의 믿음의 참된 원조에 해당하는 아브라함은, 세상적인 존재 방식과 자신의 몸 상태에 의해 생각과 믿음이 좌우되지 않고 하나님의 약속과 행위에 의해 좌우되게 했다. 이 점이 우리가 이미 살펴본, 5장에 나오는 '참된 인간'에 대한 설명의 논조를 형성하며, 이 단락의 4절에서 바울이 '연단된 성품'을 얘기할 때 이와 똑같은 어근 도키모스*dokimos*를 사용하였다.

이런 그리스어의 말장난을 정확히 영어(또는 한국어)로 옮기는 일은 쉽지 않다. 그래도 바울의 어구를 잘 이해하면 그의 사고의 흐름을 추적하기가 수월해지기 때문에 좀 더 자세히 고찰할 필요가 있다. 인간들은 하나님을 자기 마음에 두는 것을 합당치 않게 여겼으므로 그들의 생각과 그들의 행위가 합당치 않게 되었던 것이다(롬 1:28). 믿음으로 의롭게 된 그들은 하나님과 화평을 누리고 은혜에 들어감을 얻었으며, 성품 개발의 길에 들어섰다. 그래서 환난은 인내를 낳고, 인내는 그들을 합당한 존재로 만들고, 그 합당함은 그들에게 소망을 준다(롬 5:4). 그런 다음에, 그들은 마음을 새롭게 함으로 변화를 받아 하나님의 합당한 뜻에 접근하여 무엇이 선하고 기뻐하고 온전한 것인지를 분별하게 된다(롬 12:2). 바울에게 마음은 기독교적인 성품의 중심 요소이다. 이런 의미에서 미덕은 생각과 선택이 낳은 결과라고 할 수 있다.

이 모든 내용은 로마서 6장 11절에 나오는 권면(이와 같이 너희도 너희 자신을 죄에 대하여는 죽은 자요 그리스도 예수 안에서 하나님께 대하여는 살아 있는 자로 여길지어다)을 이해하는 데도 도움을 준다. 이것은 어림짐작이나 공상이나 불확실한 상상을 부추기는 소리가 아니고, 이런 식으로 정신적인 추론을 해보라는 촉구이다. 당신은 메시아 안에 있다. 메시아는 죽었다가 다시 살아났다. 그러므로 당신도 죽었다가 다시 살아난 셈이다. 따라서 죄는 당신을 어떤 식으로든 좌지우지할 권한이 없다. 이런 정신적인 사전 준비가 있을 때에만 곧이어 나오는 권면이 호소력을 갖게 된다. "그러므로 너희는 죄가 너희 죽을 몸을 지배하지 못하게 하여 몸의 사욕에 순종하지 말라"(롬 6:12). 이 모든 논리가 12장 초두에 나오는 바울의 짧은 가르침의 배경이 된다. 바울은 현시대의 문화에 너무 잘 순응하여 아무 생각 없이 동화되는 일이 없도록 하고, 그 대신에 마음을 새롭게 함으로 변화를 받으라고 가르쳤다.

바울의 미덕관에 비추어 볼 때 이 가르침은 어떤 의미를 갖는 것일까? 미덕은 우리가 살펴본 대로 고된 노력을 요한다. 튼튼한 근육을 기를 것을 요구한다. 그것은 복잡한 새 언어를 배우는 일과 같아서 처음에는 생각과 혀를 거기에 맞추기가 어렵다. 그것은 당신이 앵무새처럼 배울 수 있는 언어가 아니다. 물론 그 언어를 배우는 다른 이들과 함께 양질의 시간을 보내면 도움이 된다. 강의실에 가서 배우고 라디오 프로그램을 듣는 것도 유익하다. 그러나 궁극적으로는 당신의 생각을 거기에 맞추어야 한다. 즉 동사의 구성과 문장의 구조를 곰곰이 생각하고, 어휘가 어떻게 생겼는지 그리고 어떤 단어들은 어째서 당신이 상상하지도 못한 그런 복잡한 연상을 불러일으키는지 등을 배워야 한다. 오로지 당신이 이런 부분들을 철저히 생각해봐야지만 조금이라도 유창해질 수 있을 것이다.

이 점을 우리가 다루는 주제에 어떻게 적용할 수 있을까? 오늘날과 같은 포스트모던 시대를 사는 서구 그리스도인이 직면하는 문제는 생각과 추론의 기능을 담당하는 마음mind이 따로 분리되어버렸다는 점이다. 생각의 기능이 분리되면, 마치 눈에서 망막이 분리되는 것과 같이 사물을 명료하게 보지 못한다. 사상과 이성은 소위 지식인들과 학자들로 이루어진 사적인 세계 한쪽 구석에 자리해왔다. 예컨대, 스포츠 해설가들은 '학문적'이란 단어를 현실과 동떨어진

'부적절한' 것을 가리킬 때 사용한다.

　게다가 우리는 우리의 생각을 마치 느낌인 것처럼 말할 때가 종종 있다. 가령, 모임에 가면 우리는 공손하게 말하려고 "나는 그게 틀렸다는 느낌이 듭니다"라는 식으로 발언한다. 이는 "나는 그게 틀렸다고 생각합니다"라고 말하는 것보다 덜 도전적으로 들리기 때문이다. 이와 비슷하게, 때로는 자기도 모르는 사이에 느낌이 생각을 추월하도록 허용할 때도 있다. "나는 이렇게 해야 한다는 느낌이 매우 강하게 듭니다"라는 말이 "나는 우리가 이렇게 해야 한다고 생각합니다"라는 말보다 더 큰 수사학적 무게를 갖는 것은 누구라도 우리의 감정을 상하게 하기를 원치 않기 때문이다. 이는 자연스럽게 다음 단계로 넘어가서, 느낌이 아예 사고 작용을 대치하도록 허용한 나머지, 겉으로는 이성적인 토론처럼 보이지만 실제로는 비이성적인 감정의 교환으로 끝나게 된다. 이 경우에는 모든 참석자들이 "나는 이렇게 해야 한다는 느낌이 강하게 듭니다"라는 식으로 말함으로써 도덕적인 우위를 점하려고 하는데, 이유인즉 자기는 그토록 강하게 느끼고 있기 때문에 만일 사람들이 동의하지 않으면 상처를 받고 배척당했다고 느끼게 될 것이라는 일종의 엄포이기 때문이다. 그래서 이성적인 담론은 뒤로 밀려나고 놀이터 정치가 자리를 잡게 된다.

　내가 이 장의 초안을 쓰고 있던 날, 신문에 누군가가 기고한 '조력 자살(안락사)'에 대한 글을 읽게 되었다. 그는 자기 견해를 진술한 뒤에 "이것이 그 문제에 대한 나의 느낌입니다. 그리고 나는 다른 많은 사람도 저처럼 느끼고 있다는 것을 알고 있습니다"라고 말했다. 그게 사실일 것으로 나는 믿어 의심치 않는다. 그러나 그의 느낌은 그 주장의 옳고 그름의 문제와는 아무 상관이 없다. 많은 사람은 우리의 적들을 폭격해야 한다고, 연쇄 살인범을 처형하고 강간범을 거세시켜야 한다고, 소득세를 없애고 적자가 생존하게 해야 한다고 매우 강력하게 느낀다. 또 다른 사람들은 이 가운데 어느 것도 시행해서는 안 된다는 강한 느낌을 갖는다. 이런 감정적인 교환은 우리에게 압박을 받을 만한 지점을 알려줄지는 모르지만, 어떻게 해야 옳은지를 가르쳐주지는 않는다.

어느 누구라도 근거를 제시할 수 없다면, 그 사람의 의견을 심각하게 받아들일 이유가 없는 것이다. 합당한 근거가 없으면, 남는 것이라곤 감정적인 공감밖에 없다. 이것을 때로는 도덕적인 공감이라고 부르기도 하는데, 이는 도덕과는 아무 상관이 없다. 마치 청소년이 자기에게 양보하지 않으면 화를 내겠다고 사람들을 위협하는 꼴이다. 그 결과, 도덕적인 결정을 내리는 일은 도덕적인 느낌들의 경중을 재어보는 것으로 전락했고, 그로부터 혼란 상태에 빠지는 것을 피할 수 없게 되었다. 이런 면에서 현 시대는 조용하면서도 확실하게 이런 풍토에 우리를 동화시켰다고 할 수 있다. 마치 부활이 결코 일어나지 않은 양, 새 시대가 동터오지 않은 듯. 이것이 바로 핵심 논점이다.

아니, 핵심 논점의 반쪽일 뿐이다. 이런 각도에서 바울의 도덕적 가르침은 로마서 6장 11절에서 볼 수 있듯이, 예수의 죽음과 부활이란 메시아적 사건을 되돌아보면서 "너희가 십자가에 죽고 다시 살아난 메시아 안에서 과연 누구인가 하는 것을 심사숙고하라"는 명령으로 시작된다. 하지만 바울 특유의 미덕에 대한 권면을 시작하면서도 앞을 내다보는 일도 잊지 않는다. 마음을 새롭게 함으로 변화를 받는 일은 당신이 하나님의 뜻이 무엇인지, 무엇이 당신을 완전히 새롭게 된 인간으로 만들 것인지, 무엇이 당신을 그 목표점으로 데려갈 것인지 등에 대해 시험해보고 충분히 생각해보고 올바른 판단을 내리는 데 목적이 있다. 이 모든 의미가 상당히 난해한 그리스어 어구인 '*eis to dokimazein hymas*'라는 말에 함축되어 있다. 물이 흐르는 대로 따라가거나 직관적인 도약을 시도한다고 거기에 도달할 수 있는 것이 아니다. 어쩌다가 당신의 직관이 당신을 올바른 곳으로 데려다줄 수도 있지만, 마음을 새롭게 하기 전에는 그 직관이 정확한 것인지, 그리고 당신이 다시 한 번 현 시대의 속임수에 넘어가는 것은 아닌지 확실히 알 수 없는 법이다.

로마서 12장과 밀접한 관계에 있는 또 다른 단락은 빌립보 교인들에게 보낸 편지 앞부분에 나온다.

내가 기도하노라. 너희 사랑을 '지식'과 '모든 총명'으로 점점 더 풍성하게 하사 너희로 '지극히 선한 것을 분별하며' 또 진실하여 허물 없이

'그리스도의 날까지' 이르고 예수 그리스도로 말미암아 의의 열매가 가득하여 하나님의 영광과 찬송이 되기를 원하노라(빌 1:9-11).

홑따옴표로 표시한 부분은 우리가 앞서 다룬 그 주제가 어떤 식으로 전개되는지를 보여준다. 바울은 자기가 사랑하는 빌립보 교인을 생각하며 기도하는 중에 당연히 그들의 사랑이 더욱 풍성하게 자라기를 바랐다. 하지만 이 사랑은 훈련되지 않은 일단의 감정이 아니라 깊은 생각을 거친 마음의 습관을 일컫는다. 이런 마음은 자기가 왜 어떤 것은 옳다고 인정하고, 왜 어떤 것은 옳지 않다고 부정하는지를 아는 마음이다.

이 모든 권면은 고전적인 미덕의 가르침에서 흔히 볼 수 있듯이 앞을 내다보는 눈을 갖고 있다. 메시아의 날이 오고 있는데 그때가 되면 앞서 6절에서 말했듯이 당신은 완전하게 될 것이다. "너희 안에서 착한 일을 시작하신 이가 그리스도 예수의 날에 그것을 완전하게*epitelesei*(앞서 나온 *telos*와 어근이 같다) 이루실 것이다." 여기에 다시 한 번 목표를 가리키는 '텔로스*telos*'가 나오고, 당신을 그 목표점에 도달하게 해줄 하나님의 은혜, 주권적인 사역도 등장한다. 그러나 당신의 마음이 완전히 개입하지 않더라도 하나님의 은혜가 그 일을 이룰 것이라고는 잠시라도 생각하지 마라. 여기서 우리는 다음과 같은 사실을 다시금 발견하게 된다. 하나님은 우리가 꼭두각시가 아닌 사람이 되기를 바라신다는 사실이다. 바람에 이리저리 날리는 지푸라기가 아니라, 스스로 생각하고 결정을 내리는 진정한 인간이 되기를 바라신다는 것이다. 너희는 지극히 선한 것을 분별할 필요가 있다고 바울은 말한다. 여기서 그가 사용하는 '분별하다'라는 단어는 바로 로마서 1장, 5장, 12장에 나오는 도키모스*dokimos*를 어근으로 삼는 도키마제인*dokimazein*이다. 오늘날 기독교가 안고 있는 문제점이 하나 있다. 영적인 자유에 관한 얘기, 우리를 휩쓸고 우리의 삶을 치유하고 변화시키는 은혜에 관한 담론이 일종의 저급한 낭만주의에 점령당하고 우리 문화에 흐르는 반反지성적인 성향과 결탁한 결과 더 영적인 사람이 될수록 생각할 필요가 줄어든다는 가정을 품게 한다는 점이다.

이는 완전히 잘못된 생각이다. 로마서 12장과 빌립보서 1장에 따르면, 당신이 더욱 영적인 사람이 되면 될수록 더 명료하고 정확하고 신중하게 생각하게 될 것이다. 특히 그리스도인으로서 걷는 당신의 여정이 결국 어떤 목표에 도달할 것인지, 그리고 그 목표를 향해 걷는 과정에서 현재 당신이 밟을 단계와 습득할 습관이 무엇인지 진지하게 생각할 것이다. 그런즉 기독교적으로 사고하고 명료하게 생각하는 일은 인간성을 회복하는 전 과정에 필요한 중요한 요소인 동시에, 남은 과정을 모두 달릴 수 있게 해주는 엔진의 중요한 부속품과도 같다.

다시 말하건대, 이 가운데 어떤 것도 개인주의적으로 생각해서는 안 된다. 물론 지적인 재능을 가진 사람들은 하나님을 섬기는 데 지성을 사용해야 한다. 그러나 로마서 12장 3절이 말하듯이, 우리는 우리 자신을 마땅히 생각할 그 이상으로 생각해서는 안 되고, 하나님이 그리스도 안에서 한 몸에 속한 서로의 지체가 되게 하셨으므로 냉정하게 판단할 필요가 있다(롬 12:3-5). 그런데 여기에서도 바울은 기독교 제자도의 공동체적 성격과 적절한 겸손의 절대적인 필요성을 강조하면서도, 각 사람이 개별적으로도 잘 생각해야 한다고 강조한다. 그는 "내게 주신 은혜로 말미암아 너희 각 사람에게 말한다"고 썼다. 여기서 다시금 '생각하는 것'이 중요하다고 말한다. 그는 사실상 "너희가 마땅히 생각할 바를 넘어 지나치게 생각하지 말고 합리적인 사고와 함께 생각하라"고 말하는 셈이다. 여기서 바울의 말장난(*hyperphronein, phronein, sophronein*)은 독자들도 익히 알고 있을 법한 동일 어원을 가진 소프로시네*sophrosyne*(합리성 또는 중용)에서 절정에 달하는데, 이 단어는 미덕에 관한 고전적인 논의에서 자주 등장한다. 이처럼 모든 그리스도인은 심사숙고하라는 권면을 받는다. 구체적으로 말하면, 충분히 생각하되 그리스도의 몸에 혁신적인 변화를 가져오는 방식으로 심사숙고하라고 요구받고 있는 것이다.

이 메시지야말로 오늘날 우리에게 시급히 필요하다고 생각된다. 내 평생에 목격한 서구 신학의 아이러니 중 하나는 무엇보다 명료하고 합리적인 사고방식을 자랑하던 자유주의 전통이 조용하게 감정주의에 의해 점령당한 현상이다. 이는 당연히 윤리의 영역도 포함한다. 그동안 명료하게 규정된 교리적 입장과 윤리적 입장을 자랑하던 보수주의 전통은 이른바 '행위로 의롭게 되는 것'의 위험을 너무나 우려한 나머지, 바울이 최선을 다해 강조하고 있는 도덕적인 이해와 노력의 본질에 대해 눈을 감아버렸다. 사람들이 자신의 구원에 기여하고 있다고 생각하지 않도록 아예 처음부터 미덕을 배제시켜버렸다. 그래서 우리가 중요한 이슈를 놓고 논쟁을 하려고 해도 귀머거리끼리 대화하는 꼴이 되는 것은 당연하다.

마음을 새롭게 하는 문제를 논의하다 보면 자연스럽게 까다롭고 미묘한 양심의 주제로 이어진다. 바울의 경우 양심은 미덕의 배양과 실천에서 어떤 역할을 하는가?

우리는 때때로 '골치 아픈 양심'이란 말을 쓰는데, 양심이야말로 초기 기독교 저술에서 상당히 골치 아픈 개념에 속한다. 만일 바울과 다른 초기 그리스도인들의 주장처럼 하나님의 능력으로 마음이 새롭게 되는 일이 인간다운 습관을 기르는 데 반드시 필요하다면, 양심(syneidesis는 문자적으로 '함께 있음을 앎'이란 뜻이다)의 기능이 우리의 논의에서 결코 제외될 수 없다.

첫째, 몇 가지 중요한 단락을 살펴보자. 폭동을 선동했다는 혐의로 바울이 예루살렘의 유대인 공회 앞에 섰을 때, 그는 평생 동안 양심을 잘 지켜왔고 지금은 그리스도인으로서 그렇게 하고 있다고 주장한다.

여러분 형제들아 오늘까지 나는 범사에 양심을 따라 하나님을 섬겼노라 하거늘(행 23:1; 딤후 1:3 참조).

이 말 때문에 바울은 곤경에 빠진다. 대제사장이 감히 그런 소리를 한다고 그의 입을 치라고 명한다. 그러나 바울은 닷새 후에 벨릭스 총독 앞에서 똑같은 주장을 반복한다.

그러나 이것을 당신께 고백하리이다. 나는 그들이 이단이라 하는 도를 따라 조상의 하나님을 섬기고 율법과 선지자들의 글에 기록된 것을 다 믿으며 그들이 기다리는 바 하나님께 향한 소망을 나도 가졌으니 곧 의인과 악인의 부활이 있으리라 함이니이다. 이것으로 말미암아 나도 하나님과 사람에 대하여 항상 양심에 거리낌이 없기를 힘쓰나이다(행 24:14-16).

여기에 나온 '거리낌이 없다'는 뜻의 그리스어 '아프로스코포스 *aproskopos*'는 바울이 이와 비슷한 맥락으로 고린도전서 10장 32절에서 사용한 단어이기도 하다.

유대인에게나 헬라인에게나 하나님의 교회에나 거치는 자가 되지 말고 나와 같이 모든 일에 모든 사람을 기쁘게 하여 자신의 유익을 구하지 아니하고 많은 사람의 유익을 구하여 그들로 구원을 받게 하라. 내가 그리스도를 본받는 자가 된 것 같이 너희는 나를 본받는 자가 되라 (고전 10:32-11:1).

달리 말하면, 바울은 혹시 자기에게 비난받을 만한 점이 있지는 않은지, 자기에게 비난이 가해질 만한 여지가 있지는 않은지를 주의 깊게 살피면서 자신의 마음과 생각의 상태를 늘 주시하였다. 자신과 하나님에 대해 세밀한 데까지 주의 깊게 신경을 썼던 것이다. 사도행전 23장에서 그런 모습을 볼 수 있다. 바울은 자기의 입을 치라는 대제사장의 명령에 화를 내는 바람에 대제사장으로부터 또 다른 책망을 받자, 그 사람이 대제사장인 줄 몰랐다며 즉시 사과한다. 백성의 관리를 존경했어야 마땅한데 그러지 않았던 것을 사과하고 있다.

우리가 고린도전서를 좀 더 살펴보면 이와 똑같은 관점을 발견할 수 있다.

너희에게나 다른 사람에게나 판단받는 것이 내게는 매우 작은 일이라 나도 나를 판단하지 아니하노니 내가 자책할 아무것*ouden synoida*도 깨닫지 못하나 이로 말미암아 의롭다 함을 얻지 못하노라. 다만 나를 심판하실 이는 주시니라. 그러므로 때가 이르기 전 곧 주께서 오시기까지 아무것도 판단하지 말라. 그가 어둠에 감추인 것들을 드러내고 마음의 뜻을 나타내시리니 그 때에 각 사람에게 하나님으로부터 칭찬이 있으리라(고전 4:3-5).[1)]

여기서 두 가지 점을 주목할 필요가 있다. 첫째, 4절에 나오는 시노이다*synoida*는 시네이데시스*syneidesis*와 같은 어원을 가진 단어로서 '양심'을 가리키는 그리스어 단어이다. 바울은 자신을 거스르는 자신에 대해서는 아무것도 모르는 셈이다. 달리 말하면, 고린도에서 했던 사역과 관련하여 바울의 양심에 걸리는 것이 하나도 없다는 뜻이다. 둘째, 중요한 것은 최후의 심판, 곧 어두운 비밀이 밝혀지고 마음의 뜻이 모두 나타날 그때이다. 양심은 마지막 날에 모두 밝혀질 정도의 밝은 빛으로 빛날 수도 있고 그렇지 않을 수도 있다.

고린도후서 첫 부분에서 바울의 사역은 자신의 양심을 따라 평가한 결과 다시금 깨끗한 것으로 드러났다. 여태껏 온갖 고뇌의 길을 걸었음에도 불구하고 말이다!

우리가 세상에서 특별히 너희에 대하여 하나님의 거룩함과 진실함으로 행하되 육체의 지혜로 하지 아니하고 하나님의 은혜로 행함은 우리 양심이 증언하는 바니 이것이 우리의 자랑이라(고후 1:12; 히 13:18 참조).

다시 한 번, 바울은 자기가 볼 수 있는 깊이까지 자신의 마음을 들여다보고는 거기에서 부끄러워할 만한 것을 찾지 못했다고 선언한다. 오히려 이 경우에는 바울의 양심이 비난받을 여지를 없애주고 있을 뿐 아니라 거룩함('일편단심'으로도 해석할 수 있다)과 경건한 성실함을 가진 것으로 인정해주고, 그가 행한 것은 그 자신의 지혜뿐 아니라 하나님의 은혜까지 보여주었다고 말한다.

이로 보건대 바울은 양심이 무엇인지에 대해 분명한 개념을 갖고 있는 것 같다. 양심은 이미 행한 일과 어쩌면 앞으로 행할 수도 있는 일의 도덕적 가치를 평가해주는 내면의 증인, 자기 속에 있는 목소리이다. 바울이 양심에 거리낌이 없었다는 점은 참으로 훌륭하다. 다른 사람들은 그처럼 안심할 수 없었던 듯하다.

어떤 이들은 지금까지 우상에 대한 습관이 있어 우상의 제물로 알고 먹는 고로 그들의 양심이 약하여지고 더러워지느니라. 음식은 우리를 하나님 앞에 내세우지 못하나니 우리가 먹지 않는다고 해서 더 못사는 것도 아니고 먹는다고 해서 더 잘사는 것도 아니니라. 그런즉 너희의 자유가 믿음이 약한 자들에게 걸려 넘어지게 하는 것이 되지 않도록 조심하라. 지식 있는 네가 우상의 집에 앉아 먹는 것을 누구든지 보면 그 믿음이 약한 자들의 양심이 담력을 얻어 우상의 제물을 먹게 되지 않겠느냐. 그러면 네 지식으로 그 믿음이 약한 자가 멸망하나니 그는 그리스도께서 위하여 죽으신 형제라. 이같이 너희가 형제에게 죄를 지어 그

약한 양심을 상하게 하는 것이 곧 그리스도에게 죄를 짓는 것이니라. 그러므로 만일 음식이 내 형제를 실족하게 한다면 나는 영원히 고기를 먹지 아니하여 내 형제를 실족하지 않게 하리라(고전 8:7-13).

이 본문에서 논의된 자세한 내용은 현재 우리의 관심사가 아니다. 중요한 것은 '약한 양심'이 이제 더러워질 수 있다는 사실이다(7, 10, 12절). 바울은 모든 사람에게 양심의 호소가 있다는 것을 시사한다(고후 4:2; 5:11). 하지만 사람들이 하나님에게 받은 인간성을 우상숭배로 뒤틀리게 할 때는 양심이 이리저리 요동치게 된다. 맨 처음에는 양심이 그런 행동을 승인하지만, 예수 그리스도에게로 회심한 뒤에는 생각만 해도 끔찍한 느낌을 받는다.

바울로서는 일단 양심이 강한 유일신론으로 무장하게 되면, 모든 고기가 하나님의 피조물이므로 먹어도 괜찮다는 것을 알게 되리라고 주장하고 싶을 것이다(고전 8:1-6; 10:25-30). 그러나 방금 인용한 본문과 고린도전서 10장 27-29절에서는 한 걸음 뒤로 물러나서, 만일 동료 그리스도인이 우상숭배 세계의 배경에서 나오는 행동들에 대해 양심의 가책을 가지고 있다면, 그런 사람을 배려해야 한다고 주장한다. 바울은 다른 사람이 가진 양심의 가책을 짓밟으려고 하지 않는다. 아마 그렇게 하면 도덕적 나침판을 왕창 부수는 격이 되기 때문이다. 바울이 그러지 않는다는 사실은 순식간에 올바른 해결책에 도달하는 것보다 적어도 일부 문제에 있어서는 다른 사람의 양심에 주목하는 것이 더 중요하다는 점을 시사한다. 이로써 바울은 교묘한 입장에 서게 되지만, 이는 그의 목회적인 지혜와 분명한 의식을 보여주고도 남는다. 내용인즉 우리가 성령에 의해 빚어지고 습관으로 형성된 어떤 성품을 가진 그리스도인의 내적 체질을 생각할 때는 새롭게 되고 변화된 마음과 나란히 고려해야 할 것이 있는데, 바로 우리가 귀 기울일 필요가 있는 양심이라는 것이다.

디모데전서 1장에 나오는 다음 구절이 그런 의미를 갖는 것 같다.

이 교훈의 목적은 청결한 마음과 선한 양심과 거짓이 없는 믿음에서 나오는 사랑이다(딤전 1:5; 3:9 참조).

사실 바울은 같은 장에서, 우리가 양심을 버려서는 안 된다고 강조한다.

전에 너를 지도한 예언을 따라 그것으로 선한 싸움을 싸우며 믿음과 착한 양심을 가지라. 어떤 이들은 이 양심을 버렸고 그 믿음에 관하여는 파선하였느니라(딤전 1:18-19).

그러므로 우리는 여전히 양심에 귀를 기울일 필요가 있다. 비록 우리의 양심이 훈련을 받을 필요가 있고, 어쩌면 사물의 진상을 규명하지 못할 수도 있으며, 때로는 잘못된 신호를 줄 수도 있지만 말이다. 바울은 복음을 전하거나 그가 개척한 교회에 스스로를 변명할 때, 이방인 청중의 마음뿐 아니라 그들의 양심에도 호소하고 있는 것이다. 그들의 내면에는 전파되는 메시지가 옳다는 것을 지적으로 그리고 도덕적으로 입증해주는 무언가가 있기 때문이다.

이 모든 대목은 한참 훗날에 전개된 논쟁에 비추어보면 무척 초보적인 수준에 불과하다. 말하자면, 양심이란 정확히 무엇인가, 양심은 어떻게 작동하는가, 양심은 무엇을 알 수 있고 무엇을 알 수 없는가, 양심을 언제나 신뢰할 수 있는가, 양심이 다른 권위와 상충되는 듯이 보일 때는 양심에 얼마만큼의 비중을 두어야 하는가 등과 같은 이슈를 둘러싼 논쟁에 비추어보면 그렇다는 뜻이다! 하지만 우리의 목적상 다음과 같이 종합하는 것만으로도 충분하다. 바울은 장차 하나님이 모든 마음에 감춰진 것을 심판하실 마지막 날을 내다보며, 그날을 준비하는 바람직한 대책은 깨끗한 양심을 보존하는 것임을 알고 있다. 그는 비록 양심을 교육하거나 심지어 재조정할 필요가 있다고 생각하면서도 사람들이 깨끗한 양심을 유지할 수 있도록 돕고 싶어 한다.

이에 대해 "바울이 과연 모든 상황에서 이 모든 내용을 똑같이 말했을까?" 하고 의문을 제기하는 것은 무척 타당한 반응이다. 예를 들면, 고린도전서 5장에 나오는 근친상간의 죄를 지은 남자가 자기의 양심이 그런 짓을 하도록 일러주었다고 말했다면, 어떻게 했겠는가? 슬프게도 이런 일이 심심찮게 일어난다. 내가 최근에 들은 소문에 따르면, 한 성직자는 기혼자인 교구민과 간통을 저지르는 동안에 예수님이 가까이 계심을 느꼈다는 식으로 자신의 불륜을 변명하기도 했다.

그러나 바울은 도덕적인 자각을 도덕적 성품 형성에 필수적인 요소로 간주한다. 달리 말하면, 이 자각은 현 시대에 장차 완성될 도덕적 성품을 바라보며 그에 걸맞게 행하도록 그리스도인을 꿋꿋이 지탱시켜준다는 것이다. 그리고 중요한 점은, 유대인이나 이방인이나 그리스도인을 막론하고 모든 사람이 원칙적으로 양심을 공유하고 있다는 사실이다. 양심은 인간의 보편적인 구성 요소로서 인간의 다른 면에서 발견되는 문제와 똑같은 문제를 안고 있지만, 그럼에도 불구하고 우리는 양심을 존중하고 거기에 호소하고 궁극적으로는 복음과 조화를 이루게 할 필요가 있다.

우리가 바울에게 이 주제에 관해 더 자세히 설명해달라고 부탁할 수만 있으면 좋으련만, 그건 불가능한 일이다. 그래서 이와 비슷하고 그가 좀 더 많이 다루었던 주제로 눈을 돌릴까 한다. 이제 우리는 골로새서로 돌아가서 그동안 공중에 떠다니던 한 주제를 땅으로 끌어내려야겠다. 골로새서는 그리스도인의 성숙에 관해 다루는 편지이다. 그리고 하나님에게 감사하는 법을 배우는 일에 관해서도 다룬다. 뭐니 뭐니 해도 골로새서는 예수님에 관한 편지이다. 이런 이유로 골로새서는 지혜에 관한 편지라고 할 수 있다.

빌립보서에서 그랬듯이 골로새서에서도 바울은 자기가 그 어린 교회를 위해 기도해온 내용을 아주 자세히 묘사한다.

이로써 우리도… 너희를 위하여 기도하기를 그치지 아니하고 구하노니 너희로 하여금 모든 신령한 지혜와 총명에 하나님의 뜻을 아는 것으로 채우게 하시고 주께 합당하게 행하여 범사에 기쁘시게 하고 모든 선한 일에 열매를 맺게 하시며 하나님을 아는 것에 자라게 하시고 그의 영광의 힘을 따라 모든 능력으로 능하게 하시며 기쁨으로 모든 견딤과 오래 참음에 이르게 하시고 우리로 하여금 빛 가운데서 성도의 기업의 부분을 얻기에 합당하게 하신 아버지께 감사하게 하시기를 원하노라. 그가 우리를 흑암의 권세에서 건져내사 그의 사랑의 아들의 나라로 옮기셨으니(골 1:9-13).

이 기도는 바울이 다른 편지에서 이미 설명하고 있는 여러 주제들을 담은 일종의 기도 요약문이라고 할 수 있다. 바울은 먼저 자기의 청중이 특정한 지식에 도달하게 되기를 기도하고 나서 그것을 좀 더 자세하게 진술한다. 그러는 가운데 이 편지의 나머지 부분이 그의 기도에 대한 하나님의 응답의 일부가 되기를 바라고 있다.

하나님을 아는 것! 이것이야말로 핵심 중의 핵심이다. 하나님을 아는 것, 그분의 뜻을 아는 것, 그분이 우리에게 바라는 일을 아는 것, 모든 신령한 지혜와 총명으로 그 지식에 도달하는 것. 이 지식을 얻기 위해 어린 그리스도인들은 하나님에게서 오는 능력이 필요할 테고, 아울러 그들 자신이 오래 참음과 견딤과 기쁨과 감사를 연마할 필요가 있을 것이다. 그리고 이미 5장에서 말했듯이, 이런 필요가 생기는 것은 그들 앞에 놓여 있는 소망 때문이다. 그들은 하나님의 거룩한 성도들의 유산을 공유하고, 하나님의 아들 곧 메시아 예수의 주권적인 통치 아래서 살게끔 되어 있다. 요컨대, 그들은 그들에게 값없는 선물로 주어진 목표에 합당한 존재로 만들어줄 모든 미덕을 개발하도록 부름 받은 것이다. 그리고 이 모든 미덕의 중심에는 바로 편지의 핵심 주제에 해당하는 지혜가 있다.

이 편지를 읽는 모든 사람이 편지의 핵심을 포착하지는 못했을 것이다. 이유인즉 이어서 15-20절에서 터져 나오는 그 위대한 시가 실은 신적인 지혜, 하나님의 두 번째 자아, 만물이 계획되고 창조될 때 매개자의 역할을 했던 존재에 대한 옛 유대교 사상에 기초하고 있다는 사실을 모르기 때문이다. 이 주제는 적어도 저 멀리 잠언 8장에까지 거슬러 올라간다. 여기서 내용을 상세히 설명할 수는 없지만, 거기에는 '지혜라는 여인Lady Wisdom'이 나와서 진정한 인간이 되는 법을 배우라고 사람들을 초청하는 장면이 나온다. 이로써 여인은 창조 때에 그녀가 담당했던 돕는 자의 역할을 묘사한다(22-31절). 그 후에 이 주제는 후대에 여러 유대교 저술을 통하여 더욱 발전되었고 논의의 풍성한 맥락을 제공해주었다. 바로 이런 맥락 안에서 초창기 기독교 안에서 예수의 정체성에 대한 성찰이 탄생하게 되었다. 이는 바울뿐 아니라 요한과 다른 저자들에게서도 나타나는 성찰이다.

이런 맥락에서 바울은 지혜가 있던 자리에 예수를 놓고 있다.

그는 보이지 아니하는 하나님의 형상이시오. 모든 피조물보다 먼저 나신 이시니 만물이 그에게서 창조되되 하늘과 땅에서 보이는 것들과 보이지 않는 것들과 혹은 왕권들이나 주권들이나 통치자들이나 권세들이나 만물이 다 그로 말미암고 그를 위하여 창조되었고 또한 그가 만물보다 먼저 계시고 만물이 그 안에 함께 섰느니라. 그는 몸인 교회의 머리시라. 그가 근본이시오. 죽은 자들 가운데서 먼저 나신 이시니 이는 친히 만물의 으뜸이 되려 하심이요. 아버지께서는 모든 충만으로 예수 안에 거하게 하시고 그의 십자가의 피로 화평을 이루사 만물 곧 땅에 있는 것들이나 하늘에 있는 것들이 그로 말미암아 자기와 화목하게 되기를 기뻐하심이라(골 1:15-20).

예수님은 창조주께서 예전에 만물을 창조하실 때 쓰셨던 중보자이셨고, 이제는 창조주이신 하나님이 만물을 자기와 화목하게 하실 때 쓰시는 중보자이시다. 18절 중반에 '그가 근본이시요'라는 말로 시작되는 이 시의 후반부는 편지의 나머지 부분을 세울 수 있는 토대를 제공해준다. 바울은 골로새 교인들에게 다음과 같은 확신을 주고자 했다. 그들이 예수 그리스도를 소유하고 있다는 것은 이미 그 완전함, 성숙함, 온전함의 목표에 도달하기 위해 개발해야 할 지혜의 열쇠를 갖고 있다는 뜻이다. 이런 사람은 결국 완전한*teleios* 인간이 될 것이다. "우리가 그(그리스도)를 전파하여 각 사람을 권하고 모든 지혜로 각 사람을 가르침은 각 사람을 그리스도 안에서 완전한*teleion*(성숙한) 자로 세우려 함이라"(골 1:28).

우리가 전개한 논증의 각 단계마다 살펴보았듯이, 이 목표를 설정하면 완제품이 갖추어야 할 생각과 마음과 몸의 습관을 기르게 되고, 이에 덧붙여 이런 습관을 명확히 이해하고 선택하고 습득하는 방법까지 배우게 된다.

바울은 바로 이런 방향으로 편지의 내용을 전개한다. 바울의 기본 목표는 어린 그리스도인을 인도하여 하나님의 비밀인 그리스도를 온전히 깨닫게 하는 것인데, 이 시대에 팽배한 거짓된 인간 사상(골 2:4; 2:8-23)과 대조적으로 "그 안에는 지혜와 지식의 모든 보화가 감추어져 있기"(골 2:3) 때문이다. 그들은 일단 그리스도와 연합하여 세례를 받았고, 따라서 이 세상에 대해 죽고 그리스도 안에서 살아났다는 사실, 즉 그리스도 안에서 온전한 존재라는 사실을 깨닫기만 하면, 다양한 모습을 한 거짓 지혜나 여기저기에 있는 거룩함의 모조품이 더 이상 필요하지 않을 것이다. 바로 이 대목에서 우리가 앞에서 살펴본 골로새서 3장 1-17절이 그 위력을 발휘한다. 말하자면, 기독교적인 미덕은 다른 사상들을 향해 "너희가 할 수 있는 일이 무엇이든 내가 더 잘 할 수 있다"고 말하는 셈이다.

2세기와 3세기에 걸쳐 초기 그리스도인들은 이방인들에게 조롱을 받고 죽임을 당하면서도 애써 이런 입장을 주장했다. 그들은 다른 데서 내놓은 미덕들을 앞지르되 여전히 고전적인 모양을 유지하면서, 무언가 다른 삶의 방식과 다른 종류의 미덕을 구현하고 있었다. 말하자면, 분명한 목표 의식을 품은 채 무언가 참신한 마음과 사고와 생활 습관을 보여준 것이다. 그런데 바울이 미덕을 뜻하는 이방인의 표준어인 *arete*를 사용하지 않은 이유가 여기에 있지 않나 하는 생각이 든다. 이 점에서 그는 이방인 전통 전체를 낮추어보고 있는 것이다. 뿐만 아니라, 이 단어는 바울 시대에 이르러 여러 의미를 지니게 되었으므로, 바울이 이 단어를 택했다면 다른 방향으로 나갔을 것이다.

새로운 인간에 대한 비전의 중심 내용은 우리가 일부러 논의에서 제외시켰던 골로새서 3장 9-10절이다. 바울은 서로 거짓말을 하지 말라고 권면하면서, 그 이유가 골로새 교인들은 옛 사람과 그 행위를 벗어버렸고 이제는 새 사람, 곧 자기를 창조하신 이의 형상을 따라 지식에까지 새롭게 하심을 입은 자이기 때문이라고 한다. 이 점은 1장에 나오는 위대한 시, 곧 그리스도를 '보이지 아니하는 하나님의 형상이시요 모든 피조물보다 먼저 나신 이'로 노래하는 내용과 밀접한 관계가 있다. 하지만 이에 못지않게, 여기서 바울이 기독교적 미덕에 대해 어떤 관점을 갖고 있었는지를 알 수 있는 가장 중요한 실마리를 얻게 된다. 실마리는 바로 하나님의 형상을 회복하는 것이다.

달리 말해서, 진정한 인간이 되는 것을 뜻한다. 아리스토텔레스가 에우다이모니아를 둔 자리에 바울은 '하나님의 형상'을 둔 셈이다. 이로써 우리는 출발점인 창세기 1장으로 마침내 되돌아가게 된다. 하나님의 형상을 반영하라는 소명은 바울이 말하는 '지식에까지 새롭게 되는 것'을 판단할 수 있는 시금석이다. 로마서 12장과 마찬가지로, 여기서도 최종 목표에 이르는 길은 곧 마음을 새롭게 하는 것이다.

이는 자연스럽게 다음과 같은 질문으로 이어진다. 그러면 어떻게 해야 마음이 새롭게 될 수 있는가? 우리는 미덕의 논리를 출발점까지 추적한 결과, 그리스도인 개개인에게 요구되는 바는 자기에게 있는 자원을 총동원하는 것임을 발견하지 않았는가? 과연 그렇다. 많은 고전적인 도덕가들이 주장했듯이, 미덕들은 서로 협력해야 완전에 도달할 수 있다. 각 미덕이 제자리에 있으려면 다른 미덕들에게 의존할 수밖에 없다. 그리고 마음이 완전히 개입되지 않는 한 다른 미덕들도 제대로 작동하지 않을 것이다. 그런데 마음을 완전히 개입시켜 그리스도인다운 행실이 무엇을 포함하는지를 생각하고 또 필요한 도덕적 근육을 키우는 과정을 인식하려면, 신자 상호간에 교제와 사랑이 있어야 하며 기도와 상호 지지가 있어야 한다. 그리고 무엇보다도 주님으로부터 오는 신선한 말씀이 늘 공급되어야 한다. "그리스도의 말씀이 너희 속에 풍성히 거하여 모든 지혜로 피차 가르치며 권면하고 시와 찬송과 신령한 노래를 부르며, 감사하는 마음으로 하나님을 찬양하라"(골 3:16).

바울은 바로 상호간의 풍성한 말씀 사역을 염두에 두고 있다. 말씀을 가르치고 노래하며, 하나님과 세상과 이스라엘과 예수 그리스도와 장래의 소망에 관한 이야기를 들려주고 또 들려주는 일이 필요하다. 그리스도인 개개인이 마음과 생각의 눈을 떠서 하나님의 실재와 그들 앞에 놓인 최후의 소망을 새롭게 발견하고, 하나님이 원하시는 사람으로 성장하려면 어떤 마음과 사고와 몸의 습관이 필요한지를 참신하게 분별하는 것이 말씀 사역의 목적이다.

골로새서는 바울의 기독교적 미덕에 대한 관점을 성찰하기에 적합한 아주 훌륭한 자원이다. 하지만 어쩌면 이보다 더 훌륭할지도 모르는 또 하나의 자원이 있다.

∞

바울이 쓴 에베소서는 골로새서, 빌립보서와 같이 기도를 그 토대로 삼고 있다. 에베소서는 하나님의 은혜를 찬송하는 기쁨의 노래로 시작해서 장차 하나님이 "하늘에 있는 것이나 땅에 있는 것을 다 그리스도 안에서 통일시킬"(엡 1:10) 날을 소망한다. 이것이야말로 재창조된 세계에 대한 궁극적인 약속이며, 이 약속은 재창조된 인간에 대한 궁극적인 약속의 배경이 된다. 이어서 바울은 독자들을 위해 그들이 지향하는 목표와 거기에 도달하는 데 필요한 능력을 염두에 두고 기도한다고 설명한다.

우리 주 예수 그리스도의 하나님 영광의 아버지께서 지혜와 계시의 영을 너희에게 주사 하나님을 알게 하시고 너희 마음의 눈을 밝히사 그의 부르심의 소망이 무엇이며 성도 안에서 그 기업의 영광의 풍성함이 무엇이며 그의 힘의 위력으로 역사하심을 따라 믿는 우리에게 베푸신 능력의 지극히 크심이 어떠한 것을 너희로 알게 하시기를 구하노라(엡 1:17-19).

이 단락도 전형적인 미덕의 구조를 가지고 있다. 최종 목표를 얼핏 바라보는 것, 거기에 도달하는 길을 파악하는 것, 그 길을 밟고 싶으면 장차 필요한 습관을 미리 배양하는 것 등이다. 이 단락은 미덕의 모든 것을 성취하는 데 필요한 구체적인 도덕적 근육에 대해서는 아직 언급하지 않고 있다. 다만 도덕적 근육을 개발시키고 이런 선택을 가능하게 해줄 하나님의 신실한 능력에 대해 안심시켜줄 뿐이다. 이 대목에 이어 바울은 죄인들을 구원하신 하나님의 값없는 은혜에 대한 드라마틱하고 결정적인 진술을 한 다음(엡 2:1-10), 은혜로 말미암아 이방인들이 하나님의 백성에 영입되어 메시아 안에서 한 몸을 이루었고, 따라서 하나님이 친히 성령으로 거하게 될 새로운 성전을 세우셨다고(엡 2:11-22) 말한다. 첫 두 장에 나오는 이런 그림은 바울 자신의 사도적인 의제를 설명하는 내용(엡 3:1-13)과 또 다른 기도 요약문(엡 3:14-21)으로 이어진다.

깜짝 놀랄 만큼 폭넓은 지경을 내달리는 에베소서의 첫 세 장은 흔히들 윤리적 본문이라고 일컫는 4-6장의 내용을 위한 무대를 정해준다. 이 부분에서 놀라운 점은, 바울이 다시금 이른바 기독교화된 미덕 윤리를 갖고, 그리스도 안에서 완전한 인간이 될 것이라는 약속을 독자들 앞에 내놓으면서, 목표를 지향하는 마음과 사고와 삶의 습관을 기를 것을 권하고 있다는 사실이다.

길게 이어지는 첫 권면의 중심부는 4장 13-16절에 나온다. 그 중심점을 향해 발걸음을 옮기는 바울은 에베소 교인들에게, 그리스도인이라면 모두 하나가 되려고 애쓰고, 서로 사랑하고, 겸손과 온유와 인내를 배양하기 위해 열심히 노력해야 한다고 말한다(엡 4:1-3). 그 이유는 그들 모두가 한 하나님에게 속하도록 부름 받았기 때문이다(엡 4:4-6). 그래서 하나님은 그리스도의 몸을 세우기 위해 교회에 다양한 사역들을 주신 것이다(엡 4:7-12).

우리가 다 하나님의 아들을 믿는 것과 아는 일에 하나가 되어 온전한 사람을 이루어 그리스도의 장성한 분량이 충만한 데까지 이르리니 이는 우리가 이제부터 어린아이가 되지 아니하여 사람의 속임수와 간사한 유혹에 빠져 온갖 교훈의 풍조에 밀려 요동하지 않게 하려 함이라.

오직 사랑 안에서 참된 것을 하여 범사에 그에게까지 자랄지라. 그는 머리니 곧 그리스도라. 그에게서 온 몸이 각 마디를 통하여 도움을 받음으로 연결되고 결합되어 각 지체의 분량대로 역사하여 그 몸을 자라게 하며 사랑 안에서 스스로 세우느니라(엡 4:13-16).

13절에 나오는 '온전한 사람'이라는 말은 '성숙하고 진정한 인생', '완전히 성숙한 사람'을 뜻하는 용어이다. 여기서 다시금 그리스도인의 목표가 성숙하고 완전한, 그리고 온전한 인간이 되는 것임을 상기하게 된다. 물론 완전성이란 그리스도의 완전성을 가리킨다. 그래서 바울이 인간을 의미하는 '안트로포스 $anthropos$'가 아니라 남성을 가리키는 '안드라 $andra$'라는 단어를 사용한 것 같다. 한편 진실의 미덕과 사랑의 미덕은 우리가 그에게까지 자라는 통로이다. 비록 그 성장 자체도 그리스도에 의해 공급되는 것이긴 하지만 말이다. 바울은 이렇게 화두를 던진 다음에 4장 17절부터 5장 20절에서 세부적인 가르침을 주고 있다. 이는 골로새서 3장과 유사한 내용이지만 한층 더 발전된 형태이다.

그래서 다시 한 번 바울은 마음이 새롭게 되는 것을 강조한다. 거짓된 욕심을 따라 썩어가는 구습을 따르는 옛 사람을 벗어버리고, "오직 너희의 마음(심령)이 새롭게 되어"(엡 4:23, 이는 '성령으로 너희 마음이 새롭게 되어'라고 번역할 수도 있다) "하나님을 따라 의와 진리와 거룩함으로 지으심을 받은" 새 사람을 입으라(엡 4:24)고 바울은 말한다. 이 내용은 골로새서 3장 10절이나 로마서 12장 2절과 비슷하며, 서로 같은 의미를 갖고 있다. 즉 목표는 마침내 하나님의 형상을 올바로 반영하는 새로운 인간이 되는 것이고, 그 목표에 이르는 길은 마음을 새롭게 하고 온전히 활용하는 것이다. 이어서 습득해야 할 새로운 습관과 피해야 할 옛 습관 및 실천 목록이 뒤따라 나온다(엡 4:25-5:2; 5:3-20). 언제나 그렇듯이 여기서도 종말론적인 분위기가 어느 정도 느껴진다. 이 목록은 '새로운 삶을 위한 규율'이 아니고 마음과 생각의 습관, 궁극적인 장래와 거기에 이르는 길에 관해 기독교적으로 생각하는 법을 배우는 방식들이다. 날마다 부활하는 것이 바로 그 길이다(엡 5:14). 다시금 노파심에서 하는 말인데, 규율이 덕스러운 삶에서 부적절하다거나 불필요하다는 뜻이 아니다. 단지 규율은 출발점도 아니고 목표점도 아니라는 뜻이다.

~~~

이처럼 로마서, 빌립보서, 골로새서, 에베소서의 내용으로 볼 때, 바울이 실질적으로 이방 세계가 내놓는 미덕 윤리를 능가하여 종말론적 견지에서 생각하고 있다는 것은 의심할 여지가 없다. 그는 궁극적인 장래에 대한 참신한 관점을 가졌고, 이로 말미암아 새로운 삶의 습관, 즉 장래에 의해 채색된 존재로 현재를 살 수 있게 해주는 습관을 볼 수 있었다. 이 습관의 목표는 하나님의 새로운 창조와 더불어, 부활의 때에 궁극적으로 기뻐하게 될 완숙한 인간의 모습과 인간의 존엄성이다. 이 목표에 이르는 길은 학습을 통해 생활 습관이 온전히 갖춰지는 것이다. 여기에는 심령의 습관과 몸의 습관과 특히 사고mind의 습관이 모두 포함된다. 똑바르고 명료하고 날카로운 사고방식은 목표와 방법을 파악할 뿐 아니라, 그 자체가 바울이 말하는 성숙함의 일부이기도 하다. 거꾸로 말하면, 사고가 평가 절하될 경우에는 완전하고 진정한 인간에 못 미치게 될 것이란 뜻이다. 그러면 목표와 방법을 제대로 파악하지 못해서 방황하게 될 뿐 아니라, 인간의 구성 요소 가운데 하나가 작동하지 않고, 그 결과 다른 모든 요소와 하나로 통합될 수도 없을 것이기 때문이다.

그러므로 앞에서 살펴보았듯이, 우리가 마땅히 해야 할 일에 관해 생각하는 것은 미덕 윤리에서 중심 요소의 하나로서, 아무 생각 없이 규율에 순종하는 것이나 '자발성' 내지는 '진정성'에 기초한 윤리 사상들과 대조를 이룬다. 전자의 경우, 당신이 일단 규율을 갖고 있으면 더 이상 생각할 필요가 없다. 그러나 이런 사례를 생각해보자. 어떤 럭비 선수들이 몇십 가지의 공식적인 '움직임'을 배웠지만 경기에 필요한 제2의 천성을 습득한 적이 없다고 가정해보자. 선수들은 그 규율들이 분명한 답을 줄 수 없는 새로운 상황이 발생하면 경기에서 질 수밖에 없을 것이다. 후자의 경우에도 당신은 열심히 생각할 필요가 없다. 중요한 것은 가슴에 자연스럽게 다가오는 것이기 때문이다. 물론 바울은 어린 그리스도인들이 더 자라서 예수 그리스도의 성숙한 제자가 되고, 기독교적인 마음의 습관과 삶의 습관이 자연스럽게 다가올 수준까지 이르게 되기를 바란다. 그러나 그 수준에 이르기까지는 생각하는 법을 배워야 하고, 마음이 새롭게 되어 변화를 받아야 하며, 그 변화로 말미암아 그들 삶의 습관이 형성되고 방향이 재정립되어야 한다.

바로 여기에 미덕 윤리와 다른 사상들 사이의 중요한 차이점이 있다. 요컨대, 전자는 생각하는 것을 우선시하고 있다는 점이다. 의무나 규율에 기초한 윤리에 기대는 사람은 어떤 도전이나 딜레마에 직면하면, 즉석에서 '무슨 규율이 있지?' '무슨 의무가 있지?' 하고 생각할 것이다. 공리주의에 기초한 윤리를 따르는 사람은 상당히 많은 생각을 할 것이다. 가령, 이것을 행하는 것이 행복의 총계에 얼마나 영향을 미칠까 하고 말이다. 그리고 자발성의 윤리를 좇는 사람은 아예 생각을 하고 싶지 않을 것이다. 다른 한편, 미덕의 윤리를 개발하는 사람은 특정한 위기나 도전이 닥치기 전에 이미 많은 생각을 거친 상태일 것이다. 하지만 성품은 의식적인 선택과 습관에 의해 빚어졌기에, 생각할 시간이 있든지 없든지 어떤 비상사태에도 잘 대처할 것이다.

바울은 다음 두 가지 사실을 아주 잘 인식하였다. 첫째, 그리스도인의 전반적인 생활방식이라는 것은 아주 새로운 주제이므로 심사숙고하고 연구하고 묵상하고 실천할 필요가 있다는 점이다. 둘째, 이런 노력이 없이는 교회가 쉽게 예전의 세상적인 방식으로 돌아갈 위험이 있다는 점이다. 그리고 바울은 자기가 택한 이 경로에 따른 위험을 잘 알았기 때문에, 새로운 삶의 방식이 어떤 모습인지를 보여주기 위해 자신을 본보기로 들고 있다. 바울의 회심자들은 이런 식으로 사는 사람을 본 적이 없었으므로 그 본보기를 마음과 기억에 잘 새겨야 했다.

그러므로 내가 너희에게 권하노니 너희는 나를 본받는 자가 되라. 이로 말미암아 내가 주 안에서 내 사랑하고 신실한 아들 디모데를 너희에게 보내었으니 그가 너희로 하여금 그리스도 예수 안에서 나의 행사 곧 내가 각처 각 교회에서 가르치는 것을 생각나게 하리라(고전 4:16-17).

유대인에게나 헬라인에게나 하나님의 교회에나 거치는 자가 되지 말고 나와 같이 모든 일에 모든 사람을 기쁘게 하여 자신의 유익을 구하지 아니하고 많은 사람의 유익을 구하여 그들로 구원을 받게 하라. 내가 그리스도를 본받는 자가 된 것 같이 너희는 나를 본받는 자가 되라(고전 10:32-11:1).

내가 디모데를 속히 너희에게 보내기를 주 안에서 바람은 너희의 사정을 앎으로 안위를 받으려 함이니 이는 뜻을 같이하여 너희 사정을 진실히 생각할 자가 이 밖에 내게 없음이라. 그들이 다 자기 일을 구하고 그리스도 예수의 일을 구하지 아니하되 디모데의 연단을 너희가 아나니 자식이 아버지에게 함같이 나와 함께 복음을 위하여 수고하였느니라(빌 2:19-22).

형제들아 너희는 함께 나를 본받으라. 그리고 너희가 우리를 본받은 것처럼 그와 같이 행하는 자들을 눈여겨보라(빌 3:17).

너희는 내게 배우고 받고 듣고 본 바를 행하라. 그리하면 평강의 하나님이 너희와 함께 계시리라(빌 4:9).

우리가 너희 가운데서 너희를 위하여 어떤 사람이 된 것은 너희가 아는 바와 같으니라. 또 너희는 많은 환난 가운데서 성령의 기쁨으로 말씀을 받아 우리와 주를 본받은 자가 되었느니라(살전 1:5-6).

어떻게 우리를 본받아야 할지를 너희가 스스로 아나니 우리가 너희 가운데서 무질서하게 행하지 아니하며 누구에게든지 음식을 값없이 먹지 않고 오직 수고하고 애써 주야로 일함은 너희 아무에게도 폐를 끼치지 아니하려 함이니 우리에게 권리가 없는 것이 아니요. 오직 스스로 너희에게 본을 보여 우리를 본받게 하려 함이니라(살후 3:7-9).

이 단락들을 통해 바울이 한결같이 말하는 바가 있다. 예수를 따르는 자들이 선택한 새로운 생활방식이 있는데, 그 중 하나는 주변의 본보기를 염두에 두는 것이라는 점이다. 이 주제는 나중에 다시 다룰 예정이다.

이 모든 진술을 통하여 바울은 명시적으로 성품의 윤리를 개발하고 있는 중이다. 다른 주제를 다루면서 이미 살펴본 바 있는 로마서 4장에서 5장으로 넘어가는 중요한 단락에서, 바울은 성품의 형성 과정에 대한 이론을 개관하면서 성품의 의미를 궁극적인 소망, 곧 하나님의 영광을 바라는 소망에서 끌어내고 있다.

그러므로 우리가 믿음으로 의롭다 하심을 받았으니 우리 주 예수 그리스도로 말미암아 하나님과 화평을 누리자. 이 은혜에 들어감을 우리로 얻게 하신 우리 주 예수 그리스도로 말미암아 하나님으로 더불어 화평을 누리며 또한 하나님의 영광을 바라고 즐거워하자. 또한 그로 말미암아 우리가 믿음으로 서 있는 이 은혜에 들어감을 얻었으며 하나님의 영광을 바라고 즐거워하느니라. 다만 이뿐 아니라 우리가 환난 중에도 즐거워하나니 이는 환난은 인내를 인내는 연단 *dokime*(성품)을 연단은 소망을 이루는 줄 앎이로다. 소망이 우리를 부끄럽게 하지 아니함은 우리에게 주신 성령으로 말미암아 하나님의 사랑이 우리 마음에 부은 바 됨이니 우리가 아직 연약할 때에 기약대로 그리스도께서 경건하지 않은 자를 위하여 죽으셨도다(롬 5:1-5).

여기에서 우리의 목적상 두 가지 핵심 주제를 주목할 필요가 있다. 소망과 성품 형성이 그것이다.

우리의 소망은 바울이 분명히 밝히듯이 '하나님의 영광'이다. 이에 대해서는 서로 밀접하게 연관된 두 가지 주제로 설명한 바 있다. 하나는 하나님이 인류에게 위탁하신 바, 창조세계를 다스리는 주권적인 청지기 직분이고, 다른 하나는 기나긴 포로생활 후에 하나님의 영광이 그 백성 가운데 다시 거하는 것이다. 후자는 바울이 쓴 여러 대목의 바탕이 되는 것 같다. 방금 인용한 로마서 5장의 대목도 그렇거니와 8장에서 성령이 신자들 '속에 거하고 있다'는 말로 구약성경에서 하나님이 '성전 안에 거하고' 계셨던 것을 상기시키는 대목(롬 8:4-11)도 그런 경우이다. 그런데 이 '영광'이라는 단어가 종종 기독교 진영에서 '천국에 가는 것'을 가리키는 모호한 말로 사용되는 바람에, '하나님의 영광'의 개념이 가진 이런 중요한 뉘앙스는 아예 무시되기 일쑤이다. 실망스러운 일이다.

바울이 말하고 있는 것은 순례의 목표로 삼고 열심히 바라볼 것은 바로 '하나님의 영광'이라는 것이다. 이를 설명하자면, 한편으로 진정한 인간의 소명인 '왕 같은 제사장'이 되는 것을 가리키고, 다른 한편으로는 살아 계신 하나님이 그 옛날에 약속했던 대로 그분이 친히 거하는 장소가 되는 것을 의미한다.

그런데 이 두 가지 요소가 모두 예수님에 의해 실현되었다는 것은 이미 살펴본 바 있다. 하지만 로마서 5-8장, 그 중에서도 특히 8장에서 바울이 주장하는 논점은 두 가지 요소가 성령의 임재와 능력을 통하여 하나님의 백성 안에서, 그리고 그들을 통해서 실현되었다는 것이다. 어떤 이들은 초기 그리스도인에게 삼위일체 신학이 없었다고 말하는데, 눈이 멀지 않고서야 어찌 그런 입장을 견지할 수 있겠는가.

만일 하나님의 영광이 최종 목표라면 그 목표에 이르는 길은 무엇인가? 장차 하나님의 새 창조세계를 다스리고 피조물의 찬송을 하나로 묶어주고, 하나님의 형상을 드러내며 성령으로 충만한 진정한 인간의 성품을 빚어내는 습관은 무엇인가? 이에 대한 하나의 답변으로 제시된 주제는, 바울도 잘 알다시피 아리스토텔레스를 비롯한 고전적인 전통의 눈에는 하나의 저주로 보일 만한 것이었다. 뿐만 아니라, 예수 그리스도의 복음이 어떤 경로로 인생의 이상형을 바꾸었는지를 충분히 생각해보지 않은 그리스도인에게도 저주로 보였을 것이다. 이 주제는 그야말로 너무나 도전적이다. 내용인즉 그리스도인다운 성품을 개발하는 첫 걸음은 바로 고난(환난)이라는 것이다.

바울이 이처럼 충격적이고 달갑잖은 결론에 도달하게 된 것은 두 가지 때문이다. 첫째는 메시아가 받은 고난이 있었기 때문이다. 둘째는 바울이 과거에 직접 교회에 가했던 고난과 그 후에 자신이 열성적인 유대인과 이방인 관리 및 군중에게 당했던 고난이 있었기 때문이다. 사도행전은 이런 고난을 들여다볼 수 있는 작은 창문이지만 고린도후서 11장은 그보다 훨씬 많은 고난을 보여준다. 그러면 무엇이 바울에게 이 모든 고난을 이해할 수 있는 신학적인 틀을 제공하여 바울 사상의 중심에 고난이 자리하게 했을까?

바울이 몸담았던 고대 이스라엘 전통은 고난이란 것이 구원을 이루는 하나님의 목적 안에 포함되었다고 서서히 그러나 확실히 깨닫기 시작했다. 이런 사상이 나타나는 곳은 시편은 물론이고 특히 이사야와 예레미야와 다니엘서 같은 책들이다. 이에 덧붙여서, 우리가 고린도후서를 비롯한 여러 곳에서 볼 수 있듯이, 바울은 예수의 십자가 죽음을 자신의 인생과 가르침의 주제로 삼았다. 하지만 핍박받는 자들에 관한 팔복의 내용과 십자가를 지고 따르라는 예수의 도전 등에서 나오는 구체적인 전통을 바울이 과연 알았는지 우리로서는 알 수 없다. 나는 알고 있었을 것으로 추정하지만 말이다. 그러나 바울은 그리스도인들이 주변의 세상과 호흡을 같이할 수 없고, 세상 안에서 권위를 행사하는 세력들과 껄끄러운 관계에 있기 때문에 고난이 생긴다고 생각한 것이 분명하다. 이 세상과 통치자들의 기대에 빗나가는 삶을 사는 사람들은 의심과 적대감과 여러 공격을 받을 것을 각오해야 한다. 십자가에 죽은 메시아를 따르느라고 그런 상황에 처하게 된 사람들, 자신의 고난을 유대인이 바라던 하나님의 구원 목적이란 맥락에 비추어 보는 사람들은 자기들에게 일어나는 일을 해석할 수 있는 틀과, 그 일에 신학적이고 도덕적인 의미를 부여할 수 있는 나름의 틀을 갖게 될 것이다.

로마서 5장의 이 대목에서 바울은 고난이란 것을 그리스도와 함께 영광을 받기 위해 그분과 함께 고난을 받는 것으로 설명한다(롬 8:17; 고후 4:10; 빌 3:10-11). 성품 형성에 관한 거의 유일무이한 진술과도 연결시키고 있다. 고난은 인내나 견딤을 낳고, 인내는 성품을 낳고, 성품은 소망을 낳고, 소망은 실망시키지 아니한다고 말이다. 이 편지의 중요한 전환점에 등장하는 이 순서는 바울이 그리스도인의 삶의 문제를 고전적인 미덕의 전통을 모델로 삼아 조망했다는 점과, 전통을 예수와 성령을 중심으로 재조명하고 중심 요소들은 그대로 보존하되 내용과 모양은 바꾸었다는 점을 분명히 보여주고 있다.

나는 로마서 5장 1-5절이 성품 형성에 관한 거의 유일무이한 진술이라고 말했다. 그러나 이와 비슷한 생각의 흐름을 담고 있는 다른 신약성경의 단락이 둘 있는데, 이 단락들도 마치 미덕의 개발을 위해 신중하게 생각해낸 의제를 진술하는 것처럼 보인다.

내 형제들아 너희가 여러 가지 시험을 당하거든 온전히 기쁘게 여기라. 이는 너희 믿음의 시련*dokimion*이 인내를 만들어 내는 줄 너희가 앎이라. 인내를 온전히 이루라*ergon teleion*. 이는 너희로 온전하고*teleioi* 구비하여 조금도 부족함이 없게 하려 함이라(약 1:2-4)

그러므로 너희가 더욱 힘써 너희 믿음에 덕*arete*(이 단어는 이 대목을 포함하여 신약성경에 딱 세 번 나온다)을 덕에 지식을 지식에 절제를 절제에 인내를 인내에 경건을 경건에 형제 우애를 형제 우애에 사랑을 더하라.

이런 것이 너희에게 있어 흡족한즉 너희로 우리 주 예수 그리스도를 알기에 게으르지 않고 열매 없는 자가 되지 않게 하려니와(벧후 1:5-8).

여기서 우리는 로마서와 똑같은 생각의 흐름을 접하게 된다. 이 모든 특성은 물론 서로 연결되어 있다. 이 진술의 취지는 첫째 것을 얻는 데 몇 년을 보내고 이어서 둘째 것으로, 그 다음에 셋째 것으로 넘어가라는 것이 아니다. 이것들은 다함께 일하는 관계이다. 중요한 점은 그것들이 앞을 내다보고 있다는 것이다. 이 모든 자질의 목표는 예수를 위해 열매 맺는 자가 되는 것이고(베드로후서), 온전하게 됨으로써 어떤 상황이 벌어지든 그 모든 환경에 대처할 수 있는 성품을 갖추게 되는 것이다(야고보서). 우리가 이 말씀들을 더 많이 묵상할 수도 있지만, 어쨌든 이 단락들의 요점은 아주 분명하다.

이렇게 말하고 나니 중요한 질문들이 여럿 떠오르는데, 이에 대해서는 다음 장에서 다룰 예정이다. 그 가운데 몇 가지를 예로 들면 다음과 같다. 신앙생활에 대한 바울의 이러한 이론은 어떻게 실천되었는가? 좀 더 구체적으로, 성령의 열매와 성령의 은사 같은 것과는 어떻게 조화되는가? 왜 바울은 성품상의 자질을 그토록 부각시키는가? 그가 선하다거나 악하다는 말을 할 때는 독자들이 무슨 말인지를 알고 있다고 생각했을 터인데, 과연 무엇을 당연시한 것일까? 그가 다른 가르침을 일일이 설명할 때는 그의 미덕 윤리에다 단지 몇 가지 규율만 보충했을까? 만일 그렇다면, 그럴 만한 이유가 있는가? 이로부터 나오는 다른 질문들도 있다. 왜 바울은 믿음과 소망과 사랑을 거듭해서 강조하고 있는가? 이런 자질은 그리스도인의 성품에 관한 그의 전반적인 사상에서 어떤 역할을 담당하는가? 고전적인 의미에서 미덕이라고 볼 수 있는가? 만일 그렇다면, 이 자질들을 특권적인 자리에 놓는 것이 미덕 자체의 특성을 어떻게 바꾸어놓는가? 바울은 교회를 한 몸으로, 통일된 공동체로 보고 있다. 그렇다면 어떤 면에서 기독교적 미덕을 실천하는 장場을 제공하는 것인가?

e key is this: the fruit of the Spirit does not grow automatically. The nine varieties of
denly appear just because someone has believed in Jesus, has prayed for God's S
n sat back and waited for fruit to arrive. Oh, there may well be strong and sudden
t fruit is on the way. Many new Christians, particularly when a sudden conversion
matic turning away from a lifestyle full of the works of the flesh, report their
at at the desire that springs up within them to love, to forgive, to be gentle, to b
g ask, has all this come from? I didn't mean it's all downhill from there. These
s: to get the fruit you have to learn to be a gardener. You have to discover how to ten
to irrigate the field, how to keep birds and squirrels away. You have to watch fo
ld cut away ivy and other parasites that suck the life out of the tree, and makes s
ak can stand firm in strong winds. Only then will the fruit appear. And, in case a
t I am imposing an alien note on Paul's cheerful list of these wonderful character
final characteristic in the list: self-control. If the fruit were automatic, why would
needed? Answer: it isn't, so it is. It isn't automatic, so it is needed. All the varieties
ations here are comparatively easy to counterfeit, especially in young, healthy, happy
self-control. If that isn't there, it's always worth asking whether the appearance
s of fruit is just that, an appearance, rather than a real sign of the

Three Virtues, Nine Varieties of fruit, and One Body

6_ 세 가지 미덕, 아홉 가지 열매, 그리고 한 몸

■

기독교의 미덕은 한 국가의 정치나 전쟁의 선두에 서는

위대한 영웅을 낳는 것이 아니라

자기희생적인 사랑의 삶을 몸소 실천하는 공동체를 만든다.

Three Virtues, Nine Varieties of Fruit,
and One Body

"온전한 것이 올 때에는 부분적인 것이 폐하리라." 이 말을 들었을 때 바울의 청중 가운데 일부는 '온전함 to teleion'을 목표로 삼았던 아리스토텔레스가 머릿속에 떠올랐을 것이다. 바울은 분명 이방의 도덕 전통을 의식하고 있었으나 그것을 다른 어조로 바꾸었다. 이 시구는 가장 위대한 미덕을 노래하는 가장 위대한 장의 중심부에 나오는 것으로서 바울이 미덕을 어떻게 보았는지, 미덕 전반에 대해 어떻게 이해했는지 굉장히 많은 것을 가르쳐주고 있다. 바울은 "우리는 부분적으로 알고 부분적으로 예언한다"고 말하면서 한시적인 은사들과 영원한 사랑의 덕을 서로 대조시켰다. 그러고 나서 "그러나 온전한 것이 올 때에는 부분적인 것이 폐하게 될 것이라"고 선언한다(고전 13:9-10).

고린도전서 13장은 바울의 글 가운데 가장 잘 알려져 있다. 여전히 많은 커플들이 이 말씀을 결혼식에서 공개적으로 낭독하기 때문이기도 하다. 하지만 이 어구를 하나하나 묵상해보면 그것이 얼마나 큰 도전을 주는지 새삼 느끼게 될 것이다.

사랑은 오래 참고 사랑은 온유하며 시기하지 아니하며 사랑은 자랑하지 아니하며 교만하지 아니하며 무례히 행하지 아니하며 자기의 유익을 구하지 아니하며 성내지 아니하며 악한 것을 생각하지 아니하며 불의를 기뻐하지 아니하며 진리와 함께 기뻐하고 모든 것을 참으며 모든 것을 믿으며 모든 것을 바라며 모든 것을 견디느니라. 사랑은 언제까지나 떨어지지 아니하되(고전 13:4-8).

이 놀랄 만한 초상화를 당신 앞에 걸어두는 것은 좋은 일이다. 하지만 어느 쾌청한 날 아침에 무심코 그림 속으로 걸어 들어가 영원히 머물 수 있을 것이라고는 생각하지 마라. 마지막에 나오는 몇 행이 이 점을 시사하고 있다. 참으며, 믿으며, 바라며, 견디며, 언제까지나 떨어지지 아니해야 한다는 것이다. 이 모든 표현은 장차 참아야 할 것, 분명한 증거에 반하여 믿어야 할 것, 현재 보이지 않는 것을 바라야 할 것, 견뎌야 할 것이 있으며, 사랑을 위협하는 여러 순간들이 있을 거라고 말해준다. '강인한 사랑'이란 어구가 이제는 엊 그저께 일어난 사회적 논쟁이 남긴 진부한 유물처럼 들린다. 그러나 바울이 말하는 사랑은 실로 강인하다. 아니, 세상에 존재하는 것 가운데 가장 강인한 것이다.

바울이 말하고 있는 사랑은 분명 하나의 미덕이다.

이 사랑은 독단적으로 부과된 의무감 때문에 순종해야 할, 지금은 한물간 규율 같은 것이 아니다.

사랑은 한 사람이 순종하거나 불순종하는 일반화된 규율 곧 원칙이 아니다.

사랑은 계산된 결과에 기초하여 신중하게 만든 공리가 아니다. 바울이 묘사하는 식으로 사는 사람이 조금만 더 있어도, 훨씬 많은 사람이 훨씬 더 행복하게 될 것은 틀림없는 사실이지만 말이다.

뿐만 아니라, 사랑은 사람들이 느끼는 대로 자연스럽게 행한 결과도 아니다. 사랑은 무엇을 하고 또 무엇을 하지 않는지 바울이 열거하는 목록을 읽어보면, 각 항목마다 다음과 같은 말을 하고 싶어진다. "맞습니다, 당신이 하는 말이 무슨 뜻인지 압니다. 만일 내가 가진 성향대로 그냥 내버려두면 나는 마음이 좁고, 불친절하고, 시기하고, 자랑하고, 교만하고, 무례히 행할 겁니다. 그냥 내버려두면, 내가 참지 못할 일이 몇 가지 있고, 내가 믿지 않을 일이 많이 있고, 내가 도무지 바랄 수 없는 일이 여럿 있으며, 내가 참지 못할 일이 수없이 많을 거예요. 나한테 그냥 내버려두고 자연스럽게 행하라고 하면, 나는 실패하고 말 겁니다." 그러나 사랑은 결코 이런 식으로 행하지 않는다고 한다.

바로 이런 이유로 사랑은 미덕인 셈이다. 그것은 배워야 할 언어요, 연습해야 할 악기요, 가파르고 까다로운 낭떠러지를 따라 올라가야 하지만 그 정상에 황홀한 경치가 기다리고 있는 산이다. 마지막에 우리에게 주어질 것으로 약속된 그 완전한 인간성을 바라보게 하는 성품상의 자질 중 하나라는 말이다. 그러므로 이미 예수 그리스도 안에서 주어진 장래의 목표에 근거하여 현재 우리가 얻고자 기대할 수 있는 것들 중 하나이다. 장래에 속해 있으나 현재로 끌어올 수 있는 것이라는 말이다.

여기에서 우리는 언어의 문제에 봉착한다. 대다수가 희미하게 인식하고는 있으나 지극히 소수만이 깊이 성찰해본 문제이다. 축복받은 단어인 '사랑'과 관련된 문제이다. 'love'라는 영어 단어는 동시에 너무나 많은 일을 하려고 하기 때문에 누군가 그 단어를 들고 앉아서 뭐라고 부를지 가르칠 필요가 있다.

일부 사람들이 흔히 생각하듯이, 사랑이라는 단어와 관련된 문제는 단순히 'agape'라는 그리스어 단어의 진정한 의미로 되돌아가는 문제가 아니다. 'love'라는 단어가 지난 300년 동안 많은 변천을 거쳤듯이 'agape'라는 단어 역시 바울의 사역 전후 몇 세기 동안 상당한 변화를 겪었다. 그리스어 사전을 보아도 아가페라는 단어와 그 동족어들은 일반적인 애정, 성적인 애정, 어떤 사물이나 사람에 대한 만족, 어떤 것을 매우 소중하게 여기는 감정 등 폭넓은 의미로 사용되어 온 것을 알 수 있다. 때로는 아가페가 '우정'으로 번역되는 필리아_philia_와 구별되지만, 어떤 경우에는 이 둘이 번갈아 사용되는 듯이 보인다. 아가페라는 단어가 초기 그리스도인들이 말하고자 했던 의미를 정확하게 전달해주기 때문에 그들의 단어로 자리 잡은 것은 아니다. 오히려 그들은 이 단어가 당시 사용되던 단어들 중에 가장 적절한 것이라고 민첩하게 결정하고, 기존의 의미 중 일부는 부각시키고 나머지는 제쳐놓는 방식으로 그 단어에 새로운 깊이를 더했다. 이런 면에서 초기 그리스도인들이 아가페라는 단어를 다루는 방식은 고대의 미덕 개념을 다루던 것과 상당히 비슷하다. 그들은 이 단어를 선택하여 예수의 메시지와 업적 속에 푹 잠기게 함으로써 거기에 새로운 생명을 불어넣었던 것이다.

고대 세계에서도 오늘날과 마찬가지로 '사랑'이란 단어가 아주 다양한 의미로 사용되었던 것은 그리 놀랄 일이 아니다. 우리 인간들이 서로 관계를 맺는 방식, 그런 관계 가운데 특정한 스타일을 기뻐하고 또 칭찬한다는 사실을 표시하는 방식, 이런 인식과 도덕적 신념이 시기와 문화에 따라 변하는 방식은 굉장히 복잡한 문제일 수밖에 없다. 가족과 친구 관계에서 일상적으로 경험하는 것은 말할 것도 없고, 소설과 시와 희극과 영화 등의 매체가 이 주제에 관해 너무나 많은 정보를 주기 때문에, 마치 구름 한 점 없는 청명한 밤하늘을 올려다볼 때 셀 수 없이 많은 별과 행성과 유성, 그리고 인공위성이 눈에 들어오는 것과 비슷하다. C. S. 루이스가 쓴 중요한 책의 제목《네 가지 사랑The Four loves》처럼 사랑은 네 가지만 있는 것이 아니다. 사랑에는 4,000개 하고도 네 가지가 더 있든지, 어쩌면 400만 개 하고도 네 가지가 더 있을지도 모른다. 아마 루이스도 동의할 것이다. 우리가 사랑이라고 부르는 것이 얼마나 복잡하고 변화무쌍한지를 상세히 표현하려면 실로 엄청난 수의 단어가 필요하다.

하지만 다행스럽게도, 현재 우리가 개진하는 논증을 위해서 굳이 그런 것들을 다 살펴볼 필요는 없다. 우리가 알아야 할 것은 바울이 다른 초기 그리스도인과 같이 아가페라는 단어를 사용하기로 결정하고, 그 누구도 필요성을 느끼지 못했던 한 가지 일을 하기로 정했다는 사실이다. 그때까지만 해도 어느 누구도 초기 그리스도인이 생각한 것처럼, 그토록 심오하고 그토록 변혁적이고 그토록 공동체적이고 그토록 혁명적인 미덕을 몸소 구현해야 한다는 것을 몰랐다. 그래서 바울 당시의 사람들은 바울을 미쳤다고 간주했을 정도였다. 그때 이후로 사람들은, 심지어는 교인들조차도 바울의 도전에 뒷걸음질치고는 차선에 만족하곤 했다. 아니, 스물두 번째쯤으로 좋은 것에 안주하곤 했다. 아가페는 가능한 최고의 수준까지 기준선을 높인다. 우리가 아가페를 논의하기 전에 맨 먼저 할 일은 우리 모두 상한선을 분명히 하는 데 철저히 실패했음을 시인하는 것이다. 이 점을 공공연하게 인정한 뒤에야 우리는 바울이 말하는 온전한 것과 부분적인 것이 무엇인지를 숙고하는 작업에 착수할 수 있다. 이 작업은 바울이 생각하는 미덕의 작동 방식과 구성 요소를 이해하는 열쇠가 될 것이다.

∞

"온전한 것이 올 때에는 부분적인 것이 폐하리라." 바울이 사용하는 '온전한'이란 단어는 우리의 오랜 친구인 텔레이오스$_{teleios}$로서, 본래는 형용사인데 여기서는 명사처럼 '온전한 것$_{to\ teleion}$'으로 취급되고 있다. 이 단어는 '사랑'이란 단어가 그렇듯이 영어(와 한국어)로 옮기기 어려운 서로 비슷한 두 가지 의미를 갖고 있다. 하나는 무엇인가 마침내 그 목표에 도달해서, 말하자면 컵이 서서히 채워지다가 마침내 흘러넘칠 정도로 충만하게 되었다는 뜻이고, 또 하나는 우여곡절이 많았던 기나긴 순례가 결국은 목표점에 도달했다는 의미이다. 이와는 약간 다르게 젊음이나 미성숙함과 대조되는 성숙함 내지는 완전함을 뜻하기도 한다. 바울은 그 다음 구절에서 '온전한 것'의 의미를 밝힌다. 먼저 "온전한 것이 올 때에는 부분적인 것이 폐하리라"는 말을 한 다음에 즉시 "내가 어렸을 때에는 말하는 것이 어린아이와 같고 깨닫는 것이 어린아이와 같고 생각하는 것이 어린아이와 같다가 장성한 사람이 되어서는 어린아이의 일을 버렸노라(폐하였노라)"고 말한다.

바울은 갈피를 못 잡는 고린도 교인들에게 주는 권면의 주된 근거로서 아가페의 영원성을 들고 있다. 이는 기독교적인 색채가 뚜렷하지만 분명 미덕과 관련된 언어이기도 하다. 아리스토텔레스와 그로부터 나오는 전통은 인간의 성숙을 단지 현세에서 이루어지는 완전한 인간의 성품, '인간이 번성한 상태'로 보았을 뿐이다. 장차 얼굴과 얼굴을 맞대고 보는 것 같은 안목을 갖게 되면 현세의 부분적인 안목은 밀려날 것이었다. 부분적인 안목으로는 다가올 시대를 내다볼 수 없었다(고전 13:12). 바울에게 중요한 것은 영원성이었다.

고린도전서 13장은 세 가지 움직임으로 정교하고 아름답게 짜여 있다. 첫째 단락(1-3절)에서 바울은 아가페가 없으면 모든 그리스도인의 경험이 쓸모없다는 점을 강조한다. 방언이든, 예언이든, 비밀이든, 지식이든, 산을 옮길 만한 믿음이든, 자기희생적인 삶이든, 아가페가 없으면 아예 신경을 쓸 필요가 없다는 것이다. 이어서 이 장의 초두에 인용한 바 있는 서정적인 중간 단락(4-8절)이 나온다. 그 다음에 등장하는 마지막 단락(9-13절)은 첫째 단락과 균형을 이루면서 부드럽지만 확고하게 13장의 핵심 요점을 역설한다. 그 모든 일을 가치 있게 만드는 것은 바로 믿음과 소망과 사랑, 그 가운데서도 특히 사랑의 영원성이라고 단언한다. 고린도전서 13장은 논리도 심오하지만 그에 못지않게 심미적 호소력도 돋보인다.

이 장의 마지막 부분은 영원히 남지 않을 것과 영원히 남을 것에 관한 내용이다.

사랑은 언제까지나 떨어지지 아니하되 예언도 폐하고 방언도 그치고 지식도 폐하리라. 우리는 부분적으로 알고 부분적으로 예언하니 온전한 것이 올 때에는 부분적으로 하던 것이 폐하리라. 내가 어렸을 때에는 말하는 것이 어린아이와 같고 깨닫는 것이 어린아이와 같고 생각하는 것이 어린아이와 같다가 장성한 사람이 되어서는 어린아이의 일을 버렸노라. 우리가 지금은 거울로 보는 것 같이 희미하나 그때에는 얼굴과 얼굴을 대하여 볼 것이요. 지금은 내가 부분적으로 아나 그 때에는 주께서 나를 아신 것 같이 내가 온전히 알리라. 그런즉 믿음, 소망, 사랑, 이 세 가지는 항상 있을 것인데 그 중의 제일은 사랑이라.

영원히 남을 것과 남지 않을 것에 대한 이런 관념은 하나의 가정에 기초해 있다. 이 가정은 고린도전서 전체 주장의 저변에 있는 것으로서 마침내 15장에서 그 베일이 벗겨진다. 내용인즉 현세에서의 삶은 훨씬 더 긴 생활의 첫 단계일 뿐이고, 현재와 궁극적인 장래 사이에는 약간의 근본적인 불연속성과 뚜렷한 연속성이 있을 것이라는 점이다. 달리 말하면, 부활에 대한 약속과 소망이야말로 미덕이 작용하는 방식을 개조시켰고, 또 미덕에 참신한 도덕적 내용을 부여했다는 것이다. "만일 그리스도 안에서 우리가 바라는 것이 다만 이 세상의 삶뿐이면 모든 사람 가운데 우리가 더욱 불쌍한 자이리라"(고전 15:19). "이는 너희 수고가 주 안에서 헛되지 않은 줄 앎이라"(고전 15:58).

이로써 편지 앞부분에 흩어져 있던 내용들은 드디어 초점을 향하게 된다. "그러므로 때가 이르기 전 곧 주께서 오시기까지 아무것도 판단하지 말라. 그가 어둠에 감추인 것들을 드러내고 마음의 뜻을 나타내시리니"(고전 4:5). "하나님이 주를 다시 살리셨고 또한 그의 권능으로 우리를 다시 살리시리라. … 그런즉 너희 몸으로 하나님께 영광을 돌리라"(고전 6:14, 20). 이처럼 현세에서의 행동양식에 관한 바울의 가르침은 현세의 삶과 미래의 삶 사이의 연속성을 전제로 한다.

물론 현세에서의 삶 가운데 어떤 요소들은 나중에 불필요하게 될 것이다. 그런데 아이러니하게도 나중에 소용이 없어질 요소들 가운데는 고린도 교인들이 아주 영적인 것으로 간주하거나 평범한 삶의 훈련보다 우월한 것으로 생각했던 것들이 포함되어 있었다. 영원하지 않은 것들 가운데는 하늘의 삶을 현재 이 땅에 가져오는 듯이 보이는 방언과 예언과 특별한 지식의 은사 등이 포함되어 있다. 해가 뜨면 초가 불필요하게 되듯이, 실체가 오면 이 세 가지가 모두 불필요하게 될 것이다. 위대한 전환, 위대한 변혁이 다가오고 있다. 그것은 마치 어린아이가 성숙한 어른의 삶으로 변하는 것, 흐릿한 거울을 들여다보는 것이 얼굴과 얼굴을 맞대고 누군가를 보는 것으로 바뀌는 것(고전 13:12), 퍼즐 조각들을 놓고 서로 어떻게 들어맞는지 모르던 것에서 단번에 그 완전한 그림을 보는 것(고전 13:12)과 같다. 바울이 말하는 내용에 좀 더 가까운 비유를 들자면, 퍼즐 조각들만을 보다가 퍼즐이 완성된 모습을 볼 뿐 아니라, 완성된 퍼즐이 우리를 보고 있다는 걸 알게 되는 것과 같다. "지금은 내가 부분적으로 아나 그때에는 주께서 나를 아신 것 같이 내가 온전히 알리라."

여기에 나온 바울의 글은 아주 미묘한 뉘앙스를 풍긴다. 미성숙한 어린 시절과 성숙한 성인 시절을 대조하는 일은 현세의 삶이 부활의 삶으로 바뀌는 것을 가리키는 하나의 은유이긴 하지만, 어쩐지 은유 이상의 묘사로 보인다. 갈라디아서 4장 1-7절에 나온 내용과 비슷하게, 지금은 우리가 정말로 하나님의 미성숙한 어린아이에 불과하지만 언젠가 성인이 될 것이라는 의미도 담겨 있는 것 같다.

이어서 희미한 거울로 보는 것과 얼굴과 얼굴을 맞대고 보는 것을 대조하는 일 역시 다가올 전환을 가리키는 은유이다. 하지만 우리가 정말로 지금 이 순간에는 이 세상을 안개 속에서 보는 것처럼 보고 하나님과 그분의 길을 어렴풋하게 볼 수밖에 없으나, 언젠가는 명료하게 보게 될 것이라는 의미도 담겨 있다. 그리고 바울이 부분적으로 아는 것을 얘기하고 우리가 온전히 알려진 것 같이 우리도 온전히 알게 되리라고 말할 때는, 비유적인 언어를 넘어 이 주제와 관련해 최대한 직접적인 진술을 하고 있는 것이다. 이처럼 바울은 어느 차원에서는 할 수 없이 그림 언어를 사용하지만, 계속해서 그 실체를 있는 그대로 표현하려고 애쓰고 있다. 이로부터 우리는 왜 아가페가 현세에서 장래까지 계속 이어질 세 가지 영원한 것 가운데 하나이고 그 가운데서도 으뜸가는 것인지, 그 이유를 이해할 수 있을 것 같다. 주께서 나를 아신 것 같이 내가 온전히 안다는 것은 미덕을 넘어 예배로 진입한다는 뜻이다. 달리 말하면, 그 지점은 미덕이 예배로 변하는 곳, 또는 예배가 이른바 미덕이라는 마음의 습관이 도달하는 정점이 되는 곳을 가리킨다. 바로 그 지점에서 우리는 하나님의 영에 의해 왕 같은 제사장으로 빚어진다. 고린도전서 13장은 사실상 바울이 교회의 예배생활을 다루는 두 장 사이에 위치하고 있다. 말하자면 양자의 중앙에 있는 셈이다.

그러므로 어렵지만 강력한 언어를 배우거나 소리는 아름답지만 복잡한 악기를 연습하는 것과 같이 현세에서 실천해야 할 아가페는 장래의 세계에까지 지속되고 영광스럽게 성취될 것이다. 이유인즉 이것이 바로 우리가 예수 그리스도 안에서 알게 된 하나님의 본질이기 때문이다. 십자가에서 죽었다가 다시 살아난 예수의 얼굴에서 바울이 보았던 그 하나님은 자기를 완전히 내어주는 사랑의 하나님이었다. 만일 우리 인간이 하나님을 반영하도록 부름 받아 "그분의 형상을 따라 지식에까지 새롭게 하심을" 입어야 한다면, 이런 사랑은 장래의 삶에 있어 핵심 요소인 것이다. 따라서 지금 여기에서 사랑을 바라볼 필요가 있다는 것은 전혀 놀랄 일이 아니다. 그런즉 아가페는 '항상 있을' 것이다(고전 13:13). 이는 바울이 고린도전서 15장 58절에서 설명하는 원리의 뛰어난 본보기이다. 하나님의 세계에서 사용하는 언어는 사랑이다. 우리는 하나님의 세계와 우리의 세계가 영원히 합쳐질 그날을 바라보며 이 언어를 배우라는 소명을 받았다. 사랑은 하나님의 궁정에서 연주하는 음악이고, 우리는 미리 그것을 배우고 연습하라는 초청을 받았다. 사랑은 결코 의무가 아니다. 우리가 짊어질 최고의 의무도 아니다. 그것은 운명이다.

바울은 가장 위대한 미덕에 관한 가장 위대한 설교에 당신을 초대한다. 여기서 우리는 목표 곧 온전한 것, 완전한 것, 성숙한 것에 동참할 지위를 얻는다. 언젠가 온 우주는 온전함, 완전함, 성숙함에 도달하게 될 것이다. 새롭게 된 우주 안에서 인간들은 그들 고유의 완전성에 도달하고, 성숙함으로 말미암아 인간들은 마침내 왕 같은 제사장이 될 것이다. 그로 말미암아 인간들은 세계에 대해 하나님의 지혜로운 청지기 직분을 담당하고, 온 세계는 기쁨에 차서 창조주께 예배를 드리게 되리라. 만일 이것이 최종 목표라면, 당신을 그 날에 적합하게 만들어주고, 또 부분적이고 불완전한 현세에서나마 그 완전한 세계의 삶을 조금이라도 맛보게 해줄 미덕들과 강점들 그리고 마음과 생각과 삶의 습관들이 여기에 있다고 바울은 말한다. 바울에게 미덕은 이미 시작된 종말의 일부, 현재를 뚫고 들어온 미래의 삶의 일부에 다름 아니다. 그렇기 때문에 미덕은 힘겨운 것인 동시에 영광스러운 일인 것이다.

우리가 이 세 가지 위대한 미덕에 관한 논의를 진행하기 전에, 이 논의와 나란히 서 있는 또 다른 바울의 위대한 주제를 고찰할 필요가 있다. 갈라디아서 5장에서 바울은 성령의 열매에 관해 얘기한다. 거기서도 세 가지 위대한 미덕의 경우처럼 맨 위에 아가페가 있다. 성령의 열매와 미덕은 동전의 양면과 같은 관계이다. 어떤 면에서 그럴까?

바울은 성령의 열매 아홉 가지(갈 5:22-23)를 열거하기에 앞서 중요한 도입부를 진술한다. "너희가 만일 성령의 인도하시는 바가 되면 율법 아래에 있지 아니하리라"(갈 5:18). 윤리적인 탐구를 할 때 특정한 질문을 제기하는 오늘날의 풍토로 볼 때, 사람들은 이 위대한 진술을 잘못 알아듣거나 심각하게 오해할 소지가 매우 많다.

질문의 다른 면을 염두에 두었기 때문에 잘못 들었다는 말이 무슨 말인지 아는가? 가령, 당신이 어느 커피숍에 앉아 옆 좌석에서 나누는 대화의 일부분을 엿들었다고 상상해보라. 그 사람들이 누구인지, 그들이 무엇에 관해 얘기하고 있는지를 전혀 모르는 상태이다. 당신이 들은 것이라고는 "우리는 그것을 C에서 끝낼 거야"라는 단 한 문장뿐이다.

도대체 이게 무슨 뜻일까?

그 사람들은 시험 결과를 기록하고 도표로 만드는 방법을 새롭게 고안하려는 교육부 소속 위원들일 수 있다. "합격 등급을 A, B, C, D, E 등 다섯 가지로 나누고 F를 불합격으로 처리할까?" "아니, 그것은 너무 극단적이지 않나? 정말로 다섯 등급이 필요할까?" "아니야." 위원장이 이렇게 선언한다. "그냥 세 가지 범주로 나누는 것으로 충분할 거야. 우리는 그것을 C에서 끝낼 거야." 우리로서는 이 정도만 진도를 나가도 충분하다.

그들이 출판사 직원이라면 여러 권짜리 백과사전을 어디서 나눌지 결정하는 중일 수도 있다. 이 사전은 한 권으로 만들 수 없고 아마 두세 권으로 나눠서 출판해야 할 것이다. 그런데 앞부분에 들어갈 자료는 모두 입수되었으니 이제 알파벳의 어느 지점에서 제1권을 끝내야 할지를 놓고 의논 중이다. "우리는 그것을 C에서 끝낼 거야"라고 합의를 본다. 따라서 다음 권은 D에서 F까지 수록하겠지?

또 다른 경우로는 그들이 지중해 유람선의 항해 경로를 의논하고 있을 수도 있다. 그 배는 여러 항구를 경유할 예정이다. 참석자들 중 한 사람이 이 배가 들르는 어느 항구 가까운 바닷가에서 한 친구를 만나고 싶어 한다. 그래서 일정을 짜는 사람들에게 그날 밤에 그 친구가 유람선에서 열리는 파티에 왔다가 배가 출항하기 전에 내리는 게 가능할지 여부를 물어본다. 미안하지만 그렇게 할 수는 없다는 답변을 듣는다. 배가 저녁 조류를 타야 하기 때문이란다. 그래서 파티에 관한 한, 배가 이미 항해를 시작한 뒤에 "우리는 그것을 바다(sea, 알파벳 C와 같은 발음)에서 끝낼 것이다"라고 말한 것이다.

이 밖에 다른 예들도 상상할 수 있다. 예컨대, 작곡가인 장 시벨리우스Johan Julius Christian Sibelius가 최고의 소나타 7번을 C 메이저로 귀결되는 포인트에서 끝내려고 계획하고 있는데, 이미 그 포인트가 지나갔다고 생각해보라. 이처럼 단 한 문장을 듣더라도 청중이 염두에 두고 있는 암묵적인 질문에 따라 그것이 다양한 의미로 다가올 수 있는 것이다.

바울의 경우도 마찬가지이다. "너희가 만일 성령의 인도하시는 바가 되면 율법 아래에 있지 아니하리라." 오늘날 누군가 이 말을 단편적으로 듣게 되면, 한편에는 규율을 좇아 생활을 정돈해야 한다고 생각하는 이들과, 다른 한편에는 중요한 것은 자연스러운 느낌에 따라, 자발적으로 또는 진정성을 가지고 살아야 한다고 생각하는 이들 사이에서 일어나는 논쟁의 한 대목으로 간주할 가능성이 매우 크다. 우리가 엿들은 내용이 그런 대화였을 것이라 가정하게 만드는 것은 우리의 문화적 풍토만이 아니다. 지난 400년에 걸친 종교적, 신학적 풍토는 우리가 그런 관점에서 종교적 대화를 듣도록 하는 바탕이 되었다. 적어도 종교개혁 이후 수많은 그리스도인들은 바울 사상의 토대를 이런 식으로 생각해왔다. 그는 생애 전반부를 자기 종교의 규율을 지키려고 애쓰는 데 보낸 뒤에, 나중에 그것이 불가능하다는 걸 깨달았을 뿐 아니라 규율이 핵심적인 취지가 아니라는 것도 발견했다는 식으로 말이다. 그리고 하나님은 규율의 준수를 원하지 않고 오히려 '자발성'을 원했고, 예수 그리스도를 통하여 바울의 규율 위반을 모두 용서해주었으며, 이제는 그분의 영을 주셔서 그처럼 지독한 도덕적 몸부림이 없어도 '열매'를 맺게 해주셨다고 말이다.

그런데 옆 좌석에서 진행된 대화가 과연 이런 내용이었을까?

만일 그런 식으로 해석한다면, 청중은 바울이 법 내지는 율법이라고 말할 때, 유대인의 율법이나 모세의 율법, 또는 특정한 법을 의미하지 않는다고 생각하는 셈이다. 설사 이런 법을 언급하고 있다고 하더라도, 그것은 단지 바울이 알고 있었던 특정한 유형의 '법'이었기 때문이다. 이런 관점에서 보면, 우리는 모두 어쨌거나 '법 아래' 있다고 할 수 있다. 모든 인간은 자기를 자극하는 모종의 도덕률이 있어서 그것을 지키지 않으면 죄책감을 느끼는 그런 존재이기 때문이다. 이런 사고방식으로 보면, 바울의 메시지는 이런 셈이다. "너희는 그 모든 것에서 자유롭다! 성령께서 너희를 마음속에서부터 인도하실 것이고, 너희는 전통과 철학과 구약성경을 막론하고 어디에서 오든지 그런 규율에 대해 더 이상 신경 쓸 필요가 없다! 그런 도덕주의에 대해 아무 염려도 하지 마라. 마음을 가볍게 먹고 자발적으로 행하라. 굳이 노력할 필요도 없다! 도덕적인 노력을 기울인다는 것은 잘못된 길을 걷고 있다는 표시이다. 너희가 할 일이라고는 성령의 흐름을 타는 것뿐이다!"

이와 같은 추측은 바울이 실제로 말하고 있는 내용과 아무 상관이 없다. 이 추측은 "우리가 그것을 바다에서 끝낼 것이다"라는 여행 안내원의 말을 누군가가 엿듣고 그 의미를 백과사전에서 찾아보는 격이다. 바울은 여기서 규율 대 자발성의 문제를 얘기하고 있는 것이 아니다. 그는 메시아의 죽음 및 부활, 성령의 선물과 함께 하나님의 백성에게 임한 거대한 변화에 관해 얘기하고 있다.

'율법'은 메시아가 오기 이전의 시기에 주어졌던 하나님의 선물이었다. 바울은 이 논점을 갈라디아서 3장 15-29절에서 주장했다. 그런데 바울의 주장은 갈라디아 교회의 일부 교인에게는 새로운 뉴스로 다가왔다. 그들은 그때까지 이방 종교에서 회심한 모든 신자는 자신이 진정한 하나님의 백성의 일원이고 아브라함의 자손임을 확증하기 위해 할례나 음식법과 같은 모세의 율법을 지켜야 한다고 배웠기 때문이다. 그러나 바울은 거기에 동의하지 않는다. 대신에 아브라함의 자손은 인종이 무엇이든지, 모세의 율법과 무슨 관계에 있든지를 막론하고 메시아 예수를 믿고 그분과 연합하여 세례를 받은 자들로 구성된다고 주장했다.

그런 다음에 바울은 아주 아이러니한 말로 대적들에게 역습을 가한다. 바로 이 맥락에서 아가페를 정점으로 한 여러 가지 성령의 열매를 설명하고 있는 것이다. 모세의 율법, 곧 토라를 중심으로 갈라디아 교회 내에서 큰 싸움이 벌어졌다. 이런 싸움 자체가 벌써 무언가 잘못되었다는 것을 보여주는 징표가 아닌가? 아니, 모든 율법을 요약한 최고의 가르침은 "네 이웃 사랑하기를 네 자신 같이 하라"(갈 5:14)는 말씀이 아닌가? 우리가 나중에 살펴볼 로마서 13장 8-10절에서 그랬듯이, 바울은 여기서도 레위기 19장 18절을 인용하고 있다. 그렇다, "온 율법은 네 이웃 사랑하기를 네 자신 같이 하라 하신 말씀에서 이루어졌다"고 바울은 말한다. "그런즉 너희가 가장 근본적인 율법의 원리를 위반하고 있다면, 어떻게 율법을 준수할 수 있겠는가? 너희는 반대 방향으로 나가고 있으며, 서로 멸망하는 길을 재촉하고 있다"(갈 5:15).

그러면 대안은 무엇인가? 바울은 나중에 로마서에서 아주 자세하게 설명할 내용을 치밀한 두어 문장으로 요약한 뒤에, 율법이 정말로 성취하려고 했던 것을 이룰 수 있는 길이 있다고 말한다. 하지만 이 길은 '육체flesh'의 길이 아니라고 한다. 여기서 바울의 논증은 모호한 핵심 용어를 사용한다. 그에게 '육체'란 단순히 신체적 성격을 뜻하지 않는다. 이 단어는 항상 인류나 이스라엘이 하나님에게서 등을 돌리는 타락하기 쉬운 성향이나 실질적인 반역이란 뜻을 내포한다. 바울은 특히 할례를 지목하며 그것이 육체의 일에 불과하다는 점을 강조해왔다. 그가 갑자기 공간과 시간과 물질로 된 물리적 세계를 배척하는 이원론자가 되었기 때문이 아니라, 그에게 있어서 육체란 단어는 장차 썩어지고 죽을 것을 의미했기 때문이다. 육체는 영원히 남을 것이 아니라는 말이다. 여기서도 고린도전서 13장에서 보았던 바, "온전한 것이 올 때에는 부분적인 것이 폐하리라"라는 사상이 나온다.

그러므로 이제 너희는 육체를 좇아서는 안 되고 육체를 벗어날 필요가 있다고 바울은 말한다. "만일 너희가 육체를 강조하면 어떤 부류와 어울리게 될지 생각해보라! 너희는 너희가 그토록 경멸하는 이방인의 생활방식을 추구하게 될 것이다! 그런즉 너희는 성령을 좇아서 삶을 정돈할 필요가 있다. 이것만이 도처에 있는 이방 종교에서 보이는 육체의 일을 피할 수 있는 유일한 길이다. 너희가 할례를 받는 등 모세의 율법을 외적으로 지킨다고 해서 그걸 피할 수는 없다."

이제야 우리는 옆 좌석에서 엿들은 대화의 핵심을 이해할 수 있게 되었다. "너희가 만일 성령의 인도를 받게 되면 모세의 율법 아래에 있지 아니하리라." 이 말은 규율보다 자발성을 선호한다는 말이 아니다. 하나님이 그분의 영을 그리스도 안에 있는 자들에게 부어주심으로, 그들 속에서 율법이 성취할 수 없었던 삶을 마침내 성취하게 되는 새 언약과 관계된 말이다(롬 8:1-11 참조). 그리고 이런 일이 일어날 때에 모세의 율법은 밖에서 구경하면서 손뼉을 칠 수는 있을지언정, 이 일에서 아무 역할도 할 수 없다. 달리 말하면, 너희가 번성하고 열매 맺는 하나님의 백성이 되기 위하여 굳이 모세의 율법을 취하여 유대인이 될 필요는 없다는 뜻이다. "역설적이게도 너희가 그 길로 가게 되면 너희 스스로 거리를 두고 싶어 하는 그 이방인들과 같은 수준이 되어 꼼짝 못하게 될 것이다!"

이제 바울은 육체와 관련된 행위들을 열거하고 있으며, 그 가운데 다수는 우리가 살펴보았듯이 몸이 없는 악한 영도 행할 수 있는 것들이다. 바울은 이런 행동양식을 비난하고 있다. 신체적 성격과 관련이 있어서가 아니라 인류가 하나님에게 등을 돌리고 자기 속으로 오그라들 때 생기는 일이기 때문이다.

육체의 일은 분명하니 곧 음행과 더러운 것과 호색과 우상 숭배와 주술과 원수 맺는 것과 분쟁과 시기와 분냄과 당 짓는 것과 분열함과 이단과 투기와 술 취함과 방탕함과 또 그와 같은 것들이라. 전에 너희가 경계한 것 같이 경계하노니 이런 일을 하는 자들은 하나님의 나라를 유업으로 받지 못할 것이니라(갈 5:19-21).

마지막 문장을 주목하라. 하나님의 나라가 하늘에서와 같이 땅에도 오고 있는 중이고, 그런 길로 가면 하나님나라로 향하지 못한다고 한다. 이 길은 이 땅의 사람들이 하늘의 생명을 멀리하고 죽음과 언약을 맺는 경로이며, 이 땅을 현재처럼 타락하고 부패한 상태 그대로 유지하고 싶다고 말하는 것과 같다. 덕이 그렇듯이 악도 마찬가지이다. 여기서 말하려는 요점은, 어떤 독단적이고 율법주의적인 신이 인간들로 그들 본연의 모습이 되거나 좋은 시간을 갖지 못하도록 막으려고 이런 행동양식을 금하는 게 아니라는 것이다. 이런 행위들은 비인간화된 상태, 곧 인류를 그대로 내버려두면 하나님이 약속한 장래를 멀리하는 타락한 인간 모습을 보여준다. 더 나아가 셰익스피어가 아주 정확히 보았듯이, 그것은 갈수록 더 딱딱해지고 변하기가 거의 불가능한 마음의 관습(습관)과 같다. 이것이 '악'이란 단어의 의미이다. 일단 습관이 자리를 잡으면, 그것이 당신을 꽉 잡고 있어서 당신이 도무지 풀려날 수 없는 상태가 된다.

이와 반대로, "성령의 열매는 사랑과 희락과 화평과 오래 참음과 자비와 양선과 충성과 온유와 절제니 이 같은 것을 금지할 법이 없느니라"(갈 5:22-23). 마지막 줄은 상당히 아이러니하다. "너희가 이 가운데 어느 것도 율법에 거슬리지 않는다는 것을 알리라." 달리 말해서, "만일 하나님의 구속받은 백성이 이런 모습을 갖고 있다면, 율법이 지극히 기뻐할 것이라고 생각하지 않는가?"라는 뜻이다. 이것이야말로 바울이 말하려고 하는 요점이다. 바울은 모종의 율법주의에 반대하여 낭만주의적이거나 실존주의적인 접근을 두둔하는 것이 아니다. "일단 성령이 한 개인이나 공동체 속에 자리를 잡으면, 이런 것들이 자동적으로 일어날 것이다"라는 식으로 말하는 것도 아니다. 또한 "이제 너희는 성령을 갖게 되었으니, 저 어이없는 옛 율법을 그 모든 도덕적 규약과 함께 갖다버릴 수 있어서 얼마나 좋은가?" 하고 말하는 것도 아니다. 오히려 이렇게 말하고 있다. "어쨌든 이런 것이 바로 성령이 낳는 행위가 아닌가? 이제 너희는 그와 같은 사람을 만들어내려고 회심자에게 모세의 율법을 강요할 필요가 없다는 것을 모르겠는가?"

여기에서 바울이 성령의 열매를 복수형이 아닌 단수형으로 쓰고 있는 점에 주목할 필요가 있다. 플라톤을 비롯한 고대 사상가들이 주장하기를, 만일 기본 덕목들 가운데 하나를 소유하고 싶으면 모든 기본 덕목들을 소유해야 한다고 했다. 바울 역시 성령의 열매 중 한두 가지를 배양하는 것으로 과수원을 운영하기에 충분하다고 생각하지 않았다. 성령이 일하시면 열매의 아홉 가지 양상이 모두 나타나는 것을 볼 수 있기 때문이다. 바울은 여러 열매가 따로따로 독립된 모습을 띠지 않는다고 말하는 것이다.

그리고 바울은 독자들이 자기의 말을 오해하지 않도록 한 가지 경고를 함으로써 이 논의를 마무리한다. 육체와 함께 머물면서도 여전히 그리스도의 사람들, 곧 메시아의 공동체 일원이 될 수 있을 것으로 생각하면 안 된다는 경고이다. "그리스도 예수의 사람들은 육체와 함께 그 정욕과 탐심을 십자가에 못 박았느니라"(갈 5:24). 그리스도의 사람들은 육체를 십자가에 못 박은 사람들이다. 이 선언은 편지 앞부분에서 신학적 논증을 펼 때 진술했던 바울의 말 "내가 그리스도와 함께 십자가에 못 박혔나니…"(갈 2:20)와 상응한다. 아울러 이 문장은 비록 다른 목적으로 쓰인 것이긴 하지만, 자칫하면 간과할 수 있는 한 가지 핵심 요점을 상기하도록 우리를 일깨워준다.

성령의 열매는 자동적으로 자라지 않는다는 것이 핵심 요점이다. 누군가 예수를 믿었다고, 하나님의 영을 위해 기도했다고, 가만히 앉아 열매가 맺히길 기다렸다고 해서 어느 날 갑자기 아홉 가지 모습이 나타나는 것은 아니다. 하지만 그 열매가 영글고 있음을 보여주는 강하고 갑작스러운 징표가 있을 수는 있다. 가령, 온통 육체의 일로 얼룩진 생활을 하다가 극적으로 회심한 사람들은 그들 마음속에 사랑하고 용서하고 온유해지고 순결해지고 싶은 마음이 솟아오르는 것을 경험하고 깜짝 놀라곤 한다. '이런 마음이 어디서 왔을까?' 궁금해한다. '나는 결코 이런 사람이 아니었는데' 하면서 말이다. 물론 이것은 성령님이 일하고 계시다는 훌륭한 징표이다.

하지만 그 경험을 끝으로 이후에는 온통 내리막길을 걷게 되는 것은 아니다. 이제 한창 꽃이 피기 시작한 것이다. 열매를 맺으려면 정원사가 되는 법을 배워야 한다. 말하자면, 나무를 돌보고 가지치기를 하는 법, 정원에 물을 대는 법, 새와 다람쥐를 퇴치하는 법 등을 배울 필요가 있다. 마름병과 곰팡이를 경계하고, 나무의 생명을 빨아먹는 담쟁이덩굴과 해충을 몰아내고, 어린 줄기가 강한 바람에도 흔들리지 않도록 확실한 조치를 취해야 한다. 그런 다음에야 비로소 열매가 나타날 것이다.

혹시 누군가 나타나서, 이처럼 훌륭한 특성을 열거한 바울의 목록에 내가 이질적인 논평을 가하고 있다고 지적한다면, 그 목록의 마지막 특성을 주목해보라고 권하고 싶다. 만일 열매가 저절로 생긴다면, 어째서 절제가 필요하겠는가? 저절로 열매 맺지 않기에 그런 특성이 필요하다는 것이다. 바울이 여기서 언급하는 열매의 모든 양상은 젊고 건강하고 유쾌한 사람들이라면 비교적 쉽게 가장할 수 있는 것들이다. 단, 절제만 빼놓고. 그래서 항상 이렇게 물어볼 필요가 있다. 만일 절제가 없다면, 겉으로 나타나는 다른 양상들은 성령이 일하시는 것을 보여주는 진정한 표징이 아니라 혹시 일부러 가장한 것이 아닐까 하고 말이다.

어쩌면 그렇기 때문에 바울이 즉시 십자가의 죽음을 언급하고 있는 것 같다. "그리스도 예수의 사람들은 육체와 함께 그 정욕과 탐심을 십자가에 못 박았느니라"(갈 5:24). 정원에는 과실나무의 성장을 저지하는 많은 해충과 관목들이 있고, 열매가 미처 익기도 전에 뿌리를 갉아먹거나 열매를 앗아가려고 엿보는 많은 약탈꾼들이 있다. 그 모든 적들을 무자비하게 처치하려는 마음과 생각과 의지를 의식적으로 다질 필요가 있다.

이렇게 논의하다보니 우리도 모르는 사이에 골로새서 3장 5절의 내용과 맞닿는 것을 알게 된다. "그러므로 땅에 있는 지체를 죽이라." 사실 골로새서에 나오는 '땅에 있는' 것은 갈라디아서에 나오는 '육체'와 동일한 것이다. 바울이 골로새서에서 반드시 죽여야 한다고 말하는 것과 갈라디아서에서 언급하는 '육체의 일'이 서로 중복되는 것을 볼 때, 실질적으로 동일한 논점을 개진하고 있는 셈이다. 이처럼 죽이는 일이 선행할 때 마지막에 주는 바울의 명령에 순종할 수 있다. "만일 우리가 성령으로 살면 또한 성령과 일렬로 서도록 하자"(갈 5:25). 두 번째 절은 '성령으로 걷도록 하자'라고 번역할 수도 있으나, '걷다'는 단어의 뿌리는 한 줄로 서 있는 것을 언급할 수도 있으므로, 어떻게 번역하든지 그 요점은 분명하다. 즉 당신이 성령 안에 살고 있기 때문에 자동적으로 성령의 인도를 받는 것은 아니라는 말이다. 당신이 그렇게 행하겠다고 의도적으로 선택해야 한다. 그리고 얼마든지 그렇게 할 수 있다.

바울 시대로부터 오랜 세월이 흐른 뒤에 도덕을 둘러싼 기나긴 논쟁이 이어졌는데, 사실 이 같은 바울의 논점을 주시했더라면 그 논쟁을 일찍이 끝낼 수도 있었을 것이다. 일부 신학자들은 남의 도움 없이 열심히 노력해서 얻을 수 있는 미덕과 오로지 하나님이 허락할 때에만 가질 수 있는 미덕을 신중하게 구별해왔다. 그렇다면 '후자의 경우에는 아무런 노력도 필요 없다는 것인가?'라는 의문이 생긴다. 이에 대한 바울의 답변은 여기서나 다른 글에서나 아주 분명하다. 성령의 열매가 보이는 아홉 가지 양상을 비롯한 기독교적 미덕은 하나님의 선물인 동시에 본인이 이런 생활방식을 따르고 이 같은 마음과 생각의 습관을 개발하겠다는 의식적인 결단에 따른 결과라는 것이다. 전문 용어로 말하자면, 이런 것들은 주입된 것인 동시에 습득된 것이라고 할 수 있다. 비록 우리가 그것들을 습득하는 방식 그 자체가 주입된 것이긴 하지만 말이다.

신학을 하다 보면 흔히 경험하듯이 여기서도 우리는 언어의 문제에 봉착한다. 마치 하나님이 우리와 같은 또 다른 인물인 것처럼 보일 수도 있고, 하나님의 일과 우리의 일이 상호작용하는 것을 보고서 두 사람이 동일한 프로젝트를 놓고 서로 협력하는 게 아니냐는 생각이 들 수도 있다. 하나님이 행하시는 것과 인간이 행하는 것에 대해 동시에 얘기하려다 보니 이런 문제에 부딪히는 것이다. 이 지점에서 이 문제를 깊이 탐구할 필요는 없다. 바울이 열거하는 성령의 열매의 다양한 측면은 기독교적인 미덕들과 마찬가지로 성령의 일인 동시에 당사자 편에서 의식적으로 선택하고 노력한 결과라는 점에 주목하는 것으로 충분하다.

이제 우리는 앞에서 논의한 내용과 연관시키면서 동일한 논점을 다른 경로로 개진할 수 있다. 인류에게 주어진 기본 명령은 생육하고(열매를 맺고) 번성하는 일이었다. 바울은 이와 똑같은 언어를 사용하여 어린 교회의 믿음과 삶이 성장하는 모습을 묘사하였다(골 1:6, 10). 그런데 영적인 열매를 맺으려면 아무리 건강한 나무라도 반드시 보살피는 손길이 있어야 한다. 너무 오랫동안 내버려두고 손을 대지 않으면 엉망진창이 되고 말 것이다.

다시 말하건대, 바울이 기대하는 바, 성령으로 말미암는 행위는 성령이 어린 그리스도인들의 마음과 의지와 의식적인 선택을 배제하고 일방적으로 맺는 것이 아니다. 그들은 육체를 십자가에 못 박아야 한다. 그들은 마음이 새롭게 됨으로 변화를 받아야 한다. 그럴 경우에만, 그들이 '성령의 인도'를 받으면 더 이상 '율법 아래에' 있지 않게 될 것이다. 뿐만 아니라 아무 생각 없이 자발적으로 행하는 낭만적인 상태로 살지도 않을 것이고, 독단적인 규율을 좇는 맹목적인 삶을 살지도 않을 것이다. 그 대신에 인간의 '자유'가 지닌 진정한 의미를 발견하게 될 것이다(갈 5:1-13). 이는 태초에 인간이 창조될 때 의도되었던 본의이고, 유대교의 율법이 가리키긴 했으나 오직 메시아의 죽음과 부활을 통해서만 도달할 수 있었던 참뜻이다. 그리스도인은 참으로 자유롭게 되어 그리스도인의 삶의 목표인 완전한 진정성으로 인도하는 고차원의 길을 걷게 될 것이다. 그리고 이 길에서 그리스도인은 언어나 악기를 연습하듯이 성령의 인도를 받아 기독교 미덕을 실천하며 나갈 것이다.

※

그러면 앞서 살펴본 세 가지 미덕과 아홉 가지 모습을 띤 열매는 어디에서 합류하는가? 바울은 양자를 협력적인 관계로 생각하는 것이 분명한데, 그렇다면 구체적으로 어떻게 협력할까? 바울을 진지하게 연구하는 사람들은 바울의 윤리 사상을 명료하고 일관된 구조로 보려고 노력하면서 이 문제를 한 가지 각도에서 접근하는 게 보통이다. 그러나 바울은 어느 교회를 대상으로 어떤 문제를 다루고 있느냐에 따라 다양한 각도에서 접근했다. 그럼에도, 우리가 이 장의 세 번째 주제로 넘어가기 전에 몇 가지 줄기를 하나로 묶을 수는 있다.

첫째, 우리는 이제껏 미덕이야말로 바울이 탐구하는 내용의 중심부에 있다고 주장했음에도 불구하고, 바울은 지금 뒷문으로 규율을 다시 끌어들이는 것이 아닌가? 가령, 아가페가 어떻게 작동하는지를 상세하게 묘사할 때와 "온 율법이 이 한 가지 계명으로 요약된다"고 주장할 때, 바울은 실제로 "글쎄 말이야, 너희는 이런 습관을 길러야 하는데, 이것이 규율들을 지키는 최선의 방법이기 때문이지"라고 말하는 셈이 아닌가?

이 질문에 대한 대답은 단연 '아니오'이다. 그 이유를 설명하다보면 한 가지 흥미로운 점으로 이어진다. 옛 격언에 이런 말이 있다. 누군가에게 물고기 한 마리를 주면 하루를 먹여 살리는 것이고, 물고기 잡는 법을 가르치면 평생을 먹여 살리는 셈이라고 말이다. 바울은 회심자들을 가르칠 때 보통 후자를 이용했다. 사람들에게 특정 상황에 필요한 한 가지 명령을 주면 하루 동안 제대로 살도록 도와주는 것이고, 기독교적으로 생각하는 법을 가르치면 구체적인 가르침을 주지 않은 상황에서도 스스로 헤쳐 나갈 수 있게 하는 것이다. 바울이 거듭해서 하는 일은 맨 처음에 필요한 지침을 제공하는 것이다.

특히 기독교적 미덕은 회심자들로 특정한 행동 패턴을 취하게 하는 영역, 그들 자신뿐 아니라 이웃에게도 충격을 줄 만한 영역에서 지침을 제공하고 있다. 그들이 걸어야 할 길이 바로 이 길이라는 확신을 갖게 할 필요가 있었다. 얼핏 예전의 규율처럼 보이는 가르침들은 실제로 마음의 습관을 기르는 동안에 본궤도를 벗어나지 않게 해주는 지침들이다. 바울은 지금 은혜와 믿음에 대한 자신의 가르침과 상반되는 율법주의로 퇴보하고 있는 것도 아니고, 미덕에 바탕을 둔 윤리를 옹호하면서도 규율에 기초한 윤리를 지향하는 방향으로 퇴보하고 있는 것도 아니다.

이런 가르침은 규율과 미덕을 서로 반목하게 만드는 것이 아니라, 더 큰 미덕의 틀 안에서 규율을 조망하는 것이다. 이를 보여주는 또 다른 예를 들어볼까 한다. 각 지역별로 장거리 여행을 위해 고속도로를 건설할 때는, 당연히 운전자들이 자기 차를 완전히 통제하면서 운전하기를 기대한다. 이상적으로는, 아무도 자기가 주행하는 차로에서 벗어나 반대 방향 차로로 뛰어들지 않기를 바란다. 그러나 이따금 사람들은 운전하다가 졸든지, 뒷좌석에 있는 애완견 때문에 주의가 산만해지든지, 그 어떤 이유에서든지 집중력을 잃는 경우가 있기 때문에, 지혜로운 고속도로 건설자는 중앙 분리대를 만들어서 어느 쪽에서든 반대 차선으로 뛰어들지 못하게 막는다. 마주 오는 차들과 정면으로 충돌하는 것보다는 차라리 분리대를 박고 뒤로 밀려 같은 방향의 차들과 부딪히는 편이 낫다고 생각하기 때문이다. 또는 고속도로 외곽의 울타리나 개울 가까운 곳에는 요철 구간을 만들어서, 바퀴가 거기에 닿는 순간 큰 소리가 나게 하여 운전자가 도로에서 이탈하는 것을 막아준다. 이렇게 도로를 설계하고 건설한 책임자들은 이런 식으로 말하지 않을 것이다. "자, 보세요. 저기에 멋진 충돌 방어벽이 있으니 거기에 부딪혀도 괜찮습니다." 대신에 이렇게 말할 것이다. "저 방어벽을 건드리지 않고 운전해야 합니다. 하지만 혹시 무언가 이상이 있을 때는 저기에 방어벽이 있다는 것을 잊지 마세요."

이제 이 예화를 바울의 윤리에 적용해보자. 바울은 고대 이방 사상이 도덕적으로 혼란하다는 것을 잘 알고 있었고 바울 자신이 폭넓고 다양한 목회 경험을 했기 때문에, 그리스도인 개개인과 교회 공동체가 미덕과 그 열매를 선택하고 개발하고 실행에 옮길 것을 자기가 아무리 원한다고 해도, 그냥 가만히 앉아서 그런 일이 일어나길 기다릴 수만은 없다는 것을 분명히 알고 있었다. 그동안에 미덕의 방향성에 관한 지침도 없이 사람들을 내버려둘 수 없었던 것과 마찬가지로, 어떤 행동양식이 그리스도 안에 있는 것과 일치하고 또 어떤 것이 일치하지 않는지에 관한 분명한 지표도 없이 새로운 신자를 그냥 방치할 수만은 없는 노릇이었다. 예컨대 데살로니가전서 4장을 생각해보라.

이것을 올바른 행동은 미덕에서 나오고, 미덕은 올바른 행동을 낳다는 식의 순환 논리로 본다면, 바울이 하고 있는 일을 너무 평면적으로 접근하는 것이다. 그는 지금 도덕적인 이론을 만들고 있는 게 아니라 열심히 목회 사역을 수행하고 있는 중이다. 만일 자동차가 통제에서 벗어나 믿음과 소망과 사랑이 손짓하는 방향에서 이탈하는 장면을 그가 본다면, 그리고 그가 도울 수만 있다면, 차가 충돌해서 교훈을 배울 때까지 마냥 기다리지 않을 것이다. 고린도전서 5장과 6장에서 볼 수 있듯이 확고한 규율과 함께 그 일에 뛰어들 것이다. 그렇다고 해서 미덕을 가르치는 일을 포기하고 규율로 되돌아간다는 뜻은 아니다. 율법 자체로 돌아가는 게 아니라는 것은 말할 필요도 없다. 오히려 그는 목회자의 솜씨를 보여준다. 말하자면, 언제 어린 학생이 실수를 통해 배우도록 내버려둘지, 또 언제 이론을 유보하고 구출에 나서야 할지를 알고 있다는 뜻이다.

이 같은 운전자, 자동차, 고속도로의 이미지를 다른 방향으로도 활용할 수 있다. 어느 날 나는 어렴풋이 알고 있다고 생각했던 길로 운전하고 있었다. 고속도로가 사고로 차단되어 있는 것을 보고 옆길로 빠졌다. 그저 직감에 따라 대충 방향만 맞추어 지그재그로 시골 길을 누비게 되었고, 종종 아무 표지판도 없는 분기점과 교차로에 도달하곤 했다. 그 지방 사람들은 거기서 어느 길로 가야 할지를 분명히 알고 있을 것이다. 하지만 그 길에 비교적 낯설었던 나는 그렇지 못했다. 따라서 언젠가 내가 '그 길을 습득할' 때까지는 표지판으로부터 많은 도움을 얻을 수밖에 없다. 그 지방의 노련한 운전자들은 어느 길로 가야 할지를 알고 있으므로 표지판을 슬쩍 보기만 해도 되겠지만 말이다. 이처럼 규율과 미덕은 함께하는 관계이다. 따라서 규율을 독단이고 구속이라 인식하는 사회에서는 규율이 어떤 작용을 하는지 스스로 상기할 필요가 있다. 우리가 아무 생각 없이 규율만 준수하는 심성을 되찾기 위해서가 아니라, 넓은 배경에 비추어 바울이 로마서 8장 3절에서 역설하는 진리를 보기 위해서이다.

　이 논의는 미덕과 관련하여 종종 제기되는 다른 두 가지 질문으로 이어지는데, 이에 대해 바울의 미덕 윤리는 명확한 답변을 제공한다. 첫째, 한 개인이 함양하게끔 되어 있는 미덕에 관한 도덕적 담론을 부각시키는 것은 자기중심적인 접근이 아닌가? 도덕이란 것은 모름지기 타인에게 관심을 기울이는 것이 아닌가? 둘째, 미덕에 초점을 맞추는 것은 개인의 가치가 대체로 출생, 성격, 본성, 양육 같은 우발적인 요소들에 의해 좌우된다는 것을 의미하지 않는가?

전혀 그렇지 않다. 이 두 가지 질문에 대답하다 보면 바울이 미덕과 아홉 가지 열매에 대해 말하는 내용의 핵심에 다가가게 된다. 이런 특성들은 모래알 같은 개인들이 아니라 한 공동체의 삶과 사역에 의해 창출되며 그 공동체를 구성하는 요소이다. 그래서 이런 특성을 발휘하는 개인을 주목하게 하는 것이 아니라 공동체의 삶과 사역에 기여한다. 아울러 그 특성들을 아무리 깊이 생각하고 선택하고 실천해도 그것은 어디까지나 하나님의 은혜의 선물이다.

이 점을 설명하려면, 먼저 논의의 폭을 넓혀서 바울이 사랑과 더불어 하나님의 새로운 세계로까지 이어질 것이라고 선언한 두 가지 특성(믿음과 소망)을 다룰 필요가 있다. 한 가지 주목할 만한 점은 고린도전서 13장의 클라이맥스에 등장하는 삼총사가 바울이 초기와 후기에 쓴 편지들에 자주 그 모습을 드러낸다는 사실이다.

너희의 믿음의 역사와 사랑의 수고와 우리 주 예수 그리스도에 대한 소망의 인내를 우리 하나님 아버지 앞에서 끊임없이 기억하노라(살전 1:3).

우리는 낮에 속하였으니 정신을 차리고 믿음과 사랑의 호심경을 붙이고 구원의 소망의 투구를 쓰자(살전 5:8).

이는 [우리가] 그리스도 예수 안에 너희의 믿음과 모든 성도에 대한 사랑을 들었음이요. 너희를 위하여 하늘에 쌓아 둔 소망으로 말미암음이니 곧 너희가 전에 복음 진리의 말씀을 들은 것이라(골 1:4-5).

이 문장들 중 두 개가 인사말에 나오는 것으로 볼 때, 이 삼총사는 바울이 편지의 수신자들에게 "너희는 건강한 기독교 공동체로서의 표징을 모두 보여주고 있다"고 말하고 싶을 때 언급했던 것임을 알 수 있다. 그리고 데살로니가전서 5장에 나오는 단락은 우리가 앞에서 언급했던 단락, 즉 세상은 잠들어 있지만 우리는 낮에 속한 사람들이라고 말하는 바로 그 대목이라는 사실도 흥미롭다. 그러므로 고린도전서에서 그랬듯이, 세 가지 미덕은 종말론적인 맥락에서 등장하는 것이다. 이 삼총사는 지금 동트고 있는 새로운 날에 속한 것이고, 우리가 현 시대에 모든 노력을 기울여 옷 입으려고 애써야 할 미덕들이다.

그런데 새로운 수수께끼가 또 등장한다. 사랑은 현 시대에 어렵게 얻은 제자도의 한 측면으로서, 다가올 시대의 핵심 특징이 될 것으로 보이는 하나의 미덕임이 분명하다. 그러나 어떻게 믿음과 소망에 대해서도 그렇게 말할 수 있는가? 이 두 가지는 방언과 예언 등 현재 그리스도인의 삶을 특징짓는 다른 은사들과 함께, 다가올 시대에는 없어도 될 그런 것이 아닌가? 한 시인은 세 가지 미덕을 이렇게 찬양했다.

믿음은 시야에서 사라질 테고
소망은 기쁨 속에 공허해질 것이나
사랑은 하늘에서 더욱 밝게 빛나리니
그런즉 우리에게 사랑을 주소서.[1]

이 시구는 크리스토퍼 워즈워스Christopher Wordsworth가 만든 19세기의 찬송가, 〈은혜로운 성령Gracious Spirit, Holy Ghost〉에 나오는 것이다. 당시에 워즈워스가 신약성경 설교자였고 이 찬송의 상당 부분을 고린도전서 13장에서 가져왔다는 점을 감안하면, 참으로 의아하다는 생각이 든다. 이 장은 우리가 살펴본 대로 그 세 가지가 항상 있을 것이라고 주장하지 않는가? 그것들은 장래의 세계로 계속 이어질 것이고, 믿음과 소망은 사라지지도 않고 공허해지지도 않을 것이다. 왜 그런가?

지금 여기서 새 시대를 바라는 것을 믿음과 소망으로 보는 것은 맞는 말이다. 그래서 우리는 새 시대에 믿음과 소망은 불필요할 거라 생각할 수도 있다. 하지만 바울은 그보다 더 깊은 차원에서 보고 있다. 믿음은 우리가 예수 그리스도 안에서 알게 된 유일한 참 하나님을 믿는 흔들리지 않는 신뢰이다. 우리가 얼굴과 얼굴을 맞대고 그분을 볼 때에는 그 신뢰를 버리는 게 아니라 오히려 신뢰가 더욱 깊어진다. 소망이라 함은 하나님이 우리를 떠나거나 버리지 않을 것이고, 우리가 구하거나 생각하는 것보다 더 많은 것을 우리를 위해 예비하고 계시다는 것을 아는 흔들리지 않는 확신이다. 나로서는 일부 현대인들이 천국에 대해 조롱하면서 상상하듯이 장차 새 시대가 되면 새로운 세계가 주는 모든 것을 경험하게 되어 상당히 지루해지리라고는 잠시도 상상할 수 없다. 그런 상상은 과거 한두 세기에 걸쳐 서구 세계에서 내세에 대해 마음대로 추측한 결과로 생긴, 천국에 대한 엉뚱한 그림이다. 오히려 나는 우리가 예수 안에서 알게 된 하나님은 지극히 관대하고 사랑이 넘치는 분이라고 믿기 때문에, 하나님의 새 창조 사역은 끝이 없을 것이고 새로운 시대에도 언제나 더 소망할 것이 있고, 더 일할 것이 있고, 더 기뻐할 것이 있을 것이라고 믿는다. 현 시대에 소망하는 법을 배운다는 것은 우리가 현재 몸담고 있는 곳보다 더 나은 장소를 바라는 법을 배울 뿐 아니라, 현재의 하나님이 장래의 하나님으로 남을 것이라 신뢰하는 법을 배우는 것도 의미한다.

이제 다시 두 가지 반론으로 돌아가자. 과연 미덕의 윤리는 자기중심적이고, 또한 출생 때에 주어지는 우발적인 요소에 너무 많이 기대고 있는 것인가? 방금 시도한 믿음과 소망에 관한 짧은 분석과 더불어 우리가 사랑에 대해 내놓을 수 있는 더 분명한 분석, 즉 현재의 사랑은 장차 하나님과 피조물 사이에, 그리고 피조물 상호간에 주고받을 기쁨과 긍정적인 반응을 바라보며 실천하는 것이라는 분석은 첫 번째 질문에 대한 답변으로 손색이 없을 것이다. 미덕에 관해 얘기한다는 것은 우리가 각 개인의 도덕적 성장, 마음의 습관에 관심이 있다고 말하는 셈이다. 그런데 으뜸가는 세 가지 미덕이 믿음과 소망과 무엇보다 사랑이라는 주장은 다음과 같은 의미를 담고 있다. 즉 이런 미덕에서 자란다는 것은 바로 자기 자신에게서 시선을 거두어 한편으로는 하나님을 향해, 다른 한편으로는 이웃을 향해 눈을 돌리는 면에서 성장하는 것이라는 뜻이다. 당신이 이런 미덕을 기르면 기를수록, 당신 자신에 대해서는 생각을 덜 하게 될 것이다.

이 지점에서 우리는 기독교 미덕과 고대 이방인의 미덕 사이에 확연한 차이가 있는 것을 간파하게 된다. 이방인의 미덕은 특히 전쟁에서 용감하고 기략이 풍부한 지도자, 즉 영웅적인 인물을 배양하는 데 초점을 맞춘다. 아리스토텔레스의 이상형은 인간이 사회적 동물이라는 점에 근거하여 도시국가의 맥락에서 개발된 것이었다. 하지만 그 미덕은 군중과는 눈에 띄게 다른 빼어난 인물의 것으로 남아 있다. 반면에 기독교의 미덕은 당연히 그렇지 않다. 앞서 언급했듯이 그것은 일종의 팀 스포츠와 같다. 이 미덕이 효과를 발휘하려면, 큰 규모의 다양한 팀 멤버가 제각기 자신이 맡은 독특한 역할을 담당하되 다른 멤버와의 관계를 유념하면서 팀 전체의 유익을 위할 때에만 가능하다.

미덕을 배양하는 일은 당신 자신에게서 눈을 떼는 것이라고 말하는 것이 역설적인 소리로 들리는가? 말만 그럴 뿐이지 실제 의미는 그렇지 않다. 물론 도덕은 개인의 내면 깊숙한 곳에 뿌리를 내려야 한다. 미덕과 마찬가지로 도덕은 외적으로 부과된 규율도 아니고, 컴퓨터로 그 결과를 계산한 것도 아니고, 한 사람의 마음속 깊은 곳에 있는 것을 발견하고 거기에 충실해지는 것도 아니다. 그런데 만일 도덕이란 것이 결국 믿음과 소망과 사랑 안에 그 초점이 있다면, 이 실질적인 초점은 자아 바깥에 그리고 하나님과 이웃 안에 있는 셈이다. 하나님은 믿음과 소망의 대상이기 때문이고, 이웃은 믿음과 소망에 비추어 우리가 사랑해야 할 가시적인 대상이기 때문이다. 이 지점에서는 믿음과 소망과 사랑이란 단어조차도 우리를 실망시킬 수 있다. 우리는 "이보게, 나는 내 속에서 이 세 가지 자질을 개발하고 있네"라는 식으로 말하면 안 된다. 이런 식으로 믿음과 소망과 사랑을 말하는 것은 일종의 자가당착이다. 왜냐하면 믿음, 소망, 사랑은 하나님에게서 오는 선물이므로 우리 자신에게서 눈을 떼고 바깥을 향하게 만든다. 즉 믿음은 우리의 시선을 하나님과 예수 그리스도 안에서 이루어진 그분의 활동을 향하도록 하고, 소망은 하나님의 장래를 향하도록 하며 사랑은 하나님과 우리의 이웃을 향하도록 한다.

두 번째 반론은 미덕에 초점을 맞추는 일이 독단적인 것으로 보일 수 있다는 지적이다. 어떤 사람들은 우연히 좋은 집안에서 태어나는 바람에, 또는 특별한 양육을 받은 결과로 바른 성품을 갖게 된 것으로 알려지기 때문이다. 빌은 몇 가지 영역에서 유리한 출발을 한 것처럼 보였다. 비웃을 문제가 아니다. 그는 사랑이 많고 든든하게 지지해주는 가정에서 자라났기 때문에, 이기심과 학대와 폭력으로 얼룩진 가정에서 자란 벤보다 타인 지향적이고 관대하게 될 확률이 훨씬 더 컸다. 그러나 바울은 분명히 그리스도인의 덕스러운 성품에 관한 한 성장 배경에 관한 논의는 요점을 벗어나는 문제라고 말할 것이다. "메시아 예수에게 속한 사람들은 육체를 십자가에 못 박았느니라." 메시아와 함께 십자가에 못 박히는 고통스러운 길을 걸으며 그 미덕들을 충분히 함양하는 데 필요한 도덕적 노력을 기울이지 않은 채 곁길로 빠져서 복음이 빚어내는 그 거룩함에 이를 수 있는 사람은 아무도 없다는 말이다.

당연히 빌은 자신의 배경이 그를 남보다 우월한 존재로 만들어주리라고 예상할 것이다. 많이 받은 자는 많은 책임이 있는 법이고, 풀이 길수록 가장 치명적인 독사인 교만이 숨어서 혜택을 덜 받은 이웃보다 자기가 더 잘났다고 뻐기는 자들을 물 준비를 하고 있다. 다른 한편, 벤은 자신의 배경과 진정한 그리스도인의 삶 사이에 큰 간극이 있음을 간파하고 그 새로운 세계를 향하여 크게 도약할 수 있다. 우리는 이제 우리를 창조하신 이의 형상을 따라 지식에까지 새롭게 되는 문제로 되돌아왔다. 이것은 미리 형성된 성품의 문제가 아니라, 심사숙고한 뒤에 선택을 내려 실행에 옮기는 문제요, 새로운 언어를 배워 처음에는 더듬거리다가 서서히 유창해지는 언어 습득과 같은 문제이다.

이런 면에서 미덕과 성령의 열매는 공통점을 갖고 있다. 이 두 가지 범주를 더 자세히 이해하면 할수록, 똑같은 것을 다른 방식으로 표현한 것이 미덕과 성령의 열매라는 점을 더욱 분명히 깨달을 것이다. 우리는 잠시 후에 미덕의 목록과 영적인 열매를 내적인 역동성과 실제적인 결과의 견지에서 좀 더 자세히 탐구할 예정이다. 우리는 이 탐구를 통해서, 바울이 상황에 따라 다른 각도에서 똑같이 깊은 차원의 실재에 도달하고 있다는 걸 알게 될 것이다. 여기서 '열매'라는 용어를 사용하는 이유는 성령의 열매가 바깥에서 주어지는 것이 아니라 속에서부터 자라는 것임을 보여주려는 취지이다. 일단 우리가 흔히 품기 쉬운 잘못된 인식, 즉 열매는 우리 편에서 아무런 노력이나 심사숙고가 없어도 저절로 생기는 것이라는 관념을 극복하고 나면, 우리는 미덕과 마찬가지로 이 다양한 열매도 심사숙고할 대상이며, 마음과 의지를 동원하여 선택하고, 설사 감정은 다른 쪽을 가리키더라도 결단을 내리고 실행에 옮겨야 할 것들이라는 점을 인식할 수 있다. 이런 과정을 거치면 당신은 취향이나 기술을 습득할 것이다. 그리고 언어도 배우게 된다. 그뿐인가? 하나님의 형상을 반영하는 온전한 인간으로 재창조될 것이다. 또한 미리 왕 같은 제사장의 일원이 되기도 한다.

이것이 목표이다. 궁극적으로 하나님은 우리 인간이 깨끗하게 씻긴 완벽한 개인이 되었는데 할 일은 없는 존재가 되기를 원치 않으신다. 바울도 하나님이 그런 걸 원할 것이라고 생각하지 않았다. 어떤 이들에게는 이상하게 들리겠지만, 도덕은 사실상 선교의 일부이다. 깨끗케 된 그릇은 새로이 사용되기 마련이다. 거꾸로 새롭게 사용되려면 깨끗해질 필요가 있다. 그런데 우리가 이 주제를 더 탐구하기 전에 미덕과 성령의 열매가 함께 만나는 공동체적인 미덕을 고찰할 필요가 있겠다. 바울은 교회가 한 몸이 되어야 한다고, 스스로를 한 몸으로 생각해야 한다고, 한 몸 된 상태를 지키기 위해 모든 노력을 기울여야 한다고 주장한다.

∽

바울이 열거하는 미덕과 악덕의 목록을 읽어보면, 어느 편을 좇든지 그에 따른 중요한 결과를 어렵지 않게 알 수 있다. 대다수의 사람이 부도덕, 나쁜 성질, 질투, 파벌 싸움, 시기 등을 날마다 상습적으로 일삼는 그런 공동체에 살고 있다고 상상해보라. 그리고 생활 습관이 사랑과 기쁨과 평화는 물론이고 인내, 친절, 온유, 절제로 이루어진 공동체에 살고 있다고 상상해보라. C. S. 루이스가 《천국과 지옥의 이혼 The Great Divorce》에서 그린 가장 기억에 남을 만한 지옥의 장면이 하나 있다. 지옥은 사람들이 언제나 말다툼을 하고 다른 곳으로 멀리 이사하면서, 자기를 제외한 모든 사람이 얼마나 나쁘게 행동하는지 불퉁거리고 모든 게 남의 잘못이라고 투덜거리며 점점 더 서로 멀리 떨어져 사는 곳으로 묘사되어 있다. 교회를 조금이라도 경험해본 사람은 서로 어울려 지내는 것이 아주 피상적인 수준에 머물 때가 많다는 것을 알고 있다. 겉으로는 아주 유쾌한 것 같아도 속내는 지옥과 같은 공동체가 참으로 많다는 것은 슬픈 현실이다. 그러나 우리가 이상적인 수준에 오르기가 어렵다고 해서 아예 목표를 세우지 말아야 하는 것은 아니다. 겉은 번지르르하지만 속은 곪아버린 공동체를 만날 때 깊은 좌절을 맛보지만, 공동체를 하나로 묶어주는 미덕을 위해 노력하는 것이 참으로 보람된 일일 수 있다는 깨달음을 얻기도 한다.

우리는 열심히 노력하지 않으면 안 된다. 다음과 같은 명령은 오늘날 우리의 귀에는 아주 유별나고 생소하게 들릴 것이다. 이 명령을 순종하기에는 지금보다 1세기가 더 수월했을 것이라 생각하는가? 무슨 이유로?

그러므로 그리스도 안에 무슨 권면이나 사랑의 무슨 위로나 성령의 무슨 교제나 긍휼이나 자비가 있거든 마음을 같이하여 같은 사랑을 가지고 뜻을 합하며 한마음을 품어 아무 일에든지 다툼이나 허영으로 하지 말고 오직 겸손한 마음으로 각각 자기보다 남을 낫게 여기고 각각 자기 일을 돌볼뿐더러 또한 각각 다른 사람들의 일을 돌보아 나의 기쁨을 충만하게 하라(빌 2:1-4).

참으로 굉장한 권면이다. 하지만 바울은 진심으로 이렇게 권하는 것 같다. 이것은 그 지방에 있는 모든 산 정상을 이미 정복하고 이제 새로운 도전을 찾고 있는 대담무쌍한 소수를 위한 도덕적인 고지도 아니고, 그렇다고 선택적인 사안도 아니다. 이것이 바로, 사랑은 모든 것을 함께 묶어주는 미덕이라고 말할 때(골 3:14) 바울이 염두에 두었던 의미이다. 이 권면은 행동하는 사랑이다. 아니, 행동하는 사랑을 위한 출발점이다. 신자들 사이에 한마음과 한 뜻을 품는 것은 시발점일 뿐이다. 이로부터 행동하는 사랑의 복음, 관대한 사랑의 복음이 온 세계를 향해 나아갈 수 있다.

물론 1세기에는 그리스도인들이 하나가 되는 것을 추구하지 않으면 안 될 특별한 이유가 있었다. 핍박이 오고가는 것은 일상 다반사였다. 초기 그리스도인들과 그들의 유별난 메시지가 세상의 몰이해에 봉착했을 때, 그들의 모임이 불쾌하고 불법적인 의례를 집행한다는 혐의를 받고, 또 정치적인 전복에 대한 우려를 불러일으켰을 때, 예수의 추종자들은 하나로 똘똘 뭉칠 필요가 있었다. 그 자그마한 공동체에 어떤 분열이라도 생기면 내적인 건강과 외적인 증거 모두에 치명적인 타격을 입을 소지가 있었기 때문이다. 오늘날에는 그리스도인 소그룹이 외부에서 오는 적대감에 직면할 때, 외부의 위협에 대처하다가 오히려 공동체 내에 파벌이 일어나서 서로를 향해 욕구불만을 쏟아내는 비극적인 현상을 볼 수 있다.

그리고 설사 그런 현상이 일어나지 않는 곳이라도, 소위 교단들이 난무하는 분위기에서 여러 세대를 살아온 우리는 한숨을 쉬고 두 손을 들어버리게 된다. 우리의 고민거리인 교단들은 바울이 일부러 퇴치하려고 애썼던 인종적 구별이나 인물 중심의 분열에 뿌리를 두고 있다. 어쩌면 이런 이유로 교회에서 오가는 도덕적 토론이 특별히 성性문제와 같은 소수의 이슈를 중심으로 맴돌고 있지 않나 생각된다. 어떻게, 왜, 그리고 언제 두 사람이 사랑의 행위로 하나가 되어야 하는가 하는 문제를 토론하는 일은 우리가 어떻게, 왜 그리고 언제 기독교 공동체가 상호간의 사랑과 후원으로 하나가 되어야 하는가 하는 문제를 처리할 수 없을 때 하는 활동이다.

그렇다고 해서 성적인 윤리가 중요하지 않다는 말은 아니다. 오히려 성 윤리야말로 공동체의 건강을 보여주는 시금석이다. 그럼에도 우리는 예수 그리스도가 그의 모든 백성과 함께 하나가 될 것이라는 약속이 교회의 짜임새를 파괴하는 구조와 관습 혹은 신학에 의해 조롱을 당할 때, 교회 사무 직원이 오르간 연주자의 배우자와 바람이 났다는 사실만 염려해서는 안 된다. 그리고 모든 금융 시스템이 맨 윗자리에 앉은 자들의 터무니없는 탐욕으로 혼란에 빠진 상황에서 교회의 재정 담당자가 1,000달러를 횡령했다는 사실에만 우리의 관심을 집중해서도 안 된다. 개인적인 도덕도 굉장히 중요하긴 하지만, 우리가 그보다 크고 중요한 이슈들을 다루기를 꺼리기 때문에 일종의 대치 활동으로 거기에만 지나치게 몰두할 수도 있는 것이다.

간음의 예와 횡령의 예는 오로지 순종하거나 불순종하는 규율의 견지로만 도덕을 생각하는 것이 얼마나 위험한지를 잘 보여준다.

좋다. 그 재정 담당자는 분명히 교회에 속한 돈을 착복했다. 그런데 이제 그가 자기 죄를 자백한 이상 경찰에 신고하지 말고, 예수께서 죄인을 영접했다는 사실을 생각해서 자비를 베풀어 그를 다시 복귀시켜야 하지 않을까? 이 문제는 그리 단순하지 않다. 이런 조치는 자금 횡령을 금하는 규율을 위반하는 일이 그저 자의적인 명령을 어기는 일보다 훨씬 더 큰 문제라는 점을 고려하지 못하는 처사이다. 이는 신뢰를 무너뜨린다. 교인들이 재정 담당자를 신뢰하지 못하면 교회에 헌금을 내겠는가? 간음의 문제도 마찬가지이다. 어떤 커플이 기존의 배우자를 버리고 서로 하나가 되었을 때, 예수께서 죄인을 영접했으므로 우리도 그들을 지지하는 입장을 취해야 하고 독선적이거나 판단하는 모습을 보이면 안 된다는 소리를 얼마나 자주 듣는가? 이런 입장 역시 과거에 공공연하게 서로 헌신했던 두 사람이 갑자기 다른 곳에서 소문거리로 등장했을 때, 온 공동체가 겪을 일종의 도덕적인 전기 충격을 고려하지 못하는 것이다. 그들이 규율을 위반했다는 것만이 문제가 아니다. 실은 그들이 속한 세계의 도덕적 구조의 일부를 무너뜨렸다고 할 수 있다.

그러므로 바울은 하나가 되라는 명령을 집중적으로 또 자세히 주고 있는 것이다. 우리가 앞서 인용한 빌립보서의 단락은 이런저런 각도에서 하나 됨을 조명한다. 서로 같은 방식으로 생각하기를 배우는 일, 같은 방식으로 서로 사랑하기를 배우는 일, 생각과 감정의 조화를 도모하는 일, 동일한 대상을 생각하는 일…. 바울은 얼마든지 더 열거할 수 있었을 것이다.

아울러 바울은 이 특별한 명령을 아주 의미심장한 틀 안에 두고 있다. 위로와 위안과 협력과 사랑과 자비와 기쁨과 같은 것들! 이 가운데 어떤 것이라도 보이면 그것을 출발점으로 삼아야 한다. 이런 것들이 결여된 모임은 진정한 그리스도인의 모임이라고 할 수 없다. 마치 벽난로 뒤편에 숨어 있는 작은 불꽃처럼, 자그마한 낌새라도 보이면 입으로 살살 불어서 작은 불길을 만들고, 거기에다 연료를 더 넣어 마침내 불길이 되살아나게 해야 한다. 이것이 우리가 해야 할 일이다. 그리고 다른 한편으로, 이기적인 야망이나 허영을 발견할 때마다 그것이 잘못된 길임을 알아야 한다. 스스로 우월하다는 생각이 들 때마다 그런 생각을 내쫓는 습관을 길러야 한다. 당신이 스스로 1인자가 되려고 애쓰는 모습을 발견할 때마다, 잠깐 멈춰 생각해보고 우선순위를 뒤바꿀 방법을 찾아라. 이와 같이 빌립보서 2장은 당신 자신에게서 눈을 떼고 다른 사람에게 초점을 맞추라는 권면을 주고 있다.

누군가 이런 말을 하는 것이 들리는 것 같다. "무슨 말인지 알겠습니다. 그러니까 바울은 우리가 예수님을 위해 신발 흙털개 같은 존재가 되어야 한다고 생각하는 거죠. 나도 예전에는 그런 존재였는데 모두가 나를 밟고 지나가더군요. 그래서 이제는 나 자신을 옹호하지 않으면 남에게 이용당할 거라는 걸 알게 됐습니다." 이것이 흔히 기독교 윤리를 비판하는 입장이다. 아마 당신도 교회 안팎에서 이런 소리를 많이 들을 수 있을 것이다.

그러나 이 비판은 실체가 아닌 패러디에 대한 비판에 불과하다. 현대 그리스도인들은 바울의 명령을 무언가 잘못된 이미지에 비추어 받아들이는 데 너무나 익숙해져 있다. 가령, 영화나 소설에 나오는 인물이 억지로 웃으며 겸손한 체하는 모습과 무슨 이유로든 언제나 자기를 낮추는 시늉을 함으로써 마치 예수와 바울을 좇고 있다고 생각하는 사람들의 모습이 그런 것이다. 반면에 우리는 다음과 같은 공동체에는 비교적 덜 익숙하다. 구성원들이 진정으로 피차 순종하고, 각 개인의 은사를 축하하고 제각기 그것을 열심히 발휘하며, 강하고 지혜로운 리더십이 이끄는 강건하고 신나는 공동체 말이다. 다행스럽게도 이런 공동체들이 실제로 존재하고 있으며 그들은 우리에게 기쁨을 준다.

당신이 일단 언어를 배우기 시작하면, 특히 다른 사람들과 같이 집단적으로 그 언어를 말하기 시작하면 제2의 천성, 곧 이차적인 자발성을 습득하기 시작하는데, 이는 미덕을 배우는 경우에도 그대로 적용된다. 그리고 즉석에서 협력하는 고도의 기술을 배운 노련한 배우, 축구선수, 또는 재즈 연주자도 마찬가지이다. 그런데 슬픈 사실은 우리가 너무나 자주 바람직하지 않은 상태로 만족하곤 한다는 점이다. 가령, 모든 사람이 순간적으로 자연스럽게 느끼는 대로 행동하는 것이나, 강력한 지도자들이 윽박지르면서 끌고 가는 것이나, 조직체가 폭정에서 무질서로 왔다 갔다 하는 것이나, 위협을 당해 순종하는 자들이 스스로 겸손한 것처럼 느끼는 것과 같은 상태이다. 이 모든 모습은 다시 말하건대 바울이 염두에 두고 있는 것을 풍자한 것에 불과하다.

바울이 가장 지속적으로 하나가 되라고 호소하는 글은 고린도전서이다. 이 편지는 풍성하고 다양한 하나 됨에 도달하고 그것을 유지하는 데 필요한 마음과 생각의 습관을 가르치는 글이라고 할 수 있다. 하지만 이런 교훈은 결코 규율의 문제가 아니다. 물론 우리가 살펴본 것처럼, 규율은 사람들을 바른 방향으로 이끌어주고 그들로 여전히 본궤도에 몸담고 있음을 확인시켜주는 좋은 수단이긴 하다. 그러나 고린도전서는 오히려 예수 그리스도의 영에 따라 생각하고 행동하는 법을 가르치는 편지로, 하나 됨을 저해하는 것들을 초기에 포착하고 그 뿌리를 뽑아버리는 일을 다룬다. 이를테면, 인물 숭배, 성적인 부도덕, 소송, 문화적 차이를 둘러싼 논쟁, 이방의 관습을 가지고 노는 것, 특히 성만찬에 영향을 주는 빈부의 차별 대우, 영적인 은사를 둘러싼 교만이나 질투, 무질서한 예배, 복음의 핵심을 놓치는 것 등을 내용으로 한다. 이런 문제를 다룰 때마다 바울은 그것을 바로잡는 데 필요한 공동생활의 습관과 함께 그 토대가 될 신학적 가르침, 특히 기존의 생각을 뒤집어놓는 십자가의 지혜를 소개하였다. 이런 요소들이 맨 처음부터 편지의 상당 부분에 스며들어 있으며, 장엄한 부활의 소망이 진도를 나가면서 점차 뚜렷해지다가 마침내 15장에 이르면 그 전모를 드러낸다.

물론 고린도전서를 끝으로 이야기가 모두 동나는 건 아니다. 고린도후서는 우리에게 그 모든 시도가 끔찍하게 빗나간 것을 날카롭고 아프게 일러주고 있으며, 고린도에 있는 교회를 다시 세우기 위해서는 바울 자신이 십자가에 죽고 부활하신 예수 그리스도를 본받아 스스로 낮아지는 모범을 보이고 예수의 사도로서 십자가와의 연관성을 입증해야 했음을 고백한다. 이로써 우리는 마음의 습관을 기르는 일이 결코 쉽지 않다는 것과 모든 기독교 공동체와 모든 그리스도인 지도자는 그런 습관을 점점 더 깊이 배울 필요가 있다는 것을 새삼 깨닫게 된다. 아울러 사람들이 마음의 습관을 실제로 배우고 있는지 여부와 상관없이, 어쩔 수 없이 상황에 떠밀려 그것을 더 깊이 배울 수도 있고 아예 그런 계획 자체를 완전히 잃어버릴 수도 있다는 것을 알게 된다.

어쨌든 기독교 공동체의 하나 됨에 관한 바울의 위대한 가르침은 이처럼 복잡한 목회적이고 신학적인 이슈들을 다루는 맥락에서 등장한다. 편지의 초두에서 독자들에게 그들의 분열이 암시하듯이 과연 그리스도께서 나뉘었느냐는 도전을 던지고(고전 1:13), 또 나중에 하나님의 새로운 성전인 교회의 통일성을 파괴하는 자들에게 경고를 던진 뒤에(고전 3:16-17), 편지가 클라이맥스를 향해 서서히 올라가는 중에 바울은 본연의 주제로 되돌아간다. 몸이 하나이고 거기에 많은 지체가 있듯이 메시아도 그러하다는 것이다.

우리가 고린도전서 12장에서 교회를 '메시아의 몸'으로 묘사하는 대목을 읽을 때 가장 잘 저지르는 실수가 있다. 바울이 다양한 은사와 한 목적에 관한 논점을 개진하기 위해 그저 임의로 인간의 몸 이미지를 하나의 은유로 끌어왔다고 생각하는 것이다. 이런 관점에서 보면, 그는 인간보다 더 다양한 지체를 가진 코끼리라든가, 한 배에 타서 여러 기능을 수행하는 선원들이라든가, 병거와 같은 것을 비유로 들 수도 있었을 것이다. 사실상 다른 여러 가지 방법으로 통일성 속의 다양성과 다양성 속의 통일성을 설명할 수 있었다는 말이다. 그런데 왜 하필이면 인간의 몸인가?

맨 먼저 들 수 있는 이유는 메시아 예수 자신이 과거에 인간이었고 현재에도 그러하다는 사실이다. 따라서 그분에게 속한 사람들을 인간으로 설명하는 것은 적절하다. 하지만 이런 답변은 피상적인 수준에 머물 뿐이다. 고린도전서의 다른 대목과 바울의 다른 글을 참고하면 진정한 답변을 찾을 수 있는데, 그것은 바로 교회를 새롭게 된 인류, 구속받은 인류로 보고 있는 그의 관점에 뿌리를 두고 있다. 여기에서 이 은유의 적절성을 찾을 수 있다. 아니, 그것은 은유일 뿐 아니라 하나의 환유換喩라고도 할 수 있다. 말하자면, 인간의 몸은 그저 임의로 끌어온 예가 아니라는 뜻이다. 그것은 실제로 일어나고 있는 일의 핵심을 가리키는 푯말에 해당한다.

고린도전서 12장에서 문제가 되고 있는 이슈는 영적인 은사와 관련된 것이다. 다음 장에서 바울은 모든 은사들이 사랑이 없으면 아무것도 아니며, 사랑은 영원히 계속될 것이나 나머지 것들은 폐지될 것이라고 선언할 참이다. 이 점은 12장에서 말하려는 논점 가운데 하나이기도 하다. 즉 당신에게 주어진 은사나 주어지지 않은 은사에 대해 너무 연연하지 말고, 그 모든 은사가 동일한 원천에서 나오는 것이며(고전 12:4-11), 마치 발과 손과 눈의 상호관계와 같이 상호의존적인 것임을 알아야 한다고 말한다(고전 12:14-26). 그들이 한 몸으로 살아야 한다는 도전은 새로운 인간으로 살아야 한다는 도전에 다름 아니다. 메시아 예수의 영이 개인적으로 혹은 공동체적으로 그리스도인들 안에 거하게 될 때는 이런 일이 일어나서, 그들은 예수의 참된 인생이 현세의 삶 가운데 실질적으로 또 신체적으로 계속 영위되는 장소가 될 수 있다는 말이다.

1세기 고린도에서든지 21세기의 정신없는 세계에서든지, 교회의 하나 됨은 참으로 많은 방해에 직면하고 있다. 이처럼 교회의 통일성을 유지하는 일이 심히 어려운 것은 어제 오늘의 일이 아니다. 아울러 교회의 전체주의적인 강요와 비슷한 생각을 가진 소그룹의 강요로 말미암아, 겉으로 하나가 된 것처럼 보이는 경우가 많은 것도 놀랄 일이 아니다. 이 두 가지 강요는 진정한 의미에서 하나가 되라는 도전을 회피한 결과로 생긴 것이다. 진정한 하나 됨은 믿음과 소망과 사랑이라는 핵심적인 기독교 미덕들과 성령의 열매가 우리의 상호관계 속에서 마음껏 작동하고, 그것들이 우리의 삶 속에서 활동함으로써 상호순종을 격려하고, 리더십과 가르침을 비롯한 여러 은사를 서로 인정하는 등 공동체적 미덕이 증진되는 모습으로 나타난다.

이와 똑같은 논점을 바울은 다른 단락에서도 주장하고 있는데, 이 단락을 고린도전서 12장과 나란히 놓을 필요가 있다. 에베소서 4장 1-16절에서 말하는 바, 그리스도인이 애써 이루어야 할 하나 됨은 단지 실용적인 것, 즉 우리가 그저 어깨를 으쓱이며 서로의 차이점을 인정하고 제각기 자기의 역할을 하도록 내버려두는 그런 것을 가리키지 않는다. 그보다는 자칫하면 영원히 우리의 발목을 잡을지도 모르는 어린아이 같은 미성숙한 상태에서 벗어나서 교회가 성숙하게 해주는 깊고 풍성하고 다채로운 통일성을 가리키고 있다.

그러므로 주 안에서 갇힌 내가 너희를 권하노니 너희가 부르심을 받은 일에 합당하게 행하여 모든 겸손과 온유로 하고 오래 참음으로 사랑 가운데서 서로 용납하고 평안의 매는 줄로 성령이 하나 되게 하신 것을 힘써 지키라. 몸이 하나요 성령도 한 분이시니 이와 같이 너희가 부르심의 한 소망 안에서 부르심을 받았느니라. 주도 한 분이시요 믿음도 하나요 세례도 하나요 하나님도 한 분이시니 곧 만유의 아버지시라. 만유 위에 계시고 만유를 통일하시고 만유 가운데 계시도다. 우리 각 사람에게 그리스도의 선물의 분량대로 은혜를 주셨나니 그러므로 이르기를,

그가 위로 올라가실 때에
사로잡혔던 자들을 사로잡으시고
사람들에게 선물을 주셨다 하였도다.

올라가셨다 하였은즉 땅 아래 낮은 곳으로 내리셨던 것이 아니면 무엇이냐. 내리셨던 그가 곧 모든 하늘 위에 오르신 자니 이는 만물을 충만하게 하려 하심이라.

그가 어떤 사람은 사도로, 어떤 사람은 선지자로, 어떤 사람은 복음 전하는 자로, 어떤 사람은 목사와 교사로 삼으셨으니 이는 성도를 온전하게 하여 봉사의 일을 하게 하며 그리스도의 몸을 세우려 하심이라. 우리가 다 하나님의 아들을 믿는 것과 아는 일에 하나가 되어 온전한 사람을 이루어 그리스도의 장성한 분량이 충만한 데까지 이르리니

이는 우리가 이제부터 어린아이가 되지 아니하여 사람의 속임수와 간사한 유혹에 빠져 온갖 교훈의 풍조에 밀려 요동하지 않게 하려 함이라. 오직 사랑 안에서 참된 것을 하여 범사에 그에게까지 자랄지라. 그는 머리니 곧 그리스도라. 사랑 안에서 자라자. 그에게서 온 몸이 각 마디를 통하여 도움을 받음으로 연결되고 결합되어 각 지체의 분량대로 역사하여 그 몸을 자라게 하며 사랑 안에서 스스로 세우느니라.

이 내용을 샅샅이 다루다가는 수렁에 빠져버릴 것만 같다. 그래서 우리의 목적에 비추어 몇 가지 핵심 요소만 부각시켜볼까 한다.

첫째, 이 장엄한 단락은 바울이 에베소서 앞부분에서 말한 내용을 토대로 굳게 서 있으므로, 생각의 흐름을 추적해보면 하나 됨이 무슨 목적에 기여하는 것인지 분명히 알 수 있다. 1장은 예수가 현재 갖고 있는 지위를 시편 2편, 8편, 110편에 나오는 지위로 묘사하면서 마름한다. 한 마디로, 그분은 새로운 인간이기도 한 메시아라는 것이다. '[하나님께서] 만물을 그의 발아래에 복종하게 하시고' 모든 통치와 권세와 능력과 주관과 이름 위에 뛰어나게 하셨다(엡 1:22, 21). 그런데 이것은 그리스도인들이 단지 기뻐할 것만은 아니다. 그들도 이 신분을 공유하게끔 되어 있다.

또 [하나님께서] 만물을 그의 발 아래에 복종하게 하시고 그를 만물 위에 교회의 머리로 삼으셨느니라. 교회는 그의 몸이니 만물 안에서 만물을 충만하게 하시는 이의 충만함이니라(엡 1:22-23).

여기에 우리가 앞에서 성전과 관련하여 주목했던 역설적인 면이 있다. 즉 살아 계신 하나님은 하늘과 땅을 가득 채우는 분이면서도 특별히 한 장소에 거하기로 정하신다는 점이다. 그리고 그 장소는 더 이상 예루살렘이나 다른 곳에 있는 어떤 건물이 아니다. 한 가족, 곧 메시아에게 속한 사람들로 이루어진 가족 안에 머무신다는 것이다. 이 가족은 하나님이야말로 온 세계를 다스리는 정당한 주권자라는 사실을 보여주는 살아 있는 표상이다. 말하자면, 왕을 모시는 왕족 공동체라는 뜻이다. 그런데 에베소서 2장 끝부분에서 제사장의 개념과 성전의 개념이 합쳐지는 것처럼, 그들은 왕의 공동체일 뿐 아니라 제사장적 공동체이기도 하다.

그러므로 이제부터 너희는 외인도 아니요 나그네도 아니요 오직 성도들과 동일한 시민이요 하나님의 권속이라. 너희는 사도들과 선지자들의 터 위에 세우심을 입은 자라. 그리스도 예수께서 친히 모퉁잇돌이 되셨느니라. 그의 안에서 건물마다 서로 연결하여 주 안에서 성전이 되어 가고 너희도 성령 안에서 하나님이 거하실 처소가 되기 위하여 그리스도 예수 안에서 함께 지어져 가느니라(엡 2:19-22).

이제까지 서양의 그리스도인들은 실로 이 소명을 몽땅 잊어버리기 쉬운 상황에 처해 있었다. 이로 말미암아 다수는 바울이 에베소서를 쓰지 않았다고 주장하기에 이르렀고, 이런 주장은 에베소서의 권위를 의심하게 만들었다. 이런 입장이 맨 처음 등장한 배경은, 이처럼 깜짝 놀랄 만하고 버거운 비전을 포기하는 것을 정당화하기 위한 전술적인 움직임이 아니었을까 하는 생각까지 든다.

설사 우리가 이런 소명을 잊지는 않는다 하더라도, 한편으로는 고차원적인 언어로 교회를 얘기하면서도 다른 한편으로는 아무런 노력이나 대가를 치르지 않고도 겉으로 '하나 됨'을 유지할 수 있는 하부그룹과 하부그룹의 하부그룹으로 물러섬으로써 적당히 타협하곤 한다.

그러나 미덕이란 것은 언제나 노력과 대가가 낳는 결과이다. 하나가 되라는 바울의 호소가 만일 미덕에 대한 권면이 아니라면 그의 호소는 아무 의미가 없다. 그가 선언하는 목표는 다름 아니라 '온전한 사람'이 되는 것(엡 4:13), 곧 '그리스도의 장성한 분량이 충만한 데까지' 이르는 것이다. 당신은 바로 이것을 붙들고 애를 써야 한다. 이런 일은 우연히 일어나지 않기 때문이다. 그냥 내버려두면 잘 할 것 같지만, 성숙한 지경에 도달하는 것은 여러 미덕을 개발하려고 '모든 노력을 기울이기로'(엡 4:3) 분명히 결심했기 때문에 성취되는 것이다. 하나님이 그분의 교회에 아주 다양한 사역들을 주신 목적도 새로운 인물이나 주도권을 좇아 교회가 분열되게 하려는 것이 아니라, 메시아의 몸을 세움으로써 그것이 풍성하고 다양한 통일성으로 자라게 하기 위함이다. 각 그리스도인은 그 누구도 예외 없이 미덕을 보여주게끔 되어 있고, 자신의 독특하고 반복 불가능한 소명에 순종하게끔 되어 있다. 이것이 우리에게 주어진 도전이다.

성령의 열매를 맺는 일에서와 마찬가지로 여기서도 우리를 반대 방향으로 몰고 가는 강력한 세력이 있는데, 바로 거짓 가르침과 속임수와 간사한 유혹이다(엡 4:14). 그렇기 때문에 하나 됨은 하나의 미덕인 것이다. 한 몸에 속한 다양한 지체들이 '범사에 머리인 메시아에게까지 자라게' 하는 공동체적 미덕인 셈이다. 그리고 세 가지 미덕과 아홉 가지 열매의 경우에서처럼, 한 몸이 되게 하는 열쇠는 물론 사랑이다(엡 4:16). 다음 단락의 마지막 부분에서 바울은 "사랑을 받는 자녀 같이 너희는 하나님을 본받는 자가 되라"고 권면한다. 여기서 바울은 색다른 어조로, 하나님의 사랑을 묵상할 뿐 아니라, 그 사랑이 표현된 방식을 유심히 보고 그렇게 행하라고 청중에게 촉구하고 있다. 그래서 이렇게 말을 잇는다. "그리스도께서 너희를 사랑하신 것 같이 너희도 사랑 가운데서 행하라. 그는 우리를 위하여 자신을 버리사 향기로운 제물과 희생 제물로 하나님께 드리셨느니라"(엡 5:1-2). 이것이 바로 '왕 같은 제사장'이 현 시대에 취할 모습이다. 즉 다함께 거룩함의 교훈을 배우는 동시에(엡 4:17-5:20) 하나님의 성품과 행위를 서로서로 반영하는 법을 배우는 공동체가 되는 것이다.

만일 개인적인 미덕의 으뜸과 성령의 첫 열매가 사랑이라면, 우리는 공동체적 미덕을 개발하라는 도전을 받을 수밖에 없다. 두세 명이든 이삼백 명이든 이삼천 명이든 다수의 그리스도인들이 모두 밀폐된 사적인 영성과 미덕의 세계 속에 있기로 결심하는 가운데 '사랑'을 실천하려고 애쓴다는 것은 그 자체가 하나의 모순이다. 아리스토텔레스와 같은 사람들이 설명한 고전적인 미덕 내지는 기본 미덕과는 달리, 기독교의 미덕은 한 국가의 정치나 전쟁의 선두에서는 위대한 영웅을 배출하는 게 아니라, 자기희생적인 사랑의 삶을 몸소 실천하는 공동체들을 생산하게끔 되어 있다.

이와 함께 우리는 이 책의 앞부분에 암시된 진리로 되돌아가서 좀 더 살펴보아야겠다. 만일 기독교 공동체가 다양성 속의 통일성을 이루는 데 필요한 공동체적 미덕을 배우고 있다면, 그 자체가 단순한 차별성과 매력을 뛰어넘는 변증적인 가치를 갖고 있다고 할 수 있다. 기독교적 미덕은 온 세계를 만드시고 모든 사람을 자기의 형상으로 창조하신 하나님을 바라보고, 그 세계와 그 속에 있는 모든 사람을 내다보고 있기 때문에, 밀폐된 공동체의 사적인 보존물이 될 수 없다. 문제는 오랜 세월에 걸쳐 내려온, 이방인 철학자들이 개발한 미덕의 전통에 등을 돌리는 것이 아니다. 오히려 그들이 이룩하려고 했던 것을 예수 그리스도가 품었던 새로운 미덕관이 완전히 파악했을 뿐 아니라 뛰어넘기도 했다는 점을 입증하는 것이다.

이는 기존의 미덕 목록에다 몇 가지 새로운 덕을 덧붙이거나, 새로운 미덕들이 더 중요하다고 주장하는 것만이 아니다. 기독교적 미덕들이 추가되고 그것들이 특권적인 지위를 갖게 된 것과 더불어 미덕 자체에 무슨 일이 발생했는데, 이 일은 바로 기독교 신앙이 주변 세계에 제기하는 도전과 관련이 있다. 기독교적 미덕들은 주변 세계를 향해 여기에 인간다운 존재가 되는 새로운 길이 있다고 선언한다. 그리고 이전에는 들어본 적이 없는 새로운 미덕들을 내놓을 뿐 아니라 미덕에 대한 새로운 정의定義까지 제공한다. 의심이 많은 이 세상에 참된 인간이 되는 전혀 새로운 방식을 제공하는 것이다. 얼마나 매력적인 제안인지 모른다. 그러므로 미덕을 열심히 추구하고 성령의 열매를 맺으려고 애써 노력하는 통일된 그리스도의 몸은 하나님의 목적을 증진시키고 메시아 안에서 하늘과 땅에 있는 만물을 하나로 묶는 선교적 공동체임이 틀림없다. 이것이 바로 현시대에 왕 같은 제사장으로 산다는 말의 뜻이다.

...key is this: the fruit of the Spirit does not grow automatically. The nine varieties of ...only appear just because someone has believed in Jesus, has prayed for God's Sp... ...sat back and waited for fruit to arrive. Oh, there may well be strong and sudden ...t fruit is on the way. Many new Christians, particularly when a sudden conversion h... ...atic turning away from a lifestyle full of the works of the flesh, report this ... ...at the desire that springs up within them to love, to forgive, to be gentle, to be ... ...ask, has all this come from? I didn't mean it's all downhill from there. These a... ...y to get the fruit you have to learn to be a gardener. You have to discover how to ten... ...to irrigate the field, how to keep birds and squirrels away. You have to watch for ...d, cut away ivy and other parasites that suck the life out of the tree, and makes s... ...t can stand firm in strong winds. Only then will the fruit appear. And, in case a... ...k I am imposing an alien note on Paul's cheerful list of these wonderful character... ...final characteristic in the list: self-control. If the fruit were automatic, why would ...needed? Answer: it isn't, so it is; it isn't automatic, so it is needed. All the varieties o... ...tics here are comparatively easy to counterfeit, especially in young, healthy, happy p... ...self-control. If that isn't there, it's always worth asking whether the appearance ...s of fruit is just that, an appearance, rather than a real sign of the ...

Virtue in Action The Royal Priesthood

7_ 행동하는 미덕 : 왕 같은 제사장

∎

성례는 하늘의 삶이 땅의 삶과 신비롭게 맞물리는 사건이다.
땅이 하늘을 통제하거나 조종하기 위해서가 아니라
하늘의 이야기가 땅의 삶에서 구체적이고 물리적인 실체가 되어
이 세상 속에 있는 인간들을 붙들기 위해 성례가 집행된다.

Virtue in Action: The Royal Priesthood

이제 우리 앞에는 이 주제를 탐구할 수 있는 여러 갈래의 길이 열려 있다. 도덕적, 윤리적 연구의 세계는 참신한 탐구 작업을 요구한다. 하지만 이 책은 그런 작업을 할 만한 곳이 아니다. 내가 이제까지 줄곧 개진해온 주된 논점을 반복하자면, 내가 하고 싶은 일은 장래에 수행할 왕 같은 제사장직을 바라보며 현재에서 미덕을 개발한다는 것이 무슨 뜻인지를 보여주는 것이다. 우리는 마지막 날에 완전히 새롭게 되어 하나님의 형상을 드러내는 인간이 되도록 창조된 존재이다. 그런 인생을 살 수 있게 해줄 성품상의 강점은 무엇이며, 우리는 지금 여기에서 어떻게 그런 성품을 개발할 수 있을까? 윤리적인 혹은 도덕적인 의문을 상세히 다루는 일이나 성품상의 자질을 세부적으로 뜯어보기보다는, 위에 제시한 논제를 큰 그림으로 삼아 이번 장을 시작할 것이다.

그러므로 이 장은 다음 세 가지 질문을 다룰 것이고 각각의 질문들은 두 가지 논지로 진술할 것이다. 첫째, 현 시대에 왕 같은 제사장으로 행동한다는 것이 무슨 뜻이고, 거기에 기여하는 마음과 생각과 삶의 습관은 어떤 것인가? 둘째, 이 소명은 인간다운 존재가 되는 새로운 길을 세상에 제시함으로써 세상과 어떤 관계를 맺게 되는가? 그리고 세속적인 미덕 윤리의 고전적인 전통에서 최상의 요소들은 유지하면서도 새로운 틀로 전통을 변혁시키면서 전통을 앞지를 방법은 무엇인가? 셋째, 이 소명이 특정한 습관들, 곧 그리스도인다운 행위를 창출하되 이방적인 행태는 피할 수 있게 해주는가? 달리 말하면, 왕 같은 제사장이 되라는 소명을 받들어 예수를 좇는 것이 어떻게 참으로 거룩한 그리스도인의 삶을 살게 해주는가?

첫째 질문은 우리가 앞에서 탐구한 주요 성경 단락에서 직접 답을 얻을 수 있다. 인류에게 주어진 창세기 1장의 명령과 신약성경에 나오는 새로운 인류에 대한 약속은 모두 통치자와 제사장이 되라는 이중적인 소명을 내포하고 있음을 살펴보았다. 바로 이 소명이 교회의 우선적인 두 가지 과업인 예배와 선교로 구현된다는 것이 내 주장이다.

예배와 선교는 샴쌍둥이와 같다. 그들은 심장을 공유한다. 삼위일체이신 창조주 하나님을 사랑하고, 그분을 위해 그분이 창조한 세계를 사랑하고, 그 가운데서도 특히 그분의 형상을 지닌 피조물을 사랑하는 심장이다. 이는 미덕을 실천하도록 훈련시킬 만한 심장이다. 그런데 안타까운 사실은 많은 사람이 정기적으로 훈련장을 찾지만 실제로 훈련에 참가하는 숫자는 그리 많지 않다는 것이다.

먼저 예배를 살펴보자. 살아 계신 하나님, 우리가 성부와 성자와 성령으로 알고 있는 그 하나님을 예배하는 일은 우리의 믿음을 입으로 고백하고, 우리의 소망을 기뻐하고, 무엇보다 우리의 사랑을 뚜렷이 표출하는 것이다. 마치 사랑에 빠진 남자가 사랑하는 연인에게 자기가 기뻐하는 그녀의 모습을 백 가지 하고도 한 가지 더 줄줄이 얘기하듯이, 그리스도인의 예배도 살아 계신 하나님을 의식하며 그분의 존전에 서서 우리를 매료시킨 그분의 성품과 행하신 활동을 선언하는 일이다. 마치 사랑에 빠진 커플이 과거의 첫 만남, 연애시절, 서로에 대한 발견 등 어떻게 해서 그 모든 일이 일어났는지를 얘기하고 또 얘기하는 것과 마찬가지로, 예배하는 마음도 자연스럽게 하나님과 세계의 이야기, 하나님과 이스라엘의 이야기, 하나님과 예수님의 이야기, 하나님과 우리 자신의 이야기 등을 얘기하고 또 얘기하고 싶어지는 것이다. 이것이 바로 기독교 예배의 핵심 요소이다.

방금 내가 이런 일이 처음에는 자연스럽게 일어난다고 말한 것에 주목하라. 그냥 그렇게 내버려두면 어떻게 될까?

오늘날 예수와 사랑에 빠졌다고 말하거나 예수를 남자친구로 삼았다는 식의 낭만적인 그림에 사로잡힌 현대 교회 또는 포스트모던 교회를 보면 그 답을 쉽게 찾을 수 있다. 이런 낭만적인 모습은 어느 정도까지는 괜찮다. 성경을 비롯하여 유대교와 기독교의 신앙 전통 가운데는 하나님에 대한 예배를 두 연인들 사이의 낭만적이고 에로틱한 관계로 표현하는 흐름이 분명히 있다. 그러나 이런 낭만적이고 에로틱한 사랑에 빠진 연인들이 알고 있듯이 초기의 흥분은 그리 오래 지속되지 않는다. 내가 사랑과 섹스와 결혼의 문제를 붙들고 씨름하는 젊은이들에게 늘 말하듯이, 로맨스가 주는 흥분은 성냥을 켤 때 느끼는 짜릿함과 비슷하다. 순간적으로 반짝하는 드라마틱한 경험이지만 쭉 이어지지는 않는다. 문제는 '일단 성냥불을 켠 다음에 어떻게 할 것인가?' 하는 것이다.

성냥을 켠 다음에는 초에 불을 붙이라는 것이 이에 대한 답변이다. 초는 적어도 처음에는 성냥만큼 흥분을 자아내지 않는다. 하지만 그보다 훨씬 더 아름답고, 분위기를 훨씬 잘 조성하고, 더 오래 지속된다. 사람들은 여기서 교훈을 얻을 필요가 있다. 즉 성냥불이 꺼질 때, 무언가 극적으로 잘못되었기 때문에 가능한 빨리 또 다른 성냥을 찾아야 한다고 생각해서는 안 된다. 이 점을 배우는 것이 사랑의 미덕에 이르는 한 가지 길이다. 여기에서 하나님의 사랑으로 가슴이 뜨거워진 사람들이 배워야 할 것이 있다. 예배로 표현되는 믿음과 소망과 사랑의 미덕들은 우리의 노력과 심사숙고와 이해가 필요하고, 순간적이고 낭만적인 매력이란 성냥불이 도달할 수 없는 열정을 불러일으키도록 계획되고 준비되고 기념될 필요가 있다. 마치 결혼 40주년을 준비하는 커플이 어떻게 하면 최대의 기쁨을 얻을 수 있을까 하고 행사의 내용과 방법을 심사숙고하는 것처럼, 하나님을 향한 성숙하고 깊고 지속적인 사랑을 소중히 여기는 교회는 그분을 예배하는 방식에 대해 신중하게 생각할 것이다. 예배가 자연스럽게 생기지 않기 때문이 아니라, 그들이 오랫동안 개발된 미덕들, 사랑이라는 제2의 천성에 관심이 있고, 왜 하나님을 예배하고 있는지 그리고 어떻게 하면 풍성하고 깊이 있게 그분을 예배할 수 있는지를 그동안 심사숙고해왔기 때문이다.

이 점이 의례와 자발적인 예배 사이의 차이점이다. 두 친구가 우연히 만나 가게에서 샌드위치를 산 뒤에 즉흥적으로 소풍을 가는 것이 전혀 문제가 없는 것처럼, 자발적인 예배도 전혀 문제가 없다. 하지만 그 친구들이 서로 더 친해지고 좀 더 정기적으로 만나기로 한다면, 되는 대로 가끔 소풍을 갈 수도 있지만 오히려 우정을 나누기 위한 자리를 일부러 만들기로 하고, 그 우정을 행동으로 보여주는 방법으로 정찬을 나누는 등 철저한 준비를 고려하게 될 것이다. 이와 마찬가지로, 훌륭한 기독교 의례는 하나님과 그의 백성들 사이의 언약관계와 사랑을 고려하고 나누는 우정과 같다. 물론 갑자기 친구를 만나는 경우가 아니라 그 만남을 심사숙고하고 즐거워하고 계획하고 준비하는 경우에 해당되는 말이다. 이는 궁극적으로

서로의 관계를 두텁게 하는 더 나은 방법이며, 동시에 관계의 친밀성을 보여주는 방법이기도 하다.

구체적으로 그리스도인의 예배는 교회가 첫 창조와 옛 언약에 이어서 새 창조와 새 언약의 행위를 수행한 하나님의 위대한 사역을 경축하는 일이다. 교회는 이 세계와 이스라엘에 관한 이야기들, 그중에서도 특히 창조 이야기와 출애굽 이야기를 들려주고 또 들려주는 일을 실천할 필요가 있다. 여기에는 그 이야기들로부터 나오는 위대한 약속들과 그 약속들이 어떻게 예수 그리스도 안에서 성취되었는가 하는 것도 포함된다. 그러므로 성경을 읽는 일은 언제나 교회 예배에서 중심을 차지해왔다. 그런데 이는 사람들에게 성경 이야기들이 무엇을 말하고 있는지 상기시켜주는 것에 그치지 않는다. 그와 더불어 이 이야기들은 마치 마리아가 찬양하며 하나님의 위대하심을 선포한 것처럼 경축과 예배의 행위를 통해 재연되어야 한다. 훌륭한 의례는 확실한 수단을 사용하여 성경이 철저하게 또 명료하게 낭독되도록 하고, 이것을 좀 더 효과적으로 수행하는 방법을 늘 고민한다. 뿐만 아니라, 다함께 찬송하고 시편으로 기도하는 더 나은 방법을 찾음으로써 음악에 관심 있는 소수의 지도자가 아니라 예배하는 모든 신자의 기억과 생각과 영성에서 찬양이 제2의 천성이 되도록 열심히 노력한다. 초기 교회의 예배 모습에 관한 사도행전의 기록을 살펴보면 무척 흥미롭다. 그들은 하나님의 사랑과 권능을 경축하고 선교 사역을 지속적으로 강화하기 위해 시편을 비롯한 성경의 여러 부분을 인용하고 있다. 초기 그리스도인들은 성령으로 충만해져서 진정한 성전으로서 살려고 애썼기 때문에, 기존의 신전 수호자들과의 관계에서 큰 충돌이 초래된 것은 그리 놀랄 일이 아니다. 신전 수호자라 함은 예루살렘에 있었던 유대인 성전과 아테네를 비롯한 여러 곳에 있었던 이방의 신전 문화를 모두 포함한다. 새로운 왕 같은 제사장이 그 모습을 드러내게 되면 이런 충돌은 불가피한 것이었다.

왕 같은 제사장의 습관을 배우는 교회는 당연히 성례를 집행할 것이다. 성례는 하늘의 삶이 땅의 삶과 신비롭게 맞물리는 사건이다. 땅이 하늘을 통제하거나 조종하기 위해서가 아니라 하늘의 이야기가 땅의 삶에서 구체적이고 물리적인 실체가 되어 이 세상 속에 있는 인간들을 붙들기 위해 성례가 집행된다. 이로 말미암아 세상에 있는 어떤 것들은 새로운 의미를 갖게 되고, 또 어떤 것들은 더 이상 의미를 갖지 못하게 될 것이다.

이처럼 예배하는 삶은 우리가 배워야 할 그 무엇이다. 공동체는 의례와 성례를 집행하는 면에서 성장할 수 있다. 의례와 성례가 개인의 마음 습관뿐 아니라 공동체의 마음 습관도 될 수 있다는 사실을 안다면 얼마나 기쁘겠는가. 공동의 예배는 기독교가 그런 것처럼 팀 스포츠에 비유될 수 있다. 우리는 따로따로 있을 때가 아니라 다함께 있을 때에야 하나님의 백성임을 알게 되기 때문이다.

그렇다고 다함께 있는 게 획일성을 의미하지는 않는다. 중요한 것은 성경과 예수 안에서 하나님께 헌신한 것만 제외하면 다른 모든 면에서 서로 다른 사람들이 함께한다는 사실이다. 이처럼 각자의 독특성은 하나님이 우리에게 주신 다양한 소명을 수행할 때에도 사라지지 않는다. 그럼에도 이 소명들은 앞장에서 살펴본 것처럼 온 공동체가 성숙한 하나 됨으로 자라는 데 기여하도록 주어진 은사들이다. 그리고 이런 다양성 속의 통일성을 표현하고 배우는 곳은 바로 공동의 예배이다.

아이러니하게도 이곳에서 우리가 앞에서 접한 반론과 정반대되는 반론을 만나게 된다. 미덕에 반기를 드는 일반적인 개신교의 반론은 그것이 그저 위선에 불과하다는 것이다. 즉 진심이 아니면서 마치 그런 것이 있는 것처럼 가장한다고 지적한다. 이에 대한 표준적인 답변은 이것만이 믿음과 소망과 사랑과 그 밖의 모든 미덕의 특성을 갖추는 유일한 길이라는 것이다. 만일 우리가 마음의 밑바닥으로부터 우러나올 때까지 기다렸다가 실천을 시작해야 한다면, 우리는 오랜 세월을 기다려야 할 것이고, 그 과정에서 우리의 인생을 포함한 많은 인생들은 엉망이 되고 말 것이다. 다른 한편, 우리는 이제 그와 반대되는 또 다른 반론에 직면한다. 의례와 공식적인 예배의 여러 측면들이 한낱 습관이 되고 말았기 때문에 진심으로 예배를 드리지 않게 된다는 비판이다. 어떻게 보면, 이 두 가지 반론은 서로 상쇄된다. 만일 당신이 그것을 가장한다면, 그것은 습관이 아니다. 반면에 만일 그것이 하나의 습관이면, 당신은 가장하지 않은 셈이다! 하지만 이 두 번째 문제의 저변에는 한 가지 심각한 문제가 있다. 개인의 미덕이든 공동체의 미덕이든, 미덕은 결코 당연시될 수 없다는 점이다. 많은 의식적인 선택과 결단을 통해 일단 습관이 형성되면, 그것이 잘 유지될 필요가 있다. 여기에 진정성과 자발성의 차이점이 있다. 자발성은 모든 습관에 반기를 든다. 무슨 일이든 그냥 저절로 생겨야 하기 때문이다. 다른 한편, 진정성은 습관이 유명무실하게 되지만 않는다면 습관에 대해 우려하지 않는다. 이는 공평한 처사이다. 솔직히 말해서, 만일 오늘날 그리스도인들이 예배하는 습관을 너무 강하게 길러서 그것이 한낱 습관이 될 위험에 처해 있다면, 오히려 다행이라고 생각한다. 사실 지금은 이 문제를 그렇게 우려하지 않아도 되지만 말이다. 그러나 만일 그런 위험이 있다면, 습관으로 굳어지는 것을 주의하라는 경고는 정당한 것이라고 할 수 있다.

인간들이 하나님이 누구신지 알고 그분이 하신 일을 보았기 때문에 입술로 찬송과 경배를 드리며 창조주 하나님을 예배할 때, 그들이 알든 모르든 그들은 온 창조세계의 찬송과 경배를 하나로 묶어주는 중이다. 이것은 의례와 성례를 통해 예배를 물리적으로 표현하는 일이 여전히 중요한 또 다른 이유이다. 우리는 마치 몸이 없는 영혼인데 어쩌다가 물리적인 몸이라고 불리는 이상한 것에 한시적으로 거주하다가, 나중에 피조물의 찬송을 가지고 와서 하나님의 보좌 앞에 드리는 왕 같은 제사장의 직분을 담당할 존재인 것처럼 생각하면 안 된다. 우리는 물리적인 몸을 가진 존재로 창조되었고 또 몸의 예배를 드리도록 부름 받았다는 사실을 기억하라. 예배하는 자들이 선포되는 메시지와 수행되는 사역을 몸의 언어로 표현한다고 해서 놀라지 마라. 물론 이런 언어도 속이 텅 빈 습관이 될 소지가 있으므로, 진정성의 이름으로 이따금 도전을 받을 필요가 있다. 그런데 몸으로 드리는 예배에 얼굴을 찡그리는 것은 설사 그런 예배가 위선의 표시라든가 하나님에게 빚을 지우려는 시도라 할지라도 마치 마음과 지성의 헌신이 없어도 몸으로만 표현하면 그만이라고 생각하는 것처럼 우스운 짓이다. 이 책에서 우리가 자주 살펴보았듯이, 교회는 살아 계신 하나님이 성령으로 거하는 장소, 곧 새 성전이 되도록 부름을 받았다. 따라서 이는 전인全人이 관여하는 소명인 것이다.

그러므로 예배의 삶 자체가 집합적인 형태의 미덕이다. 이런 삶은 기독교의 핵심 미덕인 믿음과 소망과 사랑을 표현하고, 또 반대로 그것들을 강화시킨다. 이 활동으로부터 그리스도인의 삶과 증언에 필요한 모든 것이 흘러나온다. 이처럼 예배는 신앙적인 삶의 중심과 기본을 이루고 있으며, 최상의 의미에서 습관을 형성시키는 활동이다. 진지한 신앙을 가진 모든 그리스도인은 예배가 제2의 천성이 되도록 열심히 노력해야 한다. 이런 식으로 하나님의 사랑을 표현하는 일은 샴쌍둥이 중 첫째에서 둘째로 자연스럽게 넘어가서 선교의 삶을 더욱 강화시키게 될 것이다. 성전이 존재하는 이유는 그 집을 가득 채우는 하나님의 임재가 장차 온 세계를 하나님의 영광으로 가득 채우게 될 것을 나타내는 표징이자 수단의 역할을 하기 위함이다. 예배는 선교로 이어져야 한다. 제사장들은 또한 왕 같은 존재들이기도 하다.

∞

그리스도 안에서 새롭게 된 하나님의 백성이 왕 같은 존재 내지는 통치자가 된다는 것, 즉 왕 같은 제사장이 되는 소명이 시사하는 모습을 그려보기 원하는가? 로마 황제들이 처음으로 그리스도인이 된 4세기와 5세기를 들여다보는 것은 도움이 되지 않을 것이다. 그때를 돌아보면 다른 측면에서 의문과 도전을 발견할지는 몰라도 핵심을 놓칠 게 분명하다. 그 대신에 교회가 첫 2-3세기 동안 권력자들에게 핍박과 고통을 당하면서 무슨 일을 했는지를 주목해보라. 그들은 온 세계를 향해 십자가에 죽었다가 다시 살아난 이스라엘의 메시아, 곧 예수가 정당한 권한을 가진 주님이라고 선포했다. 이것이 바로 우리가 여기서 논의하고 있는 '통치자'란 말이 지닌 뜻이다. 이는 그 왕, 평화의 왕의 통치권을 수행하는 대리인이 되는 것을 의미한다. 말하자면, 죽음이라는 필수 무기를 파괴하는 것과 함께 폭정과 폭군 자체를 완전히 뒤집어버리고, 마침내 질서와 자유가 만나는 새로운 세계를 탄생시킨 그분의 대리인이 되는 것이다. 죽음은 폭군이 택하는 최후의 무기일 뿐 아니라 무정부주의자가 가진 최후의 무기라는 사실도 잊어서는 안 된다.

특히 사도행전을 눈여겨보라. 거기에는 교회가 부활하신 주님으로부터 왕 되신 그분과 그분의 나라를 증언하라는 명령을 직접 받는 장면이 나온다(행 1:7-8). 새로운 성전으로 살아가는 공동체 역시 일종의 대기 중인 통치자로서, 인간의 권세가 아니라 하나님에게 순종해야 한다고 선언하며 살아야 한다(행 4:19; 5:29). 초기 그리스도인들은 땅의 법을 불순종했던 것이 아니라, 새로운 방식으로 자신을 계시하셨던 하나님에게 충성을 다했을 뿐이다. 이런 행위는 당시에 하나님의 지혜로운 질서를 대변하는 존재이자 그분의 임명을 받은 대리자로 자처했던 전통적인 유대인에게는 실로 못마땅한 것이었다.

예수의 추종자들은 계속해서 그들 조상의 하나님을 섬기고 그분의 위대한 사역을 담은 이야기를 들려주었을 것이다. 그러나 예전과는 다른 새로운 클라이맥스와 함께 그 이야기를 들려주었으리라(행 7:13 참조). 이 이야기는 성전에서 섬길 대제사장의 임명(주전 200년경에 기록된 《벤 시라》라는 책이나 〈집회서〉에 표현되어 있는 것처럼)이나, 이스라엘의 군대를 이끌어 로마인을 상대로 큰 전쟁을 벌일 장래의 전사戰士형 메시아의 도래나(에세네파가 소망했던 것처럼), 이스라엘의 옛 율법을 한층 더 열심히 준수하는 일(바리새파가 원했던 것처럼) 등과 함께 절정에 이르는 것이 아니라, 예수라는 인물, 배척당했으나 지금은 높이 들림 받아서 사도들의 입술로 증언되는 분, 하나님에게 통치권을 받은 그 참된 왕과 함께 절정에 이른다.

그리고 이 통치권은 이스라엘과 함께 끝나지 않는다. 이미 기독교 초창기에 역설적인 대결이 계속 이어지는 가운데 온 세계로 퍼져나갔다. 바울과 그 동료들은 치안 판사들에게 로마법이 정한 그들의 의무를 상기시켜주었고(행 16:35-40), 당시 그리스-로마 세계에서 가장 유명했던 이방인 법정과 대면했으며(행 17:22-34), 세네카가 입양한 그의 형제 갈리오 총독 앞에서 호의적인 판결과 에베소의 서기장으로부터 암묵적인 옹호를 각각 받았고(행 18:12-17; 19:35-41), 로마의 지휘관에게 그의 법적인 지위를 상기시켜주었으며(행 22:25-29), 한 로마의 총독에게 장차 있을 하나님의 심판을, 그리고 또 다른 총독에게는 현재 하나님의 법적인 지위를 각각 선언했고(행 24:25-26; 25:6-12), 마지막으로 자신의 로마 시민권을 이용하여 안전하게 로마로 가는 길을 얻었다. 이는 바울이 로마에 가서 하나님을 왕으로 또 예수님을 주님으로 선포하는 것이 하나님의 뜻이라고 오랫동안 믿어왔던 까닭이었다(행 25:11; 28:30-31; 롬 1:13-15). 이처럼 이 세상의 통치자들로 하여금 자기들의 의무를 제대로 수행하고 있는지 예수 앞에서 해명하도록 촉구하는 일이 '통치자'가 된다는 말의 부분적인 의미이다.

좀 더 구체적으로 말하면, 초기 그리스도인들은 예수를 주님으로 선포하는 일을 통하여 하나님의 주권적 통치를 대리하는 역할을 하고 있었다. 이런 사역과 또 복음의 능력이 사람들의 마음과 삶을 변화시키는 가운데, 예수님에게 충성을 다하고 그분의 주되심을 기뻐하는 공동체들이 생겨나기 시작했다. "주 안에서 항상 기뻐하라! 내가 다시 말하노니 기뻐하라. 주께서 가까우시니라"(빌 4:4-5)라고 바울은 그들을 권면했다. 이 공동체들은 인종과 성과 계급 같은 전통적인 경계선을 가로질러 서로를 영접하고 특히 가난한 자를 비롯한 서로의 필요를 돌보았던 서로 사랑하고 지지하는 공동체들이었다. 물론 우리가 바울의 편지를 통하여 알 수 있듯이 문제가 없었던 것은 아니었지만 말이다.

달리 말하면, 그들은 예수가 마가복음에서 부유한 젊은이에게 던졌던 도전을 실현한 공동체요, 사람들이 재산을 내놓고 예수 및 그의 백성과 공동의 명분을 가진 자들을 돌보는 공동체였다(행 2:43-47; 4:32-37). 이런 일이 결코 아무런 문제없이 순조롭게 진행된 것은 아니지만(행 5:1-11) 이런 행실을 관통하는 원리는 사랑하라는 명령의 형태로 교회 속으로 폭넓게 퍼져나갔다. 우리는 데살로니가전서 4장 9-12절에서 또 다른 예를 볼 수 있다. 거기서는 사랑하라는 명령을 '너희가 벌 수 있는 만큼 벌어서 궁핍한 자들에게 줄 수 있는 만큼 주는 것'이라고 명시한다. 이 명령은 에게 해 연안에 있던 이방 교회들로부터 상당한 헌금을 모아서 기근에 시달리는 유대 교회를 후원함으로써 이루어졌다(행 11:27-30; 고전 16:1-4; 고후 8-9장; 롬 15:25-29). 바울은 이런 프로젝트를 좋아했다.

이 프로젝트는 그리스도인이 하나님의 새로운 세계에서 통치자가 된다는 사상과 어떻게 연결되는가? 이에 대해 바울은 에베소서 3장에서 그 모든 요소를 묶어서 답변해준다. 내용인즉, 이방인 지역에 유대인과 이방인 교회들을 개척하고 유지하는 사역, 인간다운 존재가 되는 다른 길을 발견한 새로운 가족을 사랑으로 다함께 묶어주는 사역이야말로 하나님은 곧 하나님이고, 예수는 곧 주님이며, 세상의 통치자들이 그들의 진정한 주인과 대면할 때가 왔다는 것을 이 세상 권세들에게 알려주는 직접적인 사인이었다. 알렉산드로스 대왕 같은 인물은 자기가 그리스인과 야만인을 모두 한 제국으로 묶어주었다는 이유로 스스로를 진정한 세계적 통치자로 보지 않았던가? 아우구스투스를 비롯한 로마의 여러 황제들은 아주 다양한 민족을 로마 제국으로 통합했다는 이유로 그들 스스로를 진정한 세계의 통치자로 천명했다. 바울은 예수의 업적, 곧 인류를 이등분했던 유대인과 이방인을 하나로 묶은 업적이 두 가지를 상징한다고 보았다. 하나는 그로 말미암아 새로운 성전이 세워졌다는 것이고, 다른 하나는 새로운 주님이 선포되었다는 것이다. 초기 그리스도인들에게 '통치자들'이 된다는 것은 십자가에 죽었다가 다시 살아난 그 예수가 세계의 진정한 주권자임을 선포하는 메시지에 걸맞게 살아가는 것을 의미했다.

이처럼 초기 그리스도인들이 스스로를 한 나라의 모범 시민이자 새로운 주님께 충성을 다하는 두 가지 정체성을 가진 사람들로 이해했다는 사실은 우리의 역사적인 이해를 위해서나 현 시점에서 스스로를 성찰하기 위해서나 굉장히 중요한 것이다. 그들이 개발하려고 했던 미덕은 주변의 이방 세계가 가진 미덕과 전혀 연속성이 없는 것은 아니었다. 사실 바울은 그리스도인들에게 얼마나 그들이 형편없이 행동하는지를 보여주기 위해 주변 이방인의 도덕적 표준을 들먹거리기도 했다. "봐라. 그런 음행은 이방인 중에서도 없는 것이다!"(고전 5:1) 아울러 당시에 흔히들 따르는 온갖 표준이 있다는 것을 가정하기도 했다. "악을 미워하고 선에 속하라"(롬 12:9). 교회는 외부인들에게 지혜롭게 행하고(골 4:5), 그들과 화목하게 지내고(롬 12:14-21), 권세에 복종하고(롬 13:1-7), 공동체 내에서는 의연하게 살아가야(빌 1:27) 했다. 바로 빌립보서에서 바울은 더 넓은 이방 세계의 미덕을 승인하면서 고개를 크게 끄덕이고 있다.

끝으로 형제들아 무엇에든지 참되며 무엇에든지 경건하며 무엇에든지 옳으며 무엇에든지 정결하며 무엇에든지 사랑받을 만하며 무엇에든지 칭찬받을 만하며 무슨 덕이 있든지 무슨 기림이 있든지 이것들을 생각하라(빌 4:8).

그렇다고 해서 그리스도인이 세상이 행하는 모든 것을 그대로 따라해야 한다는 뜻은 아니다. 그 다음 절이 주장하는 것처럼, 주변 세상의 생활방식과는 근본적으로 다른 바울의 생활방식이 바로 우리의 모델이 되어야 한다. 독자들에게 바울은 내게 배우고 받고 듣고 본 바를 행하라고 권면한다. 그럼에도 불구하고, 이 세상에는 하나님의 선한 창조에 힘입어 진실로 참되고, 거룩하고, 옳고, 정결하고, 매력적이고, 평판이 좋고, 덕스럽고, 칭찬할 만한 것이 많이 있는 게 사실이다. 그리스도인은 이에 대해 완곡하게 말해서는 안 된다. 우리는 칭찬할 만한 것이 있으면 맨 먼저 칭찬해야 하며, 어떻게 해서 그런 일이 일어나고 또 어떤 결과를 가져오는지 물어보면서 곰곰이 생각하고 심사숙고할 필요가 있다.

그러면 장차 새로운 세계에서 우리에게 주어질 왕 같은 제사장의 직분을 위해 현재의 통치자들이자 하나님 나라의 백성으로서 연습해야 할 기독교적 미덕은 무엇인가? 이에 대한 답변은, 누구나 충분히 예상할 수 있듯이, 그리스도인이 마땅히 개발해야 할 성품, 곧 사랑과 온유와 친절 등과 같은 성품이다. 이런 성품들이야말로 예수님의 팔복에 따르면, 하나님의 세계를 다스릴 사람들의 특징이다. 그리고 예수님은 친히 그의 전 생애를 통해, 그리고 무엇보다도 그 자신을 죽음에 내어주는 일을 통해 이런 성품을 모범으로 보여주셨다. 또한 초기 그리스도인들은 가난한 자를 돌보고 서로를 보살피는 공동체를 운영함으로써 주님의 모범을 부지런히 연습했다.

이런 특성은 모든 사람이 품고 있는 '왕'의 이미지가 아닐지도 모른다. 그러나 예수님의 전 생애를 보거나, 특히 그분이 당나귀를 타고 예루살렘으로 들어가는 순간부터 로마의 십자가에서 죽음을 당하는 순간에 이르는 그 위대한 이야기를 따라가 보면, 기존의 왕권 개념이 재정의되는 걸 알 수 있다. 이것은 그를 따르는 자들의 상상력과 인생을 사로잡았다. 그분이 왕이 된다는 것이 이런 의미였기에, 그들도 기꺼이 예수님과 비슷한 길을 따라가서 그들에게 주어진 왕의 책임을 짊어지고 현 시대에 왕 같은 제사장의 미덕을 실천하기로 결단한 것이다.

이처럼 생소하고 거꾸로 뒤집힌 듯한 '왕족'의 기본 습관들이 이제 점차 명확해지고 있다. 이런 습관들이야말로 예수와 바울이 권면했던 바이다. 처음에는 이 습관들이 어렵게 보여도 오랫동안 연습하면 제2의 천성이 되고, 삶을 통해 예수의 주되심을 분명히 드러내는 공동체를 형성한다. 이 습관은 본질상 공동체 내에만 숨어 있지 않고 반드시 주변 세계로 흘러 들어간다. 그러면 세상 사람들은 근본적으로 다르고 굉장히 매력적인 삶의 방식을 목격하게 된다. 이런 의미에서 기독교적으로 덕스러운 삶은 일종의 팀 스포츠인 셈이다.

바로 이와 같은 맥락에서 교회는 공공연하게 말할 수 있는 근거와 도덕적 권리를 얻어서 예수를 주님으로 선포하고, 그분이 어떻게 세상의 죄를 위해 죽고 다시 살아났는지 설명할 수 있다. 달리 말하면, 왕 같은 제사장이 되는 소명의 핵심에는 복음전도의 과업이 놓여 있는 것이다. 복음전도는 사람들에게 예수를 선포하며 그분에게 헌신하도록 권유하고, 예수와 그를 추종하는 자들을 통하여, 전혀 새로운 방식으로 인간다운 존재가 되는 길을 발견하도록 초대하는 것이다. 즉 믿음과 소망과 사랑이 있는 삶, 친절하고 온유한 삶, 용서가 있고 관대함을 베푸는 삶, 인내하고 사랑하는 삶을 살라고 부르는 것이다. 초기 사도들의 경우, 십자가에 죽은 한 유대인이 사실은 온 세상의 주님이었다고 낯선 자들에게 말하는 것이 매우 생소하게 느껴졌을 것이다. 이런 생소함은 예수의 이름이 잘 알려진 곳과 그렇지 않은 곳을 막론하고 여전하다. 그렇지만 사람들에게 좋은 소식을 전하는 일은 하나의 습관이다. 이는 모든 기독교의 미덕과 같이 구원과 치유를 가져오는 예수의 주 되심을 마음껏 기뻐할 다가올 시대의 삶을 바라보며 바로 지금 그것을 준비하는 행동이다. 그때가 되면 왕의 직분과 제사장의 직분이 다시 한 번 합류하게 될 것이다.

그런데 하나님의 형상을 세상에 다시금 반영한다는 개념, 즉 자신의 세계를 아름다움과 질서와 자유와 영광으로 가득 채우는 것, 관대하고 사랑이 많은 창조주의 이미지를 반영하는 것은 공동체의 창조와 복음전도를 불러일으키는 것 이상의 의미를 내포한다. 정의와 아름다움이 너무나 오랫동안 경시되어온 세상에서 예수의 추종자들은 '왕'의 소명을 통해 정의와 아름다움을 구하고 창출하고 유지하는 미덕을 낳아야 한다. 이것은 우리가 여기에서 다루기에는 너무 큰 주제이다. 하지만 아리스토텔레스가 《니코마코스 윤리학 *Ethika Nikomacheia*》의 서두에서 '아름다운 것과 정의로운 것'을 주장하는데, 거기서부터 전개해나가는 내용은 그리스도인들이 마땅히 칭찬하고 더욱 증진시켜야 한다.

이제 정의에 대해 생각해보자. 신약성경에서 가장 위대한 책 중 하나인 로마서는 하나님의 회복적 정의를 다루고 있다. 자기가 하는 일에 하나님의 형상을 반영하도록 부름 받은 사람들은 오늘과 같이 치열한 경쟁 사회에서 회복적 정의가 마땅히 어떤 모습으로 나타나야 하는지, 그리고 우리가 어떻게 그 정의를 실현할 수 있는지를 파악하는 일에 관심을 기울여야 한다. 이는 여러 종류의 정치적 논쟁과 과정에 참여하고, 중요한 이슈들에 대해 캠페인을 벌이고, 어디서든 억압과 불의를 부각시키는 것을 뜻한다. 서양 세계는 지난 200여 년 동안 사회정의의 문제를 하나님과 믿음의 문제로부터 분리시키면 사회가 좀 더 정의롭게 변화되지 않을까 생각했다. 그러나 그 기간에 발생한 혁명과 전체주의와의 전면전들은 우리의 생각이 잘못되었음을 입증했다. 그런데 하나님과 인간 정의의 문제를 다시 붙여놓는 일에는 개인적인 차원에서뿐 아니라 교회적인 차원에서 지속적인 노력이 필요하다. 그리고 정의의 사역을 공동체적 미덕으로 개발함으로써 그것이 교회 안에서 마음의 습관이 되게 하고 더 넓은 세계의 양심에 호소하게 할 필요가 있다.

아름다움의 문제도 마찬가지이다. 하나님의 영광이 거하셨던 예루살렘 성전이 세계의 아름다움이 집중되어 있는 작은 세계였다면, 살아 있는 새 성전인 왕 같은 제사장의 미덕도 모든 차원에서 아름다움을 개발하고 기뻐하는 속성을 지녀야 마땅하다. 예술 세계가 과거 입체파의 과잉 질서의 세계에서 최근 팝 아트의 무질서하고 혼란스러운 세계로 기울어진 것처럼, '왕족'의 미덕으로 질서와 자유 사이의 균형 잡힌 조합이 탄생할 것을 기대한다. 그러면 어떻게 해야 우리는 현 시대에 하나님이 다시 만들 그 세계, 즉 현세의 끔찍한 모습이 모두 사라진 그 세계를 바라보며 사전에 준비를 갖출 수 있을까? 이것이 바로 우리 앞에 놓인 도전이다. 우리는 아름다움을 새롭게 표현하려고 애쓸 필요가 있다. 오늘날의 미적 세계는 잔학주의와 감상주의 사이를 왔다갔다하고 있다. 예술과 언어의 영역에서 왕 같은 제사장의 미덕들은 예수가 드디어 이 세계를 타락시키고 흉하게 만든 악을 정복했다는 승리의 소식을 선포하고, 또 자유와 영광이 충만한 세계가 예수의 부활로부터 새로이 창조되기 시작했다는 메시지를 선포해야 한다.

자유는 물론 생성되고 보호되고 경축되어야 한다. 하지만 1세기 중반의 사도 바울에서부터 20세기 중반의 밥 딜런에 이르는 수많은 사상가들은 여전히 '자유'가 실제로 무엇을 의미하는지를 묻고 있다. 기독교적인 의미로 보면, 아무리 정치적인 수사와 심리학적인 수사가 모든 억제 장치를 완전히 제거하는 것이 자유인 양 계속 얘기한다 하더라도, 자유라는 것은 원자의 구성 요소인 소립자가 멋대로 붕붕 돌아다니는 것을 의미하지 않는다. 억제 장치를 제거하는 일은 바로 최근의 경제 붕괴가 있기 전에 여러 정부가 재정 시장에 취했던 조치였는데, 좋은 징조는 아니었다.

셰익스피어의 희곡을 예로 들자면, 한 배우가 '자유로이' 햄릿 역을 수행하기 위해서는 거기에 참여하는 다른 배우들이 더 높은 차원의 '자유'를 찾을 목적으로 그들 자신의 '자유'를 억제하지 않으면 안 된다. 이렇게 억제할 때에만 그 희곡 안에서 계속해서 새로운 의미를 찾을 수 있을 것이다. 음악에서도 마찬가지이다. 음악가들이 블루스를 자유로이 연주하려면, 기타는 음률이 맞아야 하고 피아노 연주자는 완벽하지는 않더라도 충분한 연습을 거쳐야 하며 드럼 연주자와 베이스 연주자도 메트로놈에 구속받으면서 그 안에서 '자유'를 발견할 수 있어야 한다. 그리고 일반 시민이 정치적으로 '자유롭게' 되기 위해서는 무질서와 폭동을 저지하고 재산과 생명을 보호하며 악한 자들이 마음대로 악과 폭력을 휘두르지 못하게 막아주는 법과 질서의 도움이 필요하다.

우리는 이런 억제 장치를 기꺼이 수용한다. 사실 자의적인 활동이나 자발적인 행동으로 이루어진 '자유'는 진정한 자유라고 볼 수 없고, 오히려 무질서에 가까운 것이다. 우리가 추구하는 자유는 인생의 경로를 기쁘게 심사숙고해서 선택하는 자유, 그 경로를 밟는 데 따르는 책임을 수용하는 자유, 거기에 소요되는 대가를 지불하고 그 결과와 더불어 살아가는 자유이다. 그리고 관대하고 창조적인 하나님의 사랑을 세상에 반영하도록 부름 받은 그리스도인들은 이런 자유를 지지하고 유지하는 데 필요한 개인의 미덕과 공공의 미덕을 개발함으로써, 사람들에게 진정 인간다운 존재가 될 수 있는 기회를 주어야 한다. 이 일이 구체적으로 어떻게 이루어질 수 있는가 하는 문제는 참으로 복잡하고 어렵다. 위대한 슬로건이 모두 그렇듯이 '자유!'라는 표어도 답변을 주기보다는 의문을 불러일으킨다. 하지만 이것은 그리스도인도 함께 외쳐야 할 표어임이 틀림없다. 왕 같은 제사장으로 부름 받은 자들은 자유를 위한 환경을 조성하고, 그것이 가능한 곳에서 가능한 때에 번성할 수 있도록 하는 미덕을 쌓아야 마땅하다. 장차 세계 인구가 증가하고 식량의 원천 및 공급 경로가 새로운 문제를 일으키고 세계의 기후가 놀랄 만큼 변함에 따라, 우리에게는 자유가 필요하게 될 것이다. 지금 온 세계는 앞으로도 서구 스타일의 자유 민주주의에 의해 지배될 것이라 확신할 수 없는 상황에 처해 있다.

우리의 소원과 갈망이 우리를 온전한 인간으로 만들려는 하나님의 계획과 완전히 일치할 때에야, 우리는 진정성을 얻고 자유도 갖게 될 것이다. 옛 기도문이 말하듯이 하나님을 섬기는 일이 곧 '완전한 자유'이다. 그리고 진정성과 마찬가지로, 자유라는 것도 너무 빨리 장악할 경우에는 과도하게 실현된 종말론과 같이 되고 만다. 말하자면, 그 자유가 최종 목표점까지 다다르려면 미덕이 해야 할 일이 아직도 많다는 점을 미처 깨닫지 못하는 것이다. 미덕의 목적은 장래를 내다보며 현재에서 요구되는 준비를 갖추는 것이다. 예수 그리스도 안에서 우리에게 주어진 참 자유를 감지하고 붙잡는 것은 이 준비 과정에서 아주 중요한 요소이다. 그렇지 않으면, 바울이 이미 갈라디아서 5장에서 말했듯이, '자유!'라는 슬로건은 한낱 방종을 위한 외침이 되고 만다. 도덕적 억제 장치를 수용하고 승인하는 일은 참 자유를 억압하는 것이 아니라, 오히려 자유가 번성하도록 필요한 환경을 조성하는 것이다.

 요컨대, 왕 같은 제사장들은 하나님의 영광을 세상에 나타내는 일에 힘써야 한다. 이것이 새로운 성전에 맡겨진 과업이다. 그런데 요한복음은 하나님의 영광이 나사렛 예수의 지극한 사랑의 행위인 십자가의 길을 가는 것을 통해 분명히 드러났다고 밝히고 있다(요 13:1; 17:1-5). 그렇다면 예수의 추종자들은 이 점을 알아야 한다. 그들 역시 예수처럼 관대한 사랑을 베풀고, 세상에 새로운 질서와 아름다움과 자유를 가져온 예수를 본받는 그런 마음과 생각과 삶의 습관을 배울 때, 하나님의 영광이 세상을 비추리라는 사실을 말이다. 여기서 중요한 것은 이런 습관을 단순히 적용해야 할 원리라든가 포용해야 할 가치로 보는 것이 아니라 미덕으로 보는 것이다. 우리는 플라톤이 말하는 정의, 아름다움, 자유의 형상과 함께 시작하지 않는다는 점을 분명히 해야 한다. 말하자면, 먼저 그 위대하고 놀라운 지식을 소유한 뒤에 그 고상한 이념들이 이념으로만 머물지 않고 현실 속으로 조금씩 내려올 때에는 원대한 계획을 세운 후에 땅에 내려오는 것이 아니라는 뜻이다. 그 대신에 우리에게는 물이 바다를 덮은 것과 같이 온 땅이 하나님을 아는 지식과 그분의 영광으로 가득 차게 되리라는 약속이 주어졌다. 그리고 우리는 그 프로젝트의 출발점인 예수의 부활을 소유하였다. 뿐만 아니라, 우리가 성령을 받은 것은 우리에게 맡겨진 사역을 수행함으로써 그 약속이 이루어질 것을 바라보게 하기 위함이다. 이런 사역을 시작한다고 해서 원리와 가치에 대해 흔히 생각하는 것처럼 우리가 모든 것을 안다거나 무엇을 해야 하는지 정확히 알 수 있다는 뜻은 아니다. 오히려 정의를 창출하고 아름다움을 생산하고 자유를 신장시킬 공동체적 습관을 습득하는 방향으로 어려운 첫 걸음을 내딛고, 이런 어구들이 정확히 무엇을 의미하는지를 놓고 다양한 면에서 토론하는 일을 계속하기로 헌신한다는 뜻이다. 그리고 다시금 말하건대, 예수를 따르는 사람은 이 복잡한 전체 프로젝트 내에서 제각기 독특한 소명을 갖게 될 것이다.

그러므로 현 시대에 하나님의 왕 같은 제사장이 되는 과업은 모두 예배, 그리고 선교와 관련된 것이다. 이 둘은 동일한 마음을 공유한다. 어떻게 하면 창조주 하나님과 재창조주 하나님을 사랑할 수 있을까, 그리고 어떻게 하면 하나님의 사랑을 세계에 반영하고 그 사랑이 반영된 세계가 다시 하나님께 사랑을 돌려드리는 습관을 기를까 고민하는 마음이다. 이것이 실제로 어떻게 구현되는지 살펴보자.

과거에 내가 가르쳤던 신학생들 가운데, 사하라 사막 남부에 위치한 한 아프리카 국가에서 봉사하며 여름방학을 보낸 학생이 있었다. 그가 돌아왔을 때, 학장은 그에게 졸업한 뒤에 무슨 일을 하고 싶은지 물었다. 그 학생은 국제개발기구에 들어가 지구에서 가장 가난한 지역에 도움의 손길과 지혜를 들고 가고 싶다고 응답했다. 그러자 학장은 대뜸 그럴 생각이라면 정치학이나 경제학을 공부하지 왜 하필이면 신학을 공부하느냐고 물었다.

학생은 조금도 주저하지 않고 "신학이 훨씬 더 적실하기 때문입니다" 하고 대답했다.

그 학생은 자기가 갔던 나라에서 교회가 어떤 사역을 펼치고 있는지를 몇 달에 걸쳐 직접 목격했다. 당시에 '해방신학'이라 불리던 신학은 한낱 추상적인 학문이 아니었고, 좌파 학생들을 옛 도그마에 대한 지겨운 공부에서 해방시킨 흥미진진하고 약간은 위험한 조직신학의 아류였다. 그것은 교회가 가난한 중에도 가난한 자들 가운데 살면서, 예수를 주님으로 고백하는 것이 일상에서 무슨 의미를 갖는지 파악하고, 그 주 되심이 더 넓은 공동체 내에서 살아 있는 현실이 되도록 하는 일과 관련이 있었다.

그 학생의 경험담과 답변을 들으니 그가 자랑스러웠다. 그 대화를 되새기면서, 어쩌다가 서양 세계에서는 신학을 현실세계의 실제적인 필요와는 무관한 그런 학문으로 여기게 되었는가 하는 의아한 생각이 들었다. 이에 대해 곰곰이 생각한 끝에, 신학이 좀 거리감이 있는 학문이기는 해도(사실은 그렇지 않지만, 뉴스 매체를 좌우하는 자들은 신학이 무엇인지를 모르기 때문에 신학을 깎아내리곤 한다), 교회의 실제적인 삶은 소리 없이, 그리고 눈에 띄지 않게 서양 세계의 '일상' 생활에 손을 뻗치고 있다는 사실을 깨닫게 되었다. 이 현실은 이미 널리 파급된 것인 만큼 우리가 크게 부각시키고 기뻐할 필요가 있다. 영국만 해도 정부의 통계조사에 따르면, 지역사회에서 상당한 시간과 돈과 에너지를 들여 노인과 장애우와 죽어가는 자와 영유아 등을 돌보는 일을 하는 사람들 대다수가 그리스도인이라고 한다. 그들 가운데 다수는 스스로를 좋은 그리스도인이라 말하지 않을 것이다. 자기는 도덕적인 결함도 많고 성경의 내용도 잘 모르고 있다는 등의 이유를 들면서 말이다.

그럼에도 교회의 생명력 가운데 그 무언가가 그들을 자극하는 것이 분명하다. 그래서 그리스도인들로 하여금 도움이 필요한 곳에 도움을 주게 하는 것이다. 그들은 봉사를 하면서 많은 보람을 느끼기 때문에 기쁘게 봉사활동을 하고, 나중에 나이가 들고 피곤해도 다시 그 일을 하러 돌아오는 것이다. 내가 아는 한 부부는 도시의 여러 곳을 돌아다니며 '노인들'에게 무료 급식을 제공해왔는데, 80대 '노인'이 될 때까지 그 봉사를 계속했다!

사랑의 미덕을 외적이고 가시적으로 보여주는 실제적인 봉사의 습관은 초대 교회까지 거슬러 올라간다. 로드니 스타크Rodney Stark의 훌륭한 저서, 《기독교의 발흥 The Rise of Christianity》에 나오는 인상적인 대목 중에 하나는 고대 터키에서 전염병이 돌았을 때 그리스도인들이 어떻게 반응했는가를 묘사한 부분이다. 부유하고 풍족한 사람들, 그 가운데서도 특히 의사들은 가족과 재산을 모아 전염병을 피해 도시를 떠났다. 그들은 언덕으로, 더 신선하고 좀 더 깨끗한 곳으로, 도시 외곽에 사는 친구나 가족에게로 도망갔다. 그러나 대부분이 극빈자 그룹과 노예 집단에 속해 있었던 그리스도인들은 거기에 남아 다른 사람들을 보살폈다고 한다. 거기에는 그리스도인도 아니고 친척도 아니고 어느 면으로든 아무 연줄도 없는 사람들이 포함되어 있었다. 그 중 어떤 사람들은 건강을 되찾았다. 모든 질병이 치명적이지는 않았기 때문이다. 그러다가 때로는 그리스도인들이 병에 걸려 죽기도 했다.

어찌됐든지 그리스도인들의 취지는 생생하게 그리고 틀림없이 전달되었다. 이들의 태도는 인간다운 존재가 되는 또 다른 방식이었다. 이전에는 아무도 그렇게 사는 것을 생각해본 적이 없었다. 그리스도인들은 왜 그런 활동을 했는지, 그리고 어떻게 해서 제2의 천성으로써 '자연스럽게' 그런 행실을 보였는지, 그렇게 행한 마음의 습관은 무엇인지 설명해달라는 요청을 받았다. 그들은 예수와 그들이 예수를 통해 발견했던 하나님, 과거에나 현재에나 자기를 내어주는 사랑의 성품을 지니신 하나님에 관해 얘기하곤 했다. 바로 이런 행위 때문에 4세기 초에 이르기까지 로마의 박해자들이 온갖 수단을 동원하여 그리스도인을 박해했음에도 불구하고 기독교가 빠르게 퍼져나가게 됐다고 스타크는 주장했다. 그래서 결국 로마제국의 거의 반쪽이 그리스도인이 되었고, 황제들은 이기고 있는 쪽에 합류하는 편이 낫겠다고 생각했던 것이다.[1])

이와 같은 내용은 로마서 12장과 빌립보서 4장에 나오는 바울의 권면과 관계가 있다. 내용인즉, 그리스도인은 좋은 시민으로 살아야 하고, 더 넓은 세계에서 기뻐할 수 있는 것은 기뻐하고, 사람들의 삶에 슬픔을 가져다준 사건을 놓고 그들과 함께 슬퍼해야 한다는 권면이다. 만일 교회가 초연하게 서서 스스로 거룩한 체하며 세상이 보여주는 최상의 모습을 비非영적이라거나 비기독교적이라거나 경건치 못한 쓰레기 같은 것이라고 멸시한다면, 관대한 창조주 하나님은 영광을 받지도 못하고 그분의 영광은 세상에 반영되지도 못한다.

기독교의 가장 큰 미덕은 바로 창조주이자 생명을 주시는 하나님이 친히 보여주시는 사랑이기 때문에, 그리스도인 개개인과 교회는 주변에서 일어나는 현상을 눈여겨보는 습관을 길러야 하고, 기뻐하는 자들과 함께 기뻐하고, 슬퍼하는 자들과 더불어 울며, 무엇보다도 어디서든 사랑과 위로와 치유와 소망을 가져다줄 기회를 열심히 찾아야 한다. 그리고 이 모든 것과 더불어 우리는 믿음을 전할 수 있다. 언제나 예수를 입에 담는다고 믿음이 전해지는 것이 아니라 공공연하게 예수처럼 사는 것을 통해 믿음이 전파된다. 세상은, 아니 일부 교인들까지도 선을 행하는 자들을 당연히 조롱할 것이다. 때로는 조롱당할 만한 짓을 하기도 한다. 이를테면 독선적인 모습을 드러내는 경우가 그러한데, 이런 모습은 마땅히 피해야 한다. 하지만 선행이 오용될 수 있다고 해서 선행 자체가 무의미해지는 것은 아니다. 오히려 행할 필요가 있는 행위는 습관을 통해 행하는 것이 최상의 길이라는 사실이 입증되었다. 습관이라 함은 미덕과 아홉 가지 성령의 열매와 온 공동체의 의식적인 선택을 일컫는다. 그리고 공동체 속에서 개개인이 자신의 소명을 추구하고 왕 같은 제사장의 습관을 개발하고 습득하고 유지하는 일을 말한다.

만일 그리스도인의 덕스러운 삶이 더 넓은 세상을 내다보는 안목을 갖는다면, 기독교적 미덕 이론은 어떤 모습일까?

이 질문은 사실상 이 책 전체에 흐르고 있는 질문이다. 앞으로 전개할 내용은 굳이 설명이 필요없을 것이라 믿는다. 하지만 이제까지 기독교적 미덕의 습관은 바깥을 내다보는 안목을 가져야 하고, 교회의 울타리를 넘어 더 멀리 손을 뻗쳐야 하고, 세상에 치유와 소망을 들고 가야 한다고 주장했다. 그런데 이제 와서 뒤로 물러나 그리스도인이 말하는 기독교적 미덕은 이방인이 말하는 이방의 미덕과 아무 관계가 없다는 식으로 말하고 그 둘은 서로 겹치지 않을뿐더러 서로 침범하지도 않는 별개의 것인 양 얘기한다면, 참으로 이상하기 짝이 없을 것이다.

사실은 정반대이다. 만일 기독교가 예수 그리스도 안에서 그리고 성령에 의해 창조주 하나님이 인간 존재가 되는 새로운 길을 열어두셨다고 주장한다면, 기독교의 미덕과 이방의 미덕 사이에 중복되는 부분과 상호작용이 있을 것으로, 즉 어쩌면 부분적인 대면이나 부분적인 수렴이 있을 것으로 예상할 수밖에 없다.

이 점은 두 가지 차원에서 신학자들이 대충 본성과 은혜라고 부르는 광대한 영역으로 우리를 인도한다. 이 영역에 관한 연구에서 맨 처음 대면하는 질문은 이런 것이다. 과연 인간이 신의 은혜를 힘입지 않고도, 말하자면 순수한 자연 상태에서 미덕을 획득할 수 있을까?

이 질문에 대해 이방인들도 의견이 분분했던 것 같다. 적어도 스토아 학파와 같은 이방인 그룹은 신의 능력이 모든 인간 속에서 작동하기 때문에, 모든 도덕적 노력은 물론이고 모든 인간의 삶이 모종의 신적인 조류를 갖고 있다고 이해했다. 이에 비해 바울과 초기 그리스도인들은 창조주요 생명의 주인이신 하나님에 대해 유대교 방식으로 생각했기 때문에, 하나님의 활동에 관해서는 그보다 훨씬 더 분명한 사상을 갖고 있었다. 물론 이방인들도 고상한 이념을 잘 설명하고 존중하며, 때로는 그것에 걸맞게 살 수도 있다.

그러나 믿음과 소망과 사랑, 성령의 모든 열매, 한 몸으로서의 통일성 등, 이 모든 것은 이방인이 도달할 수 있는 경지를 뛰어넘는 것이며 오로지 예수 그리스도의 은혜로만 주어지는 선물들이다. 이 은혜가 없으면, 아무리 유대교의 율법을 열심히 좇는 자라도 결국은 어쩔 수 없이 이방인 도덕가와 같은 처지에 놓이게 되리라. "내가 원하는 바 선은 행하지 아니하고 도리어 원하지 아니하는 바 악을 행하는도다"(롬 7:19). 은혜가 바람직한 효과를 발휘하려면 본성에다 조금씩 무언가를 더하는 것으로는 충분하지 않다고 바울은 결론을 내렸다. 즉 본성은 도덕적으로 선하지만 능력이 부족하므로 보완만 해주면 된다는 식으로 생각하지 않았다는 말이다. 오히려 본성은 사실상 죽음에 처해져야 하고 다른 편에서 생명으로 되살아나야 한다. "그리스도 예수의 사람들은 육체와 함께 그 정욕과 탐심을 십자가에 못 박았느니라"(갈 5:24). 십자가가 유대인에게는 걸림돌이고 이방인에게는 어리석은 것이라면, 신약성경이 묘사하는 도덕적 삶을 낳는 은혜의 사역은 단순히 무언가를 보충하는 문제가 아니라 십자가에 못 박혀 죽고 부활하는 문제일 것이다. 하지만 이 부활 속에는 창조 질서에 대한 긍정이 있다. 이와 더불어 창조 자체에 내장된 삶의 방식, 곧 이방인이 그 최상의 모습을 얼핏 보긴 했으나 자신들의 틀로는 도달할 수 없는 생활방식을 다시금 긍정하게 될 것이다.

여기에는 내가 앞에서 암시했듯이, 바울이 유대인의 율법에 관해 말하는 내용과 비슷한 점이 있다. 유대인의 율법은 하나님께서 그리스도 안에서 성령으로 이루신 업적을 바라보고 박수를 보낸다(롬 8:3-4). 비록 '육신으로 말미암아 연약해진' 율법은 그렇게 할 수 없지만 말이다. 이와 마찬가지로, 은혜의 역사는 진지한 이방인조차 진정 온전한 인간의 모습으로 인정하지 않을 수 없는, 그런 인간의 삶을 낳을 것이다. 우리 그리스도인들은 과거를 돌아보며 이방 사상이 무능하기는 했어도 이런 삶을 목표로 삼았다는 사실을 볼 수 있어야 한다.

이는 또 다른 질문으로 이어진다. 예컨대 아리스토텔레스나 세네카와 같은 사람이 정립한 미덕 이론과 예수의 메시지와 바울의 가르침에서 정립된 이론은 완전히 단절되는가? 결코 그렇지 않다. 이론의 차원에서 보면, 우리가 방금 살펴본 실천의 차원과 마찬가지로 아주 비슷한 점이 존재한다고 주장하는 바이다. 아리스토텔레스에 따르면, 우리는 덕스러운 행위를 함으로써 덕스러운 존재가 된다. 따라서 우리는 제2의 천성을 개발시키고, 실천이 완성된 경지, 곧 인간이 완전히 번성한 상태인 그 '목표'를 향해 더욱 성장하게 된다. 바울은 고린도전서 13장에서 이 점을 분명히 말한다. 고린도전서 13장에 최종 목표, 곧 온전한 경지에 도달한 상태가 있다. 그리고 그 경지에 도달하도록 돕는 성품상의 자질들이 있다. 성품상의 자질을 실천하기 위해 밟아야 할 단계들도 있다.

골로새서 3장이나 에베소서 4장도 예로 들 수 있다. 이 본문들은 완전하고 성숙한 인간의 상태를 보여준다. 당신이 '옷 입고' 실천해야 할 성품상의 자질들도 이 본문들 안에 있다. 내가 보기에, 지난 두 세기 동안에 바울의 글을 읽는 독자들로 하여금 이처럼 분명한 내용을 보지 못하게 가로막은 것은 과도한 자발성의 숭배와 성찰적이지만 여전히 고집스러운 '진정성'의 문화라고 생각한다. 이런 의미에서, 바울이 주장한 내용은 고대 이방의 미덕 이론의 기독교판이라고 할 수 있다.

하지만 그 사상은 철저히 기독교화한 것이었다. 이방의 이론은 이 두 번째 차원에서 죽음에 처해졌다가 새로운 생명으로 거듭났다. 이것도 결국 자연과 은혜의 문제인데, 이번에는 이론 자체와 관련된 것이다. 달리 말하면, 아리스토텔레스의 이론 위에 바울의 이론을 올려놓은 것이 아니라는 뜻이다. 아리스토텔레스의 전통은 궁극적으로 교만을 낳게 되어 있다. 그를 지지하는 일부 사람들조차도 그의 견해에 심각한 문제가 있다고 보았다. 바로 완전히 덕스럽게 된 사람은 일종의 초월적 미덕을 가진 사람처럼 자신의 업적을 자랑하게 된다는 문제이다.[2]

반면, 바울이 말하는 덕스러운 삶은 예수 그리스도의 십자가에 의해 형성되는 것으로, 과거에는 아무도 상상하지 못했던 전혀 새로운 미덕 곧 겸손을 낳는다. 기독교적 자비의 실천은 자발적으로 사람들을 보살피는 인간이 되는 길로 인도하는데, 실천을 하기 전에는 상상할 수도 없는 모습이다. 이렇듯 겸손은 미덕이라 일컫는 것들에 대한 이전의 모든 생각들을 초월하고, 뿐만 아니라 한 사람이 더 이상 자기의 미덕에 대해 인식하지 않는 상태를 말하는 고대 이방의 이론까지도 뛰어 넘는다. C. S. 루이스가 다른 맥락에서 들었던 비유로 설명하자면, 당신이 바다뱀을 만났는데 그 바다뱀이 다른 바다뱀들을 믿지 않는다는 점을 알게 된 것과 같다.3) 기독교적으로 덕스러운 사람은 자신의 도덕적 행위를 생각하지 않는다. 오히려 예수 그리스도에 관해, 그리고 어떻게 하면 이웃 사람을 가장 잘 사랑할 수 있는지에 대해 생각할 것이다.

이런 질문들은 단지 추상적인 이론의 문제가 아니다. 그것들은 지극히 실제적인 문제이다. 그리고 이 질문들은 다른 긴급한 질문 두 가지에 직접 영향을 준다. 첫째, 우리가 도덕적인 삶을 추구할 때 고대의 비기독교적 전통들의 도움을 받아도 무방한가, 아니면 오로지 성경만 사용해야 하는가? 둘째, 우리는 도덕적인 문제에 관해 비그리스도인 동료들과 토론할 수 있는가, 아니면 그들에게 단순히 "우리를 봐. 우리는 그리스도인이니까 너희와 다르게 행동하잖아" 하고 말해야 하는가?

만일 양자 사이에 중요한 차별성이 없다면, 즉 우리가 아리스토텔레스와 바울을 나란히 읽고 고개를 끄떡였지만 양자에게서 배운 것에 별 차이를 발견하지 못했다면, 그리고 그저 바울도 다른 사람들과 똑같이 오늘날의 공공 도덕 문제에 몇 푼어치밖에 안 되는 지혜를 내놓은 것뿐이라고 생각한다면, 우리는 분명 복음서와 서신서의 세계에서 상당히 멀어진 것이 틀림없다.

다른 한편, 만일 양자 사이에 겹치는 부분도, 접촉점도 아예 발견하지 못했다면, 우리는 완전히 닫힌 세계에 머물고 있는 것이다. 그러면 우리는 외부로부터 새로운 것을 전혀 배울 수 없다. 더 염려스러운 것은 우리가 줄 수 있는 것도 전혀 없게끔 외부와 완전히 차단된 상태에 있다는 사실이다. 그렇다면 세상이 굳이 우리를 주목해야 할 이유가 있을까? 가령, 내가 국회에서 일어나서 "나는 교회의 믿음과 삶에 영향을 받은 세계에 몸담고 있기 때문에 안락사를 믿지 않습니다"라는 식으로 말하면, 다른 믿지 않는 의원들은 미소를 지으면서 "좋습니다만, 우리는 그런 기독교적인 전제에서 출발하지 않기 때문에 당신의 견해에는 주목하지 않겠소" 하고 말할 것이다. 과연 기독교 도덕과 더 넓은 세계의 도덕 사이에는 연속성이 없는 것일까? 기독교 신앙이 진정한 인간다움을 낳는다는 것이 그리스도인의 주장이라면, 양자가 서로 합의에 이르는 길을 모색할 수 있는 영역, 즉 크게 중복되는 영역이 분명히 있지 않을까?

오랜 세월에 걸쳐 상당히 많은 기독교 신학은 이 문제를 놓고 고민하다가, 때로는 세상이 기본적으로는 선하지만 약간의 도움과 충고가 필요하다는 식으로 나갔고, 또 때로는 세상이 기본적으로 악하기 때문에 구출과 완전한 개조 작업이 필요하다는 식으로 나갔다. 그래서 많은 이들이 막상 말하고 싶었던 내용을 말하기가 어려운 상황이 되었다. 말하고 싶어 하는 내용은 다름이 아니라, 이 세상은 선과 악이 풍성하고도 이상한 방식으로 서로 섞여 있다는 것과, 예수 그리스도의 죽음과 부활은 심히 반역적인 사악함에 대해서는 심판하지만 그와 동시에 하나님이 창조한 본래의 선함은 다시 긍정한다는 것이다. 나는 바로 이와 같은 입장을 개진하는 일이 필요하다고 믿는다. 그리고 우리가 도덕적 담론의 영역에서 논의를 이끌어 갈 수 있다는 것을 이제껏 확인했으리라 기대해본다.

물론 이 차원에서 할 수 있는 말이 많이 있지만 여기서는 그럴 수 없다. 이제껏 미덕 이론가들은 흔히 신약성경을 무시하고 곧바로 부차적인 인물들, 즉 아리스토텔레스와 아퀴나스에게 달려가곤 했는데, 내가 이 책을 통해 신약성경에 얼마나 풍성하고 심오한 자료가 많이 있는가 하는 점을 일깨워주었기를 바란다. 거꾸로 신약성경의 윤리를 연구하는 학자들에게는 예수와 그의 첫 추종자들을 고대 이방인의 도덕 이론 안에서 이해할 수 있는데, 그들이 이방인의 도덕 이론을 직접 빌려오거나 단지 그 위에 무언가를 '얹어놓은' 것이 아니라 그 이론 자체를 변혁시켰다는 사실을 일깨워주었기를 바란다. 초기 그리스도인들은 그들이 진정한 하나님의 성전으로서 성령에 의해 하나님의 영광스러운 임재로 충만하고 또 그 영광을 세상에 나타내도록 부름을 받았다고 믿었다. 그런즉 그들 자신과 유대인의 성전과 이방인의 신전을 막론한 다른 모든 신전들의 관계를 실체와 패러디의 관계로 보았던 것이다. 당신이 이전에 알고 있던 유명 인사를 일간지에나 나올 법한 서툰 풍자화에서 보았다고 상상해보라.

이와 마찬가지로, 초기 그리스도인들이 얼핏 보았던 인생의 궁극적인 목표와 그것을 현재 '연습하는' 방식이야말로 분명한 실재였고, 고대 이방인들이 말한 행복의 '목표'와 그것을 바라보며 길러왔던 미덕들은 기껏해야 멋진 패러디에 불과하다고 믿었던 것으로 보인다. 당신은 아우구스티누스를 좇아 이방의 미덕은 사람을 교만함으로 이끌어 예수 그리스도 안에 계시된 하나님으로부터 멀어지게 하는 '찬란한 악덕'일 뿐이라고 선언할 것인가? 아니면 좀 더 긍정적으로 이방인이 도덕적 삶의 가능성을 파악한 것은 사실상 최선을 다해 창조주 하나님에게 반응한 모습으로 보아야 한다는 주장을 펼 것인가? 사실 이 문제는 본서의 범주를 뛰어넘는 사안이다. 우리 가운데는 마가복음 12장 34절에서 예수님이 한 서기관에게 하신 말씀, "네가 하나님의 나라에서 멀지 않도다"라는 말씀을 들을 사람들이 있을지 모른다. '멀지 않다'는 말은 아직도 내디뎌야 할 짧지만 중요한 발걸음이 남아 있다는 뜻일 게다.

기독교적 관점에서 볼 때, 미덕 자체가 갖고 있는 내적 역학 중에 하나는 자기 자신에게서 눈을 돌리고 예배를 통해 하나님을 바라보고, 선교를 통해 세상을 내다보는 것이다. 이것이 바로 왕 같은 제사장이 된다는 말의 의미이다. 이제 나는 기독교가 말하는 거룩함이 예배와 선교로부터 동떨어진 개념이 아니라, 유기적이고 친밀하게 그 그림 안에 속해 있다는 점을 보여주고자 한다.

이 모든 내용은 하나님의 형상으로 다시 창조된다는 개념 속에 담겨 있다. 거울이 존재하는 목적은 그 자체로 유용하거나 아름답게 되는 것이 아니라, 그것을 들여다보는 사람의 얼굴을 비추는 데 있다. 꺾인 거울은 어떤 사물을 다른 거울에 비추어주는 데 목적이 있다. 말하자면, 하나님을 세상에 비추어 주고(선교), 거꾸로 세상을 하나님께 비추어 주는(예배) 데 그 목적이 있는 것이다. 예수의 제자들이 성령으로 추구해야 할 거룩함의 미덕에 대한 신약성경의 비전은 이같이 이중적인 역할로 이해할 수 있다는 것이 나의 주장이다. 달리 말하면, 이 둘은 따로 따로 움직이는 것이 아니라는 뜻이다. 마치 처음에는 거룩함에 이르는 소명이 주어지고, 그 다음에 예배와 선교의 소명이 주어지는 것처럼 말이다. 이와는 달리, 거룩함에 이르는 소명이 주어지는 것은 우리가 진정한 인간이 될 때에만 창조 세계의 찬송을 하나로 모을 수 있고, 또 진정한 인간이 될 때에만 하나님의 정의, 자유, 아름다움, 평화, 그리고 무엇보다 구원의 사랑을 세상에 들고 갈 수 있기 때문이다.

선교 사역을 할 때 거룩함을 겨냥해야 한다고 주장했던 바울은 이런 점을 염두에 둔 게 아닐까 하는 생각이 든다.

모든 일을 원망과 시비가 없이 하라. 이는 너희가 흠이 없고 순전하여 어그러지고 거스르는 세대 가운데서 하나님의 흠 없는 자녀로 세상에서 그들 가운데 빛들로 나타내며 생명의 말씀을 밝혀 나의 달음질이 헛되지 아니하고 수고도 헛되지 아니함으로 그리스도의 날에 내가 자랑할 것이 있게 하려 함이라(빌 2:14-16).

이 세상은 어둠에 싸여 있으므로 하나님의 빛을 세상에 비춰야 한다. 여기서 바울은 유대인에게 기대되었던 것들, 곧 세상의 빛으로 부름 받은 이스라엘의 여러 소명을 한 갈래로 묶어주고 있다(사 49:6). 특히 바울은 다니엘서 12장 3절을 상기시키는데, 거기에서 선지자는 다음과 같이 선언한다. "지혜 있는 자들은 궁창의 빛과 같이 빛날 것이요. 많은 사람을 옳은 데로 돌아오게 한 자들은 별과 같이 영원토록 빛나리라." 흥미로운 사실은, 고대의 한 그리스어 번역본이 '많은 사람을 옳은 데로 돌아오게 한 자들'이란 어구를 의역해서 '내 말 속에서 강한 자'로 옮기고 있다는 점이다. 방금 인용한 빌립보서 단락에서 바울은 생명의 말씀을 '굳게 잡는다'(개역개정판에서는 '밝혀'로 번역됨)는 표현을 쓰고 있는데, 이것은 어쩌면 그 번역본을 반영하는 것일지도 모른다.

바울의 요점은 이것이다. 십자가에 죽었다가 부활한 예수를 따르며 그를 주님이라고 부르는 사람들(빌 2:11), 주변의 이방 세계가 제시하는 여러 형태의 '구원'과는 대조되는 '구원'을 '이루어가는' 자들(빌 2:12), 기쁜 뜻을 이루기 위해 살아 계신 하나님이 삶 속에서 역사하는 사람들(빌 2:13), 바로 이런 사람들은 세상의 빛으로 부름 받은 이스라엘의 소명의 실현체인 선교를 위해 스스로를 거룩하게 보존해야 한다는 것이다. 이와 함께, 사람들이 예수를 주님으로 부를 때 나타나는 '하나님 아버지의 영광'은 더 이상 성전에 감춰져 있지 않고 이사야의 약속대로(사 60:1-3) 만국 앞에 드러나게 된다. 그러므로 예수를 따르는 자들의 거룩함은 그들이 왕 같은 제사장이 되는 데 필요한 조건이다.

초기 그리스도인들은 어두운 세상이 그 빛을 잘 받아들이지 않는 가혹한 현실 앞에서 그들의 소명을 꼭 붙들었다. 이것은 요한복음의 중요한 주제이다. 그들은 절망적인 현실 앞에서도 거룩함에 이르는 길을 계속 걸어야 했다. 그들의 거룩함은 인간다운 존재가 되는 또 다른 길, 더 나은 길이 있다는 것을 세상에 보여주는 표지가 될 것이고, 그 결과 장차 하나님이 모든 것을 바로잡으실 때 세상은 변명의 여지가 없게 될 것이다. 베드로도 똑같은 메시지를 전한다. 예수를 따르는 자들은 그들을 어두운 데서 불러낸 하나님의 놀라운 사역을 선포하도록 만들어진 왕 같은 제사장이라고 선언한 직후에 이렇게 말을 잇는다.

> 사랑하는 자들아 거류민과 나그네 같은 너희를 권하노니 영혼을 거슬러 싸우는 육체의 정욕을 제어하라. 너희가 이방인 중에서 행실을 선하게 가져 너희를 악행한다고 비방하는 자들로 하여금 너희 선한 일을 보고 오시는 날에 하나님께 영광을 돌리게 하려 함이라(벧전 2:11-12).

다음 장에서도 같은 내용이 되풀이된다.

너희 속에 있는 소망에 관한 이유를 묻는 자에게는 대답할 것을 항상 준비하되 온유와 두려움으로 하고 선한 양심을 가지라. 이는 그리스도 안에 있는 너희의 선행을 욕하는 자들로 그 비방하는 일에 부끄러움을 당하게 하려 함이라(벧전 3:15-16).

우리가 지금 살펴보는 생각의 흐름은 에베소서 4장과 5장에도 그대로 나타난다. 바울은 4장 초두에서(엡 4:1-16) 교회를 향해 하나가 되기 위해 열심히 힘쓰라고 권면하고, 교회의 다양한 사역은 장차 그리스도 안에서 '완전한'(성숙한) 경지에 이르게 하는 것이라 일깨워준 뒤에, 이방인의 생활방식과 완전히 단절되어야 한다고 역설한다. 그래서 예수를 따르는 자들에게 이런 권면을 준다.

너희는 유혹의 욕심을 따라 썩어져 가는 구습을 따르는 옛 사람을 벗어 버리고 오직 너희의 심령이 새롭게 되어 하나님을 따라 의와 진리의 거룩함으로 지으심을 받은 새 사람을 입으라(엡 4:22-24).

빌립보서 2장과 마찬가지로 이 단락의 논점은 어둠 한가운데서 빛으로, 죽음의 세계에서 부활의 백성으로 살아야 한다는 것이다(엡 5:8-14). 이를 위해 기독교적 성품을 길러줄 수 있는 모든 수단을 동원할 필요가 있고, 성적 부도덕과 술 취함과 같은 타락의 원인을 피하고 용서와 친절을 베풀며 무엇보다 감사의 예배를 드리는 삶을 포용해야 할 것이다(엡 4:25-5:20).

바울은 로마서에서도 이와 똑같은 논점을 개진한다. 마지막 날에 하나님이 모든 창조세계를 바로잡을 때, 그분의 일꾼이 될 사람들은 '몸의 행실을 죽이는' 법을 배움으로써 살아난 사람들이다(롬 8:13). 만일 그들이 장차 하나님의 새로운 세계를 다스리는 '왕 같은 제사장'이 될 존재라면(롬 5:17), 그들은 자신의 죄에 대한 심판이 지나간 뒤에 그리스도 안에서 거듭나고 인간다운 모습으로 밝게 빛날 사람들이다. 하나님의 손으로 행하실 구원과 회복을 가져오는 정의의 사역이 우리를 통하여 이루어지려면 먼저 우리 안에서 구원과 회복이 일어날 필요가 있다. 이것이 바로 개인적인 회심과 믿음과 성화를 세상에서 수행하는 교회의 과업과 연결시키는 내적 논리이다.

이 모든 논의를 통해 분명히 알게 된 점이 있다. 신약성경은 세상의 빛이 되는 소명을 이루는 데 중요하고 필수적인 요인으로 하나님의 백성의 거룩함을 말한다는 점이다. 거룩함으로부터 그리스도인의 독특한 행실이 나오고 또 예전에는 유대인을 제외하고 아무도 미덕으로 생각지 못했던 특정한 미덕들이 흘러나온다. 아울러 예수와 초기 그리스도인들에 따르면, 이 미덕들은 진정한 인간다움을 보여 주는 은밀한 실마리로서 이것들을 통해 하나님이 그분의 창조세계에 알려지고 그 세계는 예배로 부름을 받게 된다.

이제 내가 앞에서 인용한 사이먼 블랙번의 목록, 즉 겸손, 박애, 인내, 순결로 돌아가보자. 이 네 가지는 신약성경의 여러 곳에 거듭해서 등장했던 덕목이며, 초기 그리스도인들과 한 시대를 살았던 고대 이방인들을 무척 어리둥절하게 만들었던 것들이다. 이방인들은 '도대체 무엇 때문에 어느 누가 그런 식으로 행동하고 싶어 할까?'라고 묻는다. 기독교는 이런 미덕들이 진정한 인간다움을 보여주기 때문이라고 대답한다. 그리고 이 진정한 인간다움은 예수님이 삶으로 보여주신 것이고, 그런 삶은 성령으로 그의 백성에게도 주어진 것이라고 말이다. 아울러 예수 안에서, 그리고 실은 그분의 존재 양식을 공유하는 모든 사람 안에서 창조주 하나님의 형상을 볼 수 있는데, 하나님의 형상은 이방 사상에서 풍자된 형태로 자주 등장했지만 예수의 죽음과 부활을 통해 다시 분명하게 나타났기 때문이라고 답한다. 이런 미덕을 갖춘 모습이 곧 온전한 사람인 예수의 형상이다. 예수의 형상은 그분을 따르는 사람들의 모습이기도 하다.

그러므로 만일 예수를 따른다고 고백하는 사람들이 겸손과 박애와 인내와 순결의 모범을 보이지 않는다면, 결코 확신을 품고서 하나님에 관해 얘기할 수 없을 것이다. 이 미덕들은 특별한 신자들에게만 주어진 선택 사안이 아니라, 모든 왕 같은 제사장이 날마다 마땅히 '입어야' 할 옷과 같다. 만일 왕 같은 제사장의 소명이 하나님을 세상에 반영하고 또 거꾸로 하나님이 만드시고 새롭게 하실 세상을 하나님에게 반영하는 일이라면, 미덕들로 '옷 입는' 일을 진지하게 여길 때에만 그 소명이 유지될 수 있을 것이다. 미덕으로 옷 입는 일의 목적은 자기중심적인 거룩함이나 스스로 이룬 도덕적 업적을 자랑하기 위함이 아니라, 세상을 향해 과연 누가 그들의 진정한 하나님인지를 나타내기 위함이다.

이제까지 교회는 두 진영으로 나뉘어 있었다. 한 진영은 개인적인 거룩함은 개발하지만 세상에서의 정의를 위해서는 아무 일도 하지 않는 반면에, 다른 진영은 정의를 열정적으로 추구하지만 개인적인 거룩함은 집중력을 약화시키는 불필요한 것으로 여긴다. 설상가상으로 이런 분열이 더욱 강화된 것은, 불행하게도 교회가 상습적으로 주변 문화를 좇아 좌익과 우익으로 편 가르기를 한 탓이다. 전자는 정의를 입에 담고 자유 의지론을 주창하는 데 비해, 후자는 거룩함을 이야기하고 이원론을 주창하는 입장이다. 하지만 이제는 이런 편 가르기를 한쪽 구석으로 치워버리고 양자를 통합할 필요가 있다.

그러므로 기독교 도덕이라는 높은 소명은 기독교 예배와 선교라는 더 높은 소명을 이루는 데 필요한 시녀와 같은 것이다. 전자를 구성하는 미덕들은 후자에게도 꼭 필요한 요소들이다. 예배와 선교가 예수의 추종자들에게 제2의 천성이 되려면, 미덕들과 성령의 열매, 하나 됨을 이루려는 열정, 한 몸 안에 있는 다양한 소명을 기뻐하는 일 등도 제2의 천성이 되어야만 한다. 그렇지 않으면 예배는 겉으로만 드리는 몸짓에 불과하고, 선교는 한낱 이데올로기의 산물에 불과할 것이다. 하나님의 형상을 반영한다는 것은 하나님을 반영하는 삶의 훈련을 쌓는 것을 의미한다.

그러면 하나님을 반영하는 삶의 훈련은 어떤 것이고 우리는 어떻게 그것을 배울 수 있는가? 이 질문은 이 책의 마지막 장에서 다룰 내용이다. 그 내용을 다루기 전에 일종의 예비 단계로서 앞서 언급한 차별성 있는 기독교의 미덕들, 즉 겸손, 인내, 박애, 순결이 오랜 세월 동안 어떻게 발전해왔는지를 살펴볼 필요가 있다.

겸손은 적어도 서양 세계에서는 마지못해 존경받는 지위를 부여받기에 이르렀다. 물론 니체 같은 일부 철학자들은 겸손을 연약하고 줏대 없는 것으로, 참으로 고상한 미덕이 아니라 인간의 퇴보를 보여주는 상징이나 원인으로 보고 경멸했던 게 사실이다. 겸손은 한편으로는 쉽게 조롱받을 소지가 있고, 다른 한편으로는 가장될 수도 있는데, 이 두 가지 모두 보기 좋은 모습은 아니다. 거짓 겸손은 지나치게 아첨하는 모습만큼이나 꼴사납다.

그러나 우리 문화가 자기선전을 당연한 것으로 여겼던 고대 세계와는 눈에 띄게 달라진 것은 분명하다. 고대 세계의 자기선전을 예로 들자면, 키케로가 본인이 집정관으로 재임하는 동안에 로마가 새롭게 탄생하는 행운이 있었던 일을 축하한 것, 아우구스투스가 본인이 이룩한 업적을 책으로 쓴 것, 또한 그 모든 업적을 티베르 강둑에 돌로 새기게 함으로써 오늘에 이르기까지 모두가 읽을 수 있도록 한 것 등이 있다. 하지만 오늘날 우리는 사람들이 처음부터 그렇게 행동하는 것을 좋아하지 않을 뿐더러 그런 사람을 심하게 꾸

짖곤 한다. 특히 영국에서 '잘난 체하는 모습'은 나쁜 평판을 듣는다. 그래서 문화 비평가 조지 스테이너George Steiner가 사용한 "아, 제발 그만둬!Oh, come off it!"라는 어구는 영국 특유의 표현으로서 다른 언어로 정확히 옮기기가 어려운 말이다. 이처럼 기독교가 말하는 겸손의 미덕은 기독교 이후의 서양 문화 속에 어느 정도 남아 있다고 할 수 있다.

그러나 우리는 스포츠와 대중음악 같은 여러 분야에서 영웅을 열망한 나머지 고대 이방 문화의 일면을 부활시키기도 했다. 우리는 그들이 어느 면에서는 슈퍼맨 또는 슈퍼우먼과 같고 또 다른 면에서는 약물과 알코올, 섹스에 탐닉하는 인간 이하의 존재와 같은 '인기 스타'의 역할을 해줄 것을 기대한다. 이들은 사실 고전 세계를 공부하는 학생에게 잘 알려져 있는 이미지를 반영하고 있다. 말하자면, 고대 그리스와 로마가 숭배하던 강력하고 눈부시고 변덕스럽고 방탕한 신들, 자기가 좋아하는 사람들에게는 유별나게 유익하지만 그렇지 않은 이들에게는 위험하기 짝이 없는 신들을 상기시킨다. 그리고 우리 문화처럼 그 뿌리를 잊어버린 자칭 기독교 문화 내에서는 복음 설교자들과 선생들도 다른 '인기 스타들'과 똑같이 취급된다. 그 바람에 재정이나 섹스 스캔들과 연루되어 설교자들과 선생들이 은혜에서 떨어지는 일이 비일비재한데, 이는 처음부터 그들이 복음의 핵심 메시지와 어우러지지 않았음을 보여줄 뿐이다. 이 점은 교회 자금에서 수백만 달러를 횡령한 TV 전도자들과 어린이들에게 성적인 학대를 가한 교구 사제들에게도 그대로 적용된다. 이들은 자기네 공동체에서 상당한 지위를 향유하되, 이로 말미암아 창조주 하나님의 관대하고 자기희생적인 사랑을 반영하는 진정한 인간이 되기보다는 이방의 신들과 여신들처럼 자신의 영광과 만족만을 추구하는 인간으로 전락한 것이다.

이 점은 인내에도 그대로 해당된다. 인내는 믿음과 소망과 사랑이 모두 만나는 장소 중 하나이다. 창조주 하나님과 세상을 향한 그분의 선한 목적이 궁극적으로 승리할 것을 믿는 사람들은 자신의 삶에서나 직업과 선교의 영역에서 서둘러 임기응변식 처방을 붙잡으려고 하지 않을 것이다. 물론 하나님이 기회를 주실 때는 적시에 그것을 붙잡겠지만 말이다. 특히 그들은 다른 사람에게 서둘러 어떤 생각이나 해결책을 강요하지 않을 것이다. 바울이 사랑에 관해 얘기할 때 인내를 맨 처음 거론하는 것은 그만한 이유가 있다(고전 13:4).

여기서 다시금 우리 문화는 이중적인 모습을 보인다. 한편으로는 인내에 박수를 보내지만, 다른 한편으로는 자기보다는 타인이 그 미덕을 소유했으면 한다. 1970년대 초에 한 유명한 은행이 신용도가 괜찮은 일반인에게 신용카드를 소개하면서 이 플라스틱 조각만 갖고 있으면 더 이상 기다릴 필요 없이 '순간적인 욕구충족'이 가능할 것이라고 말했다. 이 일은 청중에게 두 가지 의미로 다가왔다. 일부 사람들은 그들이 원했던 게 바로 이거라며 카드 신청서에 서명하기로 했다. 이에 반해 어떤 사람들은 인내의 미덕을 모욕하는 이런 행습은 결국 비참한 결과를 초래할 것이라고 경고했다. 한 세대가 흐른 뒤에, 젊은이들을 중심으로 서양 세계의 개인 부채가 유례없는 천문학적 수준으로 증가하면서 두 번째 그룹이 옳은 것으로 거듭 입증되었다. 그렇다고 해서 신용카드 같은 수단을 책임 있게 사용하는 경우가 없다는 말은 아니다. 단지 한 사회 전체가 인내를 한물간 것으로 취급할 때에는 진정한 인간성이 심각한 타격을 입게 된다는 점을 말하고 싶을 뿐이다. 그리고 인간성 저하는 타락과 노예 상태를 초래한다.

인내가 모든 미덕을 추구하는 데 필수적인 미덕이라는 점은 말할 필요가 없겠다. 이처럼 당장 모든 것을 갖고 싶어 하는 문화가 그리스도인의 삶에 스며들면, "이제 당신은 성령이 내주하는 그리스도인이니까 순식간에 거룩해져야 한다"고 주장한다. "너는 예수 그리스도를 닮고 싶어 하잖아. 그러니까 그렇게 되게 해달라고 기도하고 그것을 당장 경험해봐. 얼마든지 그렇게 될 수 있잖아!" 이에 대해 인내는 "아니오, 그렇지 않습니다"라고 답한다. 그 곁에는 겸손이 가까이 서 있다. "우리는 이 교훈을 이번 주에 배울 테고, 다음 교훈은 다음 주에 배울 겁니다. 이런 식으로 매주 하나씩 배워나갈 거에요. 미덕의 옷이 처음에는 우리에게 잘 맞지 않더라도 의식적으로 생각하고 노력해서 단계적으로 그것을 '입으려고' 애쓸 겁니다. 순간적인 해결책을 제시하는 화려한 영성도 그렇고, 옷만 입고 있는 위선자라고 우리를 놀리는 소리에도 아랑곳하지 않을 거에요."

이어서 순결을 다룰 차례가 되었다. 순결의 영역에서 고대 그리스도인들과 유대인들이 주변의 문화와 얼마나 달랐는지를 알면 상당히 놀랄 것이다. 솔직히 말하면, 고대 세계에서는 거의 모든 사람이 능력껏 많은 섹스를 하는 것을 당연시했다. 그래도 결혼 여부와 상관없이 다수의 사람들이 정절을 지키고 싶어 했고 무슨 연유로든 바람을 피우는 것을 두려워했다. 하지만 간음이 문제가 된 것은 도덕적인 타락이어서가 아니라 질투 많은 배우자 때문이었다. 미혼자의 성적 접촉은 흔하디흔했다. 당시는 쉽게 낙태를 할 수 있었고 원치 않는 아이는 야생동물에게 버릴 수 있는 시대였던 만큼, '과거'가 있는 딸을 시집보내는 일을 제외하면 웬만한 문제는 쉽게 처리할 수 있었다. 이 밖의 다른 금기들은 시대와 장소에 따라 다양했다. 예컨대, 고대 아테네에는 한 남자가 더 젊은 남자들과 동성애를 할 때 어떤 행위가 용납될 수 있는지에 대한 자세한 기준이 있었다. 그러나 아무도 평생에 걸친 준準결혼 수준의 동반자 관계를 포함하여 동성애 행위 자체를 부끄러운 것으로 여기지 않았고 유별난 것으로도 간주하지 않았다. 오히려 플라톤은 《향연 The Symposium》에서 그런 동반자 관계를 최고 형태의 사랑으로 경축할 정도였다. 이와는 매우 다른 형태의 성행위들, 이를테면 동물과의 섹스 같은 것에 대해서는 대다수가 어깨를 으쓱하는 식으로 반응하곤 했다. 이 모든 행위는 주로 이방인 신전을 중심으로 일어났지만 거기에 국한된 것은 물론 아니었다.

초기 그리스도인들은 고대와 현대의 유대인과 마찬가지로, 이런 유의 행위는 비인간적인 어두운 짓으로서 인간다움의 본질을 왜곡시키는 행위라고 생각했다. 그들은 남편과 아내가 서로 외향적인 기쁨을 누리기 위해 주어진 것이 섹스라고 믿었다. 그들은 독단적인 편견이나 두려움에 기인한 억압 때문이 아니라 바로 이런 이유로 너무나 낯익은 고대 세계의 행동양식을 거부했던 것이다. 그들은 이 어두운 세상에 인간다운 존재가 되는 다른 방식, 즉 새로운 빛을 비추기 위해 부름을 받았다는 것을 잊지 않았다.

주변 환경과 너무나 대조적인 그들의 믿음과 행실은 예수에게로 거슬러 올라간다. 우리가 앞서 고찰했던 어떤 단락에서 보았듯이, 예수는 인간의 마음속 깊은 곳에서 자연스럽게 흘러나오는 더러운 행실을 멀리하라고 경고했다. 그가 구약성경에 나오는 금지사항을 상기시키거나 승인할 때 사용하는 언어를 보면, 흔히들 갖고 있는 인상과는 정반대로 한 남자와 한 여자의 평생에 걸친 결혼관계를 벗어난 성관계는 무엇이든 금지하는 고대 유대인의 규례를 분명히 찬성하고 있다. 신약성경은 그리스도인의 삶의 목적이 하나님의 형상으로 변화하는 데에 있다고 밝히고 있다. 그리고 이 사상의 뿌리를 추적해보면, 하나님의 형상을 지닌 남녀가 다른 이들을 떠나 서로 한 몸이 되도록 부름 받았다는 것이 분명해진다. 신학자들이 남녀의 연합을 창조주 하나님이 피조물과 맺은 깨뜨릴 수 없는 언약의 징표로 본 것은 그만한 이유가 있는 것이다. 요한계시록의 마지막 부분에서 하늘과 땅이 마침내 하나가 되는 장면이 결혼의 이미지로 묘사되어 있는 것도 결코 놀랄 일이 아니다. 그것이 바로 우리 존재의 궁극적인 목표$_{telos}$이다. 믿음으로 그 목표를 꼭 붙잡고, 결혼관계에서는 정절을 지키고 그 관계를 벗어나면 금욕을 지킴으로써 진심으로 장래를 바라보며 미리 준비하는 것이 미덕이다.

주로 명목상의 기독교 국가들로 이루어진 서양 문화는 부분적으로 결혼과 성에 관한 기독교적 관점에 영향을 받았으나 전체적으로는 그렇지 않다. 금욕을 강요하는 사조가 왔다가곤 했으며, 간헐적으로는 사실상 강요된 것이나 다름없는 방종으로 대치되곤 했다. 청교도 이후에 도래한 17세기의 왕정복고 시대나, 소위 빅토리아식 표준에 반대하여 제1차 세계대전 후에 일어난 반항 운동을 생각해 보라. 역사에 따르면, 19세기 유럽 사회 대부분도 성적으로 무절제하기는 여느 시대와 다를 바가 없었다.

섹스는 모든 것의 밑바탕에 있으므로 저항할 수도 없거니와 그렇게 하려고 애써도 안 된다고 생각하는 저급한 프로이드주의, 중요한 것은 우리 자신을 퍼뜨리는 생명력이므로 거기에 순응하는 게 좋다고 주장하는 경박한 다윈주의로 말미암아 대중은 성적 표현 방식이나 특정 환경에 대한 제한 조치에 대해 진지한 반론을 제기하기보다는 오히려 조롱하기를 선호한다. 언젠가 어느 일간신문의 독자란에 이런 비평이 실린 것을 보았다. "하하! 금욕을 주장하는 이 따위 소리는 엉뚱한 우익 미치광이의 입에서 나온 것이다. 조만간에 생물학이 치고 들어오면 그들도 아무 소리 못할 것이다." 달리 표현하면, 생물학이 왕노릇할 것이고, 우리는 억제할 수 없는 충동을 갖고 있으므로 그것에 저항하는 것은 건강하지도 않고 자연스럽지도 않다는 말이다. 다수의 섹스 파트너는 물론이고 심지어는 폴리아모리처럼 다수의 준準계약적인 관계들이 지금은 점점 더 '용납되는' 풍토가 조성되고 있다. 용이한 피임과 낙태가 지난 몇 십 년 동안 성적인 방종으로 흐르는 수문을 활짝 열었으며, 심지어는 에이즈 위기조차도 그런 방종을 제대로 저지하지 못했다.

하지만 그리스도인들은 언제나 절제가 성령의 아홉 가지 열매의 하나라고 주장해왔다. 물론 절제는 어렵다. 그렇다, 많이 노력해야 한다. 게다가 어떤 때에 어떤 곳에서 어떤 유혹을 저항하기가 어려운지 발견하는 데 애를 써야 한다. 그렇기 때문에 순결이 미덕인 것이다. 그것은 당신이 지키거나 지키지 않기로 정할 수 있는 규율이 아니다. 그것은 분명 최대 다수의 최대의 행복과 같이 어떤 원리에 따라 계산할 수 있는 것이 아니다. 그리고 특히 예수님이 친히 시사했듯이, 그것은 자연스럽게 생기는 것을 따라간다고 생성되는 것이 아니다. 이 점에서 예수와 같은 진정한 독신과 수도원 공동체와 다른 많은 장소에 살았던 수많은 무명의 영웅들은, 우리 문화는 물론이고 고대 세계가 상상조차 할 수 없었던 절제를 제2의 천성으로 삼아 기쁨을 누렸던 것일 게다. 이와 반대로, 우리 가운데 오늘날의 사회적 관습을 포용한 사람들에 대해 목회적인 관심을 품은 자들은 그런 습관으로 인한 상처가 얼마나 깊고 오래 지속되며 얼마만큼 생명력을 약화시키는지 알 것이다. 교회는 종종 성적인 방종을 반대하여 흥을 깨는 존재로 불리곤 한다. 그러나 쾌락에 사로잡힐 때 흥이 깨지는 것이다. 마치 신용카드의 경우와 같이 결제 금액이 처음에는 감춰져 있으나 그로 인한 신체적, 정서적 빚을 갚는 데는 오랜 시간이 걸릴 것이다.

여기서 인내와 겸손이 경기장 안으로 들어온다. 성적 친밀감을 향한 미친 듯한 충동은 당신 자신을 표현하고 당신을 앞으로 드러내고 싶은 욕망의 일부이다. 당신이란 존재가 누구인지 당신이 행하고 싶은 것은 무엇인지 외치는 소리와 같다. 그러나 겸손은 "아니, 너는 그런 식으로 네 진정한 자아를 발견할 수 없어"라고 말한다. 오히려 네 자신을 내어줄 때에 진정한 자아를 발견할 수 있다고 한다. 인내도 선뜻 동의한다. 순간적인 욕구 충족은 당신 자신과 다른 모든 사람에게 부당한 대우를 하는 것이라고 하면서 말이다. 아리스토텔레스가 용기와 절제, 신중, 정의라는 네 가지 덕목과 관련하여 말했듯이, 미덕들은 다 같이 연결되어 있다. 만일 당신이 미덕들 가운데 하나를 갖길 원한다면, 모든 미덕을 개발하는 편이 나을 것이다.

이제 박애를 다룰 차례인데, 박애는 바울이 말했듯이 다른 모든 미덕을 제자리에 묶어두는 벨트와 같이 다른 미덕들을 온전하게 묶어주는 역할을 한다(골 3:14). 사랑은 다른 사람을 존중하고 상대방에게 최선의 것을 바라기 때문에 인내와 겸손과 순결을 제자리에 있게 해줄 수 있는 미덕이다. 그리고 거꾸로 사랑은 바울의 유명한 단락이 묘사하듯이 한편은 믿음에 의해 그리고 다른 한편은 소망에 의해 유지되며, 믿음과 소망과 사랑 모두는 예수 그리스도 안에서 확실히 나타난 창조주요 재창조주이신 하나님과 그분의 약속을 바라본다.

서양 사회는 사랑을 어느 정도 맛보았다. 서양 세계에 사는 다수의 사람들이 용서를 하나의 미덕으로 여기는데, 이는 다른 세계관을 가진 사람들에게는 생소하게 보이는 부분이다. 언젠가 중동에 사는 한 친구로부터 거기서는 용서를 좋은 것으로 본 적이 없다는 말을 듣고 충격을 받은 것이 생각난다. 그러나 우리 대부분은 용서를 잘 하지는 못해도 용서하는 것이 옳다고는 생각한다. 이로 말미암아 초래된 달갑잖은 결과는 사랑도 아니고 용서도 아닌 이른바 관용이라는 단어이다. 이 단어가 지닌 문제는 금방 알 수 있다. 내가 별로 손해를 보지 않는 가운데 당신을 관용할 수 있다는 식이므로 문제가 된다. 나는 어깨를 으쓱이며 저쪽으로 걸어가버릴 테니 당신이 하고 싶은 대로 하라는 개념이다. 물론 이것은 내가 당신의 멱살을 잡고 나에게 동의할 때까지 흔들어대는 것보다는 낫다. 하지만 그것이 분명 사랑은 아니다. 사랑은 다른 사람, 다른 문화, 다른 생활방식을 인정한다.

사랑은 다른 사람이나 문화가 어떻게 움직이는지, 어떤 면에서 특별한지 등을 알고자 수고를 아끼지 않는다. 끝으로 사랑은 상대방이나 상대의 문화를 위해 최상의 것이 이루어지길 바란다. 거의 온 세계로 하여금 남아프리카공화국의 인종차별 체제를 반대하게 만든 것은 거만하게 외국의 표준을 남아프리카공화국에 부과하려는 입장이 아니라, 바로 사랑이었다. 노예폐지론자였던 윌리엄 윌버포스William Wilberforce로 하여금 노예무역을 반대하게 만든 것은 반反사업적인 천진난만한 편견이 아니라, 바로 사랑이었다. 살아남은 과부를 죽은 남편의 화장용 장작불에 태우는 것이나 다른 종교나 인종에 속한 남자와 눈이 맞아 달아난 딸을 죽이는 것이 비인간적이며 사회를 파괴하는 행위라고 말하는 것은 문화적 제국주의가 아니라, 바로 사랑이다. 사랑은 실로 관용에게 도전장을 던지면서, 늘 그랬던 것처럼 더 나은 길이 있다고 주장해야 한다.

모든 길이 사랑으로 귀결되는 것을 생각하면 참으로 흥미롭다. 사랑은 종종 풍자되기도 한다. 그래도 사랑의 능력은 빛을 발한다. 사랑은 모든 미덕 가운데 최고의 미덕이자 성령의 첫 번째 열매이다. 심지어 이방인 도덕가들조차도 사랑이야말로 기독교를 다른 종교와 구별 짓는 으뜸가는 특징이라고 인정한다.

이제 우리가 마지막으로 던질 질문은 이런 것이다. 만일 이것이 살아 계신 하나님을 예배하고, 그분의 사랑과 회복된 정의를 세상에 반영하는 왕 같은 제사장이 된다는 말의 의미라면, 우리에게 필요한 그 모든 미덕을 배양할 수 있는 길은 무엇인가? 우리가 진정한 인간으로 성장하고, 하나님을 세상에 그리고 세상을 하나님에게 반영하는 존재가 되기 위해, 어떻게 하면 그 복잡한 제2의 천성을 습득할 수 있을까? 비상시에 무엇을 해야 할지를 본능적으로 아는 온전한 성품을 갖추기 위해서는 우리가 어떤 단계를 밟아야 할까?

...key is this: the fruit of the Spirit does not grow automatically. The nine varieties of [fruit don't sud]denly appear just because someone has believed in Jesus, has prayed for God's Sp[irit, and has] sat back and waited for fruit to arrive. Oh, there may well be strong and sudden [signs that] fruit is on the way. Many new Christians, particularly when a sudden conversion [has meant a dra]matic turning away from a lifestyle full of the works of the flesh, report their [surprise] that the desire that springs up within them to love, to forgive, to be gentle, to be [at peace, and so on]: where has all this come from? I didn't mean it's all downhill from there. These s[igns are welcome but] to get the fruit you have to learn to be a gardener. You have to discover how to ten[d the plant,] to irrigate the field, how to keep birds and squirrels away. You have to watch for [weeds] and cut away ivy and other parasites that suck the life out of the tree, and makes s[ure the tree] can stand firm in strong winds. Only then will the fruit appear. And, in case a[nybody thin]k I am imposing an alien note on Paul's cheerful list of these wonderful characteri[stics, look at the] final characteristic in the list: self-control. If the fruit were automatic, why would [self-control be] needed? Answer: it isn't. So it is. It isn't automatic, so it is needed. All the varieties o[f quali]ties here are comparatively easy to counterfeit, especially in young, healthy, happy p[eople. But] self-control: if that isn't there, it's always worth asking whether the appearance [elsewhere] of fruit is just that, an appearance, rather than a real sign of the ...

The Virtuous Circle
8_ 미덕의 순환

비록 우리가 성경의 모든 이야기를 우리 머릿속에서 하나로 묶을 수는 없더라도 오늘 성경을 열겠다는 결심을 천 번, 만 번 하고 성경의 이야기를 더 많이 읽는 것 자체가 진정한 인간이 되어간다는 의미이다.

The Virtuous Circle

    우리는 맨 처음에 여러 이야기들 가운데 두 가지 장면과 함께 연구를 시작했다. 하나는 한 조종사가 여객기를 허드슨 강에 안전하게 착륙시키는 장면이고, 다른 하나는 한 열정적인 젊은이가 예수님에게 나아가서 영생을 얻으려면 무슨 선한 일을 해야 하느냐고 조언을 구하는 장면이다. 예수님이 젊은이에게 보인 반응은 더 많은 규율을 주는 것이 아니라 전혀 다른 종류의 제안을 하는 것이었다. 자신의 도덕적 업적을 온 세상이 보는 스크린에 비추는 것이 아니라, 하나님의 관대한 사랑을 세상에 반영하는 생활방식을 개발하고, 그런 성품을 빚어주는 일련의 행동을 하라는 도전이었다. 체슬리 설렌버거 조종사의 경우는 많은 세월에 걸쳐 수많은 작은 선택과 결정을 내린 결과 그의 성품이 잘 빚어져서 갑작스런 테스트에도 꼭 필요한 행동을 제2의 천성으로 해낼 수 있었다는 이야기였다. 서로 다른 상황이긴 하지만 이 두 가지 장면들은 몇 가지 공통적인 특징을 보인다.

이제까지 우리는 예수님의 이런 도전을 자세히 탐구했고, 또 "우리는 어떻게 살 것인가?"라는 질문에 대해 신약성경을 바탕으로 기독교 미덕 중심의 답변을 개진했으므로, 마지막으로 '어떻게'의 문제를 조금 다룰 필요가 있겠다. 만일 "우리는 어떻게 살 것인가?"라는 질문에 대한 첫 번째 답변이 "믿음과 소망과 사랑으로 살라"이고, 두 번째 답변이 "미덕을 실천함으로 살라"라면, 마지막 질문은 "그러면 어떻게 미덕을 실천할 수 있는가?"일 것이다. 만일 그것이 자력적인 도덕주의의 문제가 아니라면, 어떻게 해야 하는 것인가?

이 사안을 다루기에 앞서 '도덕주의'와 '노력'을 너무 쉽게 내팽개칠 때 생길 수 있는 위험을 다시금 유념하도록 하자. 내가 지금 말하는 모든 내용의 바탕에는 이런 가정이 깔려 있다. 삼위일체 하나님이 인류가 스스로 자초한 구렁텅이에서 인류를 구출하기 위해 역사 가운데 결정적인 행동을 하셨기 때문에, 우리가 행하는 모든 것은 그 행동과 은혜의 세계 안에 놓여 있다는 가정이다. 아울러 그 우주적 이야기를 인간의 차원으로 끌어내리는 면에서, 그리스도인이 내리는 모든 도덕적 의사결정과 행동은 성령의 인도와 능력을 받아 행해지는 것이라는 가정도 깔려 있다. 예전의 〈공동 기도서〉에 담긴 위대한 부활절 기도문에는 다음과 같은 글귀가 나온다. 첫째, 하나님의 특별 은총이 우리의 마음속에 선한 소원을 두실 것을, 둘째, 그분의 지속적인 도움이 우리에게 능력을 주사 그 소원이 선한 열매를 맺게 하실 것을 기도하자. 이보다 몇 주 앞에 있는 주현절 후 첫째 일요일을 위한 특별 기도문에도 아주 비슷한 내용이 나온다. 내용인즉 하나님의 백성이 무엇을 마땅히 행해야 할지를 분별하고 알도록, 그리고 그와 같은 행위를 신실하게 이행할 수 있도록 은혜와 능력을 갖게 해달라고 간구한다.

내가 이 책에서 줄곧 주장한 바는 이렇다. 두 기도문의 전반부에 대해 신약성경은 일차적으로 성품상의 자질 목록을 제시함으로써 응답하고 있는데, 이 목록의 색다른 면은 예수님의 삶과 비전과 업적과 죽음과 부활에서 나온 목록이라는 점이다. 이 모든 사건이 다 함께 작용하여 예수의 추종자를 하나님의 형상을 반영하는 진정한 인간, 곧 왕 같은 제사장으로 만들어준다. 더 나아가, 나는 그 기도문 후반부에 대해서 신약성경이 이렇게 응답한다고 주장했다. 즉 신약성경에 따르면, 성령 하나님은 개개인의 마음과 생각을 새롭게 하심으로써 우리가 자유로이 또 의식적으로 그런 행동 습관을 기르게 하되 그것이 처음에는 어색하고 서툴지만 점차 제2의 천성이 되도록 만드신다고 말이다.

이 지점에 우리가 '도덕주의'라고 부를 만한 것이 있는 게 사실이다. 아울러 '도덕적 노력'이라고 할 만한 것도 있다. 그러나 그것은 펠라기우스주의로 의심받을 만한 것은 아니다. 즉, 우리가 자력으로 도덕적 수준을 끌어올릴 수 있고 하나님이 그것으로 만족하실 것이라는 뜻으로 말하는 것은 아니다. 이런 비판은 이류 신학적 주장이 흔히 그렇듯이 단순한 잘못에서 기인한다. 말하자면, 하나님이 행하는 것이면 무엇이든 우리가 할 수 없고, 거꾸로 우리가 행하는 것이면 하나님은 전혀 행하지 않는다고 생각하는 잘못이다. 하지만 인생은 그보다 더 복잡하다.

서론은 이정도로 끝내고 이제 본론으로 들어가자. 그러면 기독교적 의미의 미덕은 어떻게 생기는 것인가? 내 주장은 그리스도인들이 특정한 활동과 실천의 순환 속에 사로잡힐 때 그 미덕이 생긴다는 것이다. 그래서 이 장의 제목을 '미덕의 순환'이라 붙였다. 이런 실천 가운데 몇 가지는 이미 얘기했지만, 이제는 약간 다른 논증 안에서 그것들을 다룰까 한다.

내가 여기서 말하고 있는 대다수의 미덕 아니 모든 미덕을 실천하고 있는데도, 덕스러운 삶의 행보가 너무 느리게 진전되는 것처럼 느끼는 사람이 많이 있다. 그래서 일부 독자들은 이 장에 대해 상당히 실망했을지도 모르겠다. 그들은 이런 식으로 생각하는 것 같다. 이런 실천들은 우리가 여러 해 동안 계속 해왔던 것인데, 만일 당신이 새로운 거룩함에 관해 얘기하고 있다면, 당연히 우리를 도와줄 새로운 것을 내놓아야 할 것 아닌가! 이런 처지에 있는 사람은 마치 옛날 유대인의 농담에 나오는 인물, 곧 자기가 복권에 당첨되게 해달라고 한결같이 기도하는 사람과 비슷하다. 마침내 그 사람은 하늘을 향해 주먹을 휘두르면서 왜 본인의 열렬한 기도를 응답해주지 않는지 설명해달라고 하나님께 요구했다. 그러자 하나님은 이렇게 응답하셨다. "내 아들아, 나를 만나려면 반쯤은 다가와야 하지 않느냐. 적어도 복권은 사야지!" 많은 사람이 이 장에서 논의한 실천에 참여하면 미덕이 저절로 생길 것으로 기대하는 것 같다. 하지만 실천이 어떻게 이루어지는지 당신이 이해하든 못하든, 무조건 당신을 고쳐주는 처방 약품과 같은 것이 실천은 아니다. 미덕에 이르는 열쇠는 우리가 살펴보았듯이 바로 마음의 변화에 있다. 요점은 그 실천들이 틀렸다거나 부적절하다는 것이 아니고, 이런 실천이 우리를 통해 그리고 우리 안에서 낳게 될 삶의 패턴을 우리의 마음과 생각으로 이해하고 숙고하고 의식적으로 선택할 필요가 있다는 것이다. 앞서 살펴보았듯이 이 과정은 타협할 수 없는 부분이다.

그런데 이런 실천을 설사 의식적으로 선택했다 하더라도, 그 가운데 어느 하나만 가지고는 우리가 살펴본 '실천으로 빚어진 성품'을 낳거나 유지할 수 없다. 이런 실천이 여럿 합쳐져야 그만한 효과를 낳을 수 있다. 아니, 그 모든 실천이 있어야 효과가 나타날 것이다. 이것이 효과를 발휘하려면, 자전거를 탈 때처럼 페달과 핸들과 브레이크를 모두 작동시켜야 하고 균형을 잡는 법도 배워야 한다. 이 가운데 어느 하나만으로는 효과를 기대할 수 없다.

자전거가 그렇듯이, 이 실천의 순환, 미덕의 순환도 글로 묘사하기보다 그림으로 그리는 편이 더 이해하기가 쉽다. 하지만 먼저 자연스러운 절차로서 그 구성요소를 열거할까 한다. 그런 다음에 각각에 대해 좀 더 자세하게 살펴보고 실제로 어떤 모습일지 몇 가지 예를 들기로 하자.

　이 순환 고리에 하나님과 예수님과 성령님이 포함되어 있지 않은 것은 그 모두가 이미 전제되어 있을 뿐 아니라 각 지점마다 현존하고 있기 때문이다. 그러므로 이 순환 고리의 출발점에는 '은혜'가 있고 그 목표점에 '영광'이 있는 것으로 이해하면 된다. 이제까지 내가 말한 모든 내용에 비추어볼 때, 이 순환은 '정의'와 '아름다움'을 그 주된 목적으로 삼고 있다고 할 수 있다. 성경, 이야기, 본보기, 공동체, 실천 등 다섯 가지 요소가 그 안에 있다.

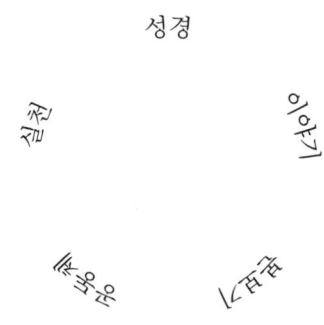

　순환 고리의 한 가지 장점은 당신이 어느 지점으로 뚫고 들어가든지 상관이 없다는 점이다. 또는 어느 요소가 갑자기 당신에게 다

가오든지 상관없다고 할 수 있다. 어떤 사람은 자기도 모르는 누군가의 행동양식이 너무나 매력적이어서 그 본보기로 인해 발을 들여놓는다. 또 어떤 사람은 어느 평일 점심시간에 교회 뒷자리에 앉아 있다가 성찬식이 집행되는 것을 보고 거기에 완전히 매료되기도 한다. 또 다른 사람은 우연히 라디오에서 어떤 이야기를 듣다가 질문을 제기하기 시작한다. 하지만 조만간에 이 세 사람은 모두 이 순환에 진입하게 되고, 그것을 완전히 한 바퀴 돌면 이 순환 고리를 발견하게 되리라.

내가 성경을 맨 꼭대기에 둔 데는 그만한 이유가 있다. 예수의 가르침과 초기 그리스도인의 저술을 보면 한결같이 말씀이 우선하는 것을 알 수 있기 때문이다. 성경을 읽고, 성경을 공부하고, 성경대로 행하고, 성경을 노래하는 습관은 아주 초창기부터 기독교적 성품 형성의 중심 요소로 간주되어 왔다.

이 지점에서 강조할 필요가 있는 사항은 성경이 특정 주제들에 관해 특정한 가르침을 제공한다는 사실이 부차적인 중요성을 갖는다는 점이다. 이것도 물론 중요하다. 그러나 하나님의 목적으로 무장하고 싶은 소원을 품고 성경을 읽는 행위 자체가 믿음과 소망과 사랑의 행위요, 겸손과 인내의 행위라는 점이 그보다 훨씬 더 중요하다. 이는 우리가 참신한 말씀, 은혜의 말씀, 어쩌면 치유의 말씀뿐 아니라 심판의 말씀까지, 환영의 말씀뿐 아니라 경고의 말씀까지 다 들을 필요가 있다는 말이다. 성경을 연다는 것은 우리가 어디에서 포로생활을 하든 상관없이, 다니엘이 했던 것처럼(단 6:10) 예루살렘을 향해 창문을 여는 행위이다.

성경을 펼치는 것은 특히 우리 자신을 현재 진행 중인 드라마 속의 배우로 삼는 일이다. 성경 속에 작은 이야기들이 얼마나 많든지, 그리고 성경 밖에 덕스러운 이야기들이 얼마나 많든지 상관없이, 성경의 전반적인 드라마는 많은 우여곡절을 거쳐 결국 한 가지 중심 주제로 수렴되는 단일한 플롯을 갖고 있다. 이 플롯은 창조주 하나님이 그분의 세계를 향한 뜻을 좌절시키는 모든 문제를 다루고, 그분의 아들과 영을 통하여 온 세계를 그분의 영광으로 가득 채우는 목적을 마침내 실현할 새로운 백성을 창조함에 따라 하늘과 땅이 화해에 도달하는 것이다. 이 으뜸가는 이야기에 의해 빚어지는 것이 곧 그리스도인으로 빚어지는 것이다. 비록 우리가 성경의 모든 이야기를 우리 머릿속에서 하나로 묶을 수는 없더라도, 오늘 성경을 열겠다는 결심을 천 번, 만 번 하고 그 이야기를 더 많이 읽는 것 자체가 진정한 인간이 되어간다는 뜻이다. 다시 말해, 그 이야기를 이끌어갈 책임을 맡은 자에게 합당한 방식으로 생각하고 기도하고 행하고 느끼는 것이 제2의 천성으로 몸에 배인 사람이 되어간다는 것을 뜻한다.

우리는 아직 그 드라마의 마지막 부분에 도달하지 않았다. 성경을 읽는 자들은 자신들이 자연스럽게 등장인물로 무대 위에 오르는 것을 알게 될 것이다. 그렇다, 그것은 한 배역을 맡아 연기한다는 뜻이다. 미덕의 실천을 둘러싸고 제기되어온 위선의 문제가 여기서도 시끄럽게 등장할 것이다. 그러나 당신이 자신의 배역을 더 많이 알면 알수록, 배역을 맡아 연기하는 모습은 더 줄어들고 당신 본연의 모습을 더 많이 찾게 될 것이다. 그래서 조만간에 무척 자연스럽게 그 역을 소화해낼 것이다. 제2의 천성이 된다는 말이다. 미덕은 이런 식으로 작동한다.

물론 성경에는 믿음과 소망과 사랑의 삶을 빚어내고 인도하는 대목들, 하나님의 백성이 열매를 맺도록 자극하기 위해 성령께서 사용하시는 훨씬 더 구체적인 단락들이 여럿 있다. 사실 우리가 사복음서의 어떤 단락이든 천천히 주의 깊게 읽고, 곰곰이 생각하고, 그것을 놓고 기도하면 이런 효과를 기대할 수 있다. 마찬가지로, 시편 역시 주의 깊게 읽고 노래하고 기도하는 사람의 마음과 생각을 열어줄 것이다. 즉 마음과 생각을 형성하고 개혁함으로써 언제나 그리스도인다운 성품이 빚어질 것이라는 말이다. 심지어는 족보조차도, 마치 오랜 기다림 끝에 때늦은 꽃을 피우는 난초와 같이 하나님의 목적에서 중대한 다음 사건이 펼쳐지기 전에 대대로 어떻게 믿음과 소망을 품고 살았는지를 보여주며, 그 하나님의 목적이 지금도 이루어지는 중이라는 강한 의식을 심어줄 수 있다. 성경의 어떤 부분들은 무더운 날 큰 사발로 물을 벌컥 들이키듯이 읽는 것이 좋고, 또 어떤 부분들은 맛있는 포도주를 마시듯이 한 모금씩 음미하며 읽는 것이 최선이다. 특히 서신의 경우, 각 구절을 그 자체로 해석하지 말고 서신의 전체 내용과 연관된 뜻을 유념하며 읽어야 한다.

하지만 정작 중요한 점은 성경을 읽는 것이 곧 습관을 형성해준다는 것이다. 읽으면 읽을수록 더 읽고 싶어진다는 의미에서 그럴 뿐 아니라, 읽으면 읽을수록 마음과 생각, 영혼과 몸의 습관을 길러줌으로써 천천히 그러나 확실히 우리들의 성품이 예수 그리스도를 닮아가도록 해준다는 의미에서도 그렇다. 여기서 일부러 '우리들'이라고 썼는데, 물론 단수형도 중요하지만 일차적으로는 복수형이다.

이렇게 말한다고 해서 성경에 어려운 구절이 없다는 뜻은 아니다. 성경에는 이해하기 어려운 단락들도 있고, 시편 137편 마지막 절처럼 이해하기는 쉽지만 내용이 충격적인 단락들도 있다. 이런 경우에 쉬운 해결책을 찾지 마라. 가령, 이 부분은 '영감'을 받지 않았다거나, 성경은 온통 난센스 투성이라거나, 예수는 우리가 수긍할 수 없는 부분을 없애버렸다는 식으로 생각해서는 안 된다. 쉽게 해결을 보지 않으려는 긴장을 안고 살아가라. 우리의 삶과 세상에도 그와 비슷한 긴장이 얼마나 많이 있는가?

난해한 말씀들이 서로 공명하도록 내버려두라. 그것을 인내심을 기르는 기회로 삼아라. 내가 지금 볼 수 있는 것보다 더 많은 의미가 있을지도 모른다는 식으로 생각하면서. 그리고 겸손을 연마하는 기회로 삼아라. 하나님이 내가 미처 수용하기 어려운 의미를 숨겨놓고 계실지도 모른다. 사실 상당한 세월에 걸쳐 성경을 읽어보면 결국 가슴에 와 닿는 교훈의 하나는 바로 겸손이다. 성경에는 쉽게 다가오는 대목들도 있고 어렵게 다가오는 대목들도 있지만, 사람에 따라 어느 정도의 차이가 있는 것도 사실이다.

어떤 사람들은 기질상 특정한 책이나 유형을 좋아하지만, 또 어떤 이들은 그와 정반대일 수도 있다. 요한복음이 그런 책이다. 일부 사람들은 이 책을 성경의 절정이라 주장하는데, 다른 사람들은 몇 가지 큰 장점은 인정하면서도 상당히 골치 아프고 당혹스러운 책으로 생각한다. 사도 바울에 대한 사람들의 인식도 그렇다. 그래서 겸손한 태도가 필요한 것 같다. 어쩌면 성경이 그런 식으로 배열되어 있기 때문에, 우리가 온전하고 진정한 인간, 원만한 미덕을 갖춘 왕 같은 제사장으로 자라기 위해서는, 마치 어린 소년이 물려 입은 형의 옷이 처음에는 헐렁거리다가 차츰 몸에 맞게 되는 것처럼, 우리도 점점 자라나서 성경에 맞추어지는 게 필요할지도 모르겠다. 예전에는 뭔가 이상하고 거슬리던 어떤 대목이 어느 날 갑자기 새롭게 마음에 와 닿는다면, 우리가 그만큼 성숙한 것이 아닐까?

말하자면, 바울을 자연스럽게 포용하는 사람이 요한까지도 좋아하게 되고, 거꾸로 요한을 좋아하던 사람이 바울까지 포용할 수 있게 된다. 그리고 요한계시록에 푹 빠져 있던 사람이 갑자기 사도행전에 친근감을 느낄 수 있고, 이와 반대의 경우도 일어날 수 있는 것이다. 다른 한편, 평소에 성경은 우리가 잘 알고 또 좋아하는 대목들과 참으면서 읽어야 할 단락들로 구성되어 있다고 생각하면서 가능하면 전자가 나오기를 고대하며 읽다가, 어느 날 갑자기 눈이 열리면서 그 전반적인 내용이 주는 폭넓고 다채롭고 말로 표현할 수 없는 강력한 힘에 압도당하는 경험을 할 수 있다. 이는 우리가 가벼운 안개 속에서 좋아하는 마을과 부락을 방문하는 등 이리저리 돌아다니다가, 안개가 서서히 걷히면서 우리가 좋아했던 모든 것이 멋진 언덕과 골짜기와 상상도 못했던 영광으로 가득 찬 광대한 풍경으로 펼쳐지는 것을 보며 더욱 마을이 아름답게 느껴지는 것과 같다.

그러므로 성경은 우리의 습관과 성품을 형성해준다고 할 수 있다. 성경은 우리로 하여금 그 거룩한 텍스트 안팎에 있는 온갖 이야기들을 듣고 그로부터 배울 수 있도록, 그리고 그 속에 있는 본보기와 의미를 분별할 수 있도록 훈련시켜준다. 더불어 온갖 이야기들은 그것을 읽는 사람들의 성품을 형성하게 된다.

이야기라는 것은 모름지기 모종의 긴장과 해소와 더불어 어떤 플롯이 있어야 한다. 우리는 이야기에 몸담고 있는 피조물이다. 우리가 자연스럽게 이야기를 좋아하는 것은 우리의 삶이 긴장과 해소로 가득 차 있기 때문이고, 인생을 살다보면 긴장을 느끼는 순간이 더 많다는 것을 알게 된다. 그래서 우리는 이런저런 등장인물과 이런 저런 순간과 이런저런 우여곡절 등에 깊이 공감하게 되고 거기에 사로잡히게 되는 것이다. 우리는 무슨 일이 일어나는지, 어떻게 이 야기가 전개되는지를 알고 싶어 한다. 드디어 문제가 해결되고 정 의가 승리하는 것을, 또는 적어도 이야기가 온전히 마무리되는 것 을 보고 싶어 한다.

이런 의미에서 우리는 결말을 찾고, 행복을 찾고, '완전한 종결' 을 추구하는 피조물로서 이야기의 세계 속에 살고 있는 셈이다. 그 결말에 순조롭게 혹은 거스르며 전개되는 상황과 등장인물을 추적 하는 것은 매력적인 일이다. 그리고 이 모든 것은 특정한 인물을 좋 아한다거나 특정한 행동양식을 인정하거나 부정하는 면에서뿐 아 니라 더 깊은 차원에서 우리의 성품을 형성해준다. 희극과 비극, 서 사시와 로맨스를 막론하고, 우리는 등장인물들이 어떤 선택을 내리 고 어떤 모습으로 나타나는지, 그리고 그에 따른 열매를 어떻게 거 두는지 그 모든 장면을 눈여겨본다. 그리고 우리의 마음과 영혼이 꽉 막히지 않았다면 이런 일들이 어떻게 전개되는지를 보고 배우게 되며, 이로 인해 우리의 삶에 닥치는 똑같은 문제와 도전에 대해 더 욱 민감하게 되는 것이다.

물론 이런 면은 어떤 전통에 몸담고 있는 어떤 인간이든 똑같이 경험하는 것이다. 그러나 유독 기독교 전통에 몸담은 사람들이 이 야기에 주의를 기울여야 할 특별한 이유가 있다. 세계적인 위대한 작가들 가운데 다수는 유대-기독교 전통의 영향을 크게 받았으며, 그들의 사려 깊은 글은 이 전통을 더욱 깊이 성찰할 수 있도록 도와준다. 하지만 그리스도인은 모든 인생이 예외 없이 하나님의 선물이고, 그것이 아무리 왜곡되었더라도 여전히 하나님의 형상을 지니고 있다고 믿는다. 그렇기 때문에 스스로 무신론자로 자처하는 작가들이 쓴 이야기에서도 인간다움이 무엇을 의미하는지, 사랑과 정의와 아름다움이 왜 중요한지 등 중대한 주제에 관해 그들이 묘사하는 솜씨를 엿볼 수 있는 것이다. 이처럼 이야기의 세계 속에 살고 있으면 분별력이 커지게 된다.

하지만 성경 이야기에 몸담고 있을 때에는 많은 사람이 덕스러운 삶에 이르는 여러 습관을 터득해야겠다는 특별한 도전을 받는다. 성경에는 노아의 용기, 아브라함의 믿음, 감옥에서 보여준 요셉의 희망, 모세의 리더십 등 많은 본보기들이 있다. 그렇다, 성경은 이런 등장인물들과 그들의 이야기로 가득 차 있으며, 우리는 그들의 본보기로부터 도전을 받아 마땅하다.

그런데 잠깐만! 우리도 모르는 사이에 교회에서 성경 낭독을 유심히 듣고 있던 세 살밖에 안 된 우리 손자가 말했듯이, "그건 별로 좋은 이야기가 아닐 수 있다." 우연히도 그 본문은 주인의 종들을 때리고 결국에는 그의 아들을 죽이는 사악한 소작인들에 관한 예수의 비유였다. 물론 아이가 이해한 그런 의도로 해준 이야기는 아니었다. 성경에 나오는 큰 이야기를 구성하는 작은 이야기들 가운데 우리가 '좋은' 이야기라고 부를 만한 것은 소수에 불과하다. 아주 소수의 이야기들만을 본보기로 들려준 것이다. 바울이 로마서 15장 4절과 고린도전서 10장 11절에서 얘기하듯이 물론 본보기로 들려준 이야기들이 중요하기는 하지만, 방금 언급한 이야기를 포함한 많은 이야기들은 사실 바르지 못한 것들이다. 노아는 어쨌든 술에 취하지 않았는가? 아브라함은 겁이 많아서 사라의 인생과 하나님의 약속을 위험에 빠뜨리지 않았는가? 요셉은 본래 갖고 있던 자만심 때문에 감옥에 갇히지 않았는가? 모세는 맨 처음에 하나님의 백성을 인도하고 싶은 마음이 없었고, 돌아가는 상황 때문에 하나님께 불평한 적이 적어도 한 번 이상 있지 않았는가? 심지어는 모든 세대가 '복 받은' 여인으로 칭송하는 예수의 어머니조차 예수와 그의 소명을 오해하는 바람에 아들로부터 책망을 받지 않았는가?

조금씩 우리가 깨닫게 되는 바는, 성경은 성도다운 덕스러운 삶을 살기 위해 그저 있는 그대로 그것을 모방하라고 주어진 것이 아니라는 점이다. 성경은 하나님과 하나님의 백성, 그리고 하나님의 세계에 관한 이야기로 기록된 것이다. 그리고 하나님의 백성은 모호하고 도덕적으로 타협할 만한 상황에서 하나님과 이 세계 사이에 거듭해서 갇힐 수밖에 없는 처지에 있음을 보여준다. 예수님을 제외하고 성경 전체에서 우리가 "저 남자를 봐, 저 여자를 봐. 그들이 행하는 대로 그냥 따라 하기만 해" 하고 자신 있게 내세울 만한 인물은 거의 없다. 다니엘과 그의 친구들이 가장 가까운 후보들이지만, 다니엘서는 대다수 다른 성경의 책들과는 달리 '이방의 억압 아래에 있는 유대인을 위한 본보기'를 제공할 목적으로 기록되었을 가능성이 크기 때문에 예외적인 경우라고 할 수 있다.

우리는 분명 성경의 이야기들에서 모범적인 사례를 발견하지만, 여기서 '모범적'이란 말은 그저 판에 박힌 인물을 주면서 그대로 따라하라는 의미가 아니라, 이보다 훨씬 더 복합적인 의미를 갖고 있다. 그것은 현재 진행 중인 전반적인 이야기 안에서 모범적이라는 말이다. 곧 우리 그리스도인들이 현재 몸담고 있는 그곳에서 자신의 배역을 담당하면서 하나님의 왕 같은 제사장으로 부름 받은 이스라엘의 소명을 이루게끔 되어 있는 이야기 안에서 모범적인 성격을 갖고 있다는 뜻이다. 그러니까 우리가 성경의 이야기로부터 특정한 인물들을 떼어내어 우리의 모델로 삼는 것은 그리 바람직하지 않다. 가령, 사람들은 여전히 엘리야와 엘리사를 그런 본보기로 삼곤 한다. 하지만 만일 둘 중 누구라도 오늘날의 전형적인 서양 교회나 기독교 모임에 불쑥 나타나면, 난폭한 행위는 돌발되지 않더라도 모두들 당혹감을 감출 수 없을 것이다. 현명한 독자는 각 이야기에 나오는 등장인물로부터 무언가를 '배울' 수 있지만, 까다롭게 분별하고 일반화하고 조심스럽게 적용하는 과정을 거쳐야만 가능하다. 아무리 성경을 맹종하는 설교자라도 그리스도인 교사들에게 엘리야가 했던 것처럼(왕상 18:40), 적들을 한군데에 모아놓고 그 자리에서 죽이라고 권할 가능성은 별로 없다. 그리고 중고등부 집회에

강사로 초빙을 받아 엘리사가 자기를 조롱하는 작은 아이들에게 보인 반응(왕하 2:23-24)을 그대로 본받으라고 가르친다면, 다시는 초대를 받을 수 없을 것이다. 우리가 적절한 과정을 거쳐 이런 이야기들로부터 우리의 현 상황에 적용할 수 있는 교훈을 추출해낼 수 있다면, 우리는 그들보다 못한 등장인물들, 이를테면 삼류급 왕들이나 말라기에 나오는 형편없는 제사장들과 함께 시작하더라도 당시의 상황을 깊이 생각함으로써 어떤 지혜를 얻을 수 있을 것이다.

그렇다. 우리가 찾고 있는 것은 지혜가 아닌가? 규율이나 판에 박힌 모델이 아니라, 하나님의 길과 인간의 길이 어떻게 움직이는지를 이해하는 분별력이 아닌가? 이 모든 길은 하나님이 인류를 다루는 방식을 들려주는 이야기, 즉 먼저는 이스라엘에 그리고 궁극적으로는 예수에게 초점을 두는 그 위대한 이야기를 배경으로 하고 있다. 작은 이야기들을 바탕으로 사는 법을 배우는 것, 전반적인 플롯에서 그 이야기가 현재 도달한 지점에 입각하여 사는 것이 중요한 일이다. 작은 이야기에 나온 본보기들은 바로 위대한 이야기에 들어맞는 본보기들이기 때문이다.

일단 이야기가 도달한 그 지점에 이르면, 온갖 장소에서 온갖 것으로부터 다양한 본보기들을 발견하게 될 것이다. 이는 그 순환 고리의 다음 범주로 이어진다.

조금 전에 내가 성경에서 너무 빨리 본보기를 찾지 말라고 충고한 만큼, 이제는 우리에게 본받으라고 분명히 권면하고 있는 몇몇 장면을 지적하는 게 필요하겠다. 이를테면, 바울은 다음과 같은 뚜렷한 예를 제공한다.

> 내가 디모데를 속히 너희에게 보내기를 주 안에서 바람은 너희의 사정을 앎으로 안위를 받으려 함이니 이는 뜻을 같이하여 너희 사정을 진실히 생각할 자가 이 밖에 내게 없음이라. 그들이 다 자기 일을 구하고 그리스도 예수의 일을 구하지 아니하되 디모데의 연단을 너희가 아나니 자식이 아버지에게 함같이 나와 함께 복음을 위하여 수고하였느니라. 그러므로 내가 내 일이 어떻게 될지를 보아서 곧 이 사람을 보내기를 바라고 나도 속히 가게 될 것을 주 안에서 확신하노라(빌 2:19-24).

여기서 우리는 본보기가 어떤 식으로 작동하는지 클로즈업된 장면을 보게 된다. 디모데라는 인물이 우리가 좇을 만한 본보기가 되는 이유는 이 단락보다 조금 앞선 구절에 언급된 예수님이 행하신 일과 이보다 조금 뒤에 나오는 바울이 행한 일을 디모데가 그대로 행하고 있기 때문이다. 디모데는 자기의 유익을 구하지 아니하고 예수와 복음의 유익을 구했던 사람이다. 더 나아가, 그는 장인 곁에서 기술을 배우는 도제의 훌륭한 본보기이기도 하다. 물론 이밖에도 디모데에 관해 할 말이 많이 있겠지만, 이것이 하나의 출발점이다. 적어도 이런 면에서 디모데는 우리가 모방할 만한 본보기인 것이다.

다른 신약성경 저자들도 이와 비슷한 '모범적인' 방식으로 먼 과거로부터 인물들을 끌어온다. 이를테면, 야고보는 현대의 설교자들처럼 엘리야 이야기로부터 우리의 모범이 될 만한 어떤 측면을 주목하게 만든다.

의인의 간구는 역사하는 힘이 큼이니라. 엘리야는 우리와 성정이 같은 사람이로되 그가 비가 오지 않기를 간절히 기도한즉 삼년 육 개월 동안 땅에 비가 오지 아니하고 다시 기도하니 하늘이 비를 주고 땅이 열매를 맺었느니라(약 5:16-18).

그리고 히브리서에도 열두어 명의 본보기가 나오는데, 그 모든 인물의 클라이맥스는 바로 예수님이다.

이러므로 우리에게 구름 같이 둘러싼 허다한 증인들이 있으니 모든 무거운 것과 얽매이기 쉬운 죄를 벗어버리고 인내로써 우리 앞에 당한 경주를 하며 믿음의 주요 또 온전하게 하시는 이인 예수를 바라보자. 그는 그 앞에 있는 기쁨을 위하여 십자가를 참으사 부끄러움을 개의치 아니하시더니 하나님 보좌 우편에 앉으셨느니라. 너희가 피곤하여 낙심하지 않기 위하여 죄인들이 이같이 자기에게 거역한 일을 참으신 이를 생각하라(히 12:1-3).

히브리서 저자는 이 밖에도 예수에 관해서는 할 말이 많았다. 하나님의 아들 예수, 천사들보다 뛰어난 예수, 멜기세덱의 서열을 따른 대제사장 예수, 속죄를 위해 자기의 피를 흘린 예수 등. 또한 우리에게 얼핏 보이는 '온전함'의 비전에 인생을 맞추고 그것을 바라보는 미덕의 본보기인 예수. 히브리서에는 부정적인 본보기도 제시되어 있다. 이를테면, 한 그릇 음식을 위해 장자의 명분을 팔고는 나중에 그 결정을 번복할 수 없었던 에서를 생각해보라고 한다(히 12:16-17).

이 저자는 당시 공동체 내에 있는 지도자들에게 눈을 돌리게 함으로써 훨씬 더 가까이에 있는 본보기를 거론하기도 한다. "하나님의 말씀을 너희에게 일러주고 너희를 인도하던 자들을 생각하며 그들의 행실의 결말을 주의하여 보고 그들의 믿음을 본받으라"(히 13:7). 이것은 미덕의 언어이다. 여기서 그들의 결말을 보라는 말은 우리가 추정하듯이 죽음을 가리키는 것이 아니고 그들이 개발한 완전히 빚어진 성품을 보라는 뜻이다. 그러므로 그들을 본받되 특히 그들의 믿음을 본받으라는 것이고, 그렇게 하면 너희 속에도 그와 똑같은 성품이 자라게 될 것이라는 말이다.

이처럼 성경은 본래 이런 목적을 위해 기록된 것은 아니지만, 덕스러운 성품을 개발한 사람들을 본보기로 보여주는 이야기들로 가득 차 있다. 신약성경은 특히 열한 명의 제자들 이야기, 예수와 함께 두루 여행하며 그로부터 생활방식을 배웠고 또 다른 이들의 모델이 되었던 그 제자들의 이야기를 소개한다. 이미 살펴보았듯이, 바울은 자기가 예수 그리스도를 닮은 것처럼 자기를 닮으라고 권함으로써 스스로를 본보기로 사용한다(고전 10:31-11:1; 빌 3:4-17).

사실 하나님의 백성의 이야기 안에 살고 있다는 것은 지금도 우리가 본받을 만한 본보기가 수없이 많다는 것을 의미한다. 순전히 인간적으로만 보아도 아시시의 성 프란시스의 경이로운 성공담은 대체로 훌륭한 본보기로 손색이 없다. 사람들은 타락하고 무심한 교회 한복판에서 갑자기 예수가 살았던 것과 같은 인생을 사는 누군가를 목격했던 것이다. 그 광경은 너무나 큰 감동을 주어 다른 많은 사람도 그와 같은 삶을 살기로 결심하고 가난과 순결과 순종의 길을 걷게 되었다. 이 길은 앞서 간 교부들과 교모들이 이미 닦아놓은 길이었다. 이들 역시 도시의 타락한 생활을 버리고 홀로 기도하는 삶을 살기 위해 광야로 떠났던 사람들로서 상당히 많은 이들에게 감동을 주고 본보기 역할을 했었다. 여기에서 우리는 단순한 모방 이상의 것이 있지 않을까 하고 생각하게 된다. 한 저자는 최근에 '폭포 같은 은혜'에 대해 얘기했다. 하나님이 한 사람의 삶에서 그리고 그의 일을 통해 무언가를 하실 때, 다른 이들은 그것을 보고 "저런 일이 여기서도 일어날 수 있을까?" 하고 생각하게 되고, 이런 생각의 작은 불꽃 하나가 큰 불길로 변한다는 것이다. 그런데 이 불길은 약간 다른 색채를 띤다고 한다. 그러니까 하나부터 열까지 똑같이 모방할 필요가 없다는 말이다. 성령의 인도를 받으면 그 본보기를 통해 새로운 그 무엇이 생길 수도 있는 것이다.

추정컨대, 이 책을 읽는 독자들 가운데 다수는 이제까지 훌륭한 본보기로 존경했던 그리스도인 지도자들이 있지 않을까 생각된다. 그리스도인 지도자들은 처음부터 본보기답게 행동해야 한다는 경고를 받아왔고(딤전 4:12; 딛 2:7; 히 13:7; 벧전 5:3 등), 지도자들이 좋아하든 싫어하든 일반 그리스도인들은 지도자들을 본받게 될 것이다.

예수의 시대 이후 매 세기마다 특출한 본보기들이 등장했는데, 이들은 끈질기게 미덕의 모델을 주목함으로써 그 성품이 온전하게 빚어져서 그들 역시 미덕의 모델이 된 경우이다. 이제 그들은 우리에게 가장 훌륭한 귀감이 되고 있다. 전 세계 여러 나라와 문화에서 낳은 20세기의 여러 순교자들의 형상이 웨스트민스터 사원의 서쪽 전방에 세워져 있다. 그 가운데 단 한 사람만 언급할까 한다.

맥시밀란 콜베Maximillan Kolbe는 동족들과 함께 아우슈비츠 죽음의 수용소에 갇혀 있었던 폴란드의 로마 가톨릭 사제였다. 어느 날 동료 죄수 중 한 사람이 탈출을 시도하다가 잡혀 죽임을 당할 처지에 놓였다. 그 남자는 아내와 자녀들을 염려하며 울기 시작했다. 그때 콜베가 앞으로 나오더니 그 남자 대신에 자기가 죽겠다고 했다. 콜베는 그렇게 침착하게 죽음의 길을 걸었다. 수용소 측은 원래 굶어

죽게 만들려고 했으나, 두 주가 지나도 콜베가 죽지 않자 치명적인 약물을 주사해 숨지게 했다. 여기서 중요한 점은 콜베가 그저 자발적으로 행동한 것도 아니고 어떤 규율에 순종한 것도 아니었다는 것이다. 그는 목회 사역과 일상의 성례전적 삶을 통해 예수를 따르는 등 평생 자기를 내어주는 삶을 살다가, 그 클라이맥스로 자연스럽게 다가온 어떤 것을 행하고 있었던 것이다. 체슬리 설렌버거 조종사처럼 많이 생각할 시간이 없었지만 굳이 생각할 필요도 없었다. 그런 생각은 이미 오래 전에 했던 것이고, 그 결과 제2의 천성과 같은 자기희생적인 사랑의 습관이 그 속에 깊이 새겨져 있었던 것이다. 그래서 마침내 중요한 순간이 왔을 때 훌륭한 결정을 내릴 수 있었다.

좀 더 최근의 예를 들어보겠다. 한번은 대형 교회의 예배에 참석한 적이 있었다. 나는 훌륭한 음악과 화려한 의상과 큰 건물을 가득 메운 수천 명의 교인에 둘러싸여 있었다. 그런데 예배가 시작된 지 십여 분이 흐른 뒤에 갑자기 여러 명의 남자가 문 앞의 안내 위원들을 거칠게 밀치고 구호를 외치며 교회로 뛰어들어왔다. 그들은 자기네 대의명분을 추구하기 위해 난폭한 행동을 하는 것으로 알려진 일종의 시위대였다. 그들의 명분은 그 교회나 어떤 교인과도 직접적인 관계가 없었다.

시위대는 교회 앞쪽에서 몇 가지 구호를 외치고 현수막을 흔든 다음에는 아무것도 하지 않았다. 거기까지 돌진하는 데 성공하면 그 다음에 무엇을 할지 미리 계획하지 않았던 것이 분명했다. 그런데 그 교회에 속한 사람들도 다음에 무엇을 해야 할지 전혀 모르고 있었다. 안내 위원들은 분명 크게 놀랐고 어떻게 해야 할지를 몰랐다. 아무도 큰 소동이 벌어지는 것을 원치 않았다. 아마도 시위대는 큰 소동을 원했을 것이다. 그들이 경찰에 의해 쫓겨나면서 슬로건을 더 외칠 수만 있다면 기대 이상의 효과를 거두는 셈이었을 테니 말이다.

이미 예배는 엄청난 방해를 받은 상태였다. 격투가 벌어졌다거나 폭력을 자제하지 않았더라면 분위기는 훨씬 더 고조되었을 것이다. 모든 사람이 다음에 무슨 일이 일어날지 의아해 하는 동안에, 교역자 한 사람이 조용히 시위대의 주동자를 향해 걸어가더니 그 남자와 나지막한 목소리로 짧은 대화를 나누었다. 이어서 사회를 보는 교역자에게 다가가서는 다시금 짧은 대화를 나누었다. 잠시 후 사회를 보던 교역자가 교인들에게 '예기치 않은 손님들'이 그들의 입장을 3분 동안 얘기한 뒤에 조용히 교회를 떠나기로 동의했다고 말했다.

아니 어떻게 된 것인가? 나는 앞으로 나서서 시위대와 함께 얘기한 그 사람을 경외하는 눈빛으로 바라보았다. 나라면 도대체 무슨 말을 해야 할지 몰랐을 것이다. 나라면 내가 그 시위대에게 접근하면 무슨 봉변을 당할지 몰라 두려웠을 것이고, 자칫하면 말이나 행동으로 사태를 더 악화시킬까 봐 무척 우려했을 것이다. 나중에 내가 알게 된 바로는, 그 교역자가 시위대에게 이미 소정의 목적을 이루었다고 지적하면서, 만일 더 오래 끌면 사람들에게 좋은 영향을 주기보다는 오히려 역효과가 날 것이라 말했다고 한다. 그런데 어떻게 그처럼 침착하게 처리할 수 있었을까?

그때 나는 여러 해 전에 바로 그 교역자가 우리 도시 중심가를 걷고 있는 모습을 보았던 기억이 떠올랐다. 사제 옷을 입고 있던 그는 조용히 발걸음을 멈추고 길바닥에 앉아 변성 알코올을 마시고 있던 남자들과 얘기를 나누었다. 그는 그들에게 자연스럽게 접근했으며 그들도 그런 식으로 반응했다. 당시에 그는 설교를 하러 가던 중이었는데, 결코 서두르는 기색이 없었다. 그런 만남은 이미 하나의 습관이 되어 있었다. 그는 오랜 경험으로부터 대다수의 일반인이 두려워할 만한 사람들과 차분하고 지혜롭게 얘기하는 법을 터득했던 것이다. 그 후 15년 이상의 세월이 흘러 그 위대한 예배를 드릴 즈음이 되어서는 믿음과 사랑과 용기의 습관이 완전히 몸에 배어 있었다. 그래서 그런 순간이 왔을 때 깊이 생각할 필요가 없었다. 제2의 천성이 저절로 발동한 것이다. 그는 무엇을 할지 그리고 어떻게 할지를 알고 있었다. 나는 그 사람으로부터 많은 것을 배웠는데, 그 중에서도 이 사건이 각별히 기억에 남는다. 그의 이름은 로완 윌리엄스 Rowan Williams이다.

본보기는 사방에 산적하지만, 어디까지나 일정한 맥락 안에서 오기 마련이다. 그 맥락은 바로 하나님 백성의 공동체이다. 지금쯤이면 독자들에게 분명해졌을 사안이 하나 있다. 그것은 왕 같은 제사장이 되는 소명, 하나님을 반영하는 인간으로 만드는 기독교적 미덕을 개발하라는 도전은 우리에게 개인의 차원으로뿐 아니라 공동체의 차원으로도 주어진다는 점이다. 아리스토텔레스는 덕스러운 사람을 당시의 기본 정치 단위였던 폴리스 내에서 핵심 역할을 하는 인물로 보았다. 기독교의 미덕 역시 위대한 지도자를 양성하긴 하지만 그보다는 그리스도의 몸이 체질화된 미덕과 함께 작동하게 하는 역할을 담당한다. 그러므로 우리가 본보기를 좇게 되면 그 순환 고리를 따라 돌다가 다음 지점에 도달하게 되는데, 그 지점은 우리가 그리스도인다운 마음과 삶의 습관을 배우게 되는 곳, 즉 통상적으로 교회라고 부르는 곳이다.

여기서 우리가 교회의 본질을 논할 수는 없다. 이 주제는 다음 기회로 미루어야 할 만큼 크고 복잡하다. 하지만 내가 여기에서 '교회'라고 말할 때는 적어도 다음 세 가지 의미를 염두에 두고 있다. 내가 교회의 의미를 설명하는 것은 첫째, 그 개념을 너무나 모호하게 느끼는 사람들을 위해 그 신비의 옷을 벗기기 위함이고, 둘째, 소외감을 느끼는 사람들을 다시금 가까이 불러오기 위함이다.

첫 번째 의미는 먼 과거의 인물 아브라함에서부터 며칠 전에 세례를 받은 어린아이에 이르기까지 하나님의 백성을 총망라한 공동체이다. 해 아래에 있는 모든 민족과 문화로부터 오는 헤아릴 수 없이 많은 무리를 뜻한다. 그 가운데 상당히 많은 그리스도인은 우리보다 앞서 예수 그리스도와 함께 안식하러 갔고 지금은 최후의 부활을 기다리고 있다. 그들이 대다수일지도 모르겠다. 하지만 오늘날 존재하는 인구가 역사상 어느 때보다 많고, 또 최근 수십 년간 교회가 굉장한 속도로 확장되었기 때문에 그 국면이 바뀌었을 수도 있다.

어쨌거나 이미 죽은 그리스도인들도 여전히 하나님의 가족, 그리스도의 백성의 일원이고, 우리는 여전히 그들로부터 배우고 또 하늘과 땅이 하나가 되는 순간에 그들과의 교제를 기뻐하게 된다. 그 순간은 우리가 기도할 때, 성경을 읽을 때, 성례를 집행할 때, 그리고 우리가 하나님의 세계의 필요를 충족시킬 때, 그 가운데서도 특히 가난한 자를 섬길 때를 일컫는다. 이에 못지않게 중요한 점은 상당히 많은 그리스도인들이 우리와는 매우 다른 장소들에서 우리에게 아주 이상하게 보이는 풍습과 희망을 갖고 산다는 것이다. 2008년에 나는 람베스 컨퍼런스에서 세계 각국의 손님들을 맞이한 적이 있는데, 아주 다양한 문화가 모여 있는 것을 보고는 깜짝 놀랐다. 이와 같이 시간과 공간을 가로지르는 폭넓은 교회의 맥락이 바로 그리스도인들이 개인적으로나 혹은 다함께 기독교의 미덕을 구성하는 습관들을 배우는 전반적인 배경이다.

두 번째 의미는 내가 실제로 속해 있는 실질적인 믿음의 가족과의 교제권이다. 내가 속한 전통에서는 주교의 감독을 받은 이른바 관구를 의미한다. 이 단위는 그 나름의 문화와 전통, 그리고 나름의 공동 질서를 가진 대가족과 같이 기능한다. 이 단위는 스스로를 우리가 방금 살펴본 그 거대한 단위에 아무런 충성의 빛도 없는 독자적인 몸으로 이해하는 게 아니고, 오히려 시공간을 가로지르는 온 집안의 축소판으로 이해한다. 이런 지역적 배경 안에 왕 같은 제사장이 되는 법을 배울 수 있는 더 구체적인 맥락이 존재한다. 여기서 배우는 마음과 생각의 습관은 좀 더 공동체적인 특징을 갖고 있다. 이런 방식으로 우리는 행동하는 법을 배웠다. 나는 당신을 그리고 당신은 나를 신뢰하는 법을 배운다. 그리고 다함께 우리는 이런저런 상황에서 소망과 사랑을 품고 행동하는 법을 배우며 공동체를 세운다. 그 공동체는 믿음과 소망과 사랑, 그리고 아홉 가지 성령의 열매를 머릿속으로 생각만 하고 가끔 한 번씩 실천하는 그런 곳이 아니라, 다함께 실천하기 위해 그것들에 관해 생각하는 장소이다.

세 번째 의미는 소그룹이다. 이는 교구 교회일 수도 있고, 가정에서 모이는 성경공부 그룹일 수도 있으며, 지역 사회의 문제와 관련하여 전략을 짜기 위해 모이는 그룹일 수도 있다. 어떤 형태든지 거기서 집중적으로 배우는 일이 일어나고 결정적인 활동이 계획되고 취해지는 곳이면 내가 말하는 소그룹에 해당한다. 여기서는 함께 일하고, 함께 기도하고, 서로의 삶과 슬픔과 좌절과 흥분을 나누는 그리스도인 친구와 이웃과 동료에 의해 우리의 습관이 형성된다.

예컨대 한 소그룹을 보자. 제인은 출옥하는 여성 전과자들을 만나 그들을 애초에 감옥으로 보낸 그 습관으로 되돌아가지 않도록 도와줄 궁리를 곰곰이 한다. 잭은 새로운 성경공부 교재를 읽어보고 흥분을 감출 수 없는데, 그 교재가 잭의 소그룹에 예전에는 상상도 못했던 진리에 대한 안목을 열어줄 것으로 확신하기 때문이다. 제프는 편부 편모 가정이기 때문에 어른이 외출하면 할 일이 없는 어린이들을 위한 유치원을 시작하는 문제로 그 지역 교육청과 한동안 협상을 추진해왔다. 리사는 다양한 젊은이들이 어쩌다가 찾아오는 주일 저녁예배용 음악을 작곡해왔다. 내가 이 네 사람을 소개하는 목적은 그들이 다함께 마음의 습관과 삶의 습관을 배우고 있는 중이라는 점을 지적하기 위함이다.

그들이 '미덕'을 개발하는 것은 장차 어떤 상을 받거나 길거리에서 남의 이목을 끌거나 TV 쇼에 등장하는, 소위 유명한 '지도자'가 되려는 의도가 아니다. 또한 모두가 비슷비슷한 인물이 되려는 것도 아니다. 그들은 결코 비슷하지 않다. 서로 다른 성격, 다른 은사, 다른 소명, 다른 기질, 다른 사회적 및 문화적 배경을 가지고 있다. 그들은 다함께 한 공동체에 기여하고 있는데, 이는 왕 같은 제사장이 되는 기술을 연마하는 공동체요 믿음과 소망과 사랑을 배우고 그것을 하나님의 나라를 위해 사용하는 일하고 예배하는 공동체이다. 아울러 또 다른 목적도 있다. 다함께 일을 하려면, 이 네 사람과 그 밖의 소그룹에 속한 다른 사람들은 성령의 열매를 개발해야 한다는 점을 지적하기 위해서다. 만일 그들에게 사랑, 희락, 화평, 오래 참음, 자비, 양선, 충성, 온유, 절제가 없으면, 그들은 그리 멀리 진행하지 못할 것이다. 그 교제는 조만간에 쪼개지고 말 것이다. 각 사람은 그 교회에 비전이 없다고 불평하고는 제각기 자기의 일을 하러 흩어질 것이다. 바로 이런 이유 때문에 나는 교회, 곧 하나님의 백성의 공동체야말로 미덕을 배우고 실천하는 광장과 같다고 말하는 것이다.

그런데 교회 공동체에 잠깐이라도 몸담아본 적이 있는 사람이면 누구나 알고 있는 사실이 있다. 우리가 성령의 열매가 중요하다는 것을 알기 때문에 그것을 가장하는 법을 배운다는 사실이다. 사실 '교양'을 중시하지만 그 배후에 절제가 결여되어 있는 문화는 열심히 풀어야 할 까다로운 문제를 피하는 데 걸림돌이 될 수 있다. 그런 문제를 피하고, 실체를 개발하기보다는 겉모양만 꾸미는 방법이 여럿 있는데, 이 모든 방법은 결국 개인적인 차원과 공동체적 차원에서 믿음과 소망과 사랑의 근육을 키우려고 노력하지 않는 데에 그 공통점이 있다. 결과는 왕 같은 존재나 제사장 같은 존재 어느 것도 되지 못하는 것이다. '가장하는 것'은 미덕의 습관을 기르는 초기 단계에 해당하는 '그것으로 옷 입는 것'과는 다른 것이다. 가장한다는 것은 그렇게 되려고 노력하지 않는다는 말이다. 정작 중요한 것은 그렇게 되려고 노력하는 일인데도 말이다.

하지만 다행스럽게도 열심히 노력하는 공동체들도 있다. 이런 공동체는 특히 왕 같은 제사장의 모습이 뚜렷이 드러나는 곳이다. 이제 나와 함께 비 오는 수요일 아침에 그런 공동체를 찾아가보자. 여덟에서 열 명쯤 되는 사람이 이른 시간에 성찬식을 마치고 교회에서 나오고 있다. 거리에 나가보니 가게들이 반쯤은 문을 닫았다. 실업자가 다시 늘어나고 사람들이 돈을 적게 쓰는 바람에, 가게 주인들은 더 이상 월세를 감당할 수 없었다. 따라서 그 지역의 은행도 문을 닫을 수밖에 없게 되었다. 하지만 이 은행은 현재 새로운 관리팀 아래에 있다. 우산을 받쳐 들고 교회에서 나온 사람들로 구성된 관리팀 말이다. 그들은 거기로 가서 은행 문을 열고 다시 빛을 볼 날을 위해 열심히 준비하고 있다. 개중에는 정규직 근로자도 있는데, 이 바쁜 교인들은 유아를 둔 엄마를 위한 그룹도 운영하고 있다. 아울러 재정 상태가 엉망이라 부끄러워서 우체국조차 못 가는 사람들을 돕기 위해 채무 상담을 하기도 한다. 그냥 두면 작은 아파트에 홀로 처박혀 있을 노인들을 불러 모아 다함께 수공예도 배우고 게임도 하고 교제도 즐기는 노인 복지 센터도 운영한다. 컴퓨터 방이 완비된 문맹 퇴치 센터도 꾸려가고 있다.

   이런 활동을 얘기하는 취지는 아주 단순하다. 만일 기독교적으로 생각하는 습관을 훈련받은 사람들, 그래서 그 작은 거리가 광야로 변하는 광경을 목격하고 자기네가 할 일이 무엇인지를 알고 그런 일을 할 만한 여러 기술과 미덕을 가진 그런 사람들이 없었다면, 그들이 진행하는 활동 가운데 어떤 것도 일어나지 않았을 것이다. 뿐만 아니라, 이 프로젝트는 거꾸로 많은 이들에게 귀감이 되어, 그들도 왕 같은 제사장으로서 하나님나라를 위한 삶에 대해 생각하고 기도하고 그렇게 살도록 하는 자극제가 된다.

또 다른 공동체로 발걸음을 옮겨보자. 그곳은 어떤 교회가 옛 학교 건물을 구입하여 여러 정신장애와 신체장애에 시달리는 사람들을 위한 센터로 탈바꿈한 곳이다. 그 건물 안에서는 많은 일이 진행되고 있지만, 특히 나에게 항상 감동을 주는 일이 있다. 바로 가구를 수리하는 가게이다. 사람들은 부서진 의자, 손상된 테이블, 문짝이 떨어진 캐비닛과 같은 물건을 그 센터로 가져온다. 장애가 있는 일꾼들은 남의 눈에 띄지 않는 기술자들의 지도를 받으면서 가구를 수리해서 온전한 상태로 내보낸다. 물론 이런 프로젝트는 누군가의 아이디어이고, 보통은 한두 명이 훌륭한 리더십을 제공하는 게 사실이다. 그러나 정말 중요한 점은 교회의 삶 안에서 생성되고 유지되어온 마음과 생각의 습관이 사람들을 자극하여 예수 그리스도의 복음이 온통 지문처럼 묻어 있는 일을 할 수 있는 기회를 포착했다는 것이다.

이 밖에도 많은 사람들이 공동체 전체가 기독교적 미덕을 모범적으로 보여주는 이야기를 생생하게 기록해놓았다. 이 정도만 얘기해도 내가 말하고자 하는 취지는 충분히 전달되었을 것이다. 믿음과 소망과 사랑, 그리고 성령의 열매는 우리가 배우고 실천하되 다함께 습관적으로 실행해야 할 미덕들이다. 설사 당신이 황량한 섬에

은둔자로 살라는 소명을 받았다고 하더라도 당신은 당신이 함께 기도하고 또 기도해주어야 할 더 넓은 공동체, 당신을 위해 어느 정도의 책임을 지는 그런 공동체의 일원이 될 필요가 있다. 요컨대, 한 몸 된 공동체야말로 왕 같은 제사장의 일이 증진되는 장소이자 수단이다.

이 세 가지 주요 미덕을 공동체적으로 보여주는 구체적인 본보기들이 내 머릿속에 떠오른다. 믿음의 본보기로 떠오르는 경우는, 아주 불리한 상황에서 목사가 교인들에게 절실히 필요한 새로운 난방장치를 위해 모금하는 믿음의 모험을 감행하자고 도전한 교회이다. 그때 교인들은 서로 믿음을 북돋우고 기도로 격려하여 결국은 성공을 일구어냈다. 소망의 본보기로는, 목사의 십대 딸이 방학을 맞이해 해외로 여행을 갔다가 실종되었을 때 온 교회가 희망을 포기하지 않았던 경우를 들 수 있다. 그들의 소망은 목사 가족과 함께 서로를 지탱해준 끝에 마침내 그 딸을 안전하게 되찾게 해주었다. 사랑의 본보기로는 우리 집에서 멀지 않은 작은 교회를 들 수 있다. 이 교회에는 심한 정신장애와 심각한 신체적 어려움을 안고 있는 젊은이가 있는데, 교인들이 그를 사랑으로 감싸주고 그들의 삶 속으로 영접해준 결과 지금은 그 청년이 없으면 무언가 부족하다고 느끼게 되었다.

혹시 보잘것없는 예들이라고 생각하는가? 결코 그렇지 않다. 예수님의 비유를 한 번 생각해보라. 하나님의 나라는 어디에서든 작은 씨앗을 심고, 하나님이 원하시는 대로 그것을 자라게 하실 것을 신뢰하는 일이라고 하지 않았던가? 미덕도 바로 이런 식으로 자라는 것이다. 히브리서가 말하듯이 온 공동체가 다함께 "서로 돌아보아 사랑과 선행을 격려하기로"(10:24) 결심하고 열심히 노력한 결과 처음에는 불가능해 보였던 것이 놀랄 정도로 빠른 시간 내에 제2의 천성이 되었다.

이처럼 미덕의 순환 고리를 따라서 돌면 위와 같은 공동체를 이룰 수 있다. 그런데 우리가 출발한 지점으로 되돌아가기 전에 밟아야 할 마지막 단계가 있다.

공동체의 실천은 대단히 중요하다. 명칭 자체가 무언가를 암시한다. 공동의 미덕을 개발해주는 마음과 생각의 습관을 실천하는 통로가 바로 공동체이기 때문이다.

그리스도인의 신앙적 실천의 중심에는 공동의 예배가 있다. 진지한 그리스도인은 날마다 개인적으로 예배드리고 기도하지 않을까 싶다. 이런 생활을 하지 않으면 미덕이나 미덕과 관련된 어떤 면에서도 성장하기가 어려울 것이다. 하지만 동시에 진지한 그리스도인은 다함께 예배드리고 기도하며, 공동체로서 지혜롭고 효과적으로 예배하고 기도하는 법을 배울 것이다. 개인적으로 성경을 여는 행위 자체가 사실상 "주님, 내가 여기에 있사오니, 당신의 종이 듣도록 말씀하옵소서" 하고 말하는 것이나 다름없고, 이것이 마음을 하나님에게 열어놓는 습관의 시작이다. 마찬가지로, 매주 다함께 예배를 드리려고 모이는 행위는 사실상 "우리는 다함께 하나님의 왕 같은 제사장의 일부가 되기를 바랍니다. 그리고 우리는 예수님으로부터 지혜와 힘을 얻기 위해 여기에 있나이다" 하고 말하는 것이나 다름없다. 그러니까 찬송을 부르거나 입을 열어 말하기 전에 다함께 믿음과 소망과 사랑을 도모하는 공동체로서 마음의 습관을 형성하고 있는 것이다.

물론 일부 공동체는 순전히 습관만 있고 미덕이 전혀 없다는 것을 너무나 잘 알고 있다. 그렇기 때문에 우리는 다시 예전의 딜레마로 돌아가게 된다. 얄팍한 자발성이 진정성 없는 미덕의 실천보다 더 낫기 때문에 그것을 선호할 것인가, 아니면 적어도 뿌리 깊은 의례를 갖고 있기 때문에 지겨운 습관을 선호할 것인가? 물론 둘 중 어느 것도 바람직하지 않다. 그러나 우리처럼 교회에 가는 것이 다수의 습관이었다가 지금은 소수의 취미로 바뀐 이 땅에 살고 있는 사람들은 아직까지 남아 있는 습관을 조롱해서는 안 된다.

예배의 실천은 지난 2000년 동안 예수님이 우리에게 주신 식사를 중심으로 이루어진다. 당시의 식사는 이미 1000년이 넘은 공동체적 습관의 일부였다. 말하자면, 출애굽 사건을 기념하는 유월절을 지키던 관습이었다. 이 습관은 대대로 유대 민족의 마음과 생각을 훈련시켰고 지금도 훈련시키고 있다. 이 훈련은, 그들 자신을 이미 가고 없는 조상들 및 장차 태어날 세대들과 연속선상에 있는 하나님의 자유 백성으로 생각하는 훈련이다. 예수님은 유월절 식사의 모습을 취해다가 자신의 죽음과 부활을 상징하는 것으로 변형시키셨다. 예수님은 이 식사로써 자유 공동체의 긴 역사를 클라이맥스에 올려놓았고, 당신의 추종자를 제정하는 행위로서 이 식사를 자리 잡게 하셨다. 성찬은 이보다 더 많은 의미를 갖고 있지만 적어도 이런 의미를 갖고 있다고 하겠다.

미덕의 위선과 의식주의와 형식주의의 위험을 염려하는 프로테스탄트는 대대로 성찬에서 무슨 일이 일어나고 있는지를 종종 놓치곤 했다. 물론 의례와 형식은 그 자체가 목적이 될 소지가 있다. 그렇기 때문에 그리스도인의 신앙적 실천은 항상 성경 낭독뿐 아니라 말씀 전파를 포함함으로써, 성경과 성례를 참신하게 설명해주고 교인들로 하여금 그 성례를 생생하게 경험하며 선교가 갖는 함의를 깊이 생각하도록 도전하는 것이다.

물론 성찬 실천의 세부 사항은 장소와 교회의 성격에 따라 다양하지만, 성찬의 중심 행위인 떡을 떼고 포도주를 따르는 것, 사전에 예수에 관한 이야기를 하는 것, 기도를 드리고 죄를 고백하는 것 등은 거기에 참여하는 개인과 공동체 앞에서 천천히, 지속적으로 시행됨으로써 강력한 메시지가 된다. 우리가 저항하지만 않는다면, 우리는 자유 이야기를 몸소 살아내는 사람들이 되어 가는 중이다.

이는 이스라엘과 세계와 함께하는 하나님의 이야기요, 무엇보다도 예수와 함께하는 하나님의 이야기이다. 우리의 마음이 딱딱하지 않다면, 직관적으로 우리는 우리가 용서받은 존재이고 따라서 용서해 주는 존재임을 제2의 천성으로 알게 된다. 이처럼 평화를 공유하는 교회에서는 주님의 만찬에 모이기 전에, 만찬이 의미하는 바가 무엇인지 생각한다.

우리가 예수님과 그분의 죽음 및 부활을 먹고 마심으로 몸의 새로운 에너지를 얻게 됨에 따라, 개인적으로 그리고 공동체적으로 새로운 에너지를 발견하는 백성이 되려 의식적으로 성찬을 행하는 것이다. 모든 만찬의 과정을 통하여 우리는 이 세계의 찬송과 필요를 모두 모아 예수 안에서 알게 된 하나님 앞에 들고 가는 백성이 되어간다. 그리고 우리가 새롭게 깨달은 바, 공동체 내에서 수행할 수 있는 과업을 찾는 백성으로 세워진다. 이런 과업들은 우리의 일차적인 소명 가운데 '왕'이 되는 부분을 실행에 옮기는 것이다. 이는 마치 예배가 '제사장'이 되는 부분을 실행에 옮기는 것과 비슷하다.

건강한 예배 공동체는 이 모든 일이 그들에게 일어나고 있다는 것을 미처 인식하지 못할 수도 있다. 그들이 머물고픈 장소는 교회이고, 하고픈 일은 기도와 말씀과 성찬이다. 이 모든 것이 없으면 그들은 자신이 누구인지 전혀 알지 못한다. 이 점이 바로 기독교적 미덕의 특징이다. 이런 일에 익숙한 그리스도인은 교회에서 나오면서 "아, 나는 얼마나 멋진 사람인가! 영적인 키가 3미터까지 자란 기분이야! 이제는 세상과 맞붙을 수 있겠어!" 하고 말하지 않는다. 그런 그리스도인은 아이들이 유아실에서 잘 놀고 있는지, 휠체어를 탄 노인을 집으로 모셔다 드릴 차량이 있는지, 다음 주 목요일에 호스피스를 방문할 팀에 이름을 써넣었는지 등을 확인하느라 바쁠 것이다. 예수 그리스도의 교회는 이처럼 평범한 활동을 함으로써, 하나님의 새로운 세계를 바라보는 겸손한 미덕을 실천하는 실질적인 왕 같은 제사장이 되어가는 것이다.

성찬과 어깨를 나란히 하는 것은 물론 세례이다. 대다수의 그리스도인들이 세례식에서 무슨 일이 일어나는지, 또는 왜 세례식을 집행하는지 잘 설명하지 못할 수도 있다. 그렇다고 해서 세례를 행하는 관습이 그저 형식적인 의례로 전락했다는 말은 아니다. 그것은 미덕의 경우와 같이 제2의 천성이 되었을 수 있다. 우리는 물속에 잠겼다가 다시 올라오는 이 세례를 통해 하나님의 가족에 합류한다. 메시아인 예수와 함께 죽었다가 다시 살아나는 것이다! 우리 교단의 경우 세례에 관해 더 많이 설명할 필요가 있다고 생각한다. 즉 세례의 의미가 어떻게 살아 있는 실재가 되는지 그 경위를 설명하되, 핵심 교인들뿐 아니라 자기 아이가 세례를 받기 원하지만 그것이 왜 필요한지 잘 모르는 교인들에게도 설명해야 한다. 하지만 정기적인 세례의 실천은 교인들에게 무언가를 말해주는 것이며, 그 메시지가 갈수록 더 깊어져서 마침내 제2의 천성이 되어야 한다.

그러면 세례는 교인들에게 무엇을 말하는가? 표류하다가 하나님의 나라로 저절로 밀려 들어가는 사람은 아무도 없다. 죽고 살아나는 일이 선행되어야 하나님나라에 들어간다. '미덕'을 포함한 그리스도인의 삶은 단순히 내가 하고 싶은 일과 그 일을 하는 법을 발견하는 문제가 아니다. "이는 너희가 죽었고 너희 생명이 그리스도와 함께 하나님 안에 감추어졌음이라"(골 3:3). 그리스도인의 삶이라는 십자가의 표지를 달고 십자가에 동참하고 십자가를 지고 예수를 좇는 것이 세례의 첫 번째 의미임을 분명히 밝힌다. 오늘날 세례에 관한 이상한 견해, 즉 회개할 필요도 없고 자아에 대해 죽고 그리스도 안에서 하나님에 대해 살아날 필요도 없이, 그저 하나님이 모든 사람을 있는 그대로 받아주심을 뜻하는 것으로 보는 이상한 사상이 일부 교회 속으로 침투한 것을 감안하면, 이 점을 더욱 강조할 필요가 있다.

둘째, 세례는 교회가 단일한 몸임을 표시해주는 것으로 모든 사람에게 똑같이 베풀어진다. 어른과 어린아이, 남자와 여자, 부자와 가난한 자, 나라와 인종과 문화를 막론하고 모두 똑같은 세례를 받는다. 물론 세례의 방식에는 차이가 있다. 어떤 이들은 세례자가 머리부터 발끝까지 완전히 물에 젖지 않으면 진정한 세례가 아니라고 생각하는데 비해, 대다수는 물을 조금만 머리에 뿌리는 것으로 충분하다고 생각한다. 마치 성찬 때에 자그마한 빵 조각과 약간의 포도주만 먹고 마셔도 진정한 식사를 한 것으로 여기는 것처럼.

이처럼 세례가 모든 사람에게 똑같이 베풀어진다는 사실은 모든 그리스도인의 마음과 생각의 깊은 곳에 우리 모두 그리스도 안에서 형제요 자매인 것을 상기시켜준다. 이런 의미에서 '특별한' 그리스도인은 존재하지 않는 셈이다. 특정한 사역으로 부름 받은 사람들에게 안수를 주는 일은 세례의 한 부분에 불과하다. 에베소서 4장에서 말하듯이 안수의 목적은 특별한 부르심을 받은 사람들을 따로 구별하여 그들의 사역을 통해 세례받은 그리스도의 온 몸이 계속해서 합당한 기능을 발휘하게 하고, 다함께 성숙한 경지에 이르게 하는 것이다. 모든 그리스도인은 제각기 다른 소명을 갖고 있다. 그러나 모든 소명은 똑같은 물과 똑같은 십자가의 표시를 지닌다.

  나는 이미 성찬과 관련하여 기도에 관해 말한 바 있다. 하지만 기도는 공적이든 사적이든 모든 그리스도인의 실천적 삶의 중심을 차지하는 게 사실이다. 기도는 여전히 하나의 신비로 남아 있다. 만일 신비스럽지 않다면 기도가 아닐 것이다. 그러나 우리가 분별할 수 있는 모양을 지닌 신비로 남아 있다. 그 모양은 예수 그리스도 안에서 하늘과 땅이 하나가 됨으로써, 그리고 우리가 성령으로 그 하나 됨에 동참함으로써 우리에게 나타났다. 그런데 우리가 기도의 내용에 대해 미처 생각하기도 전에, 이 기도의 실천 자체가 홀로 말해주는 것이 있다. 우리는 하나님의 세계와 현 세계의 삶이 만나는 영역에서 살고 있는 사람들이라는 메시지이다. 그러니까 불편한 경계 구역에 속한 사람들이라는 말이다. 설사 무슨 일이 진행되고 있는지를 우리가 전혀 몰라도 우리는 이 구역에 머물러 있도록 부름을 받았다. 그리고 이 부름은 우리에게 겸손과 인내와 믿음과 소망의 훈련을 받도록 요구한다. 아울러 우리가 완고한 사람이라면 사랑의 훈련도 거기에 포함될 것이다. 다른 한편, 우리 본연의 모습을 만들어주는 마음의 습관들을 제2의 천성으로 만들려면 그 습관들을 더욱 개발해야 한다는 점을 인식하면서 기도하는 자리로 나가는 것을 뜻한다. 그렇게 기도하면 우리의 마음은 신뢰와 순종이라는 제2의 천성에 좀 더 깊이 뿌리박은 상태에 이르러 기도하던 자리에서 일어나게 된다.

정규적으로 헌금하는 습관 또한 하나님의 백성의 마음과 삶을 빚어주는 실천이다. 이 실천 역시 공허한 의례로 전락할 소지가 있다. 아니, 더 나쁘게는 사람들의 마음에 부정적인 고정관념을 심어주어 교회는 항상 돈을 내라고 요구한다거나 내가 하나님께 수표를 끊었으니 그분이 내게 빚을 진 셈이라는 식으로 생각하게 할 수도 있다. 구더기 때문에 장을 담지 못하는 일은 없도록 하라. 헌금을 하는 습관, 관대하게 베푸는 습관은 열정이 있는 그리스도인이 재량껏 정할 수 있는 별도의 선택 사항이 아니다. 그것은 모든 신자에게 주어진 절대 의무이다. 이유인즉, 우리의 소명은 창조주 하나님을 반영하는 일인데, 참 하나님의 본성은 자기를 내어주는 관대한 사랑이라는 걸 우리가 잘 알기 때문이다. 하나님이 즐겨 내는 자를 사랑하시는(고후 9:7) 이유는 그분 자신이 바로 그런 존재이기 때문이다. 즐겨 내는 사람은 하나님의 마음에 합한 사람이다. 정규적으로, 정식으로, 공개적으로 헌금하는 이 실천은 바울이 말하는 사랑(아가페)의 핵심 요소를 형성하는 마음의 습관을 길러준다.

그리고 공동체의 모든 수준에서 반드시 추진해야 할 핵심 활동의 하나는 다함께 성경을 읽는 일이다. 이 활동은 다른 무엇보다도 다음과 같은 메시지를 분명하게 표명한다. "우리는 그 이유도 모르고 단지 우리의 가족들과 친구들이 늘 해왔던 일이라서 이처럼 이상한 활동을 하는 임의의 집단이 아니다. 우리는 그리스도의 몸에 속한 지체들로서 예수 그리스도의 이야기와 하나님 아버지의 목적 속에 자리를 잡았고, 그분을 예배하고 이 세상에서 그분의 나라를 위해 일함으로써 진정한 인간다움을 배우도록 부름을 받았다." 마치 배우들이 무대에 나가기 전에 대본을 확인하듯이, 또 음악가들이 오케스트라에서 자리를 잡으려고 걸어 나가기 전에 악보를 훑어보듯이, 우리는 그 이야기의 중요한 대목들을 스스로 상기하게 된다. 무언가 새로운 것을 배우기 위해서라기보다는 그 이야기를 전반적으로 다시 상기하고 우리가 어느 부분에 들어맞는지를 살펴보기 위함이다. 우리가 성경의 이야기를 숙고하고 교회를 나가면 길거리나, 시청이나, 구청 회의실이나, 세계적인 경제 기구 등에서 어떤 일손이 필요한지를 제2의 천성으로 알게 될 것이다.

말씀은 이 순환 고리에 등장하는 다른 네 가지 요소와 관련하여 특별한 기능을 발휘한다. 성경이 없든지 성경에 기초한 정규적인 설교가 없으면, 이야기들이 어느 방향으로 빗나갈지 모른다. 본보기들은 잘못 해석될 소지가 있고, 공동체들도 자율적으로 움직일 수 있으며, 여러 실천도 우리가 언급했듯이 공허하거나 무의미한 의례로 전락할 수 있다. 그러나 말씀이 있으면 이 모든 것이 변하게 된다. 하나님은 성경을 읽고 가르치고 전파하는 행위를 통해 성령의 능력으로 일하심으로써, 새로운 사상의 틀을 창조하시고, 우리가 잊기 쉬운 성경 이야기의 여러 면을 상기시키시고, 불균형한 것을 바로잡으시고, 무엇보다도 하나님의 사랑을 보는 참신한 관점을 주셔서 우리의 마음과 생각을 새롭게 만들어주신다. 어쨌든 다른 모든 미덕들을 창조하는 것은 바로 사랑이 아닌가? 이런 의미에서 모든 도덕적 노력은 하나님의 사랑에 대한 감사와 찬송과 보답의 반응이라고 할 수 있다. 그리고 성경이 하나님의 사랑에 관해 들려주는 이야기가 아니라면 그것은 아무것도 아니다. 우리가 좀 더 성경 이야기, 성경의 본보기들, 성경의 공동체, 성경의 실천들을 구현하는 사람들이 되어 갈수록 그만큼 더 성경을 잘 이해하게 될 것이다. 그 반대도 마찬가지이다. 아울러 우리가 그 모든 것을 다함께 묶으면 묶을수록 우리는 더욱 더 지역적으로, 세계적으로, 그리고 시대를 아울러서 한 공동체로, 즉 예수를 닮아 믿음과 소망과 사랑의 습관이 제2의 천성이 된 그런 공동체로 빚어질 것이다.

    이로써 그 순환 고리는 마감된다. 그렇다고 모든 것이 스스로를 강화시키고 아무것도 뚫고 들어오거나 나갈 수 없는, 그저 매력적인 거룩한 덩어리가 된다는 말은 아니다. 당신이 어느 지점에서 그리스도인의 마음의 습관을 개발하기 시작하든지 그 순환 고리를 따라서 돌고 또 돌아서 마침내 그 순환 자체가 마음의 습관, 제2의 천성이 되도록 해야 한다는 것이다. 이렇게 될 때, 비로소 당신은 갑자기 치유와 소망을 가져오는 행위를 요구하는 비상사태에 직면할 때 그 요구에 부응할 만한 준비를 갖추게 될 것이다. 정부에게 부당한 대우를 받은 사람들 편에서 정의를 위해 싸울 것인지, 아니면 그들을 못 본 척하면서 우리의 인기를 보존할 것인지 선택의 기로에 섰을 때, 우리는 본능적으로 신문이 말하는 쪽이 아니라 복음이 말하는 쪽으로 주파수를 맞출 것이다. 공동체의 지체들 가운데 불행을 당한 사람이 있을 때, 나머지 교인들은 제2의 천성으로 무슨 말과 일을 할지 즉각 알아차릴 것이다. 그리고 '우리가 믿은 뒤에' 무엇을 해야 할지를 직관적으로 알게 될 것이다.

그때에 비로소 누군가 우리에게 "예수에 관해 말해주시오"라고 말할 때, 우리는 무슨 말을 할지 알게 될 것이다. 그리고 그때에 비로소 우리가 하는 말이 합당한 의미를 지니게 되리라.

| 추
| 천
| 도
| 서

 이 책을 집필하기 위해 연구하고 실제로 원고를 쓰는 동안에 세 가지 사조를 의식하면서 줄곧 내면의 대화를 나눴다. 마음 같아서는 그 셋 모두와 관련해 나의 논증을 개진할 만한 시간과 공간이 있기를 바랐지만, 이는 다음 기회로 미루어야 할 것 같다. 여기에 소개하는 자료는 그 주제들에 관한 문헌을 총망라한 것은 아니고, 단지 내가 특별히 자극(종종 의견을 달리하기 때문에)과 도움을 받은 것을 열거했을 뿐이다. 여기에 열거해놓은 책들은 사안에 따라 더 탐구할 만한 훌륭한 참고문헌을 싣고 있다.
 최근에 신약성경의 윤리에 관한 뛰어난 책들이 출간되었는데, 미덕을 염두에 두고 그 주제에 접근했거나 내가 여기서 시도한 방식으로 논점을 개진한 책은 없는 것 같다. 그렇다고 내가 그 책들로부

터 아무것도 배우지 못했다는 말은 아니다. 오히려 많은 것을 배웠다. Richard Burridge, *Imitating Jesus: An Inclusive Approach to New Testament Ethics*(Grand Rapids, MI: Eerdmans, 2007). 이 책은 가장 최근에 출판된 주요 연구서로서 예전에 나온 중요한 접근들을 모두 언급하고 있다. 저자가 비록 서문에서 나에 대해 친절한 말을 해주었지만, 나는 그의 주장과 결론 둘 다에 대해 상당히 의견을 달리하고 있으며, 그럼에도 그의 우정과 함께 방대하고 중요한 이 저술에 대해 감사하고 싶다. 아브라함 맬허브의 자료 모음집과 웨인 미크의 두 책은 여전히 중요한 기본 연구서로 남아 있으며, 특히 초기 기독교가 출현한 도덕적 담론의 배경을 잘 다루고 있다. 맬허브는 초기 그리스도인이 삼위일체와 하나님을 아는 것을 강조함으로써 미덕을 한쪽으로 방치해놓았다고 주장하는데(p. 15) 비해, 나는 이 신학적 틀이 그 주제의 맥락을 재설정하고 바꿔놓기는 했지만 그것을 버리지는 않았다고 본다. Abraham J. Malherbe, *Moral Exhortation: A Greco-Roman Sourcebook*(Philadelphia: Westminster, 1986); Wayne Meek, *The Moral World of the First Christians* (Philadelphia: Westminster; London: SPCK, 1986); *The Origins of Christian Morality: The First Two Centuries*(New Haven, CT: Yale University Press, 1993).

바울 윤리의 유대교적 배경에 관한 중요한 저술로는 다음 책을 참고하라. Markus Bockmuehl, *Jewish Law in Gentile Churches:*

Halakah and Beginning of Christian Public Ethics(Edinburgh: T & T Clark, 2000). 신약성경의 윤리에 관한 한 타의 추종을 불허하는 명저는 단연 리처드 헤이스의 책이다. Richard B. Hays, *The Moral Vision of the New Testament: A Contemporary Introduction to New Testament Ethics*(San Francisco: HarperSanFranciso, 1996), 《신약의 윤리적 비전》(IVP 역간). 그러나 여기서도 미덕은 중요시되지 않고 있다. 이 책의 대부분을 집필했던 나의 방 안에는 전에 잉글랜드 북부 지방에서 휴가를 보낼 때 리처드와 함께 찍은 사진이 걸려 있다. 나는 카메라를 향해 미소를 짓고 있는데, 리처드는 망원경으로 멀리 있는 지평선을 관측하는 광경이다. 이 광경이 우리가 쓴 두 책의 차이점을 한 눈에 보여준다. 나는 수년 전에 했던 강연에서 이와 같은 사고의 맥락을 갖게 되었는데, 그 내용이 약간 변형되어 리처드를 위한 축하 논문집에 실렸던 것을 생각하니 무척 기쁘다. *Festschrift*: "Faith, Virtue, Justification and the Journey to Freedom" in *The Word Leaps the Gap: Essays on Scriptures and Theology in Honor of Richard B. Hays*, ed. J. Ross Wagner, C. Kavin Rowe, and A. Katherine Grieb(Grand Rapids, MI: Eerdmans, 2008), pp. 472-497. 윤리나 미덕의 문제를 직접 다룬 책은 아니지만 내가 이 이슈들을 곰곰이 생각하는 과정에서 중요한 영향을 받은 성경신학 저서는 다음과 같다. J. Richard Middleton, *The Liberating Image: The Imago Dei in Genesis 1* (Grand Rapids, MI:

Brazos, 2005), 《해방의 형상》(SFC 출판사 역간); G. K. Beale, *The Temple and the Church's Mission: A Biblical Theology of the Dwelling Place of God* (Downers Grove, IL: InterVarsity Press, 2004).

신약성경의 윤리를 다루는 대다수의 저자가 미덕에 별로 주목하지 않듯이, 미덕에 관한 글을 쓰는 저자들 대부분이 신약성경에 거의 주의를 기울이지 않는다. 사실 이 자명한 공백을 메우려고 이 책을 집필한 것이다. 하지만 예외적인 경우도 있는데, 그 가운데 다음 세 권은 아직 널리 알려지지 않은 저서들이다. Joseph J. Kotva Jr., *The Christian Case for Virtue Ethics*(Washington, DC: Georgetown University Press, 1996); Daniel J. Harrington and James F. Keenan, *Jesus and Virtue Ethics: Building Bridges beteen New Testament Studies and Moral Theology*(Lanham, MD: Sheed & Ward[Rowman and Littlefield], 2002); Graham Tomlin, *Spiritual Fitness: Christian Character in a Consumer Society*(London: Continuum, 2006). 마지막 책은 이 책을 집필하던 막바지에 저자가 내게 선물해주었는데, 겹치는 내용이 많은 것을 알고는 무척 기뻤다. 그는 마르틴 루터의 입장에 대해 내가 이 책에서 다룬 것보다 더 균형 있고 원만한 그림을 그려주고 있다.

최근에 특히 미덕과 관련하여 기독교 윤리를 다룬 저술 가운데 다음 책을 만난 것은 아주 다행스러운 일이다. 나는 사상을 정립해 가던 후반기에 이 책들을 접했다. Jennifer A. Herdt, *Putting on*

Virtue: The Legacy of the Splendid Vices(Chicago: University of Chicago Press, 2008). 미덕이란 주제에 관해 생각해왔던 다른 사람들처럼 나도 다음 책에 굉장한 빚을 졌다. Alasdair MacIntyre, *After Virtue: A Study in Moral Theory*, 2nd ed.(1981; Notre Dame, IN: University of Notre Dame Press, 1984), 《덕의 상실》(문예출판사 역간). 마찬가지로 스탠리 하우어스에게도 많은 빚을 졌다. Stanley Hauerwas, *Christians Among the Virtues: Theological Conversations with Ancient and Modern Ethics*(with Charles Pinches)(Notre Dame, IN: University of Notre Dame Press, 1997); *A Community of Character*(Notre Dame, IN: University of Notre Dame Press, 1991). 아울러 새뮤얼 웰스의 저술도 아주 흥미롭게 읽었다. Samuel Wells, *Improvisation: The Drama of Christian Ethics* (Grand Rapids, MI: Brazos, 2004); *God's Companions: Reimagining Christian Ethics*(Oxford: Blackwell, 2006). 내가 이 책을 작업하고 있는 동안에 훌륭한 교재 한 권을 접하게 되었다. David S. Cunningham, *Christian Ethics: The End of the Law*(London: Routledge, 2008). 이 교재는 미덕의 견지에서 기독교 윤리를 탐구하면서 앞서 내가 열거한 책들보다 더 많이 신약성경을 사용했다. 물론 이 책의 내용에 모두 동의하는 것은 아니지만, 내 책보다 더 풍부한 내용을 담고 있으면서도 많은 면에서 서로 비슷한 노선을 걷고 있는 책이다. 나의 삶과 사상의 상당 부분이 그렇거니와 기독교 윤

리에 대한 전반적인 생각도 올리버 오도너번의 영향을 많이 받았다. Oliver O'Donovan, *Resurrection and Moral Order: An Outline for Evangelical Ethics*(Leicester, UK: InterVarsity Press; Grand Rapids, MI: Eerdmans, 1986). 이 책은 나를 비롯한 많은 이들에게 새로운 사상의 표준을 설정해주었다. 올리버가 내 책의 초안을 보고 분명하고 날카로운 몇 가지 논평을 해주는 바람에, 적어도 몇 가지 잘못을 피하고 불확실한 부분을 명확하게 정리할 수 있었다. 올리버에게 깊은 감사를 표한다. 그의 후계자로 옥스퍼드 대학의 석좌교수가 된 니젤 비거Nigel Bigger 교수 또한 초기의 윤곽에 대해 유익한 논평을 해주었다. 하지만 아직도 남아 있는 잘못된 부분, 불확실한 대목, 헷갈리는 표현 등은 모두 내 탓이다.

내가 대화의 상대로 삼았던 세 번째 사조는 비기독교적, 그리고 비유대교적인 윤리 사상이라는 다양성을 가진 거대한 세계이다. 서양 철학이 전반적으로 그렇듯이 이 분야 역시 대체로 '플라톤과 아리스토텔레스에 대한 각주들'이라고 할 수 있는데, 그 중에서도 특히 내가 40년 전에 옥스퍼드에서 처음 접한 주요 교재 중 하나였던 아리스토텔레스의 위대한 저서, 《니코마코스 윤리학》(이제이북스 역간)이 가장 두드러지는 책이다. 영문 번역판 중 가장 쉽게 접할 수 있는 책은 다음 두 가지이다. Loeb Classical Library, ed. H. Rackham (1926; Cambridge, MA: Harvard University Press, 1934); Penguin Classic, tr. J. A. K. Thomson (Harmondsworth, UK:

Penquin, 1953). 내가 아주 흥미롭게 느끼면서도 여러 면에서(예: 하나님의 존재) 크게 의견을 달리하는 세 명의 저자는 다음과 같다. Simon Blackburn-Being, *Good: A Short Introduction to Ethics* (Oxford: Oxford University Press, 2001); A. C. Grayling-Life, *Sex, and Ideas: The Good Life Without God*(Oxford: Oxford University Press, 2003); Andre Comte-Sponville, *A Short Treatise on the Great Virtues: The Uses of Philosophy in Everyday Life*(2001; London: Vintage, 2003). 세 번째 책은 프랑스어 판으로 베스트셀러 반열에 올랐던 훌륭한 저서이다. 일반 독자가 이 책을 읽으면, 아리스토텔레스가 '미덕'에 대해 애초에 부여한 의미보다는 오히려 '가치'의 견지에서 미덕을 이해하게 될 것이라 생각한다. 하지만 이 문제는 내가 다음 기회에 다루어야 할 수많은 이슈 중 하나일 뿐이다.

신경과학과 그것의 도덕적 및 영적 생활에 대한 적실성에 관해 조금 생각해보는 데 도움을 준 세 권의 저서는 다음과 같다. John Median, *Brain Rules: 12 Principles for Surviving and Thriving at Work, Home, and School*(Seattle: Pear Press, 2008); Malcolm Jeeves and Warren S. Brown, *Neuroscience, Psychology, and Religion: Illusions, Delusions, and Realities about Human Nature*(West Conshohocken, PA: Templeton Foundation Press, 2009); Joel B. Green, Body, *Soul and Human Life: The Nature of Humanity in the Bible*(Grand Rapids, MI: Baker, 2008).

이 책의 내용을 전개하면서 이전에 쓴 저서들을 언급하진 않았으나, 당연히 이 책은 예전에 선보인 노력의 산물들을 바탕으로 그 위에 쌓아올린 것이다. 그 가운데 특별히 거론하고 싶은 책들은 다음과 같다.

Evil and the Justice of God. London: SPCK; Downers Grove, IL: Intervarsity Press, 《악의 문제와 하나님의 정의》(IVP 역간).

Jesus and the Victory of God. Volume 2 of Christian Origins and the Question of God. London: SPCK; Minneapolis: Fortress, 《예수와 하나님의 승리》(크리스챤 다이제스트 역간).

Judas and the Gospel of Jesus. London: SPCK; Grand Rapids, MI: Baker.

Justification: God's Plan and Paul's Vision. London: SPCK; Downers Grove, IL: InterVarsity Press.

Paul: Fresh Perspectives/ U.S. title *Paul in Fresh Perspective*. London: SPCK; Minneapolis: Fortress.

Scripture and the Authority of God/ U.S. title *The Last Word: Beyond the Bible Wars to a New Understanding of the Authority of Scripture*. London: SPCK; San Francisco: HarperSanFrancisco.

Simply Christian. London: SPCK; San Francisco: Harper-

SanFranciscok,《톰 라이트와 함께하는 기독교 여행》(IVP 역간).

Surprised by Hope/ U.S. subtitle *Rethinking Heaven, Resurrection, and the Mission of the Church*. London: SPCK; San Francisco: HarperOne(2008),《마침내 드러난 하나님 나라》(IVP 역간).

The Challenge of Jesus. Downers Grove, IL: InterVarsity Press; London: SPCK,《Jesus 코드: 역사적 예수의 도전》(성서유니온).

The Cross and the Colliery/ U.S. title *Christians at the Cross*. London: SPCK; Ijamsville, MD: The Word Among Us Press.

The Millennium Myth/ British title *The Myth of the Millennium*. Louisville: Westminster; London: SPCK.

The New Testament and the People of God. Volume 1 of Christian Origins and the Question of God. London: SPCK; Minneapolis: Fortress,《신약성서와 하나님의 백성》(크리스챤 다이제스트 역간).

The Resurrection of the Son of God. Volume 3 of Christian Origins and the Question of God. London: SPCK; Minneapolis: Fortress,《하나님의 아들의 부활》(크리스챤 다이제스트 역간).

What St. Paul Really Said. Oxford: Lion; Grand Rapids, MI: Eerdmans.

| 주
| 註

2. 성품의 변화

1. John Medina, *Brain Rules*(Seattle: Pear Press, 2008), p.58, 61, 62.

2. References TK.

3. C. S. Lewis, *Surprised by Joy: The Shape of My Early Life*(London: Fontana, 1959 [1955]), p.115.

4. Simon Blackburn, *Oxford Dictionary of Philosophy*, 2nd ed., rev.(Oxford/New York: Oxford University press, 2008 [1994]), p.319.

5. From his Foreword to the new edition of Charles C. Brown, *Niebuhr and His Age: Reinhold Niebuhr's Prophetic Role and Legacy* (Harrisburg, PA: Trinity Press International, 2002 [1992]), pp.viii-ix.

4. 다가오는 하나님나라와 준비된 백성

1. Bernard of Clairvaux, "Jesu, the Very Thought of Thee," tr. E. Casswall, in *Hymns Ancient and Modern*(New Standard), 14th ed.(Norwich, England: Hymns A&M Ltd., 1990), no. 120.
2. Blackburn, *Oxford Dictionary of Philosophy*, p.381.

5. 마음을 새롭게 함으로 변화를 받아

1. 이와 조금 비슷한 노선이 로마서 2장 12-16절에 나오지만, 이 본문이 도입하는 복잡한 사안은 현 논의의 범위를 벗어나는 것이다.

6. 세 가지 미덕, 아홉 가지 열매, 그리고 한 몸

1. Christopher Wordsworth, "Gracious Spirit, Holy Ghost" tr. E. Caswell, in *Hymns Ancient and Modern*(new Standard), 14th ed.(Norwich, England: Hymns A&M Ltd., 1990), no. 120.

7. 행동하는 미덕 : 왕 같은 제사장

1. Rodney Stark, *The Rise of Christianity: How the Obscure, Marginal Jesus Movement Became the Dominant Religious Force*(San Francisco: HarperSanFranciscok, 1977), chap. 4.
2. 다음을 참고하라. Aristotle, *Nicomachean Ethics*, Book 4.
3. C. S. Lewis, *Miracles*(San Francisco: HarperSanFrancisco, [1947] 2001),

p.183.

8. 미덕의 순환

1. *The Book of Common Prayer*(Cambridge: Cambridge University Press, xxxx), pp.97-98, 156.